P9-API-914

ÉPISODES

GENEVIÈVE BOURBEAU

CAROLINE CÔTÉ

LOUISE CÔTÉ

MARC-ANDRÉ DESROCHES

CARL DIOTTE

CATHERINE-ANN GEORGE

ANDRÉE MARCOTTE

Éditions Grand Duc
Groupe Éducalivres inc.
955, rue Bergar, Laval (Québec) H7L 4Z6
Téléphone: 514 334-8466 ■ Télécopie: 514 334-8387
InfoService: 1 800 567-3671

REMERCIEMENTS

Pour leurs suggestions et leurs judicieux commentaires à l'une ou l'autre des étapes du projet, l'Éditeur tient à remercier les personnes suivantes :

Mme Estelle Benoît, Collège Saint-Maurice, Saint-Hyacinthe ;
Mme Anne-Louise Blain, École d'éducation internationale de Laval, Commission scolaire de Laval ;
Mme Josée Brunelle, École secondaire d'Oka, Commission scolaire de la Seigneurie-des-Mille-Îles ;
Mme Cynthia Bureau, École secondaire Casavant, Commission scolaire de Saint-Hyacinthe ;
Mme Sandra Busque, Polyvalente Hyacinthe-Delorme, Commission scolaire de Saint-Hyacinthe ;
M. Jean-Michel Collin, École secondaire de l'Ancienne-Lorette, Commission scolaire des Découvreurs ;
Mme Annie Cormier, École Gérard-Filion, Commission scolaire Marie-Victorin ;
Mme Nathalie Couzon, École Jésus-Marie de Sillery, Sillery ;
M. Stéphane Duchesneau, École secondaire l'Horizon, Commission scolaire des Navigateurs ;
M. Pierre Dumais, Polyvalente Robert-Ouimet, Commission scolaire de Saint-Hyacinthe ;
Mme Geneviève Gaucher, École d'éducation internationale de Laval, Commission scolaire de Laval ;
Mme Francine Godin, École des Sentiers, Commission scolaire des Premières-Seigneuries ;
Mme Danielle Gosselin, École Gérard-Filion, Commission scolaire Marie-Victorin ;
Mme Catherine Grandisson, École secondaire de Neufchâtel, Commission scolaire de la Capitale ;
Mme Marie-Paule Grenier, Polyvalente Hyacinthe-Delorme, Commission scolaire de Saint-Hyacinthe ;
Mme Marie-Claude Lessard, École Évangéline, Commission scolaire de Montréal ;
M. Raymond-Marie Lessard, École secondaire de Neufchâtel, Commission scolaire de la Capitale ;
Mme Chantale Marquis, École secondaire d'Oka, Commission scolaire de la Seigneurie-des-Mille-Îles ;
Mme Vicky Mercier, École secondaire de l'Envol, Commission scolaire des Navigateurs ;
M. Jean Papillon, École secondaire de Neufchâtel, Commission scolaire de la Capitale ;
Mme Sylvie Pelletier, École secondaire de l'Envol, Commission scolaire des Navigateurs ;
Mme Valérie Pelletier, École secondaire de l'Envol, Commission scolaire des Navigateurs ;
Mme Mélanie Piché, École d'éducation internationale de Laval, Commission scolaire de Laval ;
Mme Christine Rancourt, École secondaire de l'Envol, Commission scolaire des Navigateurs ;
M. Gilbert Rodrigue, École Gérard-Filion, Commission scolaire Marie-Victorin ;
Mme Danielle Rondeau, École Paul-Gérin-Lajoie-d'Outremont, Commission scolaire Marguerite-Bourgeoys ;
Mme Stéphanie Ruel, Polyvalente Hyacinthe-Delorme, Commission scolaire de Saint-Hyacinthe ;
M. Hugo Tremblay, École secondaire Mont-de-La Salle, Commission scolaire de Laval.

Pour son travail de vérification scientifique, l'Éditeur témoigne toute sa gratitude à Mme Liette Gaudreau.

Pour son travail de conception et de planification, l'Éditeur remercie Mme Marie-Hélène Gosselin.

ÉPISODES

© 2007, Éditions Grand Duc, une division du Groupe Éducalivres inc.
955, rue Bergar, Laval (Québec) H7L 4Z6
Téléphone : 514 334-8466 • Télécopie : 514 334-8387
www.grandduc.com
Tous droits réservés

Nous reconnaissons l'aide financière du gouvernement du Canada par l'entremise du Programme d'aide au développement de l'industrie de l'édition (PADIÉ) pour nos activités d'édition.

Gouvernement du Québec – Programme de crédit d'impôt pour l'édition de livres – Gestion SODEC

Code produit 3569
ISBN 978-2-7655-0088-9

Dépôt légal
Bibliothèque et Archives nationales du Québec, 2007
Bibliothèque et Archives Canada, 2007

Imprimé au Canada

3 4 5 6 7 8 9 0 F 6 5 4 3 2 1 0 9 8

TABLE DES MATIÈRES

ÉPISODE 1

MONDES IMAGINAIRES 2

Coffret

L'organisation du texte : La séquence narrative, p. 337 ; Le schéma narratif, p. 338 ; Le schéma des rôles des personnages, p. 347 ; Les séquences, les genres et les types de textes, p. 322 ; Le rythme du récit, p. 354 ; L'harmonisation des temps verbaux, p. 349.

La grammaire de la phrase : La phrase de base, p. 375 ; L'accord du verbe, p. 436 ; Les classes de mots, p. 391 ; Les types de phrases, p. 376 ; La conjugaison, p. 442.

La grammaire du texte : Les marqueurs de relation, p. 317.

Le lexique : La polysémie, p. 470 ; Le sens contextuel, p. 470 ; La synonymie, p. 487 ; Des procédés stylistiques, p. 477 ; Les mots composés, p. 461 ; Le champ lexical, p. 489.

La situation de communication écrite et orale : L'énonciation, p. 291 ; Le ton, p. 296.

Les variétés de langue : La langue soutenue, p. 495 ; La langue familière, p. 496.

Guides

La langue orale : Les éléments paraverbaux : les éléments prosodiques et vocaux, p. 278 ; Les éléments verbaux, p. 275 ; Les éléments non verbaux, p. 279.

ÉPISODE 2

LE GOÛT D'AILLEURS 82

Coffret

L'organisation du texte: Le plan du texte descriptif, p. 327; Les séquences, les genres et les types de textes, p. 322; La séquence descriptive, p. 325; Des procédés descriptifs, p. 326; Des procédés graphiques, p. 326; Les traits caractéristiques des personnages, p. 346; Le statut du narrateur, p. 340; La vision ou le point de vue du narrateur, p. 342; La chronologie du déroulement, p. 352.

La grammaire de la phrase: Le groupe adjectival, p. 409; Le groupe adverbial, p. 411; Les fonctions syntaxiques, p. 384; La coordination et la juxtaposition, p. 424; L'énumération, p. 425; L'accord du participe passé employé avec l'auxiliaire *avoir,* p. 438; L'accord du participe passé employé avec l'auxiliaire *être,* p. 438; La conjugaison, p. 442.

La grammaire du texte: La pertinence de l'information, p. 320; La continuité de l'information, p. 308; Les marques non linguistiques, p. 315; Les organisateurs textuels, p. 316.

Le lexique: Le champ lexical, p. 489; Les mots génériques et les mots spécifiques, p. 486; L'antonymie, p. 488; Le vocabulaire exprimant le temps et le lieu, p. 483; Le sens propre et le sens figuré, p. 471; Des procédés stylistiques, p. 477.

La situation de communication écrite et orale: La communication et ses paramètres, p. 286; L'énonciation, p. 291; Le point de vue, p. 294.

Les variétés de langue: La langue soutenue, p. 495.

Guides

La langue orale: Les éléments verbaux, p. 275; Les éléments paraverbaux: les éléments prosodiques et vocaux, p. 278.

Coffret

Guides

Coffret

Guides

STRUCTURE DU MANUEL

Le manuel de l'élève *Épisodes,* 1re année du 2e cycle du secondaire, est composé de deux volumes. Dans chaque volume, vous traverserez quatre épisodes, chacun basé sur une thématique que vous pourrez découvrir en profondeur. À la fin des deux manuels, un ensemble de *Guides* vous aidera à constituer votre répertoire personnalisé et à développer des compétences en lecture, en écriture et en communication orale. Enfin, un *Coffret* rassemble toutes les notions grammaticales dont vous devez vous servir fréquemment.

Les premières pages vous présentent l'épisode.

Une œuvre visuelle permet d'aborder la thématique.

Les textes qui seront lus et étudiés.

La page *Au programme* présente les apprentissages qui seront faits durant l'épisode.

Les trois projets qui sont proposés à la fin de l'épisode.

Une page axée sur la culture générale qui permettra d'aborder certaines notions de façon ludique.

Les tâches d'écriture qui seront effectuées.

Les textes supplémentaires qui pourront être lus et étudiés.

Les tâches de communication orale qui seront proposées.

Chaque épisode est divisé en plusieurs
tâches qui permettent d'aborder le sujet
sous différents angles. Ces tâches sont
précédées d'une phase de préparation.

Un schéma des notions et concepts
vus dans l'épisode est présenté
dès le début.

Des rubriques biographiques
accompagnent les textes.

Les curiosités
langagières
sont expliquées.

Les différents textes commencent
au début de la page et sont
abondamment illustrés.

De brèves questions en bas des textes
guideront votre lecture et, ainsi,
vous permettront d'améliorer votre
compréhension du lexique.

Chaque texte est suivi d'activités d'exploitation.

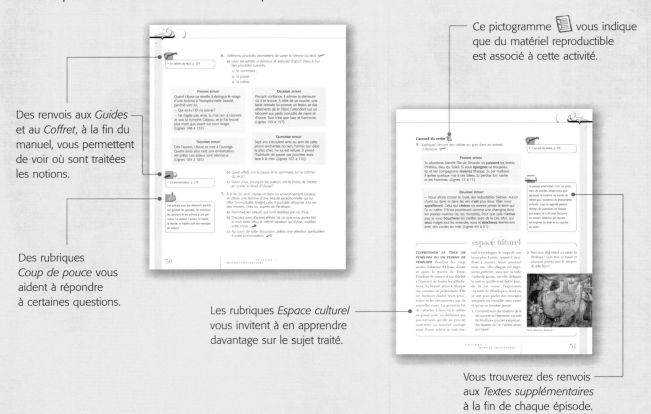

Ce pictogramme vous indique que du matériel reproductible est associé à cette activité.

Des renvois aux *Guides* et au *Coffret*, à la fin du manuel, vous permettent de voir où sont traitées les notions.

Des rubriques *Coup de pouce* vous aident à répondre à certaines questions.

Les rubriques *Espace culturel* vous invitent à en apprendre davantage sur le sujet traité.

Vous trouverez des renvois aux *Textes supplémentaires* à la fin de chaque épisode.

Par ailleurs, les pictogrammes et vous permettent de savoir en un coup d'œil si l'activité présentée est une tâche de communication orale ou d'écriture.

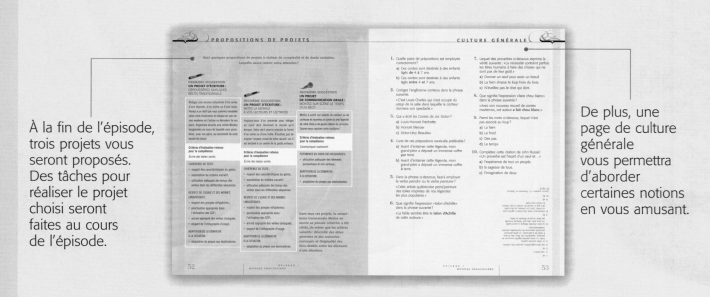

À la fin de l'épisode, trois projets vous seront proposés. Des tâches pour réaliser le projet choisi seront faites au cours de l'épisode.

De plus, une page de culture générale vous permettra d'aborder certaines notions en vous amusant.

À la fin de chacun des épisodes, des textes supplémentaires vous permettront d'explorer davantage la thématique abordée. Des questions liées à ces textes se trouvent dans le matériel reproductible.

Le *Coffret* à la fin du manuel rassemble les notions et concepts que vous aurez à acquérir.

Trois guides vous permettront de développer vos compétences de lecteur ou lectrice, de scripteur ou scriptrice et de communicateur ou communicatrice. De plus, un guide culturel vous fournira des repères lorsque vous vivrez diverses expériences culturelles.

Les pages *À lire et à découvrir* vous suggèrent des livres et des films qui élargiront vos horizons par rapport au thème de l'épisode.

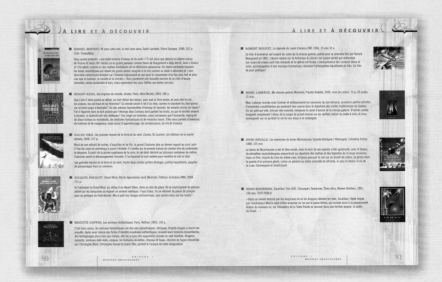

RENÉ MAGRITTE, *LES VALEURS PERSONNELLES*, 1952.

Mondes imaginaires

René Magritte, un peintre belge adepte du surréalisme, donnait vie à des mondes imaginaires par ses tableaux. Il disait de son art qu'il était fait de « pensées qui deviennent visibles ». Il est décédé en 1967 à l'âge de 68 ans.

1. Après avoir observé le tableau *Les valeurs personnelles* de René Magritte, choisissez le groupe de mots que vous utiliseriez pour définir le surréalisme :

a) raison, réalité, réflexion ;

b) rêve, inconscient, réflexe.

2. Expliquez ce qui, dans ce tableau, contribue à vous propulser dans un monde imaginaire.

3. Si vous aviez à décrire ce tableau, diriez-vous :

a) qu'il surprend par ses formes tirées de l'imagination de l'artiste ou par son agencement original de formes réelles ?

b) qu'on y trouve un effet de mouvement ou un effet d'immobilité ?

4. Tout comme l'artiste surréaliste, puisez dans vos automatismes ! Avec quel objet compléteriez-vous l'association d'idées présentée dans ce tableau ? Pourquoi ?

Au proGramme

Inspirez-vous du thème de ce premier épisode pour enrichir votre répertoire personnalisé.

Choisissez un recueil de contes, de légendes, de fables ou de mythes et lisez-le pour vous imprégner d'autres mondes imaginaires. Allez à la page 80 pour découvrir des suggestions de lecture.

Après avoir accompli plusieurs tâches variées, vous pourrez réaliser l'un des trois projets suivants afin de réinvestir les compétences que vous aurez développées dans ce premier épisode.

- En tant que rédacteurs ou rédactrices, vous rédigerez une version actualisée d'un conte, d'une légende, d'un mythe ou d'une fable dans le but de produire un recueil des plus modernes.

- Dans ce projet, vous ferez la morale aux tout-petits en contribuant à la création d'un recueil de fables et de contes inspirés de proverbes et destinés à un centre de la petite enfance.

- Dans ce projet, on vous propose de mettre à profit vos talents de conteur ou de conteuse. Vous aurez à raconter un conte ou une légende de votre choix à une classe de jeunes élèves d'une école primaire.

Pré**S**entation

Il était une fois…, À une époque fort éloignée de la nôtre…, Depuis la nuit des temps…, Il y a fort longtemps… À l'instar des images, ces formules ont le pouvoir de nous propulser dans des mondes imaginaires. Raconter des histoires est l'une des plus vieilles traditions de l'être humain. Autrefois, les histoires n'étaient racontées qu'oralement et se transmettaient de génération en génération. Elles servaient, entre autres, à faire rêver, à enseigner une morale, à relater des événements vécus par les ancêtres, à expliquer la création du monde. Puis, certaines personnes ont cru bon de mettre par écrit ce qui leur était raconté ou ce qu'elles racontaient. D'abord rédigées à la main sur des rouleaux de papyrus, ces histoires sont, aujourd'hui, sur les rayons de nos bibliothèques. Ainsi, plusieurs mondes imaginaires se sont matérialisés en prenant la forme de contes, de légendes, de mythes ou de fables. Ce sont ces genres littéraires que vous explorerez dans ce premier épisode.

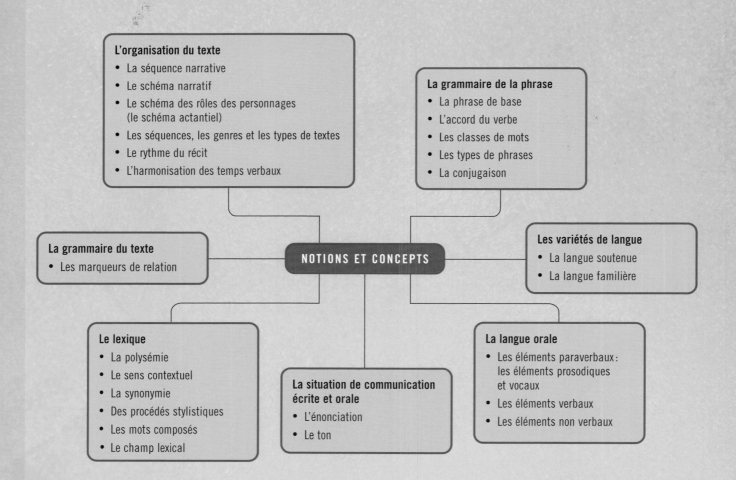

L'organisation du texte
- La séquence narrative
- Le schéma narratif
- Le schéma des rôles des personnages (le schéma actantiel)
- Les séquences, les genres et les types de textes
- Le rythme du récit
- L'harmonisation des temps verbaux

La grammaire de la phrase
- La phrase de base
- L'accord du verbe
- Les classes de mots
- Les types de phrases
- La conjugaison

La grammaire du texte
- Les marqueurs de relation

NOTIONS ET CONCEPTS

Les variétés de langue
- La langue soutenue
- La langue familière

Le lexique
- La polysémie
- Le sens contextuel
- La synonymie
- Des procédés stylistiques
- Les mots composés
- Le champ lexical

La situation de communication écrite et orale
- L'énonciation
- Le ton

La langue orale
- Les éléments paraverbaux : les éléments prosodiques et vocaux
- Les éléments verbaux
- Les éléments non verbaux

LES FABLES : DES MONDES IMAGINAIRES QUI FONT RÉFLÉCHIR

Ésope, un écrivain grec ayant vécu au 6e siècle av. J.-C., a grandement contribué à l'essor de la fable. La légende raconte qu'Ésope était d'une laideur excessive, mais qu'il était doué d'un esprit capable d'inventer, selon ses besoins, des histoires ayant pour acteurs des animaux qui donnaient des leçons aux hommes. Grâce à son ingéniosité, ses créations, qui menaient à la réflexion, lui auraient même permis de se libérer de l'esclavage.

Les fables d'Ésope étaient écrites en prose et contenaient une morale. Au 17e siècle, elles ont inspiré Jean de La Fontaine, un auteur français qui s'est servi des récits d'Ésope (et de ceux d'autres auteurs) pour créer un chef-d'œuvre de 243 fables reconnues pour leur esthétisme littéraire. Ainsi, il transforme les textes des anciens en de brefs récits écrits en vers qui mettent en valeur la langue française tout en présentant une morale. *La cigale et la fourmi* et *Le lièvre et la tortue* sont des fables célèbres de La Fontaine.

1. Selon vous, quelle était l'intention de communication des fabulistes mentionnés ci-dessus ?

2. À qui ces fables étaient-elles destinées ?

3. Selon vous, pourquoi ces auteurs ont-ils choisi d'utiliser une symbolique animale pour communiquer leur message ?

4. Qu'est-ce qui distingue les vers de la prose ?

5. Quelle distinction faites-vous entre une morale exprimée implicitement et une autre exprimée explicitement ?

Dans ce premier temps de lecture, on vous propose une fable d'Ésope et deux fables de Jean de La Fontaine. Lisez d'abord celle d'Ésope, *Le petit poisson et le pêcheur,* puis la version qu'en a faite Jean de La Fontaine afin de cerner les similitudes et les différences qu'on trouve entre les deux auteurs.

LE PETIT POISSON
ET LE PÊCHEUR

STANHOPE ALEXANDER FORBES, *DANS LE PORT DE NEWLYN*, 1908.

VERSION D'ÉSOPE

Un pêcheur ayant pris un petit poisson, dont le goût est très agréable, résolut de le manger. Ce petit animal, pour se tirer des mains du pêcheur, lui représentait qu'il devait lui donner le temps de croître et le priait très instamment de le relâcher, lui promettant de revenir de son bon gré mordre à l'hameçon au bout de quelque temps. « Il faudrait que j'eusse perdu l'esprit, lui répliqua le pêcheur, si je me fiais à tes promesses et si sous l'espérance d'un bien futur et incertain, je me privais d'un bien présent et assuré. »

LE PETIT POISSON
ET LE PÊCHEUR

VERSION DE JEAN DE LA FONTAINE

Petit poisson deviendra grand,
Pourvu que Dieu lui prête vie.
Mais le lâcher en attendant,
Je tiens pour moi que c'est folie ;
5 Car de le rattraper il n'est pas trop certain.

Un carpeau qui n'était encore que fretin
Fut pris par un pêcheur au bord d'une rivière.
Tout fait nombre, dit l'homme en voyant son butin ;
Voilà commencement de chère et de festin :
10 Mettons-le en notre gibecière.

Le pauvre carpillon lui dit en sa manière :
Que ferez-vous de moi ? je ne saurais fournir
Au plus qu'une demi-bouchée ;
Laissez-moi carpe devenir :
15 Je serai par vous repêchée.
Quelque gros partisan m'achètera bien cher,
Au lieu qu'il vous en faut chercher
Peut-être encor cent de ma taille
Pour faire un plat. Quel plat ? croyez-moi ; rien qui vaille.

20 Rien qui vaille ? Eh bien soit, repartit le pêcheur ;
Poisson, mon bel ami, qui faites le prêcheur,
Vous irez dans la poêle ; et vous avez beau dire,
Dès ce soir on vous fera frire.

Un tien vaut, ce dit-on, mieux que deux tu l'auras :
25 L'un est sûr, l'autre ne l'est pas.

Jean de LA FONTAINE

1621-1695

Jean de La Fontaine est né à Château-Thierry, en France. Cet auteur, surtout renommé pour ses fables, a également écrit des contes, des nouvelles, de la poésie et des romans. Plusieurs proverbes sont issus de ses fables : « Rien ne sert de courir ; il faut partir à point » (*Le lièvre et la tortue*), « Aide-toi et le ciel t'aidera ! » (*Le chartier embourbé*), « Tel est pris, qui croyait prendre » (Le rat et l'huître).

En poésie classique, le mot encore s'écrit sans *e* final.

1. a) Relevez le procédé stylistique employé dans les vers 14 et 15.
   b) Justifiez l'emploi de ce procédé.
2. À l'aide du contexte, trouvez le sens des mots fretin et gibecière.
3. Relevez, dans ce texte, trois mots de même famille.

- Les variétés de langue, p. 494
- Les expressions figées, p. 490 (proverbes)

- Les stratégies de lectures, p. 261

1. Observez, dans les fables, chacun des éléments ci-dessous, puis précisez en quoi ils sont semblables ou différents d'un texte à l'autre.

   a) Le découpage du texte.

   b) La forme du discours (prose ou vers).

   c) Les personnages principaux et les figurants.

   d) La mise en valeur de la langue.

   e) La morale exprimée.

   f) Les événements racontés.

2. **a)** Quelle fable vous a semblé la plus difficile à comprendre? Expliquez votre réponse à l'aide d'exemples.

   b) Quels moyens avez-vous pris pour surmonter les difficultés éprouvées?

3. **a)** À quelle variété de langue associez-vous la fable de Jean de La Fontaine? Justifiez votre réponse à l'aide de deux exemples tirés du texte.

   b) Quel lien peut-on établir entre le choix de cette variété de langue et:

   1) l'intention de l'auteur?

   2) le contexte de création de ces fables?

4. **a)** Trouvez le proverbe qui exprime la morale de ces fables.

   b) Expliquez le sens de ce proverbe. Utilisez un exemple, au besoin.

La conjugaison: les modes et les temps

5. **a)** Complétez ces proverbes bien connus en respectant les modes et les temps demandés. Au besoin, consultez un dictionnaire.

   b) Expliquez ensuite le sens de ces proverbes dans vos mots.

   1) C'est en (participe présent) ▆▆▆ qu'on devient forgeron.

   2) Chose promise, chose (participe passé) ▆▆▆.

   3) Les beaux esprits se (indicatif présent) ▆▆▆.

   4) Bien mal (participe passé) ▆▆▆ ne profite jamais.

   5) Chat échaudé (indicatif présent) ▆▆▆ l'eau froide.

   6) (impératif présent) ▆▆▆ -moi qui tu hantes, je te dirai qui tu es.

   7) Qui aime bien (indicatif présent) ▆▆▆ bien.

   8) Petite pluie (indicatif présent) ▆▆▆ grand vent.

LE LOUP ET LE CHIEN

VERSION DE JEAN DE LA FONTAINE

Un loup n'avait que les os et la peau,
Tant les chiens faisaient bonne garde.
Ce loup rencontre un dogue aussi puissant que beau,
Gras, poli, qui s'était fourvoyé par mégarde.
5 L'attaquer, le mettre en quartiers,
Sire loup l'eût fait volontiers ;
Mais il fallait livrer bataille,
Et le mâtin était de taille
À se défendre hardiment.
10 Le loup donc l'aborde humblement,
Entre en propos, et lui fait compliment
Sur son embonpoint, qu'il admire.
« Il ne tiendra qu'à vous beau sire,
D'être aussi gras que moi, lui repartit le chien.
15 Quittez les bois, vous ferez bien :
Vos pareils y sont misérables,
Cancres, haires, et pauvres diables,
Dont la condition est de mourir de faim.
Car quoi ? rien d'assuré : point de franche lippée :
20 Tout à la pointe de l'épée.
Suivez-moi : vous aurez un bien meilleur destin. »
Le loup reprit : « Que me faudra-t-il faire ?
— Presque rien, dit le chien, donner la chasse aux gens
Portants bâtons, et mendiants ;
25 Flatter ceux du logis, à son maître complaire :
Moyennant quoi votre salaire
Sera force reliefs de toutes les façons :
Os de poulets, os de pigeons,
Sans parler de mainte caresse. »
30 Le loup déjà se forge une félicité
Qui le fait pleurer de tendresse.
Chemin faisant, il vit le col du chien pelé.
« Qu'est-ce là ? lui dit-il. — Rien. — Quoi ? rien ? — Peu de chose.

L'expression **entre chien et loup** désigne le moment de la journée où tombe l'obscurité. Autrefois, les loups affamés qui venaient rôder aux abords des villages représentaient un danger pour les paysans. Par contre, les chiens domestiques, qui erraient aussi dans les rues, étaient généralement inoffensifs. À cette époque, on disait qu'il était risqué de sortir *entre chien et loup*. En effet, quand le soleil se couchait et qu'il devenait plus difficile de voir, un voyageur pouvait confondre un bon chien et un méchant loup, d'où l'expression.

Chez nous, on utilise aussi le très joli mot *brunante* pour désigner le moment de la journée décrit par l'expression *entre chien et loup*. La brunante est la période du jour qui correspond aux quelques minutes avant le crépuscule, alors que les derniers rayons du soleil donnent aux objets une teinte brunâtre.

Guy BERTRAND, *400 capsules linguistiques*, Montréal, Lanctôt éditeur, 2006, p. 186.

À l'aide du contexte, trouvez ce que désignent les mots dogue et mâtin.

Dans ce texte, les mots **portants** et **mendiants** s'écrivent avec un *s* même s'il s'agit de participes présents. Ces mots ont été déclarés invariables par l'Académie française en 1679.

MARK ADLINGTON, *LOUP*, 1996.

— Mais encor ? — Le collier dont je suis attaché
35 De ce que vous voyez est peut-être la cause.
— Attaché ? dit le loup : vous ne courez donc pas
Où vous voulez ? — Pas toujours ; mais qu'importe ?
— Il importe si bien, que de tous vos repas
Je ne veux en aucune sorte,
40 Et ne voudrais pas même à ce prix un trésor. »
Cela dit, maître loup s'enfuit, et court encor.

1. **a)** Expliquez la morale de cette histoire.

b) Quelle différence, relative à la morale, y a-t-il entre les deux fables de La Fontaine que vous avez lues ?

2. **a)** Dégagez d'abord le schéma narratif de la fable *Le loup et le chien* en remplissant la colonne de gauche d'un tableau semblable à celui ci-dessous.

LE SCHÉMA NARRATIF DE LA FABLE *LE LOUP ET LE CHIEN*		
Parties	**Version de Jean de La Fontaine**	**Votre version**
Situation initiale	Un loup se meurt de faim.	Un loup se meurt de faim.
Élément déclencheur		
Déroulement		
Dénouement		
Situation finale		

b) Modifiez ensuite cette fable de manière à ce qu'elle exprime plutôt le proverbe suivant : « Qui ne risque rien n'a rien. »

c) Respectez les consignes suivantes :

   1) Pour dresser le plan de votre histoire, utilisez la colonne de droite du tableau de la page précédente.

   2) Conservez la même situation initiale.

   3) Déterminez la façon d'exprimer la morale de votre récit : implicitement ou explicitement.

   4) Produisez un texte d'une page ou moins.

   5) Une fois votre fable rédigée, soulignez tous les verbes conjugués de votre texte et vérifiez leur accord. 🗝

■ L'accord du verbe, p. 436

■ Les classes de mots, p. 391

■ La position et la distance, p. 279

3. a) Écoutez *La fable du loup et du chien* d'Ésope afin de la comparer avec la version de La Fontaine. 🎤

   b) Au cours de votre écoute, observez la position du corps de la personne qui récite la fable. Favorise-t-elle la projection de la voix ? Pourquoi ? 🔍

   c) Quelle version préférez-vous ? Justifiez votre choix à l'aide d'au moins deux critères d'appréciation.

4. Les morales exprimées dans les fables sont-elles encore pertinentes de nos jours ? Expliquez votre réponse.

Les classes de mots

5. a) Relisez cet extrait de la fable *Le loup et le chien* de La Fontaine afin de déterminer à quelle classe appartient chacun des mots surlignés. 🗝

> À se défendre hardiment.
> Le loup donc l'aborde humblement,
> Entre en propos, et lui fait compliment
> Sur son embonpoint, qu'il admire.
> «Il ne tiendra qu'à vous beau sire,
> D'être aussi gras que moi, lui repartit le chien.
> Quittez les bois, vous ferez bien :
> Vos pareils y sont misérables,
> (Lignes 9 à 16)

   b) À quelles autres classes certains de ces mots peuvent-ils appartenir ? Donnez des exemples en rédigeant des phrases dans lesquelles ces mots appartiendront à ces classes.

LES CONTES : DES MONDES IMAGINAIRES POUR LES 7 À 77 ANS

De nos jours, les contes sont surtout destinés aux enfants. Toutefois, à une autre époque, ces récits oraux divertissaient tant les adultes que les jeunes. Cette tradition orale s'est éteinte petit à petit avec le développement de la technologie, surtout dans les pays occidentaux. Radio, télévision, cinéma et ordinateur sont rapidement devenus les divertissements de prédilection des adolescents et adolescentes et des adultes, qui ont laissé les contes aux enfants.

Or, depuis quelques années, on constate, chez les adultes, un nouvel engouement pour ce genre littéraire. Plusieurs de nos auteurs et auteures ont repris des récits classiques pour les transposer dans notre époque ou pour en transformer la nature. En outre, plusieurs cinéastes se sont inspirés de contes traditionnels pour créer leurs films. Cet engouement se traduit aussi par une popularité accrue des spectacles mettant en scène un conteur ou une conteuse.

Dans ce prochain temps de lecture, vous lirez deux récits racontant l'histoire du Petit Chaperon rouge. Le premier est le conte traditionnel de Charles Perrault et le second est ce même conte réinventé par le Québécois Jacques Ferron.

1. Comment expliquez-vous qu'il existe souvent plusieurs versions d'un même conte?

2. Discutez avec d'autres élèves et proposez votre définition du conte. Comparez-la ensuite avec celle d'autres équipes.

3. Le loup est un personnage très présent dans les contes traditionnels.

    a) Que représente-t-il, généralement?

    b) Outre *Le Petit Chaperon rouge,* connaissez-vous d'autres histoires qui exploitent le personnage du loup? Si oui, lesquelles?

LE PETIT CHAPERON ROUGE

VERSION DE CHARLES PERRAULT

Il était une fois une petite fille de village, la plus jolie qu'on eût su voir : sa mère en était folle, et sa mère-grand plus folle encore. Cette bonne femme lui fit faire un petit chaperon rouge qui lui seyait si
5 bien que partout on l'appelait le Petit Chaperon rouge.

Un jour, sa mère, ayant cuit et fait des galettes, lui dit :

« Va voir comment se porte ta mère-grand, car on m'a dit qu'elle était malade. Porte-lui une galette
10 et ce petit pot de beurre. »

Le Petit Chaperon rouge partit aussitôt pour aller chez sa mère-grand, qui demeurait dans un autre village. En passant dans un bois, elle rencontra compère le loup, qui eut bien envie de la manger ;
15 mais il n'osa, à cause de quelques bûcherons qui étaient dans la forêt. Il lui demanda où elle allait ; la pauvre enfant, qui ne savait pas qu'il était dangereux de s'arrêter à écouter un loup, lui dit :

« Je vais voir ma mère-grand, et lui porter une
20 galette, avec un petit pot de beurre, que ma mère lui envoie.

— Demeure-t-elle bien loin ? lui dit le loup.

— Oh ! oui, dit le Petit Chaperon rouge, c'est par-delà le moulin que vous voyez tout là-bas, à la première maison du village.

25 — Eh bien ! dit le loup, je veux l'aller voir aussi ; je m'y en vais par ce chemin ici, et toi par ce chemin-là, et nous verrons qui plus tôt y sera. »

Le loup se mit à courir de toute sa force par le chemin qui était le plus court, et la petite fille s'en alla par le chemin le plus long, s'amusant à cueillir des noisettes, à courir après les papillons, et à faire des bouquets des petites fleurs qu'elle rencontrait.

30 Le loup ne fut pas longtemps à arriver à la maison de la mère-grand ; il heurte : Toc, toc.

« Qui est là ?

— C'est votre fille, le Petit Chaperon rouge (dit le loup en contrefaisant sa voix) qui vous apporte une galette et un petit pot de beurre, que ma mère vous envoie. »

WLADYSLAW WANKI, *SEULE AU PARC.*

Charles PERRAULT

1628-1703

Charles Perrault est un auteur français du 17e siècle qui a écrit plusieurs contes issus de la tradition populaire dont, entre autres, *La Belle au bois dormant, Cendrillon, Le Chat botté, Le Petit Poucet* et *La Barbe Bleue.* Saviez-vous que les versions originales de ces contes étaient, à l'époque, racontées à un public adulte ? Perrault a repris ces histoires en censurant tout ce qui pouvait choquer un jeune public ou ne pas lui convenir. Il a transformé ces récits pour qu'ils soient adaptés à la société de son temps et pour que les lecteurs et lectrices puissent en tirer une morale. Il a regroupé ses textes pour en faire un ouvrage intitulé *Contes de ma mère l'Oye.*

1. Expliquez le sens de la phrase surlignée de cette page.

2. a) Repérez le mot de base contenu dans les mots chevillette et déshabille.

b) Relevez les éléments qui ont été ajoutés à ces mots et donnez leur sens.

35 La bonne mère-grand, qui était dans son lit à cause qu'elle se trouvait un peu mal, lui cria : « Tire la chevillette, la bobinette cherra. »

Le loup tira la chevillette, et la porte s'ouvrit. Il se jeta sur la bonne femme, et la dévora en moins de rien ; car il y avait plus de 40 trois jours qu'il n'avait mangé. Ensuite il ferma la porte, et s'alla coucher dans le lit de la mère-grand, en attendant le Petit Chaperon rouge, qui quelque temps après, vint heurter à la porte. Toc, toc.

« Qui est là ? »

Le Petit Chaperon rouge, qui entendit la grosse voix du loup, 45 eut peur d'abord, mais, croyant que sa mère-grand était enrhumée, répondit :

« C'est votre fille le Petit Chaperon rouge, qui vous apporte une galette et un petit pot de beurre que ma mère vous envoie. »

Le Loup lui cria en adoucissant un peu sa voix :

50 « Tire la chevillette, la bobinette cherra. »

Le Petit Chaperon rouge tira la chevillette, et la porte s'ouvrit. Le loup, la voyant entrer, lui dit en se cachant dans le lit sous la couverture :

« Mets la galette et le petit pot de beurre sur la huche, et viens 55 te coucher avec moi. »

Le Petit Chaperon rouge se déshabille, et va se mettre dans le lit, où elle fut bien étonnée de voir comment sa mère-grand était faite en son déshabillé. Elle lui dit :

« Ma mère-grand, que vous avez de grands bras !

60 — C'est pour mieux t'embrasser, ma fille !

— Ma mère-grand, que vous avez de grandes jambes !

— C'est pour mieux courir, mon enfant !

— Ma mère-grand, que vous avez de grandes oreilles !

— C'est pour mieux écouter, mon enfant !

65 — Ma mère-grand, que vous avez de grands yeux !

— C'est pour mieux voir, mon enfant !

— Ma mère-grand, que vous avez de grandes dents !

— C'est pour te manger ! »

Et en disant ces mots, ce méchant loup se jeta sur le Petit 70 Chaperon rouge, et la mangea.

MORALITÉ

On voit ici que de jeunes enfants,
Surtout de jeunes filles,
Belles, bien faites et gentilles
Font très mal d'écouter toutes sortes de gens,
5 Et que ce n'est pas chose étrange,
S'il en est tant que le loup mange.
Je dis le loup, car tous les loups
Ne sont pas de la même sorte :
Il en est d'une humeur accorte,
10 Sans bruit, sans fiel et sans courroux,
Qui, privés, complaisants et doux,
Suivent les jeunes demoiselles
Jusque dans les maisons, jusque dans les ruelles.
Mais, hélas ! qui ne sait que ces loups doucereux,
15 De tous les loups sont les plus dangereux !

■ Charles PERRAULT,
« Le Petit Chaperon rouge », *Contes*, Paris, Gallimard, 1999, p. 70-73.

Sir John Everett Millais, *Le Petit Chaperon rouge*, 1865.

1. L'histoire du Petit Chaperon rouge de Charles Perrault correspond-elle à l'histoire qu'on vous a racontée dans votre enfance ? Si la réponse est non, quelles différences y voyez-vous ?

- La séquence narrative, p. 337
- L'univers narratif, p. 339

2. Prouvez que ce texte est bien un conte en sélectionnant des extraits qui illustrent certaines caractéristiques de ce genre.

   a) Une époque indéterminée.

   b) Des lieux imprécis.

   c) Une description superficielle des personnages.

   d) La présence d'éléments invraisemblables (personnages, objets, événements, etc.).

3. **a)** Expliquez la morale de l'histoire.

   b) Indiquez à quel univers narratif appartient ce récit. Choisissez parmi les réponses suivantes :

     1) il s'agit d'un récit d'apprentissage ;

     2) il s'agit d'un récit fantastique ;

     3) il s'agit d'un récit historique.

- L'énonciation, p. 291
- Le schéma des rôles des personnages (le schéma actantiel), p.347

L'**énonciateur** est la personne qui prend la parole. Il peut s'agir d'un narrateur ou d'une narratrice, d'un personnage, de l'auteur ou de l'auteure, d'un expert ou d'une experte, etc. Le **destinataire** est la personne à qui l'énoncé est destiné.

4. Plusieurs énonciateurs prennent la parole dans ce récit.

a) Dans chacun des extraits ci-dessous, identifiez l'énonciateur et le ou les personnages qui sont les destinataires.

1) «Va voir comment se porte ta mère-grand, car on m'a dit qu'elle était malade. Porte-lui une galette et ce petit pot de beurre.» (Lignes 8 à 10)

2) Le Petit Chaperon rouge partit aussitôt pour aller chez sa mère-grand, qui demeurait dans un autre village. (Lignes 11 à 13)

3) A) «Tire la chevillette, la bobinette cherra.» (Lignes 36 et 37)

B) «Tire la chevillette, la bobinette cherra.» (Ligne 50)

4) Le Loup lui cria en adoucissant un peu sa voix […] (Ligne 49)

5) — Ma mère-grand, que vous avez de grandes jambes! (Ligne 61)

b) Quelle particularité les destinataires des énoncés 3)A et 5) présentent-ils?

5. a) Remplissez un schéma actantiel semblable à celui ci-dessous afin de bien comprendre le rôle de chacun des actants dans ce texte.

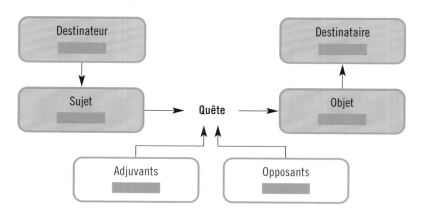

b) Remplissez un second schéma actantiel en mettant au cœur de celui-ci l'objet de la quête du loup.

c) Quel personnage devient alors le principal adjuvant? Expliquez cette situation.

6. a) Repérez trois exemples de structures de phrases qui reflètent l'écriture du 17e siècle.

b) Ces structures ont-elles rendu votre compréhension du texte plus difficile? Pourquoi?

c) Comment ces phrases s'écriraient-elles aujourd'hui?

7. a) Expliquez pourquoi on peut dire que la description du personnage du Petit Chaperon rouge est très stéréotypée. Commentez à la fois son aspect physique et son aspect psychologique.

b) La vision sexiste proposée par l'auteur est-elle surprenante pour l'époque ? Pourquoi ?

8. Avant que Charles Perrault et les frères Grimm métamorphosent le Petit Chaperon rouge, la fillette était intelligente, débrouillarde et autonome. C'est ainsi qu'on la présentait dans les versions orales qui ont précédé.

a) Rétablissez les faits en proposant une conclusion dans laquelle le Petit Chaperon rouge aurait plutôt ces qualités.

b) Comparez votre version avec celles d'autres élèves. Laquelle est la plus originale ? Pour quelles raisons ?

c) Diriez-vous que cette tâche d'écriture est plus réussie que celle réalisée précédemment, à la page 11, lors de l'étude de la fable *Le loup et le chien* ? Pourquoi ?

La phrase de base et ses fonctions syntaxiques

9. a) Repérez les groupes sujets (GS), les groupes prédicats (GP) et les groupes compléments de phrase (GCP) dans les phrases ci-dessous.

b) Pour vous aider, utilisez les manipulations syntaxiques appropriées.

> Le loup tira la chevillette, et la porte s'ouvrit. Il se jeta sur la bonne femme, et la dévora en moins de rien ; parce qu'il n'avait rien mangé depuis plus de trois jours. Ensuite il ferma la porte, et s'alla coucher dans le lit de la mère-grand [...]

c) Spécifiez la fonction exercée par chacun de ces groupes.

d) Les phrases présentes dans cet extrait forment-elles des phrases complexes ? Justifiez votre réponse.

- La phrase de base, p. 375
- Les manipulations syntaxiques, p. 371
- La jonction de phrases, p. 412

LE PETIT CHAPERON ROUGE

VERSION DE JACQUES FERRON

Une vieille dame, qu'on avait beaucoup chaperonnée en sa jeunesse avec le résultat qu'elle avait épousé un homme autoritaire dont elle était veuve, Dieu merci, achevait ses jours sans surveillance, libre et heureuse, dans un petit bungalow à l'Abord-à-Plouffe. C'était une personne étudiée, pas loin d'être parfaite. Elle n'avait qu'un défaut : la peur

5 des chiens. Et il est rare que les chiens viennent seuls. Une de ses petites-filles était sa préférée : elle la chérissait mais ne la connaissait guère. Ses autres enfants, mieux connus, elle les aimait bien mais ne s'en inquiétait pas : la solitude l'avait détachée d'eux. Ç'avait été sur un cœur quelque peu sec qu'une fine crevasse était apparue, un mal qui n'avait rien de familial et que la solitude, loin de guérir, avait approfondi. La vieille dame

10 ne pensait pas à sa préférée sans le ressentir, sans porter sa main à sa poitrine : un mal agaçant contre lequel elle ne pouvait rien. Le seul remède était de se dire : « Elle viendra demain, après-demain. » Mais quand la fillette s'amenait mine de rien, après avoir attaché son chien en arrière du hangar, la grand-mère n'était pas soulagée. Le jeune être l'intimidait. Elle ne savait quel langage lui tenir, craignant d'entamer du neuf, d'en dire

15 trop ou pas assez. Alors elle reprenait en fausset des rengaines : « Que tu as de belles joues, mon enfant !

— C'est pour mieux rougir, grand-maman.

— De belles lèvres !

— Pour mieux ouvrir la bouche, grand-maman. »

20 Ces joues, ces lèvres étaient effleurées du doigt de la vieille dame qui mignardait, cajolait l'enfant étonnée de tant d'amour, un peu agacée aussi car cela n'en finissait plus.

Cependant, le chien, derrière le hangar, trouvait la corde courte et détestait tout ce qu'il y avait devant. Le père de la fillette,

25 commis voyageur, l'avait ramené d'une de ses tournées. « Et ma mère ? » avait objecté sa femme. « Bah ! elle ne le verra pas. » Elle ne le vit pas en effet car on avait décidé qu'il resterait en arrière du hangar. Néanmoins, la première fois que la fillette vint à l'Abord-à-Plouffe en compagnie du chien : « Tu sens drôle, petite »,

30 lui dit la grand-mère. Puis elle s'habitua, du moins n'en parla plus. Mais, coïncidence étrange, sa petite-fille, qui jusque-là lui avait semblé une enfant comme les autres, commença d'être différente, unique et irremplaçable. Sur son vieux cœur la petite gerçure était apparue, que la solitude, loin de guérir, avait approfondie.

L'Abord-à-Plouffe était un petit village situé au nord de Montréal. Aujourd'hui, cette localité fait partie de la ville de Laval.

Au Québec, entre 1949 et 1961, la vente de margarine était interdite. Ferron fait allusion à ce fait dans son conte en changeant le petit pot de beurre pour un petit pot de margarine de l'Ontario.

Que signifie l'expression en fausset ?

35　　　Un jour, le commis voyageur avait rapporté d'Ontario
une caisse de bonne margarine, la mère dit à sa fille : « Mets ton
petit chaperon rouge, tu iras porter un cadeau à ta grand-mère. »
La fillette, qui s'ennuyait toujours où elle se trouvait, ne se fit
pas prier. Elle mit sa capeline et partit pour l'Abord-à-Plouffe.
40　« Ne t'amuse pas en chemin, la margarine fondrait », lui avait dit
sa mère. Elle se dépêchait donc, accompagnée de son chien qui
montrait les dents. Les voyous des rues n'osaient pas approcher.
Ils criaient toutefois : « Hé ! Es-tu le Petit Chaperon rouge ? »
La fillette, pincée, se disait en elle-même : « Ma mère me prend
45　pour une enfant », et se dandinait pour montrer qu'elle ne l'était
plus. La capeline trop courte accusait le jeu de ses braves petites
hanches. Les voyous rigolaient. Le chien n'aimait guère cela.
Il détestait encore plus, toutefois, d'aller à l'Abord-à-Plouffe.
Quand il se rendit compte que c'était là leur destination, il ne put,
50　cette fois, s'y résoudre. Il dit au Petit Chaperon rouge : « Prends
le chemin du Parc Belmont ; moi, j'enfile la rue du pont, nous
nous retrouverons en arrière du hangar. » Et il se sauva, laissant
la fillette sans protection.

　　　Or, un vieux coquin, vrai gibier de potence, chassait dans
55　le quartier justement. Il flaire la viande fraîche et aperçoit le
Petit Chaperon rouge. Ce qu'il en voit en arrière le convainc
aussitôt que la proie mérite d'être vue par devant. Il presse le pas,
la rejoint et par la même occasion lui apprend que, la connaissant
sans qu'elle le connaisse, il est bien aise de la saluer. Elle, ne
60　sachant que penser, répond à sa politesse. « Où allez-vous ainsi,
ma belle enfant ?

　　　— Je m'en vais chez ma grand-mère, à l'Abord-à-Plouffe.

　　　— Oui, bien sûr.

　　　— Vous la connaissez donc !

65　　　— Oui, comme vous le voyez. »

　　　La fillette, rassurée, jugea qu'elle ne pouvait rien cacher à un homme aussi familier.
Le coquin eut donc tous les renseignements dont il avait besoin. Alors il s'arrêta, désolé
de ne pouvoir l'accompagner plus loin. Le Petit Chaperon rouge continua seule. Lui,
il héla un grand taxi noir qui le conduisit en moins d'un instant chez la grand-mère.
70　« Qui est là ? demanda celle-ci.

Jacques FERRON

1921-1985

Jacques Ferron est
né à Louiseville,
près de Trois-
Rivières. Au cours
de sa vie, il a prati-
qué la médecine et
a écrit plusieurs textes, dont le conte
Le Petit Chaperon rouge, publié
pour la première fois en 1961 dans
L'information médicale et paramédicale.
Il est le frère de la peintre Marcelle
Ferron et de l'auteure Madeleine Ferron.

De 1923 à 1983, le Parc Belmont
de Cartierville, au nord-ouest de
Montréal, a été un parc d'attraction
fréquenté par le public montréalais
et québécois. Pendant plusieurs
années, le Parc Belmont a été
un lieu-culte à Montréal.

Wikipédia, [En ligne].

— C'est votre petite fille.

— As-tu le rhume ?

— Oui, grand-maman.

— Prends la clef sous le paillasson et entre vite. »

75 Il entre, montrant la paume de ses deux mains : « Ne vous effrayez pas, bonne dame ; j'ai simplement besoin d'une robe et d'un bonnet de nuit.

— Pour quoi faire ?

— Néveurmagne ! »

Quand il a mis la robe et le bonnet, il enferme la vieille dans un placard et se
80 couche, heureux comme seul un coquin sait l'être quand il voit son mauvais coup sur le point de réussir. Il a laissé la porte de la maison entrouverte pour ne pas être trahi par sa voix. « La fillette entrera sans permission, de même je la cueillerai. » Et il se pourlèche de si grand plaisir que le lit en branle. Le Petit Chaperon rouge, pendant ce temps, s'amenait d'un petit train bien ordinaire. Le chien arriva le premier en arrière
85 du hangar. Là, la vue de l'anneau, auquel on l'attache d'ordinaire, lui rappelle qu'il est seul et libre. La corde ne le retient pas : il bondit en avant, contourne le hangar, aperçoit le bungalow au milieu des fleurs et des arbustes ; le poil hérissé, il s'en approche, saute sur le perron ; la porte est entrouverte, il la pousse du nez, et le voilà entré.

Néveurmagne est une déformation des mots anglais *never mind*. Ce juron québécois signifie « je m'en fous » ou « laisse tomber ». Il fut popularisé par le Survenant, le personnage principal du célèbre roman de Germaine Guèvremont.

Quand le Petit Chaperon rouge arriva à son tour, elle ne
90 trouva pas de chien au rendez-vous. Elle l'appelle, point de réponse. Ne sachant que penser, elle s'avance, contourne le hangar. Qu'aperçoit-elle alors ; sa bonne grand-mère, si fine, si étudiée, le bonnet à la main, la robe troussée, qui fuit sur de longues jambes velues le chien qui lui mord les fesses. Saisie d'horreur,
95 elle ouvre la bouche en vain. Quand elle parvient à crier, la grand-mère et la bête ont déjà disparu derrière les haies des jardins voisins. La pauvre enfant serra son petit pot de margarine sur son cœur, bien malheureuse. Le beau soleil, les arbustes, les fleurs offensaient sa peine. Elle alla se réfugier dans l'ombre de la maison où, pour n'avoir pas à penser à tout ce qui venait
100 d'arriver, elle pleura, pleura.

Elle commençait à se demander ce qu'elle ferait, rendue au bout de ses larmes, quand elle entendit un léger bruit. Elle prêta attention et n'en crut pas ses oreilles : c'était sa grand-mère qui l'appelait. « Grand-mère, où êtes-vous ?

— Dans le placard. Tire la chenillette, la bobinette cherra. »

105 La fillette fit ce que sa grand-mère lui demandait, la porte du placard s'ouvrit et elles tombèrent dans les bras l'une de l'autre. « Ah, petite, disait la grand-mère,
110 tu as bien failli me trouver tout autre que je suis!

— Vous de même, grand-mère, car mon chien m'avait échappé.

— Coquine, il me semblait bien
115 que tu sentais drôle! »

Le chien et le coquin ne formaient qu'un loup. Ce loup restait entre elles. Elles se mignardaient, cajolaient avec une passion
120 nouvelle. Et il arriva ce qui devait arriver: dans le pot oublié sur la table, la margarine fondit.

■ Jacques FERRON, « Le Petit Chaperon rouge »,
Contes, Montréal, Bibliothèque québécoise, 1993,
p. 223-227. Reproduction autorisée par Copibec.

DANIEL BENNETT SCHWARTZ, *AU COIN DE LA RUE,* 1991.

1. **a)** En quoi les éléments ci-dessous sont-ils différents d'un conte à l'autre?

  1) L'époque.

  2) Les lieux.

  3) La quête du Petit Chaperon rouge.

  4) Les adjuvants.

  5) Les opposants.

  6) L'élément merveilleux.

  7) Le personnage qui propose à la fillette de prendre des chemins différents.

  8) Les expressions répétitives.

b) Quelle version avez-vous préférée? Justifiez votre réponse.

- Le ton, p. 296
- Les types de phrases, p. 376
- Les formes de phrases, p. 379

2. a) Qualifiez le ton du conte de Ferron et donnez deux exemples tirés du texte pour appuyer votre réponse. 🗝

b) Est-ce le même ton dominant que dans la version traditionnelle de Charles Perrault ? Justifiez votre réponse.

c) Comment expliquez-vous le choix de ce ton par l'auteur Jacques Ferron ?

3. a) D'après le contexte, quel genre de personne l'auteur a-t-il voulu décrire en créant le personnage du coquin ?

b) Le message que livre Ferron dans son texte est-il toujours d'actualité ?

4. « Le chien et le coquin ne formaient qu'un loup. » Interprétez le sens de cette phrase (lignes 116 et 117). Pour vous aider, trouvez le rôle joué par le chien et le coquin et rappelez-vous la morale de Perrault dans son conte.

Les types et les formes de phrases

5. Dans un texte littéraire, un auteur ou une auteure peut se servir de différents types et formes de phrases.

a) Dans l'extrait ci-dessous, relevez une phrase : 🗝

1) déclarative et emphatique ;

2) impérative et positive ;

3) exclamative et impersonnelle ;

4) déclarative et négative ;

5) interrogative et active ;

6) exclamative et emphatique.

> Elle prêta attention et n'en crut pas ses oreilles : c'était sa grand-mère qui l'appelait. « Grand-mère, où êtes-vous ?
> — Dans le placard. Tire la chenillette, la bobinette cherra. »
> La fillette fit ce que sa grand-mère lui demandait, la porte du placard s'ouvrit et elles tombèrent dans les bras l'une de l'autre. « Ah, petite, disait la grand-mère, tu as bien failli me trouver tout autre que je suis !
> — Vous de même, grand-mère, car mon chien m'avait échappé.
> — Coquine, il me semblait bien que tu sentais drôle ! »
> (Lignes 102 et 115)

b) À votre avis, pour quelle raison l'auteur a-t-il utilisé divers types et formes de phrases ?

La conjugaison: les temps simples et les temps composés

6. a) Reproduisez le tableau ci-dessous pour y classer les verbes ci-contre selon leurs caractéristiques.

MODE :			
Temps		**Temps composés**	
présent			
	aimait		
		futur antérieur	

aimait	commença
avait ramené	aura rencontré
viendra	fondrait
serions tombés	a mis
viennent	eurent fini

b) Inscrivez les informations manquantes.

c) Ajoutez des lignes à votre tableau pour y classer les quatre autres modes de conjugaison et leurs temps. Trouvez des exemples de verbes pour illustrer chacun des temps.

d) Dites ce qui distingue les temps simples des temps composés en nommant les éléments qui les composent.

MODE :	
Exemple :	*Exemple :*

espace culturel

UN SAUT À LA CINÉMATHÈQUE

Au cours des dernières années, les contes traditionnels ont inspiré plusieurs cinéastes. Ainsi, des histoires qui ont bercé notre enfance se retrouvent au grand écran, jouées par des comédiens, ou prennent la forme de films d'animation. Les films *À tout jamais : une histoire de Cendrillon* et *La véritable histoire du Petit Chaperon rouge* de même que les nombreux films de Disney en sont des exemples. Dans les films *Shrek 1* et *2*, plusieurs personnages de contes traditionnels ont été repris dans un nouveau contexte. Il en est de même dans le film québécois *L'odyssée d'Alice Tremblay*. Le film *Les frères Grimm* relate les pérégrinations de Jacob et Wilhelm Grimm, célèbres auteurs de contes traditionnels, qui s'amusent à créer des mondes imaginaires qui effraient les gens des villages qui les entourent.

• Qui est votre personnage de conte préféré? Pourquoi ?

LES LÉGENDES : DES MONDES IMAGINAIRES ISSUS DE LA RÉALITÉ

La légende est une création de l'imagination populaire et existe depuis la nuit des temps. Elle repose sur des faits réels qui ont été exagérés et parfois même transformés pour rendre l'histoire plus extraordinaire ou plus mystérieuse. Certaines légendes sont inspirées d'un événement, d'un personnage ou, encore, d'un lieu géographique. Ainsi, chaque pays, chaque région possède ses légendes. Au Québec, *La chasse-galerie, Alexis le Trotteur* et *La roche pleureuse* en sont des exemples. Au 21e siècle, la légende est souvent urbaine. Elle relate alors des événements énigmatiques ou inquiétants qui prennent la forme de rumeurs. Internet contribue grandement à propager ces histoires.

Ce prochain temps de lecture vous fera découvrir un personnage qui nourrit l'imaginaire des Québécois et des Québécoises depuis quelques siècles : la Corriveau. Plusieurs légendes existent à son sujet et de nombreux textes en découlent. Ainsi, dans les pages qui suivent, vous pourrez lire deux textes inspirés par l'histoire de Marie-Josephte Corriveau. Connaissez-vous cette femme ?

1. Expliquez ce qu'ont en commun le conte et la légende, et ce qui les distingue.

2. Selon vous, pourquoi les contes et les légendes sont-ils souvent regroupés pour former un recueil ?

3. a) Survolez les textes *La corrida de la Corriveau* et *La Corriveau*, afin d'en déterminer le genre.

b) Quels indices vous ont permis d'associer un genre à chacun de ces textes ?

espace culturel

FAITS HISTORIQUES Marie-Josephte Corriveau est née dans une ferme de Saint-Vallier de Bellechasse le 14 mai 1733. En 1749, elle maria Charles Bouchard. Le couple eut trois enfants. Devenue veuve en 1760, elle épousa en 1761 Louis Dodier. Ce dernier mourut dans la nuit du 26 au 27 janvier 1763.

Le 9 avril, à la fin d'un premier procès tenu au couvent des Ursulines à Québec, le tribunal militaire formé de 12 officiers anglais condamna à mort Joseph Corriveau, le père de la jeune veuve. Le condamné dénonça aussitôt sa fille. Le tribunal se réunit à nouveau le 15 avril et Marie-Josephte déclara avoir tué son mari de deux coups de hache à la tête. Quelques jours plus tard, probablement le 18 avril, elle fut pendue sur les Buttes-à-Nepveu, un peu à l'ouest de la porte Saint-Louis, et son cadavre,

selon une vieille coutume britannique, fut inséré dans un carcan métallique et suspendu à une potence, à Lauzon, à la fourche de deux chemins passants – les actuelles rues Wolfe et Saint-Joseph – jusqu'à au moins la fin de mai. Il n'en fallait pas plus pour que les légendes, les romans et le théâtre s'emparent de La Corriveau.

La découverte à Londres, en 1947, des papiers des deux procès a permis de rétablir bien des faits au sujet de Marie-Josephte Corriveau. Son destin, différent de celui de la sorcière des légendes, n'en demeure pas moins tragique.

■ Commission de la capitale nationale, Québec, [En ligne].

1. Faites quelques recherches sur Marie-Josephte Corriveau afin d'en savoir plus sur les raisons qui l'auraient incitée à tuer son deuxième mari.

2. Présentez les nouvelles informations que vous avez recueillies.

3. Croyez-vous qu'elle a été justement condamnée?

INTENTION DE LECTURE **Écoutez la chanson** *La corrida de la Corriveau* **et lisez le texte** *La Corriveau*
afin de constater comment des faits historiques ont inspiré des auteurs de chez nous.

LA CORRIDA DE LA CORRIVEAU

Le premier mari de la Corriveau
Était un bonhomme qui dormait sûrement un peu trop
Car une nuit de sommeil trop agité
Il s'est étouffé à mort avec son oreiller

5 La veuve s'est remariée, ce ne fut pas trop long
Avec un alcoolique qui faisait des dépressions
On l'a retrouvé pendu d'une drôle de façon
La corde attachée à la selle de son étalon

Jamais deux sans trois comme le dit le dicton
10 Sur un fondeur de cuillères, elle jeta son dévolu
Mais le pauvre étant victime d'une distraction
Dans l'oreille s'est versé de l'étain fondu

Elle convole en justes noces une quatrième fois
Avec un vétérinaire originaire de Ste-Foy
15 Mais il est tombé malade et pour lui ce fut fatal
Il aurait peut-être pas dû avaler son remède de cheval

C'est la corrida des maris de la Corriveau
Qui maniait son jupon comme un torero
Messieurs, mettez-vous en ligne, prenez un numéro
20 Goûtez délices et supplices de la Corriveau

Le cinquième, un saint homme, réputation sans tache
Alors qu'il priait, s'est assommé sur sa hache

PABLO PICASSO, *LE MATADOR II*, 4 OCTOBRE 1970.

Le sixième, un cordonnier malhabile
S'est passé son alêne à travers le nombril

25 Le septième, un colon anglais à l'air louche
S'est empalé par accident sur sa fourche

N'en jetez plus la cour est pleine
Et la Corriveau devra payer de sa peine

C'est la corrida des maris de la Corriveau
30 Qui maniait son jupon comme un torero
Messieurs, mettez-vous en ligne, prenez un numéro
Goûtez délices et supplices de la Corriveau

Si vous passez une nuit
Sur la côte de Lévis
35 Et qu'il vous semble entendre un arbre qui gémit
Gardez les yeux par terre
Et faites une prière
Car la Corriveau se balance toujours dans sa cage de fer

■ Mes Aïeux,
La corrida de la Corriveau, 2001, Éditions S.B.

Mes Aïeux

Le groupe de musique néo-traditionnel Mes Aïeux est composé de six membres : Stéphane Archambault, Marie-Hélène Fortin, Éric Desranleau, Frédéric Giroux, Marc-André Paquet et Benoît Archambault. La musique de leurs chansons est une combinaison de musique traditionnelle, de rock, de musique populaire et même de disco. Ils la qualifient de « musique funklorique ».

Le groupe Mes Aïeux a également composé des chansons inspirées de la légende d'Alexis le Trotteur et de celle de la chasse-galerie. Elles s'intitulent respectivement *Le Surcheval* et *Acabris, Acabra, Acabram !*

1. En vous référant aux faits historiques que vous avez découverts lors de vos précédentes recherches, relevez quelques faits qui ont été exagérés ou déformés dans cette chanson.

2. a) Quelle métaphore emploie-t-on dans le refrain pour désigner la Corriveau et ses maris ?

b) Nommez deux autres procédés stylistiques exploités dans le refrain et expliquez leur intérêt.

3. Ce texte relève-t-il de la prose ou de la poésie ? Justifiez votre réponse en vous appuyant sur des éléments caractéristiques du texte.

LA CORRIVEAU

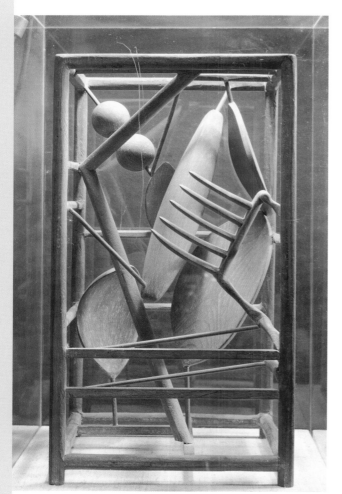

ALBERTO GIACOMETTI, *LA CAGE*, 1930.

En 1864, on publia à Québec un roman qui connut un immense succès : Les Anciens Canadiens, de Philippe Aubert de Gaspé, avocat, écrivain et seigneur du manoir de Saint-Jean-Port-Joli (1786-1871). Un épisode de ce roman relate en détail la terrible aventure vécue par François Dubé, qui fut poursuivi sur un chemin désert par le spectre de la Corriveau. À cette époque, tout le monde au pays connaissait la destinée de Marie-Josephte Corriveau, qui fut condamnée à être pendue pour le meurtre de deux de ses maris.

Pour l'exemple, les autorités judiciaires de l'époque avaient ordonné que la dépouille de la condamnée fût suspendue dans une cage de fer, forgée à cette fin, au carrefour fréquenté des chemins de la Pointe-Lévis. Puis, la légende s'empara de la réalité : on se mit à raconter que la Corriveau n'avait pas assassiné deux maris mais sept ! On dit qu'elle réclamait des prières aux passants et faisait entendre de sinistres plaintes. Mais on racontait aussi bien d'autres choses sur ce qui se passait en face, de l'autre côté du fleuve Saint-Laurent, c'est-à-dire à l'île d'Orléans, qui n'était qu'un repaire de sorciers. Tous les damnés du pays s'y réunissaient la nuit pour danser le sabbat jusqu'au petit jour. En 1885, Louis Fréchette fit paraître dans le journal La Patrie un récit intitulé La Cage de la Corriveau qui relatait la découverte, dans un cimetière voisin, d'étranges morceaux de fer. Des restes de la fameuse cage de la Corriveau furent vendus au musée Barnum de New York, où ils sont encore.

Une nuit, un bonhomme du nom de François Dubé s'en revenait d'une veillée à Beaumont, où il avait trinqué pas mal fort avec ses amis. Il voyageait seul avec son cabrouette[1] et sa guévalle[2] et un flacon d'eau-de-vie pour lui tenir compagnie. C'était un homme costaud et sans peur, et, même un peu éméché, il ne manquait pas de courage.

---

1. cabrouette (ou cabarouette) : déformation du mot *cabriolet*, qui désigne une voiture légère tirée par un cheval.
2. guévalle : cheval.

5 Ses amis tentèrent par tous les moyens de le convaincre de rester à coucher pour éviter qu'il prît la route à une heure si tardive. Surtout que chacun savait que le chemin du retour mènerait l'ami François tout droit au carrefour de la Pointe-Lévis, où était suspendue la sinistre cage de la Corriveau.

Mais, refusant leurs arguments, François Dubé se mit à rire :

10 — Voyons donc ! Je l'ai passée en venant, la cage de la sorcière ! Elle était bien tranquille avec son crâne sans yeux. Peuh !

On avait beau être plein de courage et de bravoure, les plus farauds savaient bien que de circuler seul la nuit comportait quand même certains risques. Celui d'entendre d'étranges plaintes venant du squelette de la pécheresse enfermé dans sa cage, et de
15 déranger les corbeaux qui achevaient de dépouiller la carcasse de ses derniers lambeaux de chair. Avouons tout net que l'idée de contempler un tel spectacle en aurait fait frissonner plus d'un, peureux ou non.

Mais François passa outre aux conseils de prudence. Il grimpa dans sa voiture, fouetta sa guévalle et s'en alla en pleine noirceur. Arrivé au carrefour des quatre chemins de la
20 Pointe-Lévis, il lui sembla bien entendre un bruit, une plainte, mais il se dit que c'était le vent qui sifflait. La cage suspendue se balançait légèrement. La Corriveau, pendue pour meurtre, avait déjà traversé deux saisons dans sa cage. Mais un squelette impie peut, sans même parler, implorer assistance, quémander des prières aux passants. François Dubé le savait. C'est
25 pourquoi il s'empressa, en passant sous la cage, de ralentir, d'ôter son bonnet et de réciter la prière des morts à l'intention de cette pauvre femme.

Puis il repartit à vive allure, non sans remarquer qu'un bruit répété : tic tac, tic tac… lui faisait escorte.

30 — Ah ! s'écria-t-il, quelques fers de mon cabrouette se seront décloués.

Et il descendit de voiture pour examiner tout ça. Mais tout était en règle. Il reprit donc sa route mais le bruit : tic tac, tic tac… continua de le suivre.

35 — Tant pis ! fit-il en prenant une bonne lampée d'alcool.

Au bout d'un moment, l'endormitoire le prit.

« Je vais m'arrêter faire un petit somme », se dit-il. Il s'arrêta, descendit et attacha sa bête. Il allait se glisser sous la voiture quand la fantaisie lui prit de regarder le ciel pour avoir une
40 idée de l'heure. La disposition des astres lui indiqua qu'il était passé minuit.

Philippe AUBERT DE GASPÉ

1786-1871

Philippe Aubert de Gaspé est natif de Québec. Ce n'est que vers l'âge de soixante-quinze ans qu'il entreprend une carrière littéraire. Il écrit *Les Anciens Canadiens,* qui est à la fois un roman de mœurs et un roman historique, afin de léguer ses souvenirs aux générations futures. Cette œuvre brosse un portrait de la société traditionnelle sous le régime seigneurial.

---

1. Le nom somme peut également être précédé d'un déterminant féminin. Que désigne-t-il alors ?

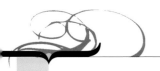

Philippe Aubert de Gaspé amalgame deux légendes dans un même récit : celle de la Corriveau et celle des sorciers de l'île d'Orléans. Cette deuxième légende vient du fait que les habitants de l'île d'Orléans pêchaient l'anguille, de nuit, en plaçant un fanal dans leur chaloupe. Vus de la Rive-Sud, de Québec ou de la côte de Beaupré, ces feux qui se déplaçaient dans la nuit avaient l'air de feux follets, et les insulaires passaient ainsi pour des sorciers.

Nicole GUILBAULT, *Il était cent fois la Corriveau*, Québec, Nuit blanche éditeur, 1995, p. 57.

Avant, la religion occupait une place beaucoup plus importante que celle qu'elle occupe aujourd'hui dans la vie des Québécois et Québécoises. Le clergé contrôlait la vie des gens en les menaçant de l'enfer s'ils ne suivaient pas ses règles.

« C'est grandement l'heure de dormir », se dit-il. Tout à coup, il fut saisi de surprise en apercevant devant lui, de l'autre côté du fleuve Saint-Laurent, une ribambelle de feux qui se mirent
45 à danser. Puis le vent porta vers lui les vers de chansons qu'il reconnut aussitôt :

> *Allons gai, compèr' lutin !*
> *Allons gai, mon cher voisin !*
> *Allons gai, compèr' qui fouille,*
50 *Compère crétin la grenouille !*
> *Des chrétiens, des chrétiens,*
> *J'en f'rons un bon festin.*

François n'en croyait pas ses yeux ni ses oreilles ! Les sorciers de l'île ! C'étaient bien eux, tous les diables et les feux follets
55 qui menaient le sabbat. Longtemps, François resta appuyé à une clôture : il ne voulait rien manquer de ce spectacle, mais il avait beau crâner, la présence de tous ces démons chanteurs ne le rassurait pas trop. Surtout qu'il lui sembla qu'il entendait encore le tic tac.

60 Mais il était bien trop occupé à observer les sorciers, lutins et feux follets de l'île d'en face pour s'inquiéter de si peu. Tout à coup, au moment où il s'y attendait le moins, il sentit deux grandes mains sèches, comme des griffes d'ours, lui serrer les épaules. Il se retourna tout effarouché et se trouva face à face
65 avec la Corriveau qui s'agrippait à lui, ayant passé les mains à travers les barreaux de sa cage. Mais la cage était pesante, et à chaque élan qu'elle prenait, elle retombait à terre avec un bruit rauque, sans lâcher pour autant les épaules du voyageur. Le pauvre François, cette fois, tremblait de frayeur. Il se tenait solidement à la clôture pour ne pas s'écraser sous la charge, et il était tellement saisi d'horreur qu'on
70 aurait entendu l'eau qui lui coulait de la tête tomber sur la clôture comme des grains de gros plombs à canard.

— Mon cher François, lança la Corriveau, fais-moi le plaisir de me mener danser avec mes amis de l'île d'Orléans.

François se ressaisit :

75 — […] C'est donc pour me remercier de mon dépréfundi[3] et de mes bonnes prières que tu veux me mener au sabbat ?

---

3. dépréfundi : prière des morts (*De Profundis*).

Moi, qui ai toujours eu le cœur tendre pour la créature[4] et qui ai voulu raccourcir ton temps de purgatoire. C'est là ton remerciement ? Tu veux me traîner en enfer comme un hérétique ?

80 — Cher François, répondit la pécheresse, je ne peux passer le fleuve Saint-Laurent, qui est un fleuve béni, sans le secours d'un chrétien.

— Passe comme tu pourras, satanée pendue !

— Allons, dit la Corriveau, un peu de complaisance. Tu fais l'enfant pour une bagatelle ; tu vois pourtant que le temps presse : voyons, mon fils, un petit coup de collier !

85 — Non ! Fille de Satan !

Pendant tout ce temps, les gens de l'île continuaient leur vacarme, chantant et dansant et frappant sur une grosse marmite. Tout le rivage était éclairé comme en plein jour. On entendait distinctement les refrains :

Venez tous en survenants,
90 *Impies, athées et mécréants,*
Toure-loure ;
Dansons à l'entour,
Toure-loure ;
Dansons à l'entour !

95 — Si tu refuses de m'y mener, je vais t'étrangler, reprit la sorcière. Je monterai sur ton âme et je me rendrai au sabbat.

La Corriveau saisit sa proie à la gorge. Ce qui se passa ensuite, personne ne pourrait vraiment le dire. Car François Dubé, le voyageur intrépide, perdit connaissance. Quand il revint à lui, il faisait jour. Il entendit un petit oiseau qui, du haut d'une branche, lançait 100 son « qué-tu ? qué-tu ? ».

« Ah ! se dit François, je ne suis pas en enfer puisque j'entends les oiseaux du ciel. »

Enfin, il ouvrit les yeux et s'extirpa du fossé où il était allongé et qui, fort heureusement, ne contenait pas d'eau. Il se mit en devoir de répondre à la question posée par le petit oiseau.

105 — Mon cher petit, je ne sais comment répondre à ta question car je ne sais trop qui je suis ce matin. Hier encore, je me croyais un brave et honnête homme. Mais j'ai eu tant de traverses cette nuit que je ne saurais assurer si c'est bien moi, François Dubé, qui suis ici à présent en corps et en âme.

2. Que signifient les expressions surlignées dans ces deux pages ?

_____

4. la créature : la femme.

Poursuivez votre découverte des légendes québécoises en lisant *La chasse-galerie* aux pages 61 à 71. Vous y découvrirez également une peinture inspirée par cette histoire.

Et il se mit à chanter :

110
> *Dansons à l'entour,*
> *Toure-loure ;*
> *Dansons à l'entour !*

Il était encore à moitié ensorcelé… Mais il reprit bien vite ses esprits et aperçut dans l'herbe de la levée du fossé son flacon
115 d'eau-de-vie.

— Ah ! s'écria-t-il, voilà de quoi ranimer mon courage.

Il attrapa le flacon et l'ouvrit. Mais bernique ! il était vide. La Corriveau avait tout bu !

François attela sa guévalle qui semblait n'avoir rien vu et il
120 prit au plus vite le chemin de la maison, en jurant qu'il n'irait plus tout seul la nuit par monts et par vaux.

Et il tint promesse car, depuis cette nuit-là, il tremblait au moindre bruit suspect et n'allait même plus faire le train à l'étable si le soleil était couché.

■ Cécile GAGNON,
« La Corriveau », *Mille ans de contes,*
Toulouse, Éditions Milan, 2001, p. 259-265.

■ Le champ lexical, p. 489

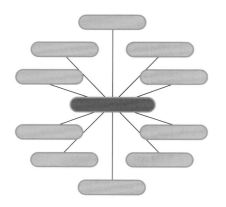

1. Relevez, dans la situation initiale, un fait qui peut vous laisser croire que ce qu'a vécu François Dubé n'est que le pur fruit de son imagination.

2. **a)** Quelle atmosphère se dégage des deux premiers paragraphes de ce texte ?

b) Illustrez cette atmosphère en dressant le champ lexical s'y rapportant. Pour ce faire, relevez une dizaine de mots ou d'expressions et inscrivez-les dans une constellation semblable à celle ci-contre.

c) Nommez l'élément culturel qui a contribué à rendre l'histoire de la Corriveau encore plus effrayante dans l'imaginaire des gens de l'époque.

d) De nos jours, quels éléments seraient susceptibles d'effrayer les gens ?

3. **a)** Associez à chacun des extraits ci-dessous l'une de ces séquences : séquence descriptive, séquence narrative, séquence dialogale.

- La séquence descriptive, p. 325
- La séquence narrative, p. 337
- La séquence dialogale, p. 356
- L'harmonisation des temps verbaux, p. 349
- Les séquences, les genres et les types de textes, p. 322

> **PREMIER EXTRAIT**
>
> Mais François passa outre aux conseils de prudence. Il grimpa dans sa voiture, fouetta sa guévalle et s'en alla en pleine noirceur. (Lignes 18 et 19)

> **DEUXIÈME EXTRAIT**
>
> Mais la cage était pesante, et à chaque élan qu'elle prenait, elle retombait à terre avec un bruit rauque, sans lâcher pour autant les épaules du voyageur. Le pauvre François, cette fois, tremblait de frayeur. (Lignes 66 à 68)

> **TROISIÈME EXTRAIT**
>
> Tu fais l'enfant pour une bagatelle ; tu vois pourtant que le temps presse : voyons, mon fils, un petit coup de collier ! (Lignes 83 et 84)

b) Quel temps du mode indicatif est principalement employé dans chacune des séquences ?

c) Formulez une règle de concordance des temps en fonction de chacune des séquences.

4. **a)** Comparez les textes mentionnés dans le tableau ci-dessous en fonction des éléments proposés.

TABLEAU COMPARATIF DES TEXTES				
Éléments de comparaison	*Le loup et le chien* **(de La Fontaine)**	*Le Petit Chaperon rouge* **(Perrault)**	*La corrida de la Corriveau*	*La Corriveau*
Genre				
Provenance du texte (Québec, francophonie, patrimoine mondial)				
Époque (texte contemporain ou issu du passé)				
Variété de langue dominante				

b) Lequel des genres étudiés jusqu'à présent vous intéresse davantage ? Expliquez-en la raison en vous servant de critères d'appréciation.

La composition des mots

5. a) Décrivez la construction de chacun des mots composés ci-dessous en mentionnant s'ils ont été formés par soudure, à l'aide de traits d'union ou par l'union de termes séparés.

1) bonhomme (ligne 1)

2) eau-de-vie (ligne 3)

3) pourquoi (ligne 25)

4) aussitôt (ligne 46)

5) feux follets (ligne 54)

6) longtemps (ligne 55)

b) Relevez les mots composés qui sont variables.

c) S'ils le ne sont pas déjà, mettez ces mots composés au pluriel.

La langue familière

6. Ce texte contient des mots et des expressions appartenant à la langue familière. Inscrivez les mots ou les expressions correspondant aux définitions en langue standard données ci-dessous.

Langue standard	Langue familière
a) boire avec excès ⟶	
b) légèrement ivre ⟶	
c) fanfarons ⟶	
d) gorgée ⟶	
e) envie de sommeil ⟶	
f) traire les vaches ⟶	

- Les différentes formes de mots composés, p. 461
- Les variétés de langue, p. 494

DES CONTES D'AUTEUR : DES MONDES IMAGINAIRES DE PLUS EN PLUS POPULAIRES

Il y a des conteurs et conteuses qui ne se contentent pas de reprendre des contes traditionnels. Plusieurs font preuve d'imagination en inventant leurs propres histoires pour divertir et faire rêver leur public.

Depuis quelques années, on parle d'un renouveau du conte au Québec. Les gens ont redécouvert le plaisir de se faire raconter des histoires et courent les spectacles des conteurs et des conteuses qui créent de nouveaux mondes imaginaires.

1. Comment expliquez-vous le fait que le conte suscite de nouveau de l'engouement ?

2. Connaissez-vous des conteurs et des conteuses d'ici et d'ailleurs ?

3. Avez-vous déjà assisté à un spectacle donné par un conteur ou une conteuse ? Si oui, avez-vous apprécié cette expérience ?

4. Selon vous, quelles qualités doit posséder un bon conteur ou une bonne conteuse ?

5. Quelle personnalité publique vous semble particulièrement talentueuse lorsque vient le temps de raconter une histoire ? Pourquoi cette personne se démarque-t-elle des autres ?

Fred Pellerin n'est pas étranger au phénomène du renouveau du conte au Québec. Il a su se tailler une place bien à lui et ses spectacles sont très courus. D'abord créés pour être racontés oralement, ses récits se trouvent maintenant sur les rayons de nos bibliothèques.

Avant de découvrir un des mondes imaginaires qu'il a créés, lisez la rubrique *Espace culturel* qui suit pour mieux connaître ce jeune conteur.

espace culturel

FRED PELLERIN Sorte de croisement entre Félix Leclerc et le capitaine Bonhomme, Fred Pellerin réhabilite un des plus vieux métiers du monde : conteur.

Frédéric Pellerin a 25 ans. C'est une brindille avec des yeux bleu tendre derrière des lunettes rondes. « Déformé » en littérature à l'Université du Québec à Trois-Rivières, il inventait des récits d'hommes forts pendant que les autres écrivaient des poèmes et le regardaient de travers, vu ses goûts vestimentaires : combinaison à panneau, pantalon à carreaux, « botterleaux ». « Je m'en sacrais », dit-il. Pour le prouver, il a pondu un travail de linguistique sur le juron québécois et une analyse sociocritique du téléroman *Un homme et son péché,* d'après le livre de Claude-Henri Grignon.

Nostalgique ? Anachronique ? Attendez la suite. À son âge, ses « pareils » déménagent en ville, s'excitent dans les raves, pestent contre les *baby-boomers,* qui restent agrafés à leurs jobs. Pas lui. Il prend racine dans son village, tisse des ceintures fléchées, collecte les souvenirs des vieux, qu'il écoute comme s'ils étaient le bon Dieu.

Ah oui, il joue de la guitare, de l'accordéon, de la mandoline, de l'harmonica et du pied ; sculpte

des « gugusses » en bois ; fait partie du groupe de musique traditionnelle (évidemment !) Les Tireux d'roches. Et il confirme ce que l'on sait déjà : « Je suis pourri en sports. » Pas la peine d'essayer de le comparer, il ne ressemble à personne. « Ce qui m'intéresse, c'est la transmission des savoirs, ce que les traditions orales transportent de sagesse. »

[...]

Écolier, Fred détestait les exposés oraux. Mais dans une colonie de vacances, impossible de dénicher meilleur animateur à la ronde. Il narrait, autour du feu, des histoires à dormir debout qui effrayaient même les moustiques.

L'été de ses 19 ans, il a été engagé par la municipalité pour arranger – c'est le mot – une visite historique de Saint-Élie. Au volant d'un tracteur de ferme, Fred menait en bateau les touristes assis dans la remorque. Le village n'a beau aligner que 40 maisons, la tournée a fini par durer quatre heures. « Plus ça allait, plus j'en mettais. Plus je mentais, plus on me croyait. C'est là que les personnages de mes contes ont pris

leurs proportions légendaires. » Et qu'on a commencé à faire appel à ses services. À « 25 dollars le *set* », dans les mariages, sur le bord des piscines, dans les cabanes à sucre et aux épluchettes de blé d'Inde.

Aujourd'hui, son carnet de commandes ne désemplit pas : il se produit dans les festivals du Québec et de la France. Il rencontre des griots africains, découvre des contes yiddish ou des légendes celtes, assiste à des numéros réglés au quart de tour, avec des éclairages et tout le tralala, alors que lui rêve de se produire dans les maisons, autour de la table de cuisine.

« Ce qui m'étonne, c'est que les mêmes histoires se promènent sur tous les continents. » Vrai, peu importe la facture du conte – facétieux, fantastique, philosophique, épique ou poétique –, les héros restent toujours des hommes ou des femmes en chicane avec la vie et qui finissent par trouver un bout de ciel.

Il admire Michel Faubert, Jocelyn Bérubé, Alain Lamontagne. « Ce sont des conteurs, des artistes. Je ne suis pas de leur pointure. Je me vois plus comme un artisan du conte, un conteux. »

Sa grand-mère, qui ne craignait pas la mort – venue la chercher en 1994, à 86 ans –, disait : « Quand on sait que le souvenir reste, la fin est belle. La mémoire est le seul lieu où l'on demeure pour l'éternité. » Tout conte fait, Fred Pellerin est un relayeur d'éternité.

■ André DUCHARME,
« Je conte, donc je suis », *L'actualité*,
1er septembre 2002, p. 62-64.

Découvrez les mondes imaginaires de Gilles Vigneault en lisant le conte *Le tailleur du temps*, qui se trouve aux pages 72 à 79.

LA TÂCHE DE NAISSANCE

Le récit « La tâche de naissance » faisait partie du deuxième spectacle de Fred Pellerin. On trouve ce texte dans son deuxième recueil de contes, qui s'intitule Il faut prendre le taureau par les contes ! _Il met en vedette Ésimésac Gélinas qui, aux dires du conteur, fait « 800 livres de muscles, tellement grand qu'il devait acheter de la colonne vertébrale en rouleaux de 15 pieds »._

1. Après avoir écouté ce récit, décrivez vos impressions en le comparant avec les textes lus dans cet épisode. Par exemple, diriez-vous qu'il est plus ou moins intéressant, plus ou moins original, plus ou moins accessible ?

- Les éléments paraverbaux, p. 278
- Les éléments verbaux, p. 275

2. a) De quelle manière le conteur exploite-t-il les éléments prosodiques (intonation, volume, débit, etc.) pour maintenir ou raviver l'attention et l'intérêt de son public ?

b) Pendant votre écoute, avez-vous remarqué la présence de répétitions ? Si oui, quel effet cette redondance produisait-elle ?

c) Le conteur a-t-il utilisé des mots comme _bon, pis, là,_ etc.? Si oui, quels rôles ces mots jouent-ils ?

d) Dans ce récit, quel support audiovisuel vient appuyer la prise de parole du conteur ? À quel moment du récit ce support est-il exploité ? Pourquoi ?

e) Choisissez un extrait d'un conte de votre choix et exercez-vous à devenir un bon conteur ou une bonne conteuse. Mettez à profit vos nouvelles connaissances des éléments paraverbaux et non verbaux.

3. Quels éléments caractéristiques du conte trouve-t-on dans ce récit ? Mentionnez-en au moins trois.

4. a) Quelle variété de langue Fred Pellerin utilise-t-il pour raconter son histoire? Justifiez votre réponse.

b) Quel effet l'utilisation de cette variété de langue a-t-elle sur le public québécois qui l'écoute?

c) Quel effet l'utilisation de cette variété de langue pourrait-elle avoir sur un public francophone ailleurs qu'au Québec qui l'écouterait?

d) Pour bien se faire comprendre de tous les francophones, quels mots Fred Pellerin devrait-il utiliser pour remplacer les mots en gras dans les phrases ci-dessous?

1) […] qui marquait les plafonds de ses talons par des **stépettes** magistrales.

2) […] en attendant que les hommes présents **chiment** le coin avec de la roche.

3) […] Un **morviat** de milliards de litres de bave.

4) […] il se **dézippa** la **flaille**.

5) […] les **clapotes** de l'eau se transformèrent en murmures.

5. a) Lisez les paroles dans l'encadré ci-contre, prononcées par la rivière.

b) À quoi l'auteur fait-il allusion, selon vous?

6. a) Les récits de Fred Pellerin sont riches en images. Il utilise de nombreux procédés stylistiques pour colorer les événements qu'il raconte. Lisez les extraits ci-dessous et indiquez, dans chaque cas, le procédé stylistique qui est employé parmi ceux énumérés ci-contre.

1) On se souvient facilement d'Alexis le Trotteur, qui signalait à Alma et arrivait à Jonquière avant que le téléphone n'ait sonné.

2) Une plaque qu'on eut beau frotter, gratter, rincer, laver, mais qui demeura indélébile.

3) Une tache de naissance, comme une ombre au tableau des exploits à venir.

4) Rassurante, la rivière berça l'homme fort.

5) Sa maman le porta dix-sept ans.

6) Sur la fin de ses jours, Ésimésac Gélinas sentit sa date d'expiration cailler.

7) Puis il remarqua, tout près du stationné, les deux petits suyiers neufs insomniaques.

b) Quel procédé stylistique est le plus employé par Fred Pellerin dans l'ensemble du récit? Pensez aux événements racontés et au personnage principal.

- Les variétés de langue, p. 494
- Des procédés stylistiques, p. 477

Un Roi aux marées hautes et basses, comme un pays qui hésite. Qui dit oui, qui dit non, et qui tire son charme de l'hésitation. Un Roi sur la corde raide, avec pour seule idée de se tenir encore debout.

---

personnification

comparaison

métaphore

accumulation

hyperbole

LES MYTHES : DES MONDES IMAGINAIRES SACRÉS

Dans toutes les cultures, le mythe est un récit qui raconte surtout les origines du monde. En des temps anciens, on ne disposait pas d'explications scientifiques. De nombreux phénomènes naturels, comme la foudre ou l'orage, la présence des étoiles ou du soleil dans le ciel, amenaient les êtres humains à se poser des questions sur eux-mêmes. Et ils y répondaient en inventant de fabuleux récits ; ils essayaient ainsi de comprendre le sens de la vie.

Dans ces histoires, des dieux et des esprits de toute nature partagent avec les mortels des aventures extraordinaires. Les êtres humains y apprennent à vivre en harmonie avec l'univers qui les entoure ainsi que les règles à respecter pour vivre en société.

1. Selon vous, outre les origines du monde et les phénomènes naturels incompris, quels mystères les mythes servaient-ils à expliquer ?

2. Maintenant que les scientifiques ont résolu plusieurs de ces mystères, pourquoi est-il toujours pertinent de lire des mythes ?

3. À votre avis, laquelle des affirmations suivantes concernant les mythes est fausse ?

    a) Les personnages des mythes disposent de pouvoirs surnaturels.

    b) À cause de leur caractère surhumain, les personnages des mythes n'éprouvent pas d'émotions et de sentiments.

    c) Plusieurs mythes expliquent comment les hommes sont punis par les dieux.

On attribue *L'Odyssée* au poète grec Homère. Cette œuvre aurait été écrite vers la fin du 8e siècle av. J.-C. Le poète y raconte, en vers, les exploits de héros mythiques, exploits qui auraient été accomplis quatre siècles auparavant. L'épopée, longtemps transmise oralement, se présente sous la forme de chants. Cette œuvre remarquable a traversé les siècles pour se rendre jusqu'à nous. Le prochain texte est un extrait d'un récit inspiré de *L'Odyssée.* On y raconte les aventures d'Ulysse, roi d'Ithaque, lors de son retour chez lui après avoir combattu dix ans pendant la guerre de Troie.

LES VOYAGES D'ULYSSE

D'APRÈS L'ŒUVRE ORIGINALE D'HOMÈRE

À la fin de la guerre de Troie, Ulysse et ses hommes quittent la ville pour rentrer à Ithaque. Peu après leur départ, ils sont faits prisonniers sur l'île des Cyclopes. Ils réussissent à se sauver de cette île en perçant le seul œil de Polyphème, fils de Poséidon. Puis, ils s'enfuient sur l'île de la magicienne Circé. Ils y passent un an. Lorsque Ulysse et les siens décident de partir, Circé leur conseille de visiter les Enfers pour que le fantôme de Tirésias leur indique le chemin à suivre pour retourner à Ithaque.

CHAPITRE 9

Voyage au pays des Enfers

Bientôt, Ulysse et ses hommes voguent vers les contrées de la nuit éternelle. L'étau de l'angoisse écrase le cœur de chacun. Nul besoin de piloter le navire qui semble connaître sa funeste route.

Aux limites de l'océan, Ulysse aborde enfin le pays des Enfers. Là, il égorge un bélier

5 et un agneau noir, selon le rituel indiqué par Circé. Alors arrive vers lui la multitude des morts : guerriers aux corps transpercés, femmes en pleurs, vieillards tremblants mais aussi enfants blêmes. Parmi eux, Ulysse aperçoit soudain sa mère. Son cœur se déchire. Il ne peut l'approcher car maintenant se présente à lui le devin Tirésias. Après s'être abreuvé du sang des animaux

10 sacrifiés, ce dernier lui parle :

— Roi d'Ithaque, sache que Poséidon ne te pardonne pas d'avoir aveuglé son fils. Mais il te reste une dernière chance. Tu aborderas bientôt l'île de Trinacrie où paissent les brebis d'Hélios, dieu du Soleil. Si vous épargnez ce

15 troupeau, toi et tes compagnons reverrez Ithaque. Si, par malheur, il arrive quelque mal à ces bêtes, tu perdras ton navire et tes hommes. Et si tu revois ta terre un jour, ce sera aussi vieux que misérable et à bord d'un navire qui ne sera pas le tien. Le malheur se sera abattu sur ta maison

20 où des étrangers convoiteront tes biens et ton épouse.

Une fois ces paroles prononcées, le devin disparaît. Ulysse se hâte de rejoindre l'île de Circé. Il ne peut arracher de son cœur le visage de sa mère morte, morte de chagrin, il n'en doute pas.

ODILON REDON, *LE CYCLOPE*, 1914.

25   Circé l'attend sur le rivage. Autour d'une table dressée, elle écoute le récit qu'il rapporte du monde des morts. Alors que les marins s'enivrent, elle l'emmène à l'écart. Ses paroles ne sont destinées qu'à lui seul :

— Tu sais ce qui t'attend, mais en partie seulement. Je dois te dire le reste. Écoute-moi attentivement, de cela dépend ta vie, autant que ta mort.

30   Se penchant vers son compagnon, elle chuchote à son oreille.

Lorsque l'aurore aux doigts de rose se lève, Circé n'a pas achevé ses recommandations. Sur le front d'Ulysse peut se lire l'inquiétude de ce qu'il a appris. Il rassemble ses hommes. Il faut s'embarquer sans tarder.

En gage d'adieu, la magicienne leur envoie un vent favorable qui les éloigne rapidement
35 de ses rivages.

Les sirènes d'alarme nous viennent d'un obscur savant français, le baron Charles Cagniard de la Tour, lequel était fasciné par tout ce qui touchait aux sons. En 1819, il mit au point une plaque tournante qui lui permettait de compter les vibrations sonores émises dans l'eau. À une certaine vitesse, l'appareil produisait des sons rappelant la voix humaine, surtout quand on l'immergeait partiellement dans l'eau. Comme il fallait trouver un nom à cette invention, le baron se reporta à la mythologie grecque pour y redécouvrir les sirènes, ces mi-femmes, mi-poissons dont le chant mélodieux attirait les marins vers leur perte.

Robert HENRY,
L'histoire surprenante et insolite de 322 mots,
Montréal, Maclean-Hunter, 1997, p. 207
(Coll. Le français tel qu'on le parle).

Que remplacent les pronoms surlignés dans cette page ?

CHAPITRE 10

Le chant des Sirènes

À la proue de son navire, Ulysse interroge l'horizon. Que doit-il faire ? Révéler ce qu'il a appris ? Ou bien laisser ses compagnons dans l'ignorance ? Il choisit de parler. Ce qu'il sait ne lui appartient pas, pense-t-il.

40   — Mes amis, mes paroles seront dures à votre cœur. Le port d'Ithaque est encore bien loin, et avant d'y parvenir, nous devrons faire face à de terribles dangers que m'a révélés Circé cette nuit.

Les marins se taisent, attendant la suite.

— Nous allons croiser la route des redoutables Sirènes. Aucun
45 chant sur terre ni dans les airs n'est plus doux. Elles nous appelleront. Celui qui cédera ne reverra jamais la terre qui l'a vu naître. Il finira pourrissant comme une charogne dans les prairies marines de ces monstres. Pour que cela n'arrive pas, je vous boucherai les oreilles avec de la cire. Moi, qui veux malgré tout
50 les entendre, vous m'attacherez fermement avec des cordes au mât.

Tout est fait selon les souhaits d'Ulysse, désormais solidement entravé. Ses compagnons rament sans plus entendre le moindre son. Les Sirènes se mettent alors à chanter. Lascives, elles font
55 onduler leurs corps comme des algues dans le courant.

Leurs mains se tendent, tandis que leurs lèvres dessinent dans l'air des baisers empoisonnés. Ulysse, soumis à la torture de leurs mélodies, n'a jamais rien désiré autant que de les rejoindre. Son

60 corps veut échapper à ses liens. Il gémit, pleure et supplie. Déjà ses poignets se libèrent. Euryloque[1], voyant qu'il est sur le point de se détacher, n'a que le temps de venir à lui pour le lier davantage.

Enfin, les Sirènes sont loin derrière eux.
65 Les marins ôtent la cire de leurs oreilles et vont relâcher Ulysse. Ils s'étonnent de le voir encore soucieux alors qu'ils ont triomphé de ce péril.

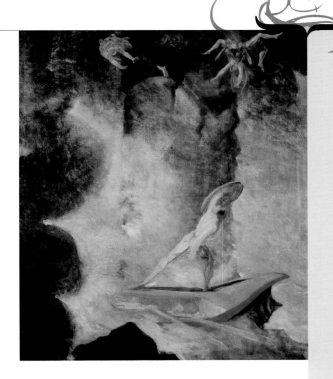

❧ CHAPITRE 11 ❧

Charybde et Scylla

Comment pourrait-il avoir le cœur léger, lui qui sait que les attendent Charybde et Scylla, deux monstres marins aussi hideux qu'implacables ? Comment dire à ses
70 compagnons qu'au moins six d'entre eux mourront de façon certaine ?

Déjà se présentent devant eux deux terribles rochers. Au pied de l'un d'eux, celui de Charybde, l'écume bouillonne. Elle vient d'avaler la mer comme elle le fait trois fois par jour. S'en approcher, c'est l'assurance d'être happé au fond de l'océan. Ulysse hurle à ses hommes de se diriger vers l'autre rocher. L'âme au désespoir, il se résigne à l'iné-
75 vitable. Scylla, créature effroyable aux six longs cous surmontés de six gueules emplies de dents pointues, guette ses proies. Les marins, obéissant à leur chef, s'approchent au plus près d'elle. Lorsqu'ils sont à sa portée, le monstre sort de son antre et happe six compagnons d'Ulysse. Ceux-ci s'agitent désespérément comme de pauvres pantins entre ses mâchoires de
80 fer. Ulysse les regarde en pleurant d'impuissance. Sur leurs bancs, ceux qui ont été épargnés rament aussi vite qu'ils le peuvent, la terreur leur tenant lieu de force.

Charybde et Scylla derrière eux, ils hissent les voiles. Chacun se tait. Comment parler encore après tant d'horreurs ? Une île
85 se dessine au loin. Le cœur d'Ulysse s'affole alors que celui de ses hommes s'emplit soudain d'espoir. Peut-être enfin un havre de paix où reposer quelque temps chagrins et douleurs ?

> L'expression **Tomber de Charybde en Scylla** ou *Aller de Charybde en Scylla* vient de la mythologie grecque et signifie *passer d'une difficulté à une autre.*

> Deux terribles dangers menacent le marin inexpérimenté qui s'aventure dans le détroit de Messine : un tourbillon et, si on y échappe, un récif encore plus meurtrier. Ces dangers ont pris la forme de monstres dans la mythologie grecque.

---

1. Compagnon d'Ulysse et mari de sa sœur.

Les troupeaux sacrés

C'est l'île d'Hélios, celle où le dieu du Soleil fait paître ses troupeaux sacrés. Ulysse se souvient des paroles du devin Tirésias. Il doit parler à son équipage.

90 — Je sais que vous voulez vous reposer. Mais s'arrêter ici serait pour nous la pire des erreurs. […]

Euryloque se lève.

— Ulysse, ta force n'a d'égale que ta cruauté. Nous n'en pouvons plus, et tu nous demandes de naviguer dans cette nuit de brume et de vent ? Veux-tu notre perte ?
95 Si la tempête se lève, nous ne saurons que pleurer tant nous sommes épuisés. Accostons cette île, pour une nuit seulement.

Tous les hommes d'équipage approuvent, et Ulysse doit céder, la mort dans l'âme. Le destin continue à vouloir sa perte. Il le sait.

Les marins tirent le bateau sur la plage et sortent les provisions données par Circé.
100 Ulysse leur fait promettre de s'en contenter et de ne pas toucher aux troupeaux du dieu du Soleil. Malgré leur serment, il reste inquiet. Son cœur ne s'apaisera que lorsqu'ils auront quitté cet endroit. À l'aube, tous sont réveillés par les hurlements d'une tempête.

Impossible de prendre la mer ce jour-là, comme cela le sera tout un mois durant. Les vents déchaînés ne cessent de gémir. La mer, menaçante, semble une plaque de
105 plomb en fusion. Bientôt, les provisions viennent à manquer et la chasse au petit gibier et la pêche ne suffisent plus.

Un matin, Ulysse porte ses pas au cœur de l'île afin de supplier les dieux de les laisser quitter cet endroit. Mais hélas, alors qu'il attend vainement leur réponse, ceux-ci ne lui offrent qu'un funeste sommeil.

110 Pendant ce temps, Euryloque s'adresse à ses compagnons :

— La mort qui nous attend est la pire de toutes. La faim nous emportera. Tuons quelques bêtes du dieu du Soleil. Une fois revenus à Ithaque, nous construirons le plus beau des temples en son honneur. Il nous pardonnera.

Les hommes aussitôt applaudissent et partent vers les pâturages. Là, ils choisissent
115 les bêtes les plus grasses et les égorgent.

L'odeur de viande rôtie réveille Ulysse. Il tombe à genoux, comme foudroyé. Jamais ces hommes ne reverront leur patrie et, bientôt, il sera seul au monde. Il supplie encore Zeus de les épargner. Il ne sait pas qu'à cet instant même, Hélios s'adresse aussi au dieu des dieux, lui demandant de tuer ces hommes. S'il n'est pas exaucé, lui, le dieu du Soleil,

44

ÉPISODE 1
MONDES IMAGINAIRES

120 descendra aux Enfers, laissant la Terre dans une nuit qui jamais ne finira. Bien sûr, Zeus promet la mort prochaine de ces impies…

Ulysse rejoint ses hommes. Il les accable de reproches, mais ceux-ci sont trop occupés à manger pour l'entendre. Leurs joues sont rouges de plaisir et leurs mentons, luisants de graisse. Peu leur importe le reste. Il en est ainsi sept jours durant. Au huitième matin,
125 le vent tombe et la mer s'apaise. Tous embarquent. Seul Ulysse a peur. Il ignore à quel moment la foudre d'Hélios s'abattra sur son équipage, mais il sait qu'elle est aussi certaine que sa course dans le ciel.

❧ Chapitre 13 ❧

La colère du dieu du Soleil

Depuis leur départ, la mer s'ouvre docilement devant eux et les vents les poussent à bonne allure. Alors qu'Ulysse sent ses craintes faiblir, le ciel devient soudain d'un noir
130 d'encre. Un souffle violent abat le mât tandis que la foudre disloque le pont. Les hommes tombent à la mer et sont aussitôt engloutis. Ulysse, resté seul, tente de s'agripper à une courroie de cuir. Au moment où il la saisit, la coque s'ouvre en deux et il est précipité dans les flots. Lorsque sa tête émerge enfin de l'eau noire, il voit à côté de lui la quille et un bout du mât. Il emploie ce qui lui reste de forces à les lier ensemble et se
135 hisse sur ce radeau de fortune. Hélas, se profilent au loin deux funestes silhouettes. Le courant l'emmène inexorablement vers elles. Lorsqu'il s'approche de Charybde, celle-ci engloutit les flots, et il a juste le temps de s'accrocher aux branches d'un figuier poussant aux flancs du rocher, qu'elle avale déjà son radeau. Ulysse reste ainsi suspendu pendant un long moment, priant les dieux que le monstre lui rende bientôt sa seule chance de
140 survie. Alors que ses mains en sang ne le retiennent plus qu'à peine, Charybde vomit les flots et le radeau. Il se laisse alors tomber et, au prix d'un ultime effort, parvient à l'atteindre et à s'y hisser.

Neuf jours et neuf nuits, il erre ainsi sans boire ni manger. S'il ne s'abandonne pas aux bras de la mort, c'est seulement parce qu'il se remémore les paroles du devin
145 Tirésias évoquant son possible retour à Ithaque.

Au dixième jour, il lui semble pourtant que la vie se retire de lui, comme une marée refluant peu à peu.

> Les textes d'Homère sont des **épopées**, c'est-à-dire des œuvres qui racontent en vers des actions héroïques. *L'Odyssée* se divise en 24 chants. L'extrait présenté dans le chapitre 14 relate les événements racontés dans les chants 11 et 12 du poème.

CHAPITRE 14

La nymphe Calypso

Quand Ulysse se réveille, il distingue le visage d'une femme à l'exceptionnelle beauté, penché vers lui.

150 — Qui es-tu ? Et où suis-je ?

— Ne t'agite pas ainsi, tu n'as rien à craindre. Je suis la nymphe Calypso, et je t'ai trouvé plus mort que vivant sur mon rivage. Voilà plusieurs jours maintenant que je tente de t'arracher aux ténèbres qui t'appellent.

Ulysse reste sans voix, soupçonnant une ruse là où ne s'offre qu'une main amie.
155 Prenant confiance, il admire la demeure où il se trouve. À côté de sa couche, une table dressée lui promet un festin, et des vêtements de lin blanc l'attendent sur un tabouret aux pieds incrustés de nacre et d'ivoire. Tout n'est que luxe et harmonie.

Peu à peu, Ulysse se rétablit et peut quitter son lit. Ses premiers pas sur l'île confirment ses impressions : cet endroit regorge de toutes les merveilles que la Terre peut offrir
160 aux hommes. Les semaines et les mois passent dans une douce torpeur. Mais à mesure qu'Ulysse reprend des forces, sa mémoire se rappelle à lui. Son rêve d'Ithaque lui mord le cœur, et la beauté de Calypso n'efface pas le souvenir de Pénélope.

ANTHONY FREDERICK AUGUSTUS SANDYS, *PÉNÉLOPE*, 1878.

Alors que s'achève la première année, Ulysse comprend que cette île est une cage de verre,
165 où l'amour de l'immortelle Calypso l'entrave par mille liens invisibles.

Sept ans s'écoulent ainsi au sein de cette prison enchantée où rien, hormis son désir le plus cher, ne lui est refusé. Il prend l'habitude de passer ses
170 journées assis face à la mer.

Un matin, Calypso le rejoint.

— Jamais tu ne voudras rester à mes côtés de ton plein gré. Tu veux retourner auprès de Pénélope. Sais-tu qu'elle n'est qu'une femme vieillissante ?
175 Sais-tu quel regret sera bientôt le tien ?

— Calypso, tu crois me donner le bonheur en m'offrant l'immortalité. Tu ne comprends pas que ce qui me manque le plus ici est précisément ce qui fait le prix de la vie des mortels, sa fragilité
180 et sa joie, si étroitement liées à la peine.

ÉPISODE 1
MONDES IMAGINAIRES

— Demain, tu auras tout ce qu'il te faudra pour construire un radeau. Ensuite, tu partiras et je ne pourrai plus rien pour toi. Peut-être la mer se chargera-t-elle de te rappeler ton erreur…

185 Dès l'aurore, Ulysse se met à l'ouvrage. Quatre jours plus tard, son embarcation est prête. Les adieux sont silencieux. Que peut-on dire au terme de sept années passées côte à côte ? Calypso se contente de lever la main en direction du large, et aussitôt un vent doux emporte celui qu'elle aime.

■ Anne JONAS et Sylvain BOURRIÈRES,
Les voyages d'Ulysse, Toulouse, Éditions Milan jeunesse, 2005.

1. a) Tout le long de ce récit, Ulysse doit respecter un interdit révélé par Tirésias et surmonter de nombreux obstacles. Quels sont-ils ?

b) Ulysse et ses hommes ont-ils respecté cet interdit et sont-ils parvenus à surmonter ces obstacles ?

c) Sur la base de ce constat, expliquez l'enseignement contenu dans ce récit.

■ Les séquences, les genres et les types de textes, p. 322
■ Le schéma narratif, p. 338

2. Cernez le contenu et l'organisation de ce récit en effectuant les tâches suivantes.

a) Complétez d'abord la phrase suivante :
« L'organisation de ce récit relève de la séquence ▓▓▓▓. »

b) Remplissez chacune des parties d'un tableau semblable à celui ci-dessous.

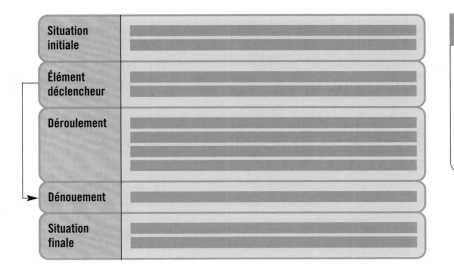

Situation initiale	
Élément déclencheur	
Déroulement	
Dénouement	
Situation finale	

 Pour démontrer votre compréhension du récit, ne vous contentez pas de relever les phrases du texte correspondant à chacune des parties du schéma narratif. Résumez chacune des parties dans vos propres mots.

- Les marqueurs de relation, p. 317
- La phrase de base, p. 375
- La polysémie, p. 470
- Le sens contextuel, p. 470
- La synonymie, p. 487

- Le résumé, p. 271

c) Résumez l'extrait présenté en respectant les consignes suivantes ✎ :

1) inspirez-vous du schéma narratif que vous avez fait précédemment ;

2) rédigez un résumé d'au plus 15 lignes et assurez-vous d'utiliser des marqueurs de relation exprimant les liens logique ; 🔍

3) vérifiez la structure de vos phrases afin de vous assurer qu'elles contiennent un groupe sujet (GS) et un groupe prédicat (GP) ; 🔑

4) au besoin, ajoutez des groupes facultatifs (GCP) pour mieux décrire un moment, un lieu ou un but, et employez la ponctuation adéquate. 🔑

3. Dans ce texte, certains mots sont employés plus d'une fois.

a) Dans les groupes de phrases ci-dessous, observez si le contexte fait changer le sens des mots en gras. 🔑 Utilisez un dictionnaire, au besoin.

b) Tentez de remplacer chacun de ces mots par un synonyme. 🔑

1) Nul besoin de piloter le navire qui semble connaître sa **funeste** route. (Lignes 2 et 3)

2) Hélas, se profilent au loin deux **funestes** silhouettes. (Ligne 135)

3) Impossible de **prendre** la mer ce jour-là […] (Ligne 103)

4) Il **prend** l'habitude de passer ses journées assis […] (Lignes 169 et 170)

5) […] la mer **s'ouvre** docilement devant eux […] (Ligne 128)

6) […] la coque **s'ouvre** en deux […] (Ligne 132)

7) Les hommes tombent à la mer et **sont** aussitôt **engloutis**. (Lignes 130 et 131)

8) […] celle-ci **engloutit** les flots […] (Lignes 136 et 137)

9) Il **gémit,** pleure et supplie. (Lignes 60 et 61)

10) Les vents déchaînés ne cessent de **gémir.** (Ligne 104)

4. a) Relisez la situation finale du récit afin d'y relever les indices de temps.

b) Chacun des indices de temps joue un rôle différent dans l'expression du temps. Dans chaque cas, décrivez ce rôle.

c) À quel temps et à quel mode les verbes de ce paragraphe sont-ils conjugués ?

d) Expliquez l'effet produit par l'emploi de ce temps de conjugaison.

e) Imaginez une nouvelle situation finale qui découlerait du refus de Calypso de laisser partir Ulysse.

f) Employez au moins quatre indices de temps pour situer les événements dans le temps.

5. a) Dressez un schéma actantiel semblable à celui ci-dessous afin de mieux voir l'évolution des rôles des personnages dans la poursuite de cette quête.

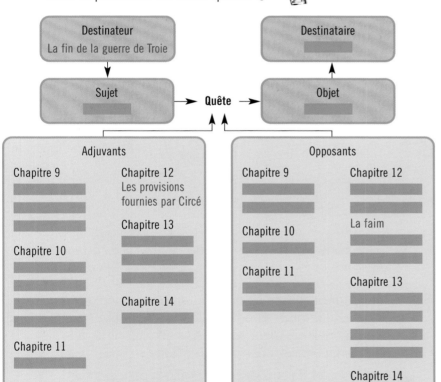

- Le vocabulaire exprimant le temps et le lieu, p. 483
- Le schéma des rôles des personnages (le schéma actantiel), p. 347

Dans cet extrait, tout comme dans l'œuvre originale d'Homère, le destinateur, le sujet, l'objet de la quête et le destinataire sont les mêmes du début à la fin. Les adjuvants et les opposants, quant à eux, changent et se multiplient.

b) Que remarquez-vous quant à la position du personnage d'Euryloque dans ce schéma ?

c) Comment expliquez-vous cette dualité ?

d) Quel autre personnage se trouve dans la même situation ? Pourquoi ?

■ Le rythme du récit, p. 354

6. Différents procédés permettent de varier le rythme du récit.

   a) Lisez les extraits ci-dessous et associez chacun d'eux à l'un des procédés suivants :

      1) le sommaire ;

      2) la pause ;

      3) la scène.

PREMIER EXTRAIT

Quand Ulysse se réveille, il distingue le visage d'une femme à l'exceptionnelle beauté, penché vers lui.

— Qui es-tu ? Et où suis-je ?

— Ne t'agite pas ainsi, tu n'as rien à craindre. Je suis la nymphe Calypso, et je t'ai trouvé plus mort que vivant sur mon rivage. (Lignes 148 à 152)

DEUXIÈME EXTRAIT

Prenant confiance, il admire la demeure où il se trouve. À côté de sa couche, une table dressée lui promet un festin, et des vêtements de lin blanc l'attendent sur un tabouret aux pieds incrustés de nacre et d'ivoire. Tout n'est que luxe et harmonie. (Lignes 155 à 157)

TROISIÈME EXTRAIT

Dès l'aurore, Ulysse se met à l'ouvrage. Quatre jours plus tard, son embarcation est prête. Les adieux sont silencieux. (Lignes 184 à 185)

QUATRIÈME EXTRAIT

Sept ans s'écoulent ainsi au sein de cette prison enchantée où rien, hormis son désir le plus cher, ne lui est refusé. Il prend l'habitude de passer ses journées assis face à la mer. (Lignes 167 à 170)

---

   b) Quels effets ont la pause et le sommaire sur le rythme du récit ?

   c) Selon vous, pourquoi les auteurs ont-ils choisi de mettre en scène le réveil d'Ulysse ?

■ La prononciation, p. 278

7. À la fin du récit, Ulysse vit dans un environnement luxueux et côtoie une femme d'une beauté exceptionnelle qui lui offre l'immortalité. Malgré cela, il souhaite retourner à la vie des mortels, chez lui, auprès de Pénélope.

   a) Nommez les valeurs qui sont révélées par ce choix.

   b) Discutez avec d'autres élèves de ce que vous auriez fait si vous aviez vécu la même situation qu'Ulysse. Justifiez votre choix.

   c) Au cours de cette discussion, prêtez une attention particulière à votre prononciation.

> Les valeurs sont des éléments positifs qui guident les pensées, les émotions, les opinions et les actions d'une personne. La justice, l'amour, la liberté, la famille, la fidélité sont des exemples de valeurs.

L'accord du verbe

8. Expliquez l'accord des verbes en gras dans les extraits ci-dessous.

■ L'accord du verbe, p. 436

PREMIER EXTRAIT

Tu aborderas bientôt l'île de Trinacrie où **paissent** les brebis d'Hélios, dieu du Soleil. Si vous **épargnez** ce troupeau, toi et tes compagnons **reverrez** Ithaque. Si, par malheur, il **arrive** quelque mal à ces bêtes, tu perdras ton navire et tes hommes. (Lignes 13 à 17)

DEUXIÈME EXTRAIT

— Nous allons croiser la route des redoutables Sirènes. Aucun chant sur terre ni dans les airs n'**est** plus doux. Elles nous **appelleront**. Celui qui **cédera** ne reverra jamais la terre qui l'a vu naître. Il finira pourrissant comme une charogne dans les prairies marines de ces monstres. Pour que cela n'**arrive** pas, je vous **boucherai** les oreilles avec de la cire. Moi, qui **veux** malgré tout les entendre, vous m'**attacherez** fermement avec des cordes au mât. (Lignes 44 à 51)

Le peuple amérindien s'est, lui aussi, servi de mondes imaginaires pour expliquer la création du monde de même que l'existence de phénomènes naturels. Lisez la légende amérindienne *Les aventures de Tikigaq* aux pages 54 à 60 pour découvrir un univers littéraire qui raconte les origines du lever et du coucher du soleil.

espace culturel

L'EXPRESSION *LA TOILE DE PÉNÉLOPE* OU *UN TRAVAIL DE PÉNÉLOPE* Pendant les vingt années d'absence d'Ulysse, durant et après la guerre de Troie, Pénélope fit montre d'une fidélité à l'épreuve de toutes les sollicitations. Sa beauté attira à Ithaque une centaine de prétendants. Elle sut toujours éluder leurs poursuites et les déconcerter par de nouvelles ruses. La première fut de s'attacher à faire sur le métier un grand voile, en déclarant aux poursuivants qu'elle ne pouvait contracter un nouveau mariage avant d'avoir achevé ce voile des-tiné à envelopper le corps de son beau-père Laërte, quand il vien-drait à mourir. Ainsi, pendant trois ans, elle allégua cet ingé-nieux prétexte, sans que sa toile s'achevât jamais, car elle défaisait la nuit ce qu'elle avait fait le jour ; de là est venue l'expression « la toile de Pénélope », dont on se sert pour parler des ouvrages auxquels on travaille sans cesse et qu'on ne termine jamais.

1. Connaissez-vous des situations de la vie courante ou l'expression « la toile de Pénélope » pourrait s'appliquer, des situations où l'on n'achève jamais son travail ?

2. Avez-vous déjà réalisé un travail de Pénélope ? Quel était ce travail et pourquoi pouvez-vous le désigner de cette façon ?

VIOLET BRUNTON, *PÉNÉLOPE*.

Voici quelques propositions de projets à réaliser de complexité et de durée variables.
Laquelle saura retenir votre attention ?

PREMIÈRE SUGGESTION
UN PROJET D'ÉCRITURE :
DÉPOUSSIÉREZ QUELQUES
RÉCITS TRADITIONNELS

Rédigez une version actualisée d'un conte, d'une légende, d'un mythe ou d'une fable. Pensez à un récit que vous aimeriez remodeler selon votre inspiration et rédigez-en une version moderne où l'action se déroulera de nos jours. Organisez ensuite une soirée Mondes imaginaires au cours de laquelle vous procéderez, avec vos pairs, au lancement de votre recueil de classe.

**Critères d'évaluation retenus
pour la compétence**

Écrire des textes variés.

COHÉRENCE DU TEXTE :

- respect des caractéristiques du genre ;
- exploitation du schéma narratif ;
- utilisation adéquate des temps des verbes dans les différentes séquences.

RESPECT DE L'USAGE ET DES NORMES LINGUISTIQUES :

- respect des groupes obligatoires ;
- ponctuation appropriée dans l'utilisation des GCP ;
- accord approprié des verbes conjugués ;
- respect de l'orthographe d'usage.

ADAPTATION DE LA DÉMARCHE
À LA SITUATION :

- adaptation du propos aux destinataires.

DEUXIÈME SUGGESTION
UN PROJET D'ÉCRITURE :
FAITES LA MORALE
À VOS LECTEURS ET LECTRICES

Inspirez-vous d'un proverbe pour rédiger un court récit illustrant la morale qu'il évoque. Votre récit pourra prendre la forme d'un conte ou d'une fable. N'oubliez pas de soigner l'aspect visuel de votre recueil, car il est destiné à un centre de la petite enfance.

**Critères d'évaluation retenus
pour la compétence**

Écrire des textes variés.

COHÉRENCE DU TEXTE :

- respect des caractéristiques du genre ;
- exploitation du schéma narratif ;
- utilisation adéquate des temps des verbes dans les différentes séquences.

RESPECT DE L'USAGE ET DES NORMES LINGUISTIQUES :

- respect des groupes obligatoires ;
- ponctuation appropriée dans l'utilisation des GCP ;
- accord approprié des verbes conjugués ;
- respect de l'orthographe d'usage.

ADAPTATION DE LA DÉMARCHE
À LA SITUATION :

- adaptation du propos aux destinataires.

TROISIÈME SUGGESTION
UN PROJET
DE COMMUNICATION ORALE :
MONTEZ SUR SCÈNE LE TEMPS
D'UN RÉCIT

Mettez à profit vos talents de conteur ou de conteuse et racontez un conte ou une légende de votre choix à de jeunes élèves du primaire. Saurez-vous captiver votre auditoire ?

**Critères d'évaluation retenus
pour la compétence**

Communiquer oralement.

PERTINENCE DU CHOIX DES RESSOURCES :

- utilisation adéquate des éléments paraverbaux et non verbaux ;

ADAPTATION DE LA DÉMARCHE
À LA SITUATION :

- adaptation du propos aux destinataires.

Dans tous ces projets, la compétence transversale *Mettre en œuvre sa pensée créatrice* a été ciblée, de même que les critères suivants : *Diversité des idées générées et des scénarios envisagés* et *Originalité des liens établis entre les éléments d'une situation.*

1. Quelle paire de prépositions est employée correctement?

   a) Ces contes sont destinés à des enfants âgés **de** 4 **à** 7 ans.

   b) Ces contes sont destinés à des enfants âgés **entre** 4 **et** 7 ans.

2. Corrigez l'anglicisme contenu dans la phrase suivante.

«C'est Louis-Charles qui s'est occupé du *setup* de la salle dans laquelle le conteur donnera son spectacle.»

3. Qui a écrit les *Contes de Jos Violon*?

   a) Louis-Honoré Fréchette

   b) Honoré Mercier

   c) Victor-Lévy Beaulieu

4. L'une de ces prépositions serait-elle préférable?

   a) Avant d'entamer cette légende, mon grand-père a déposé un immense coffre **par** terre.

   b) Avant d'entamer cette légende, mon grand-père a déposé un immense coffre **à** terre.

5. Dans la phrase ci-dessous, faut-il employer le verbe *peindre* ou le verbe *peinturer*?

«Cette artiste québécoise peint/peinture des toiles inspirées de nos légendes les plus populaires.»

6. Que signifie l'expression «talon d'Achille» dans la phrase suivante?

«La fable semble être le **talon d'Achille** de cette auteure.»

7. Lequel des proverbes ci-dessous exprime la vérité suivante : «La nécessité contraint parfois les êtres humains à faire des choses qui ne sont pas de leur goût.»

   a) Donner un œuf pour avoir un bœuf.

   b) La faim chasse le loup hors du bois.

   c) N'éveillez pas le chat qui dort.

8. Que signifie l'expression «faire chou blanc» dans la phrase suivante?

«Avec son nouveau recueil de contes modernes, cet auteur **a fait chou blanc.**»

9. Parmi les mots ci-dessous, lequel n'est pas associé au loup?

   a) La faim

   b) Le froid

   c) Des pas

   d) Le temps

10. Complétez cette citation de John Russel : «Un proverbe est l'esprit d'un seul et…»

   a) l'expérience de tout un peuple.

   b) la sagesse de tous.

   c) l'imagination de deux.

Source, question 10 : *Proverbes et Citations,* [En ligne].

10. b)

9. d)

8. L'expression «faire chou blanc» signifie subir un échec. Dans ce contexte, on peut donc dire que le recueil de contes n'a pas obtenu le succès escompté.

7. b)

6. Le talon d'Achille désigne un point faible. On peut donc dire que l'auteure n'excelle pas dans ce genre littéraire (la fable).

5. Le verbe *peindre* (peint)
Note : Le verbe *peindre* signifie «recouvrir de peinture, représenter des êtres, des choses à l'aide de la peinture». Le verbe *peinturer* est plutôt synonyme de «barbouiller, peindre maladroitement».

4. Les deux prépositions peuvent être utilisées.

3. a)

2. organisation

1. a)

LES AVENTURES DE TIKIGAQ

ROCKWELL KENT (1882-1971), *ESQUIMAU EN KAYAK*, 1933.

*Le village de Tikigaq est situé sur la côte ouest de l'Alaska, au nord du détroit
de Béring. Une vieille légende raconte que ce nom lui vient de son fondateur, un garçon
qui avait accompli trois exploits remarquables.*

Il y a bien longtemps, la nuit était interminable, car le soleil avait disparu du ciel.
Les hommes vivaient au rythme de la lune et attendaient avec impatience le moment
où la lumière du jour referait enfin son apparition.

Une vieille femme habitait seule dans un petit igloo. Très faible, elle passait
5 ses journées allongée sur son lit de fourrure. Lorsqu'elle ne dormait pas, elle tuait
le temps en mâchonnant de la peau de guillemot trempée dans de l'huile de phoque.

Un jour, elle s'amusa à modeler avec cette pâte une figurine représentant un homme.
Puis elle lui fit un bec de corbeau à la place du nez. Lorsque son œuvre fut achevée,
elle la déposa délicatement à côté de sa lampe à huile, et s'endormit paisiblement.

10   Le lendemain matin, lorsqu'elle sortit de son profond sommeil, un homme se tenait debout près de son lit. Elle se dressa d'un bond et écarquilla les yeux. Quelle surprise ! Un jeune garçon doté d'un bec d'oiseau la regardait et semblait avoir attendu qu'elle se réveille !

      La vieille femme réalisa que sa figurine avait dû prendre vie au cours de la nuit,
15 comme par magie. Elle regretta de l'avoir pourvu de ce bec, qui gâchait un visage aux lignes fines.

      Cependant, elle se réjouit d'avoir un nouveau compagnon, et lui chercha un nom.

      — Tikigaq ! s'exclama-t-elle. Voilà de jolis sons qui plaisent à mes oreilles… Tikigaq… Oui, c'est parfait.

20   Mais le jeune garçon se rendit bientôt à l'évidence qu'il ne pourrait pas se contenter d'une existence oisive et recluse.

      — Je dois partir d'ici pour mener ma propre vie, annonça-t-il à la vieille femme. J'aimerais fonder une famille et avoir une maison bien à moi. Je me doute bien que je vais effrayer les hommes avec mon bec de corbeau. Mais avec le temps, j'espère
25 qu'ils finiront par m'accepter tel que je suis.

      La vieille femme, très émue par les paroles du jeune homme, lui expliqua d'un ton solennel :

      — Tikigaq, mon enfant, je savais que tu voudrais quitter cet igloo un jour ou l'autre. La vérité sur ton sort m'est apparue en songe. Je sais désormais qu'il te faudra accomplir
30 trois épreuves pour atteindre le bonheur. Pour commencer, tu devras te rendre dans la grotte des Tentations et résister à une des merveilles qui te seront proposées. Si tu parviens à sortir de cette grotte, tu auras réussi. Ta deuxième épreuve sera de vaincre un énorme animal à la force de tes bras. À l'emplacement de ta victoire, tu fonderas un jour un foyer. Pour finir, tu devras retrouver le soleil et t'assurer que la lumière
35 et l'obscurité alterneront comme avant. Si tu réussis, tu perdras ton horrible bec, et cela fera de toi un homme.

      — Serai-je capable de tous ces exploits ? Je suis encore très jeune !

      — Mon fils, pour être confronté à ton destin, il te faut parcourir le monde. Ta route sera semée d'embûches et ton courage sera ta seule ressource. Ne compte que sur toi-même
40 et ne recule pas devant les difficultés.

      Entendant ces paroles, Tikigaq baissa la tête, accablé à l'idée des tourments qui l'attendaient. La vie lui semblait soudain bien lourde à porter. Mais l'envie de montrer qu'il était courageux prit le dessus. Oui, il allait accomplir ces trois exploits, devenir un vrai homme et mener sa vie comme il l'entendait. Il allait saisir cette chance
45 que lui donnait la vieille femme de perdre son vilain bec de corbeau !

Il se mit en route et s'engagea à l'intérieur des terres. Tikigaq atteignit enfin la grotte des Tentations, la première des trois épreuves…

La grotte ressemblait à un long couloir sinueux, qu'il fallait traverser de part en part. Lorsque Tikigaq franchit l'entrée de la grotte, il entendit avec frayeur une voix caverneuse
50 réciter ces paroles :

> *La faim, le froid et le sommeil tu subiras,*
> *Mais à aucune tentation tu ne succomberas !*

C'était bien ce que lui avait annoncé sa protectrice ! Tikigaq était affamé par son voyage, et voilà que se présentaient sous son bec d'appétissants mets de choix !
55 Une ribambelle de plats dégageaient d'agréables effluves… Tikigaq était résolu à ne pas toucher un seul de ces délices et à passer son chemin fièrement sans fléchir. Mais du coin de l'œil, il scrutait les montagnes de nourriture, salivant de plus en plus au fur et à mesure qu'il avançait. Au détour d'un virage, la faim le tenaillant, il jeta un bref coup d'œil autour de lui et ne vit personne. Cette grotte était donc vraiment déserte ?
60 Pourquoi ne pas en profiter un peu ?

Tikigaq n'y tint plus ; il plongea le bout de son doigt dans un plat et goûta. Rien ne se produisit. Il fit quelques pas, puis trempa son bec et picora avidement. Encore une fois, rien ne vint troubler le calme de la grotte. Tikigaq se jeta sur le premier mets venu, et avala le tout goulûment. Il s'empiffra rapidement d'un deuxième plat puis d'un troisième.

65 C'est alors que retentit une voix tonitruante :

> *La faim, le froid et le sommeil tu subiras,*
> *Mais à aucune tentation tu ne succomberas !*
> *Garnement ! Ton châtiment, le voilà !*

Un gigantesque courant d'air, une véritable tornade balaya la grotte et souleva
70 Tikigaq, le projetant dans les airs. Tant et si bien que le pauvre garçon se retrouva dehors, la tête dans la neige, tout étourdi par sa chute. Il se releva, épousseta son anorak en fourrure, et repartit en direction de la grotte d'un pas décidé. Il avait compris la leçon et se promettait de ne pas commettre la même erreur.

Lorsqu'il entra dans la grotte des Tentations résonna une nouvelle fois la mise en garde :

75 > *La faim, le froid, le sommeil tu subiras,*
> *Mais à aucune tentation tu ne succomberas !*

— Oui, oui, grommela Tikigaq. C'est bon, je ne goûterai rien ! Qu'importe ! J'ai tellement mangé que je ne pourrais pas avaler une bouchée de plus !

Tikigaq s'engagea dans la voie qu'il avait déjà empruntée. Les plats n'y étaient plus,
80 mais un vent glacé terrible l'empêchait presque d'avancer. Bientôt, il fut difficile de

résister au froid. Tikigaq entraperçut alors, entre deux bourrasques, des recoins moins venteux, creusés dans le tunnel. Il s'en approcha lentement de manière à les frôler.

— Je pourrais ainsi me réchauffer un peu, mais sans m'arrêter, pensa Tikigaq.

Au fur et à mesure de son avancée, le froid s'intensifiait. Au bout de quelques minutes
85 de marche, Tikigaq n'y tint plus et alla se réchauffer dans l'une des cavités.

Il fit un bond terrible lorsque la voix tonitruante reprit, toujours aussi terrifiante :

> *La faim, le froid et le sommeil tu subiras,*
> *Mais à aucune tentation tu ne succomberas !*
> *Garnement ! Ton châtiment, le voilà !*

90 Une fois encore, Tikigaq fut rejeté de la grotte. Il s'assit dans la neige et se mit à réfléchir. Il avait été incapable de résister à la faim puis au froid. Il s'en voulait terriblement. Or, la voix caverneuse lui avait bien dit qu'il devrait résister aussi au sommeil… Il décida de se montrer plus malin cette fois-ci. Il se pelotonna dans la neige et s'assoupit. Quelques heures plus tard, il se réveilla en pleine forme et se remit en route.

KINGMEATA ETIDLOOIE, *CANOTIERS REGARDANT LES AURORES BORÉALES*, 1976.

95 Pour la troisième fois, il entra dans la grotte des Tentations. S'il la traversait de part en part sans se laisser distraire, il réussirait l'épreuve. C'était sa dernière chance !

La faim, le froid, le sommeil tu subiras,
Mais à aucune tentation tu ne succomberas !

Tikigaq entendit une douce voix féminine chanter la berceuse que les mamans
100 chantent aux bébés pour les endormir. Il ralentit son allure et se prit à rêvasser. Le chant emplissait maintenant toute la grotte. Tikigaq sentait ses muscles s'engourdir. Alors, il mit les mains sur les oreilles, pour que ses épaisses moufles étouffent les bruits. Il accéléra le pas, se mit à courir et, bientôt, il atteignit la sortie.

Tikigaq savourait le plaisir d'avoir accompli le premier des trois exploits. Mais
105 son bec de corbeau était toujours à sa place. Il continua son chemin, à la recherche du mystérieux animal qu'il devait vaincre.

Tikigaq se fabriqua un kayak et un équipement de chasse, puis il descendit la rivière pour rejoindre la mer. Une fois le fjord atteint, il s'arrêta pour se reposer. Il posa sa pagaie en travers du kayak et scruta l'horizon. Le paysage était bleuté car la lune
110 éclairait l'eau de ses doux rayons. Mais elle allait bientôt disparaître et le pays serait de nouveau plongé dans l'obscurité.

Soudain, non loin de lui, la surface de l'eau se souleva en un grand panache de vapeur. Puis, lentement, l'eau s'apaisa. Une grosse vague parcourut alors le fjord, secouant

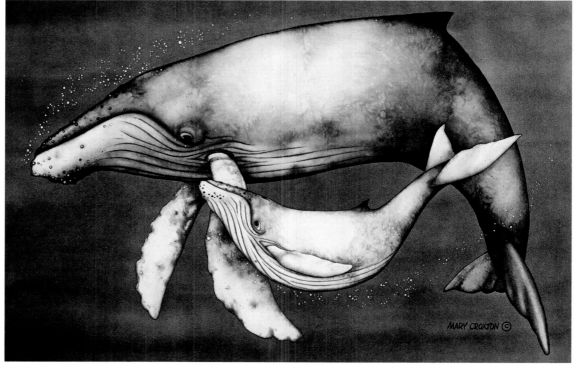

MARY CROXTON, *GÉANTS ESPIÈGLES*, 1997.

la petite embarcation immobile de Tikigaq. Terrifié, il faillit tomber la tête la première
115 dans l'eau glacée. Son cœur battait la chamade et il tremblait de tous ses membres
à l'idée de croiser une baleine.

Il attendit que l'animal réapparaisse plusieurs fois pour en observer le comportement.
Puis Tikigaq s'approcha lentement, le harpon fermement serré dans sa main. Il récita
alors les chants magiques qui supplient l'animal de se laisser capturer et qui remercient
120 les dieux d'offrir aux hommes une proie pour se nourrir.

Lorsque le cétacé refit surface pour respirer, Tikigaq lança vigoureusement son harpon.
Il avait bien visé, mais la baleine était visiblement très forte et elle n'avait pas l'intention
de se laisser faire. Elle replongea au fond de la mer mais fut arrêtée dans son élan
par Tikigaq qui s'accrochait de toute son énergie à la corde de cuir attachée au harpon.
125 Un combat acharné s'engagea. Mille fois, Tikigaq manqua de tomber à la renverse.
La baleine se débattait, tirant peu à peu le kayak vers le large.

Mais le garçon était tenace et ne lâchait pas prise. La baleine commençait à se fatiguer,
sa blessure saignait et elle avait de plus en plus de mal à replonger. Après des heures
interminables de duel, l'animal fut épuisé et Tikigaq s'approcha lentement du rivage.
130 Bientôt, il sauta à terre. Il lui fallait désormais remorquer sa proie, la tirer à la seule force
de ses bras. Quel poids ! Plus la baleine sortait de l'eau et plus elle semblait imposante.

Délicatement, il dépeça l'animal, goûta sa chair et fit ses premières provisions.

À cet endroit du rivage, il construisit un grand igloo.

— Voilà ma maison, déclara-t-il solennellement. Ici vivront ma femme et mes enfants,
135 ici vivront d'autres foyers, et ce village portera mon nom.

Parfois, lorsque la lune faisait son apparition, Tikigaq allait regarder son reflet dans
l'eau miroitante du fjord. Son misérable bec était toujours à la même place. Comment
pourrait-il oser se présenter ainsi devant un humain ? Et devant une femme ?

Une nuit, la vieille femme lui apparut en rêve.

140 — Le disque solaire a été volé par un chasseur qui vit sur l'autre rive du fjord. Et avec
la lumière du jour ! Tikigaq, tu dois y remédier. Ne faillis pas à ta mission…

À son réveil, Tikigaq embarqua sur son kayak, et traversa le fjord.

Sur la terre ferme, il s'approcha d'un igloo, s'assit près de l'entrée et se mit à écouter
les voix étouffées qui lui parvenaient :

145 — S'il te plaît, Papa, laisse-moi jouer avec le ballon, implorait une jeune fille.

— Il n'en est pas question ! Ce n'est pas un jeu d'enfant ! Ce n'est pas non plus un ballon,
c'est une boule qui est beaucoup trop fragile pour que tu puisses jouer avec, rétorqua
une voix grave.

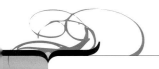

Intrigué, Tikigaq perça un trou avec son bec dans la glace de l'igloo, pour voir
150 l'intérieur sans être découvert. L'air sombre, un homme réparait ses outils de chasse.
Une lueur mauvaise brillait dans ses yeux. Sa bouche était grimaçante et ses mains,
crochues. Au-dessus de lui pendait une boule entourée d'une épaisse peau de caribou.
Une jeune fille la regardait avec envie.

— Je vais te dire une chose, poursuivit le méchant homme. C'est le soleil que j'ai enfermé
155 et accroché. Et je t'interdis d'abîmer la peau qui le recouvre ! Ta mère l'a cousue tout
exprès. Ce soleil m'appartient ! Il est à moi ! Rien qu'à moi, et je ne le partagerai pas !

À ces mots, le père se leva et alla farfouiller dans ses affaires, sans doute à la recherche
d'un nouvel outil. Sa fille profita de ce qu'il avait le dos tourné pour décrocher le ballon
tant convoité, et le lança en l'air. Il faisait de grands bonds, très lents, comme s'il avait
160 été très léger. Tout à coup, il rebondit sur le mur et se dirigea vers l'entrée de l'igloo.
Tikigaq, rapide comme l'éclair, se précipita et l'attrapa. La jeune fille, stupéfaite, n'eut
pas le temps d'ouvrir la bouche que Tikigaq s'enfuyait déjà.

Le père comprit immédiatement ce qui s'était passé et se lança à la poursuite
de Tikigaq.

165 — Voleur ! Chenapan ! Filou ! Quand je t'aurai attrapé, je te tuerai !

Le sorcier filait comme un lièvre et Tikigaq risquait fort d'être rejoint avant d'avoir
atteint son kayak. Tout en courant, il donnait de vifs coups de bec sur le ballon pour
arracher la peau qui le recouvrait. Il sentait peu à peu la chaleur du soleil sur ses mains.
Plus il s'acharnait, plus la peau de caribou se déchirait, plus son bec brûlait et rapetissait.
170 Finalement, la peau se déchira complètement et le soleil prit son envol, faisant rayonner
sa lumière aveuglante et illuminant la Terre.

Depuis ce jour, le soleil poursuit sa route. Du matin au soir, il fait un bond majestueux
d'un côté à l'autre du pays.

Tikigaq atteignit finalement son kayak et put rejoindre son igloo.

175 Il se pencha sur l'eau et contempla son visage. Il n'avait plus son bec
de corbeau. À la place, il avait un nez, un vrai nez d'être humain !
Tikigaq était devenu un homme !

Quant à la jeune fille, terrorisée par la colère de son père,
elle rejoignit le voleur sur l'autre rive et vécut avec lui dans
180 son grand igloo.

■ Delphine GRAVIER, « Les aventures de Tikigaq »,
Contes traditionnels du pays des glaces,
Toulouse, Éditions Milan, 2003, p. 89-99.

CORNELIUS KRIEGHOFF, *MAISON DE COLONS*, 1856.

LA CHASSE-GALERIE

Le récit qui suit est basé sur une croyance populaire qui remonte à l'époque des coureurs des bois et des voyageurs du Nord-Ouest. Les « gens de chantier » ont continué la tradition, et c'est surtout dans les paroisses riveraines du Saint-Laurent que l'on connaît les légendes de la chasse-galerie. J'ai rencontré plus d'un vieux voyageur qui affirmait avoir vu voguer dans l'air des canots d'écorce remplis de « possédés » s'en allant voir leurs blondes, sous l'égide de Belzébuth. Si j'ai été forcé de me servir d'expressions plus ou moins académiques, on voudra bien se rappeler que je mets en scène des hommes au langage aussi rude que leur difficile métier.

H.B.

I

— Pour lors que je vais vous raconter une rôdeuse d'histoire, dans le fin fil ; mais s'il y a parmi vous autres des lurons qui auraient envie de courir la chasse-galerie ou le loup-garou, je vous avertis qu'ils font mieux d'aller voir dehors si les chats-huants font le

sabbat, car je vais commencer mon histoire en faisant un grand signe de croix pour chasser
5   le diable et ses diablotins. J'en ai eu assez de ces maudits-là dans mon jeune temps.

Pas un homme ne fit mine de sortir ; au contraire tous se rapprochèrent de la cambuse
où le *cook* finissait son préambule et se préparait à raconter une histoire de circonstance.

On était à la veille du jour de l'an 1858, en pleine forêt vierge, dans les chantiers des
Ross, en haut de la Gatineau. La saison avait été dure et la neige atteignait déjà la hauteur
10 du toit de la cabane.

Le bourgeois avait, selon la coutume, ordonné la distribution du contenu d'un petit
baril de rhum parmi les hommes du chantier, et le cuisinier avait terminé de bonne heure
les préparatifs du fricot de pattes et des glissantes pour le repas du lendemain. La melasse
mijotait dans le grand chaudron pour la partie de tire qui devait terminer la soirée.

15 Chacun avait bourré sa pipe de bon tabac canadien, et un nuage épais obscurcissait
l'intérieur de la cabane, où un feu pétillant de pin résineux jetait, cependant,
par intervalles, des lueurs rougeâtres qui tremblotaient en éclairant par des effets
merveilleux de clair-obscur, les mâles figures de ces rudes travailleurs des grands bois.

Joe le *cook* était un petit homme assez mal fait, que l'on appelait assez généralement
20 le bossu, sans qu'il s'en formalisât, et qui faisait chantier depuis au moins 40 ans.
Il en avait vu de toutes les couleurs dans son existence bigarrée et il suffisait de lui faire
prendre un petit coup de jamaïque pour lui délier la langue et lui
faire raconter ses exploits.

Honoré BEAUGRAND

1848-1906

Cet écrivain est né
à Lanoraie. Il a
beaucoup voyagé
au cours de sa vie
et a écrit plusieurs
récits de voyage. Il
est le fondateur de plusieurs journaux,
dont *La Patrie*, publié à Montréal pendant
78 ans. De 1885 à 1887, il est maire
de Montréal. Honoré Beaugrand est
reconnu comme un ardent défenseur
de la cause des Canadiens français.
Dans son roman *Jeanne la fileuse*, il
répond à certains politiciens américains
qui méprisent son peuple. Pour l'honorer,
on a donné son nom à l'une des stations
du métro de Montréal.

II

— Je vous disais donc, continua-t-il, que si j'ai été un peu *tough*
25 dans ma jeunesse, je n'entends plus risée sur les choses de la religion.
J'vas à confesse régulièrement tous les ans, et ce que je vais vous
raconter là se passait aux jours de ma jeunesse quand je ne craignais
ni Dieu ni diable. C'était un soir comme celui-ci, la veille du jour de
l'an, il y a de cela 34 ou 35 ans. Réunis avec tous mes camarades
30 autour de la cambuse, nous prenions un petit coup ; mais si les petits
ruisseaux font les grandes rivières, les petits verres finissent par vider
les grosses cruches, et dans ces temps-là, on buvait plus sec et plus
souvent qu'aujourd'hui, et il n'était pas rare de voir finir les fêtes
par des coups de poings et des tirages de tignasse. La jamaïque était
35 bonne, – pas meilleure que ce soir, – mais elle était bougrement
bonne, je vous le parsouête. J'en avais bien lampé une douzaine de
petits gobelets, pour ma part, et sur les onze heures, je vous l'avoue
franchement, la tête me tournait et je me laissai tomber sur ma robe

de carriole pour faire un petit somme en attendant l'heure de
40 sauter à pieds joints par-dessus la tête d'un quart de lard, de la
vieille année dans la nouvelle, comme nous allons le faire ce soir
sur l'heure de minuit, avant d'aller chanter la guignolée et souhaiter
la bonne année aux hommes du chantier voisin.

Je dormais donc depuis assez longtemps lorsque je me sentis
45 secouer rudement par le boss des piqueurs, Baptiste Durand,
qui me dit :

— Joe ! minuit vient de sonner et tu es en retard pour le saut du
quart. Les camarades sont partis pour faire leur tournée, et moi
je m'en vais à Lavaltrie voir ma blonde. Veux-tu venir avec moi ?

50 — À Lavaltrie ! lui répondis-je, es-tu fou ? nous en sommes à plus de cent lieues et
d'ailleurs aurais-tu deux mois pour faire le voyage, qu'il n'y a pas de chemin de sortie
dans la neige. Et puis, le travail du lendemain du jour de l'an ?

— Animal ! répondit mon homme, il ne s'agit pas de cela. Nous ferons le voyage en
canot d'écorce, à l'aviron, et demain matin à six heures nous serons de retour au chantier.

55 Je comprenais.

Mon homme me proposait de courir la chasse-galerie et de risquer mon salut éternel
pour le plaisir d'aller embrasser ma blonde, au village. C'était raide ! Il était bien vrai que
j'étais un peu ivrogne et débauché et que la religion ne me fatiguait pas à cette époque,
mais risquer de vendre mon âme au diable, ça me surpassait.

60 — Cré poule mouillée ! continua Baptiste, tu sais bien qu'il n'y a pas de danger. Il s'agit
d'aller à Lavaltrie et de revenir dans six heures. Tu sais bien qu'avec la chasse-galerie,
on voyage au moins 50 lieues à l'heure lorsqu'on sait manier l'aviron comme nous.
Il s'agit tout simplement de ne pas prononcer le nom du bon Dieu pendant le trajet,
et de ne pas s'accrocher aux croix des clochers en voyageant. C'est facile à faire et pour
65 éviter tout danger, il faut penser à ce qu'on dit, avoir l'œil où l'on va et ne pas prendre
de boisson en route. J'ai déjà fait le voyage cinq fois et tu vois bien qu'il ne m'est jamais
arrivé malheur. Allons mon vieux, prends ton courage à deux mains et si le cœur t'en dit,
dans deux heures de temps, nous serons à Lavaltrie. Pense à la petite Liza Guimbette
et au plaisir de l'embrasser. Nous sommes déjà sept pour faire le voyage mais il faut être
70 deux, quatre, six ou huit et tu seras le huitième.

— Oui ! tout cela est très bien, mais il faut faire un serment au diable, et c'est un animal
qui n'entend pas à rire lorsqu'on s'engage à lui.

TEXTES SUPPLÉMENTAIRES

— Une simple formalité, mon Joe. Il s'agit simplement de ne pas se griser et de faire attention à sa langue et à son aviron. Un homme n'est pas un enfant, que diable! Viens!

75 viens! nos camarades nous attendent dehors et le grand canot de la *drave* est tout prêt pour le voyage.

BRIDGET MacDONALD, *TÊTE D'UN SATYRE*, 1993.

Je me laissai entraîner hors de la cabane où je vis en effet six de nos hommes qui nous attendaient, l'aviron à la main. Le grand canot était sur la neige

80 dans une clairière et avant d'avoir eu le temps de réfléchir, j'étais déjà assis dans le devant, l'aviron pendante sur le platbord, attendant le signal du départ. J'avoue que j'étais un peu troublé, mais Baptiste qui passait, dans le chantier, pour n'être pas allé à confesse

85 depuis sept ans, ne me laissa pas le temps de me débrouiller. Il était à l'arrière, debout, et d'une voix vibrante il nous dit :

— Répétez avec moi !

Et nous répétâmes :

90 — Satan ! roi des enfers, nous te promettons de te livrer nos âmes, si d'ici à six heures nous prononçons le nom de ton maître et du nôtre, le bon Dieu, et si nous touchons une croix dans le voyage. À cette condition tu nous transporteras, à travers les airs,

95 au lieu où nous voulons aller et tu nous ramèneras de même au chantier.

III

Acabris ! Acabras ! Acabram !
Fais-nous voyager par-dessus les montagnes !

À peine avions-nous prononcé les dernières paroles que nous sentîmes le canot

100 s'élever dans l'air à une hauteur de cinq ou six cents pieds. Il me semblait que j'étais léger comme une plume et au commandement de Baptiste, nous commençâmes à nager comme des possédés que nous étions. Aux premiers coups d'aviron le canot s'élança dans l'air comme une flèche, et c'est le cas de le dire, le diable nous emportait. Ça nous en coupait le respire et le poil en frisait sur nos bonnets de carcajou.

105 Nous filions plus vite que le vent. Pendant un quart d'heure, environ, nous naviguâmes au-dessus de la forêt sans apercevoir autre chose que les bouquets des grands pins noirs.

Il faisait une nuit superbe et la lune, dans son plein, illuminait le firmament comme un beau soleil du midi. Il faisait un froid du tonnerre et nos moustaches étaient couvertes de givre, mais nous étions cependant tous en nage. Ça se comprend aisément puisque c'était
110 le diable qui nous menait et je vous assure que ce n'était pas sur le train de la *Blanche*. Nous aperçûmes bientôt une éclaircie, c'était la Gatineau dont la surface glacée et polie étincelait au-dessous de nous comme un immense miroir. Puis, p'tit-à-p'tit nous aperçûmes des lumières dans les maisons d'habitants ; puis des clochers d'églises qui reluisaient comme des baïonnettes de soldats, quand ils font l'exercice sur le champ de Mars
115 de Montréal. On passait ces clochers aussi vite qu'on passe les poteaux de télégraphe, quand on voyage en chemin de fer. Et nous filions toujours comme tous les diables, passant par-dessus les villages, les forêts, les rivières et laissant derrière nous comme une traînée d'étincelles. C'est Baptiste, le possédé, qui gouvernait, car il connaissait la route et nous arrivâmes bientôt à la rivière des Outaouais, qui nous servit de guide
120 pour descendre jusqu'au Lac des Deux-Montagnes.

— Attendez un peu, cria Baptiste. Nous allons raser Montréal et nous allons effrayer les coureux qui sont encore dehors à c'te heure cite. Toi, Joe ! là, en avant, éclaircis-toi le gosier et chante-nous une chanson sur l'aviron.

En effet, nous apercevions déjà les mille lumières de la grande ville, et Baptiste,
125 d'un coup d'aviron, nous fit descendre à peu près au niveau des tours de Notre-Dame. J'enlevai ma chique pour ne pas l'avaler, et j'entonnai à tue-tête cette chanson de circonstance que tous les canotiers répétèrent en chœur :

Mon père n'avait fille que moi,
Canot d'écorce qui va voler,
130 Et dessus la mer il m'envoie :
Canot d'écorce qui vole, qui vole,
Canot d'écorce qui va voler !

Et dessus la mer il m'envoie,
Canot d'écorce qui va voler,
135 Le marinier qui me menait :
Canot d'écorce qui vole, qui vole,
Canot d'écorce qui va voler !

Le marinier qui me menait,
Canot d'écorce qui va voler,
140 Me dit ma belle embrassez-moi :
Canot d'écorce qui vole, qui vole,
Canot d'écorce qui va voler !

Me dit ma belle embrassez-moi,
Canot d'écorce qui va voler,
145 Non, non, monsieur, je ne saurais :
Canot d'écorce qui vole, qui vole,
Canot d'écorce qui va voler !

Non, non, monsieur, je ne saurais,
Canot d'écorce qui va voler,
150 Car si mon papa le savait :
Canot d'écorce qui vole, qui vole,
Canot d'écorce qui va voler !

Car si mon papa le savait,
Canot d'écorce qui va voler,
155 Ah ! c'est bien sûr qu'il me battrait.
Canot d'écorce qui vole, qui vole,
Canot d'écorce qui va voler !

RACHEL BOURQUE, *LA CHASSE-GALERIE*, VERS 1980.

❧ IV ❧

Bien qu'il fût près de deux heures du matin, nous vîmes des groupes s'arrêter dans les rues pour nous voir passer, mais nous filions si vite qu'en un clin d'œil nous avions
160 dépassé Montréal et ses faubourgs, et alors je commençai à compter les clochers : la Longue-Pointe, la Pointe-aux-Trembles, Repentigny, Saint-Sulpice, et enfin les deux flèches argentées de Lavaltrie qui dominaient le vert sommet des grands pins du domaine.

— Attention ! vous autres, nous cria Baptiste. Nous allons atterrir à l'entrée du bois, dans
165 le champ de mon parrain, Jean-Jean Gabriel et nous nous rendrons ensuite à pied pour aller surprendre nos connaissances dans quelque fricot ou quelque danse du voisinage.

Qui fut dit fut fait, et cinq minutes plus tard notre canot reposait dans un banc de neige à l'entrée du bois de Jean-Jean Gabriel ; et nous partîmes tous les huit à la file pour nous rendre au village. Ce n'était pas une mince besogne car il n'y avait pas de chemin
170 battu, et nous avions de la neige jusqu'au califourchon. Baptiste qui était plus effronté

que les autres s'en alla frapper à la porte de la maison de son parrain où l'on apercevait encore de la lumière, mais il n'y trouva qu'une fille *engagère* qui lui annonça que les vieilles gens étaient à un *snaque* chez le père Robillard, mais que les farauds et les filles de la paroisse étaient presque tous rendus chez Batissette Augé, à la Petite-Misère, en
175 bas de Contrecœur, de l'autre côté du fleuve, où il y avait un rigodon du jour de l'an.

— Allons au rigodon, chez Batissette Augé, nous dit Baptiste, on est certain d'y rencontrer nos blondes.

— Allons chez Batissette !

Et nous retournâmes au canot, tout en nous mettant mutuellement en garde sur
180 le danger qu'il y avait de prononcer certaines paroles et de prendre un coup de trop, car il fallait reprendre la route des chantiers et y arriver avant six heures du matin, sans quoi nous étions flambés comme des carcajous, et le diable nous emportait au fin fond des enfers.

Acabris ! Acabras ! Acabram !
185 *Fais-nous voyager par-dessus les montagnes !*

cria de nouveau Baptiste. Et nous voilà
repartis pour la Petite-Misère, en naviguant
en l'air comme des renégats que nous
étions tous. En deux tours d'aviron, nous
190 avions traversé le fleuve et nous étions
rendus chez Batissette Augé dont la
maison était tout illuminée. On entendait
vaguement, au dehors, les sons du violon
et des éclats de rire des danseurs dont on
195 voyait les ombres se trémousser, à travers
les vitres couvertes de givre. Nous cachâmes
notre canot derrière les tas de bourdillons
qui bordaient la rive, car la glace avait
refoulé, cette année-là.

P. HILLOT, *Bûcherons dans un sentier enneigé*, VERS 1874.

200   — Maintenant, nous répéta Baptiste, pas de bêtises, les amis, et attention à vos paroles. Dansons comme des perdus, mais pas un seul verre de Molson, ni de jamaïque, vous m'entendez! Et au premier signe, suivez-moi tous, car il faudra repartir sans attirer l'attention.

Et nous allâmes frapper à la porte.

V

205   Le père Batissette vint ouvrir lui-même et nous fûmes reçus à bras ouverts par les invités que nous connaissions presque tous.

Nous fûmes d'abord assaillis de questions:

— D'où venez-vous?

— Je vous croyais dans les chantiers!

210   — Vous arrivez bien tard!

— Venez prendre une larme!

Ce fut encore Baptiste qui nous tira d'affaire en prenant la parole:

— D'abord, laissez-nous nous décapoter et puis ensuite laissez-nous danser. Nous sommes venus exprès pour ça. Demain matin, je répondrai à toutes vos questions
215 et nous vous raconterons tout ce que vous voudrez.

Pour moi j'avais déjà reluqué Liza Guimbette qui était faraudée par le p'tit Boisjoli de Lanoraie. Je m'approchai d'elle pour la saluer et pour lui demander l'avantage de la prochaine qui était un *reel* à quatre. Elle accepta avec un sourire qui me fit oublier que j'avais risqué le salut de mon âme pour avoir le plaisir de me trémousser et de battre des
220 ailes de pigeon en sa compagnie. Pendant deux heures de temps, une danse n'attendait pas l'autre et ce n'est pas pour me vanter si je vous dis que dans ce temps-là, il n'y avait pas mon pareil à dix lieues à la ronde pour la gigue simple ou la voleuse. Mes camarades, de leur côté, s'amusaient comme des lurons, et tout ce que je puis vous dire, c'est que les garçons d'habitants étaient fatigués de nous autres, lorsque quatre heures sonnèrent
225 à la pendule. J'avais cru apercevoir Baptiste Durand qui s'approchait du buffet où les hommes prenaient des nippes de whisky blanc, de temps en temps, mais j'étais tellement occupé avec ma partenaire que je n'y portai pas beaucoup d'attention. Mais maintenant que l'heure de remonter en canot était arrivée, je vis clairement que Baptiste avait pris un coup de trop et je fus obligé d'aller le prendre par le bras pour le faire sortir avec
230 moi, en faisant signe aux autres de se préparer à nous suivre sans attirer l'attention des

danseurs. Nous sortîmes donc les uns après les autres sans faire semblant de rien et cinq minutes plus tard, nous étions remontés en canot, après avoir quitté le bal comme des sauvages, sans dire bonjour à personne ; pas même à Liza que j'avais invitée pour danser un *foin*. J'ai toujours pensé que c'était cela qui l'avait décidée à me trigauder et à

235 épouser le petit Boisjoli sans même m'inviter à ses noces, la boufresse. Mais pour revenir à notre canot, je vous avoue que nous étions rudement embêtés de voir que Baptiste Durand avait bu un coup, car c'était lui qui nous gouvernait et nous n'avions juste que le temps de revenir au chantier pour six heures du matin, avant le réveil des hommes qui ne travaillaient pas le jour

240 du jour de l'an. La lune était disparue et il ne faisait plus aussi clair qu'auparavant, et ce n'est pas sans crainte que je pris ma position à l'avant du canot, bien décidé à avoir l'œil sur la route que nous allions suivre. Avant de nous enlever dans les airs, je me retournai et je dis à Baptiste :

245 — Attention ! là, mon vieux. Pique tout droit sur la montagne de Montréal, aussitôt que tu pourras l'apercevoir.

— Je connais mon affaire, répliqua Baptiste, et mêle-toi des tiennes !

Et avant que j'aie eu le temps de répliquer :

250   *Acabris ! Acabras ! Acabram !*
      Fais-nous voyager par-dessus les montagnes !

VI

Et nous voilà repartis à toute vitesse. Mais il devint aussitôt évident que notre pilote n'avait plus la main aussi sûre, car le canot décrivait des zigzags inquiétants. Nous

255 ne passâmes pas à cent pieds du clocher de Contrecœur et au lieu de nous diriger à l'ouest, vers Montréal, Baptiste nous fit prendre des bordées vers la rivière Richelieu. Quelques instants plus tard, nous passâmes par-dessus la montagne de Belœil et il ne s'en manqua pas de dix pieds

260 que l'avant du canot n'allât se briser sur la grande croix de tempérance que l'évêque de Québec avait plantée là.

ANTONIA MYATT, *LE VIOLON*, 2000.

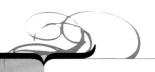

— À droite! Baptiste! à droite! mon vieux, car tu vas nous envoyer chez le diable, si tu ne gouvernes pas mieux que ça!

Et Baptiste fit instinctivement tourner le canot vers la droite en mettant le cap sur
265 la montagne de Montréal que nous apercevions déjà dans le lointain. J'avoue que la peur commençait à me tortiller car si Baptiste continuait à nous conduire de travers, nous étions flambés comme des gorets qu'on grille après la boucherie. Et je vous assure que la dégringolade ne se fit pas attendre, car au moment où nous passions au-dessus de Montréal, Baptiste nous fit prendre une *sheer* et avant d'avoir eu le temps de m'y
270 préparer, le canot s'enfonçait dans un banc de neige, dans une éclaircie, sur le flanc de la montagne. Heureusement que c'était de la neige molle, que personne n'attrapa de mal et que le canot ne fut pas brisé. Mais à peine étions-nous sortis de la neige que voilà Baptiste qui commence à sacrer comme un possédé et qui déclare qu'avant de repartir pour la Gatineau, il veut descendre en ville prendre un verre. J'essayai de raisonner
275 avec lui mais allez donc faire entendre raison à un ivrogne qui veut se mouiller la luette. Alors, rendus à bout de patience, et plutôt que de laisser nos âmes au diable qui se léchait déjà les babines en nous voyant dans l'embarras, je dis un mot à mes autres compagnons qui avaient aussi peur que moi, et nous nous jetons tous sur Baptiste que nous terrassons, sans lui faire mal, et que nous plaçons ensuite au fond du canot,
280 – après l'avoir ligoté comme un bout de saucisse et lui avoir mis un baillon pour l'empêcher de prononcer des paroles dangereuses, lorsque nous serions en l'air. Et:

Acabris! Acabras! Acabram!

nous voilà repartis sur un train de tous les diables car nous n'avions plus qu'une heure pour nous rendre au chantier de la Gatineau. C'est moi qui gouvernais, cette fois-là,
285 et je vous assure que j'avais l'œil ouvert et le bras solide. Nous remontâmes la rivière Outaouais comme une poussière jusqu'à la Pointe à Gatineau et de là nous piquâmes au nord vers le chantier. Nous n'en étions plus qu'à quelques lieues, quand voilà-t-il pas cet animal de Baptiste qui se détortille de la corde avec laquelle nous l'avions ficelé, qui s'arrache son baillon et qui se lève tout droit, dans le canot, en lâchant un sacre qui me
290 fit frémir jusque dans la pointe des cheveux. Impossible de lutter contre lui dans le canot sans courir le risque de tomber d'une hauteur de deux ou trois cents pieds, et l'animal gesticulait comme un perdu en nous menaçant tous de son aviron qu'il avait saisi et qu'il faisait tournoyer sur nos têtes en faisant le moulinet comme un Irlandais avec son shilelagh. La position était terrible, comme vous le comprenez bien.

295 Heureusement que nous arrivions, mais j'étais tellement excité, que par une fausse manœuvre que je fis pour éviter l'aviron de Baptiste, le canot heurta la tête d'un gros pin et que nous voilà tous précipités en bas, dégringolant de branche en branche comme des perdrix que l'on tue dans les épinettes. Je ne sais pas combien je mis de temps à descendre jusqu'en bas, car je perdis connaissance avant d'arriver, et mon dernier souvenir était

300 comme celui d'un homme qui rêve qu'il tombe dans un puits qui n'a pas de fond.

VII

Vers les huit heures du matin, je m'éveillai dans mon lit dans la cabane, où nous avaient transportés des bûcherons qui nous avaient trouvés sans connaissance, enfoncés jusqu'au cou, dans un banc de neige du voisinage. Heureusement que personne ne s'était cassé les reins mais je n'ai pas besoin de vous dire que j'avais les côtes sur le long comme

305 un homme qui a couché sur les ravalements pendant toute une semaine, sans parler d'un *black-eye* et de deux ou trois déchirures sur les mains et dans la figure. Enfin, le principal, c'est que le diable ne nous avait pas tous emportés et je n'ai pas besoin de vous dire que je ne m'empressai pas de démentir ceux qui prétendirent qu'ils m'avaient trouvé, avec Baptiste et les six autres, tous saouls comme des grives, et en train de cuver notre

310 jamaïque dans un banc de neige des environs. C'était déjà pas si beau d'avoir risqué de vendre son âme au diable, pour s'en vanter parmi les camarades ; et ce n'est que bien des années plus tard que je racontai l'histoire telle qu'elle m'était arrivée.

Tout ce que je puis vous dire, mes amis, c'est que ce n'est pas si drôle qu'on le pense que d'aller voir sa blonde en canot d'écorce, en plein cœur d'hiver, en courant la chasse-

315 galerie ; surtout si vous avez un maudit ivrogne qui se mêle de gouverner. Si vous m'en croyez, vous attendrez à l'été prochain pour aller embrasser vos p'tits cœurs, sans courir le risque de voyager aux dépens du diable.

Et Joe le *cook* plongea sa micouane dans la melasse bouillonnante aux reflets dorés, et déclara que la tire était cuite à point et qu'il n'y avait plus qu'à l'*étirer*.

■ Honoré BEAUGRAND, « La chasse-galerie »,
La chasse-galerie et autres récits,
Montréal, Éditions du Boréal, p. 11-35.

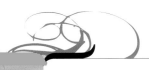

LE TAILLEUR DU TEMPS

C'est en province, il me semble, que l'abréviation des noms propres est le plus répandue ; on s'attendrait à ce que ce soit la grande ville, toujours pressée, bousculée, essoufflée par les horaires, les retards et la circulation, qui soit la plus marquée par cette manie, mais non ! La petite ville de province, avec son millier d'habitants, plus ou moins,
5 aurait le temps de prononcer chaque mot en entier. C'est pourtant là qu'on abrège à tout va. Les gens de Saint-Florian, qu'ils soient en voyage ou chez eux, disent donc : Saint-Flo. Après tout, m'a dit le facteur, une syllabe, c'est une seconde… ! Au bout de l'année…

— Ça fait bien trois ans
qu'on l'a vu à Saint-Flo, celui-là,
10 avec ses histoires folles puis
son manteau percé…

— Bien vous saurez, madame,
qu'il était dans le parc, le Coco,
avec une douzaine de tous les âges
15 autour de lui qui buvaient
ses paroles comme du petit-lait.
C'est Roméo qui me l'a dit.

« Ah ! Si monsieur Roméo vous
l'a dit… ! C'est que c'est la vérité »,
20 laissait entendre madame Dubuc
à sa voisine la coiffeuse, madame
Inès. Il est vrai qu'à Saint-Flo
comme ailleurs en province, il faut
peu pour créer l'événement :
25 un chien qui aboie toute la nuit,
fût-ce à la pleine lune ; un départ
inattendu ; un nouvel arrivé dans
la place… et la rumeur en fait
ses manchettes du jour. Entendons-
30 nous pourtant : Coco le conteur
tirait son sobriquet d'un bègue

NIKOS HADJIKYRIAKOS-GHIKAS, *LE TAILLEUR III*, 1936.

notoire qui, essayant de répandre la nouvelle du jour, avait réussi, après plusieurs tentatives infructueuses, à crier à tout le monde : « Le co… co… le cocon… teur est arr… arrivé. »

35   Ce n'était pas un mendiant. Bien sûr, il acceptait qu'on l'invite. À dîner, à dormir. Et à déjeuner. Mais le demander lui eut paru d'une telle vulgarité, qu'il disait toujours, pour parer au doute : « J'ai tout ce qu'il me faut ici. » Et il frappait sur une vieille malle qu'il traînait avec lui et qu'il laissait croire remplie
40 de merveilles à ceux qui l'écoutaient. Des cheveux hirsutes, une moustache à longues boucles et un bouc de menton lui composaient une tête de… de magicien des années trente. C'est vrai que son manteau était constellé de trous, mais il s'agissait d'une très vieille redingote aux épaules larges qu'il portait avec
45 une sorte d'élégance et dont il disait, entre deux contes fabuleux : « Le jour que les balles de cent officiers ont fait ces trous dans mon manteau, j'étais absent. Ce manteau-là m'a sauvé plus d'une vie. »

     Bien sûr, il avait dans sa vieille malle quelques dés, balles et ficelles, des anneaux magiques et autres boîtes à malices dont
50 les enfants n'étaient pas seuls à s'émerveiller. Mais son véritable pouvoir, c'était le conte.

     Il était à la messe le dimanche, ce qui, en dehors de ses croyances dont nul ne savait rien, lui attirait la sympathie des bonnes âmes et du curé. Il n'allait pas à confesse parce que, disait-il : « Je broderais trop sur des péchés imaginaires, je n'aurais jamais l'absolution. »

55   Mais c'était d'abord un conteur. Et pas comme les autres. Il cueillait ses contes comme des fruits de la bouche même de ceux à qui il venait les raconter.

     Ce jour de juillet 1970, le 16 précisément, il reparut à Saint-Flo après trois ans d'absence, en apostrophant le tailleur, monsieur Roméo, qui sortait de son atelier pour aller souper :

60   — Dites-moi, monsieur Roméo, qu'y a-t-il de neuf à Saint-Florian par les temps qui courent ?

     Interloqué par cette soudaine apparition, monsieur Roméo se retourna d'un bloc (ce qui était contraire à ses manières cérémonieuses) et répondit, comme pris de vérité :

     — Bien, aux dernières nouvelles, la petite-fille de madame Inès serait partie il y a
65 trois jours avec l'Irlandais qui travaillait au moulin à Gagnon, depuis un mois à peine.

Gilles VIGNEAULT

1928-

Cet artiste est une légende vivante. Il est auteur, compositeur, interprète, poète, conteur et éditeur. Gilles Vigneault est né à Natashquan et a fait ses études classiques au Séminaire de Rimouski. C'est la littérature qui le conduit à la chanson en 1960. Depuis, de nombreux prix ou honneurs ont souligné l'excellence de son œuvre littéraire ou de sa carrière de chansonnier. *Gens du pays* et *Mon pays* sont deux célèbres chansons qu'il a écrites.

TEXTES SUPPLÉMENTAIRES

Y en a qui les auraient vus dans la Grande Savane, d'autres sur le train de nuit, un autre prétend qu'il s'est fait voler son canot à rames qu'était amarré au bout de la Pointe… Enfin !… Un vrai roman, qu'ils disent ! Moi, je dis qu'elle a dix-huit ans, c'est tout. Puis aujourd'hui… Monsieur, les enfants… Mais vous, il y a longtemps qu'on ne vous a vu.
70 Qu'est-ce que vous êtes venu nous conter cette fois ?

— Mais, monsieur Roméo, votre histoire, l'histoire des gens d'ici, celle de Saint-Florian, quoi !

— Ouais… Bon ! Excusez-moi, j'ai eu une longue journée.

Et le petit monsieur Roméo, tailleur, s'éloignait d'un pas court et sec, l'air pincé.
75 Et son dos droit disait à Coco : les gens sont bien naïfs d'écouter toutes tes balivernes, monsieur le Conteur !

Et pourtant, le soir même, monsieur Roméo, qui avait vue sur le parc, ne put se retenir de redescendre et d'aller écouter Coco.

Le conteur était assis sur le dossier d'un banc et entouré d'une vingtaine de personnes
80 que ses mots retenaient, muettes et immobiles, comme suspendues par des fils qu'une main géante évitait de faire bouger. Roméo ne saurait jamais qu'il était arrivé en retard, car lorsque le conteur le vit s'approcher, il recommença son récit depuis le début : Un soir de mai, comme le soleil allait cacher sa platée d'or dans la montagne violette, dans un petit village espagnol qui s'appelait San Fioriano, un étranger s'approcha doucement
85 d'une toute jeune fille dont le teint pâle faisait encore plus noires les deux longues tresses de ses cheveux, noués derrière sa tête d'un ruban rouge sang. Il avait fière allure avec ses cheveux blonds et son pas dégingandé, qui faisait penser à la marche d'un grand animal sauvage comme la montagne en connaît.

— Venga conmigo, señorita, disait-il en espagnol – puisque vous l'entendez ; viens avec
90 moi, disait-il, n'aie pas peur. Nous serons revenus avant minuit. Je vais te faire cadeau d'un secret fabuleux.

Ici, Coco le conteur s'arrêtait, mesurant ses effets sur l'auditoire puis, comme se penchant à l'oreille de chacun, murmurait, plus bas : «Qu'y a-t-il pour chacun, mais pour une femme surtout, de plus séduisant qu'un secret ? »

95 Les hommes riaient, les enfants attendaient que le récit se poursuive, et les femmes, après un petit rire vite réprimé, faisaient taire tout le monde, laissant entendre par là que la suite de l'histoire les intéressait quand même…

— Ne me parlez pas… Ne me parlez plus… Si mon père savait, il vous tuerait…
Oh ! mon Dieu… quelqu'un vient…

100 — Mais non, ce n'est qu'une chèvre attachée au piquet, là-bas. N'aie pas peur. Il y a trop longtemps que je te regarde, il y a trop longtemps que j'attends cet instant divin, je ne vais pas le gâcher maintenant en faisant des bêtises… Crois-moi, très belle, tu ne risques rien que d'apprendre un secret que bien des gens de la ville donneraient cher pour connaître…

105 Mais la nuit s'annonçait par des reflets plus sombres sur l'eau calmée de la rivière toute proche.

Et cela continuait, continuait. Le conteur changeait de ton à toutes les trois phrases, jouait chacun des personnages pour les dialogues et semblait parfois se faire à lui-même une réflexion soudaine, ce qui mettait encore plus dans la confidence les spectateurs qui
110 vivaient maintenant à son rythme. S'il avait décidé de faire un petit somme, ils se seraient peut-être endormis avec lui.

On apprenait des détails étranges sur l'Espagne et les mœurs particulières de ce petit village, où le conteur avait l'air d'avoir vécu au moins une vie. On avait froid pour la jeune fille quand l'étranger au séduisant secret enlevait sa veste de laine pour la poser
115 sur une épaule frileuse. On était trempé avec l'homme quand, de ses bras puissants, il portait sa belle jusqu'au canot… On ramait avec lui en silence… On entendait pleurer la belle quand elle réalisait comme elle était loin partie…

Puis Coco s'arrêtait soudain et déclarait, comme brisant le charme, « mais c'est grand, l'Espagne… », et vous reprenait tout son monde en murmurant presque tout aussitôt
120 «…et la nuit y est plus fauve et plus noire que la panthère! Ils avançaient donc entre des haies immenses dont les branches parfois obstruaient leur chemin… que l'homme cependant avait l'air de bien connaître… »

Il imita le train… Tout le monde venait de le prendre avec lui. Il tint comme cela, jusqu'à la nuit bien faite, suspendues à ses mots, à son moindre soupir, les
125 vingt-deux personnes présentes, dont monsieur Roméo. Quand il s'arrêta, les amoureux du conte étaient endormis sous les étoiles et le secret n'était pas encore dévoilé. Mais la phrase finale était d'une implacable logique : «Il fait trop noir maintenant pour que je puisse évoquer leur réveil… Laissons-les dormir et allons-y nous-mêmes. Qu'ils fassent
130 de beaux rêves, ils en auront besoin dès demain. »

Et le chapeau melon passa d'une main à l'autre, chacun mettant, comme à la quête du dimanche, quelques sous de remerciement. Les gens se dispersaient, ravis et un peu déçus à la fois, comme encore perdus dans la forêt
135 du conte. Quand tous furent partis, monsieur Roméo, resté seul avec le conteur, s'approcha :

Joan Miro, *Métamorphose*, 1936.

— Je ne peux que vous féliciter. Vous brodez en virtuose. Cependant…

140 — Cependant ?

— Oh !… rien… une question, comme ça…

— Mais posez-la, monsieur Roméo. Je brûle de l'entendre.

145 Roméo hésitait. Il avait peur d'être ridicule. Puis décida d'un coup d'en avoir le cœur net :

— Dites donc, ça ressemble drôlement à ce que je vous ai
150 raconté à votre arrivée, tout ça.

— Mais, mon cher monsieur Roméo, ça ne fait pas que ressembler : *c'est ce que vous m'avez dit*. Moi, je l'ai conté. On pourrait dire que
155 vous m'avez informé et que moi, j'ai transformé !

Roméo était à la fois soulagé et agacé par une telle franchise et une telle impudeur. Le conteur s'était
160 servi de lui, de son histoire, de ses renseignements (qu'il eut pu taire) pour en disposer à sa fantaisie et se payer le couvert et le gîte. Il n'osait pas se rendre aux mots « droits d'auteur », mais c'était bien les notions d'appartenance et de spoliation qui faisaient battre sa pensée. Il finit par admettre, gêné :

— Oh !… loin de moi l'idée de vous réclamer… je ne saurais quoi, mais avouez
165 que c'est surprenant de voir ses paroles utilisées d'une telle façon. Je serai d'ailleurs le premier à dire que l'art de conter ainsi…

— N'est que l'art d'habiller le temps… Je suis tailleur, comme vous Roméo. Eh ! oui… je taille et couds des costumes pour le Temps. Pour qu'on le voie mieux quand il passe… Pour qu'on le remarque davantage et, si j'ose dire, sous un meilleur jour… Pour le faire
170 ou plus court ou plus long, selon ce que souhaite celui ou celle qui m'entend… Je suis un tailleur…

Estomaqué devant la ressemblance de leurs métiers respectifs, Roméo s'inclina de mauvaise grâce. L'argumentation de Coco le conteur semblait impeccable et, pensait le tailleur, si… élégante… qu'il opta lui-même pour le coup de ciseau en finesse :

175 — Mon cher ami, dit-il, votre comparaison me flatte beaucoup. Et la conversation me plaît. Que diriez-vous d'aller la poursuivre chez moi, c'est à deux pas, vous voyez les fenêtres blanches à rideaux bleus ? Je vous offre un cognac.

— Avec grand plaisir, monsieur Roméo. Rien de tel pour le cœur d'un conteur.

Ils montèrent. Pour se retrouver dans une pièce exiguë, impeccablement tenue,
180 avec des fleurs dans un vase sur la table basse où monsieur Roméo servit, dans des verres à motifs d'or, un cognac hors d'âge. Le conteur, de son vrai nom Constant de Rocquenoire, appréciait, au nom de toutes ses ascendances. Ils prirent une gorgée dans un silence léger et transparent…

— Et si je vous demandais… comment vous faites pour… transformer ainsi en un conte
185 fabuleux une histoire aussi banale que celle-ci ?

— Ça, monsieur le Tailleur, c'est un secret que je n'ai encore confié à personne. Mais ce soir… à vous ?… C'est différent. Voyez-vous, il ne faut que quelques personnages, de préférence deux ou trois… pas plus de cinq en tous cas. Une femme… au moins, sans quoi il n'y a pas de vie… Ensuite peu de jour et beaucoup de nuit… Un peu d'or,
190 ne serait-ce que le reflet de la lune dans l'eau… Mais de l'eau. Absolument de l'eau, beaucoup d'eau, douce ou salée. Donnez l'odeur de la terre, la couleur du ciel, la chaleur ou la froidure de l'air. Que la nature participe de la vie des personnages, qu'elle ait peur de leur peur, souffre de leur douleur et soit comme eux en danger de mourir… La Mort ! Indispensable ! N'oubliez pas la Mort… Et puis, il faut quelqu'un de
195 masqué dans l'histoire. Faites passer le vent et surtout prenez tout le temps qu'il vous faut… pour que vos silences soient des coffres bourrés de secrets que découvriront vos mots qui les suivent… Et voilà. Enjoliver n'est pas mentir. C'est habiller le temps.

Roméo écoutait sans boire, les yeux mi-clos dans un silence plus ému que jaloux, où la curiosité maligne faisait place au respect et à une sorte d'admiration retenue. Puis le
200 conteur, soudain, reposant son verre et regardant son interlocuteur, le ramena à la réalité de la pièce, en lui disant :

— Mais je parle, je parle… comme si j'étais seul à détenir des secrets… Je regardais dimanche à la grand-messe la robe de madame Inès… C'est un chef-d'œuvre, monsieur Roméo ! Vous avez rajeuni la dame de dix ans. Comment faites-vous ? Vous vous dites
205 tailleur, mais moi, je vous le dis : vous êtes un artiste… Comment faites-vous ?

Le tailleur de Saint-Florian n'avait pas l'habitude de pareils compliments. Il se sentait revivre, rajeunir, il fut tout fier de répondre :

— C'est vrai qu'il faut le coup d'œil…

— Et le coup de ciseau… Si j'osais, je vous demanderais…

210 Mais monsieur Roméo avait compris déjà :

— Oh ! vous savez, il n'y a pas grand-chose à voir dans un atelier de ce genre… La craie, le fil et les aiguilles, les pièces de tissu, les retailles…

— Les retailles ! dit le conteur excité tout à coup, je veux voir les retailles !

Roméo riait, enfin déridé, quand ils pénétrèrent dans la pièce encombrée et se
215 retrouvèrent devant la grande table où s'étalaient les pièces détachées d'un manteau de jeune fille.

— Si je vous disais que j'étais à lui confectionner son manteau d'automne et qu'elle devait faire son essayage aujourd'hui…

— Êtes-vous sérieux ? Vous n'inventez pas, monsieur Roméo ?

220 — Moi ?… Inventer ?… monsieur !… monsieur… qui, au fait… ?

Et pour la première fois en trente années d'errances, de contes et de secrets, il répondit :

— Constant. Constant de Rocquenoire.

Roméo tendit la main, gravement, conscient de la confiance qu'on lui octroyait :
225 « Enchanté, monsieur le comte… » Ils sourirent ensemble de ce mot naïf mais combien complice et chaleureux.

Le conteur palpait doucement, tendrement, l'étoffe rouge bourgogne et rêvait tout haut : « Il faudra qu'elle revienne un jour et qu'elle le porte… Nous verrons à cela. Nous verrons à cela. » Puis, changeant de sujet comme on s'éveille brusquement,
230 il se tourna vers le tailleur :

— Dites-moi, Roméo, seriez-vous capable de me faire un manteau avec ça ?

Il avait plongé sa grande main dans une petite montagne de retailles de toutes les couleurs et formes.

Roméo éclata de rire…

235 — Bien sûr, je serais capable, mais ça serait le manteau le plus bizarre qui se soit jamais vu… Cependant, j'ai ici une étoffe qui…

— Non, non, coupa aussitôt le conteur. Avec les retailles.

— Enfin, vous n'êtes pas sérieux ?… Vous me faites marcher…

— Moi, faire marcher les gens ?… monsieur Roméo…

240 Ils rirent de nouveau, mais finirent par s'entendre.

— Je vous paierai fort bien…

— Il n'en est pas question… C'est un défi que je relève.

— Je vous paierai fort bien, insistait le conteur.

Ils discutèrent très tard dans la nuit. Le lendemain, sitôt pris le petit-déjeuner,
245 le tailleur commença de coudre et de tailler, de couper, de recoudre, pique et marque à la craie, sous l'œil franchement admiratif de son étrange client. Si bien que le soir même, Constant de Rocquenoire portait manteau neuf, tout cousu de retailles admirablement agencées et dans lesquelles Coco le conteur allait, beau comme un prince des *Mille et une nuits*.

250 Il commença ainsi : « Parole de Coco, aussi vrai que vous me voyez ici dans ce manteau, chef-d'œuvre du célèbre Roméo-le-Tailleur-de-Saint-Flo… Je vais vous raconter conte si beau, si laid, si vrai, si faux… »

Et Roméo comprit que son nouvel ami ne manquait point à sa parole. Il allait le payer mieux qu'aucun de ses plus riches clients ne l'avait jamais fait.

255 Madame Inès vit sa petite Linda lui revenir, comme le conteur l'avait prédit dans la suite de son histoire, et Roméo coupe, pique et coud et taille sans arrêt, et reste encore le seul à savoir la véritable histoire, la fabuleuse généalogie et le vrai nom de Coco le conteur. Mais justement,
260 comme on dit dans les contes, ceci est une autre histoire.

■ Gilles VIGNEAULT, « Le tailleur du temps »,
Mille ans de contes – Québec tome 2, Toulouse,
Éditions Milan, 2001, p. 311-322.

■ **DANIEL MATIVAT**, *Ni vous sans moi, ni moi sans vous,* Saint-Lambert, Pierre Tysseyre, 1999, 322 p. (Coll. Conquêtes).

Vous voulez entendre « une belle histoire d'amour et de mort » ? C'est ainsi que débute le célèbre roman de Tristan et Iseut (XIIᵉ siècle) qu'un grand penseur comme Denis de Rougemont a déjà décrit, dans *L'Amour et l'Occident,* comme un des mythes fondateurs de la littérature amoureuse. Un mythe enchante toujours les âmes romantiques qui rêvent du grand amour imaginé à la fois comme un idéal à atteindre et « une désirable catastrophe fondant sur l'homme impuissant et ravi pour le consommer d'un feu plus fort et plus vrai que le bonheur, la société et la morale ». Voici justement une nouvelle version de ce chef-d'œuvre immortel, rendu accessible à tous, mais cependant des plus fidèles aux textes anciens.

■ **BENOIT REISS**, *Aux origines du monde, Contes,* Paris, Albin Michel, 2004, 180 p.

Que s'est-il donc passé au début, au tout début des temps, pour que la Terre existe, et avec elle le ciel, les océans, les animaux et les Hommes ? Ce monde serait-il né d'un rêve, comme le chantent les Aborigènes sur la terre rouge d'Australie ? Ou des amours tourmentées d'Izanagi et Izanami, les amants divins du Japon ? Fut-il façonné dans la nuit polaire par l'étrange dieu-Corbeau dont parlent les Inuits, ou par le terrible serpent à plumes, le Quetzalcoatl des Aztèques ? Ces vingt-six histoires, aussi anciennes que l'humanité, regorgent de dieux furieux ou maladroits, de créatures fantastiques et de miracles inouïs. Elles nous parlent d'aventure, de trahison et de vengeance, mais aussi d'apprentissage, de connaissance, de rire et d'amour.

■ **GILLES TIBO**, *Les grandes heures de la terre et du vent, Contes,* St-Laurent, Les éditions de la courte échelle, 2006, 217 p.

Muni de son attirail de contes, d'aiguilles et de fils, le grand Couturier jeta un dernier regard au curé, puis il fixa les cieux et commença à gravir l'échelle. Il s'arrêta sur le premier balcon du clocher afin de contempler le désastre. À partir de la pointe supérieure de la croix, le ciel était déchiré sur plusieurs centaines de mètres. Couturier sentit le découragement l'envahir. Il lui faudrait la nuit entière pour remettre le ciel en état.

Les grandes heures de la terre et du vent, trente-deux contes parfois étranges, parfois inquiétants, peuplés de personnages hors du commun.

■ **JACQUES PASQUET**, *Grand Nord, Récits légendaires inuit,* Montréal, Éditions Hurtubise HMH, 2004, 111 p.

Ils habitaient le Grand Nord, au milieu d'un désert blanc, dans un abri de glace. Ils se nourrissaient de poisson pêché sur les banquises où régnait un animal mythique : l'ours blanc. Ils se vêtaient de peaux de phoque pour se protéger du froid éternel. Mis à part ces images archiconnues, que savons-nous sur les Inuits ?

■ **BRIGITTE COPPIN,** *Les animaux fantastiques,* Paris, Nathan, 2005, 139 p.

C'est bien connu, les animaux fantastiques ont des vies tumultueuses. Intriguée, Brigitte Coppin a mené son enquête. Après avoir réalisé des fiches d'identité mondiales authentiques, recueilli leurs histoires croustillantes, des témoignages plus vrais que nature, elle les a (pas très sagement) classés en sept familles. Dragons, serpents, animaux méli-mélo, oiseaux, mi-humains-mi-bêtes, chevaux et loups, illustrés de façon irrésistible par Christophe Blain, Christophe Durual et Joann Sfar, partent à l'assaut de notre imagination.

■ **ROBERT DOUCET**, *La légende du canot d'écorce*, ONF, 1996, 10 min 35 s.

Ce film d'animation est inspiré du conte de la chasse-galerie, publié pour la première fois par Honoré Beaugrand en 1891. L'œuvre repose sur la technique du dessin sur papier animé par ordinateur. Les coups de crayon sont très marqués et le rythme est fluide. L'omniprésence des couleurs bleue et noire, accompagnées d'une musique dramatique, rehausse l'atmosphère inquiétante du film. Un film de peur poétique !

■ **MARC LABERGE**, *Ma chasse-galerie*, Montréal, Planète Rebelle, 2000 ; livre de contes, 75 p, CD audio, 72 min.

Marc Laberge raconte avec humour et enthousiasme les souvenirs de son enfance, souvenirs parfois enrichis d'anecdotes croustillantes qui prennent leur source dans le répertoire des contes traditionnels du Québec. Un lac gelé qui vole, tiré par des canards, remplace le canot d'écorce de la chasse-galerie. D'autres contes évoquent simplement l'odeur de la soupe de grand-maman ou les veillées autour du poêle à bois, et nous renseignent sur ce qu'était la vie de nos aïeux à la campagne.

■ **JOHN NEVILLE**, *Les aventures du baron Munchausen*, Grande-Bretagne / Allemagne, Columbia Tristar, 1988, 125 min.

Le baron de Munchausen a bel et bien existé, mais le récit de ses exploits a été agrémenté, avec le temps, de péripéties rocambolesques empruntant au répertoire des mythes et des légendes de l'Europe ancienne. Dans ce film, inspiré du livre du même nom, le baron parcourt le ciel sur un boulet de canon, se glisse dans la gueule d'un poisson géant, croise un général au crâne amovible et affronte, ni plus ni moins, le roi de la Lune. Extravagant et divertissant.

■ **JOHN BOORMAN**, *Excalibur,* Film DVD, Classique / Aventures, États-Unis, Warner Brothers, 1981, 136 min, TOUT PUBLIC

« Dans un monde dominé par les magiciens et où les dragons côtoient les fées, Excalibur, l'épée forgée par l'enchanteur Merlin vient d'être arrachée du roc par le jeune Arthur, qui accède ainsi à la souveraineté. Autour du nouveau roi, les Chevaliers de la Table Ronde se lancent dans une terrible épopée, la quête du Graal… »

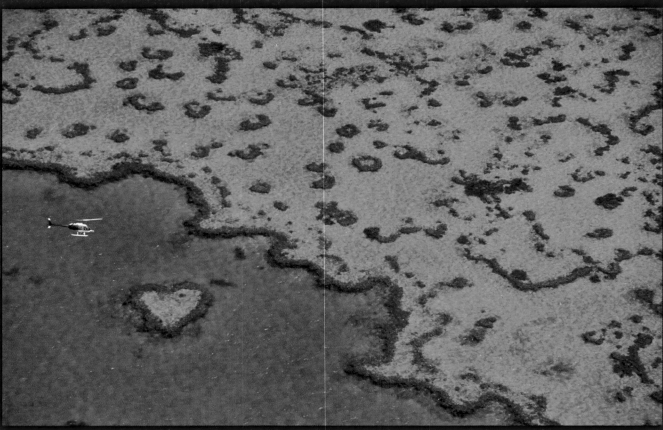

YANN ARTHUS-BERTRAND, *HÉLICOPTÈRE EN VOL AU-DESSUS DE LA GRANDE BARRIÈRE DE CORAIL*, QUEENSLAND, AUSTRALIE.

Le goût d'ailleurs

> ON NE VA JAMAIS
> AUSSI LOIN QUE
> LORSQU'ON NE SAIT
> PAS OÙ L'ON VA.
>
> CHRISTOPHE COLOMB

Né le 13 mars 1946, Yann Arthus-Bertrand se passionne pour la nature depuis l'enfance. En 1991, il fonde l'agence Altitude, une banque d'images spécialisée dans l'aérien, qui réunit des photographes du monde entier. En 1995, sous le patronage de la division des Sciences écologiques de l'Unesco, il entreprend un projet ambitieux : la création d'une banque d'images de la Terre vue du ciel, accompagnées de textes écrits par des scientifiques. Ce portrait de notre planète sous un angle inédit représente encore aujourd'hui une part importante de son travail.

■ Yann Arthus-Bertrand, *[En ligne].*

1. a) Décrivez ce que vous voyez en adoptant l'une des perspectives suivantes :

1) celle du photographe en altitude ;

2) celle du pilote de l'hélicoptère ;

3) celle d'une personne se trouvant dans une embarcation sur la mer.

b) Lequel de ces points de vue vous semble particulièrement intéressant ? Pourquoi ?

2. Selon vous, cette photographie évoque-t-elle le goût d'ailleurs ? Justifiez votre réponse.

3. Quel serait, pour vous, le plus grand dépaysement ?

4. Si toutes les possibilités s'offraient à vous, quelle destination choisiriez-vous ? Pour quelles raisons ?

Au programme

Pour enrichir votre répertoire personnalisé, vous pouvez lire différents textes littéraires qui abordent le thème du voyage: récits de voyage, romans, poèmes, etc. Allez à la page 158 pour découvrir des suggestions de lecture.

Au terme de ce deuxième épisode, vous pourrez réaliser l'un des trois projets suivants afin de réinvestir les compétences que vous aurez développées.

■ Produire un guide touristique contenant plusieurs articles qui présentent différentes destinations touristiques appréciées des jeunes.

■ En équipe, organiser une présentation du style «Grands explorateurs» pour faire découvrir à un public différents aspects propres à une culture étrangère.

■ Rédiger un récit de voyage mettant en scène un personnage en voyage dans un pays étranger. Ce récit sera destiné au grand public et figurera dans un numéro spécial d'une revue littéraire qui sera consacré au thème de l'expérience du voyage.

Présentation

Qui n'a pas envie de fuir la banalité du quotidien pour vivre de folles aventures en des territoires inconnus ou, encore, pour faire des rencontres qui sortent de l'ordinaire? Qui n'a jamais eu le goût d'être ailleurs? Que nous partions pour une fin de semaine ou pour une année entière, c'est toujours le même besoin d'évasion, la même soif de l'inconnu qui nous anime. Cette passion pour le voyage se traduit aujourd'hui par un foisonnement d'ouvrages et de textes de toutes sortes consacrés aux voyages. Dans ce deuxième épisode, nous vous proposons donc d'explorer quelques-uns de ces textes qui font rêver.

L'organisation du texte
- Le plan du texte descriptif
- Les séquences, les genres et les types de textes
- La séquence descriptive
- Des procédés descriptifs
- Des procédés graphiques
- Les traits caractéristiques des personnages
- Le statut du narrateur
- La vision ou le point de vue du narrateur
- La chronologie du déroulement

La grammaire de la phrase
- Le groupe adjectival (GAdj)
- Le groupe adverbial (GAdv)
- Les fonctions syntaxiques
- La coordination et la juxtaposition
- L'énumération
- L'accord du participe passé employé avec l'auxiliaire *avoir*
- L'accord du participe passé employé avec l'auxiliaire *être*
- La conjugaison

La grammaire du texte
- La pertinence de l'information
- La continuité de l'information
- Les marques non linguistiques
- Les organisateurs textuels

NOTIONS ET CONCEPTS

Les variétés de langue
- La langue soutenue

Le lexique
- Le champ lexical
- Les mots génériques et les mots spécifiques
- L'antonymie
- Le vocabulaire exprimant le temps et le lieu
- Le sens propre et le sens figuré
- Des procédés stylistiques

La situation de communication écrite et orale
- La communication et ses paramètres
- L'énonciation
- Le point de vue

La langue orale
- Les éléments verbaux
- Les éléments paraverbaux : les éléments prosodiques et vocaux

DÉCRIRE L'AILLEURS

«Une image vaut mille mots», dit-on souvent. On ne saurait oublier cet adage lorsqu'on présente des lieux visités au cours d'un voyage. Cependant, s'il est vrai qu'on ne peut se passer d'images pour faire découvrir des lieux inconnus, il n'en reste pas moins que les mots permettent aux lecteurs et lectrices de se représenter ces lieux d'une manière souvent plus précise et plus riche que celle que permet une simple image, aussi belle soit-elle.

La description d'un lieu consiste à le présenter en ciblant ses caractéristiques importantes. Celles-ci sont liées à l'aspect concret du lieu, et aussi à tout ce qui s'y rapporte et qui compte tout autant, comme son historique et les gens qui l'habitent.

Certains types de textes ou d'ouvrages accordent une place centrale à la description de lieux; c'est le cas, par exemple, des guides touristiques, des reportages consacrés aux voyages dans les journaux et les magazines, des récits de voyage, des articles d'atlas et d'encyclopédie. Dans tous les cas, le défi pour l'auteur ou l'auteure qui veut décrire un lieu, c'est d'amener les lecteurs et lectrices à le voir comme s'ils et elles y étaient.

Dans ce premier temps de lecture, vous lirez des textes variés présentant un même lieu sous différents angles. Vous constaterez que le goût d'ailleurs peut se jumeler au goût du risque.

1. a) Observez attentivement ces photographies tirées de l'album photo d'un voyageur.

   b) Après avoir observé ces photographies, êtes-vous en mesure d'identifier le lieu qui a inspiré les auteurs des prochains textes? Si oui, quel est-il?

2. Pour vous, quels lieux évoquent les défis extrêmes ou le dépassement de soi? Pourquoi?

3. Selon vous, pourquoi l'être humain cherche-t-il à dépasser ses limites personnelles en affrontant des situations périlleuses?

LE TOIT DU MONDE

C'était le 29 mai 1953. L'explorateur néo-zélandais Edmund Hillary et le sherpa Tenzing Norgay atteignaient le sommet de la plus haute montagne sur terre, à 8850 m d'altitude. Depuis, d'autres téméraires y ont laissé leurs marques. Toutes les personnes qui s'y aventurent n'y vivent qu'en sursis et sont soumises aux moindres caprices de la nature. Pour plusieurs d'entre elles, le sommet de l'Everest représente l'ultime défi. Découvrez cette montagne à travers ses appellations, sa localisation, ses conditions climatiques et un bref historique des expéditions qui y ont été menées.

L'origine d'un nom célèbre

D'abord désignée Peak B, cette montagne fut renommée Peak XV en 1852. Sur la recommandation de sir Andrew Waugh, surintendant du *Survey of India*,

5 on la rebaptisa mont Everest en 1856, en l'honneur de sir George Everest, le chef de la mission britannique chargé plusieurs années auparavant de réaliser la triangulation[1] des Indes britanniques. 10 Pourtant, cette montagne apparaissait déjà sur une carte du Tibet datant de 1733 sous le nom de Tschoumou Lancma. Aujourd'hui, les Tibétains la nomment Chomolungma (Qomolangma), la déesse 15 mère de la terre, tandis que les Népalais l'appellent Sagarmatha, celle dont la tête touche le ciel.

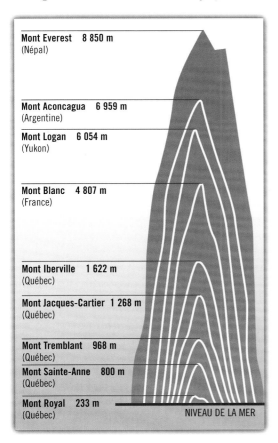

Mont Everest 8 850 m (Népal)

Mont Aconcagua 6 959 m (Argentine)

Mont Logan 6 054 m (Yukon)

Mont Blanc 4 807 m (France)

Mont Iberville 1 622 m (Québec)

Mont Jacques-Cartier 1 268 m (Québec)

Mont Tremblant 968 m (Québec)

Mont Sainte-Anne 800 m (Québec)

Mont Royal 233 m (Québec)

NIVEAU DE LA MER

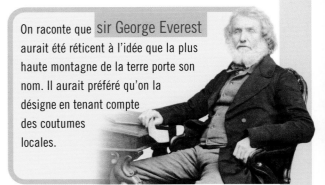

On raconte que sir George Everest aurait été réticent à l'idée que la plus haute montagne de la terre porte son nom. Il aurait préféré qu'on la désigne en tenant compte des coutumes locales.

Les mots Tibétains et Népalais prennent-ils toujours une majuscule? Expliquez votre réponse.

1. La triangulation est une opération qui consiste à diviser un terrain en triangles.

Localisation

Chevauchant la frontière séparant le Népal et le Tibet, le mont Everest est
20 situé dans la partie orientale de la chaîne de l'Himalaya. Plus haut sommet du monde, il doit son altitude à la collision entre le sous-continent indien et le continent asiatique. La montagne, de forme
25 pyramidale, se distingue par ses trois faces : la face nord, la face sud-ouest et la face est. [...]

Conditions polaires

Il fait très froid sur cette montagne. En janvier, la température moyenne est de
30 ¯36 °C et peut descendre jusqu'à ¯60 °C.

MONT EVEREST

En juillet, le mois le plus chaud, la température moyenne est de ¯19 °C. La température ne monte jamais au-dessus du point de congélation. C'est pourquoi
35 l'Everest est souvent appelé le Troisième Pôle.

L'essentiel de la neige qui s'accumule sur l'Everest tombe durant la mousson, entre juin et septembre. Entre décembre
40 et mars, les tempêtes d'hiver y sont fréquentes. En tout temps, une tempête subite peut s'abattre sur la montagne, laissant parfois jusqu'à trois mètres de neige au sol dans les endroits les
45 moins exposés au vent. Au sommet de la montagne, les vents peuvent dépasser 250 km/h au plus fort d'une tempête hivernale.

La conquête de la montagne

Les sommets de l'Himalaya étant
50 considérés sacrés par les populations locales, aucune tentative d'escalade sur l'Everest ne fut réalisée avant l'arrivée des Occidentaux au début des années 1920. Chevauchant la frontière séparant
55 le Tibet et le Népal, deux pays alors interdits aux étrangers, la plus haute montagne du monde n'en suscitait pas moins pour autant la curiosité des alpinistes occidentaux, particulièrement celle des
60 Anglais, désireux d'atteindre son sommet les premiers. [...]

Depuis sa conquête, les expéditions sur l'Everest se succèdent à un rythme effréné. Elles prirent d'abord l'allure

d'une course entre nationalités : les Suisses en 1955, les Chinois en 1960, les Américains en 1963, les Indiens en 1965, les Japonais en 1970, les Yougoslaves en 1979, et ainsi de suite. Les alpinistes ont grimpé la montagne en empruntant ses différentes faces et arêtes, ouvrant ainsi une quinzaine de voies se distinguant les unes des autres par au moins une section du parcours. Aujourd'hui, des expéditions «commerciales» conduisent au sommet, pour beaucoup d'argent, des amoureux de haute montagne pas toujours suffisamment expérimentés !

Enfin, peu importe le nom qu'on lui donne, cette haute montagne de la chaîne de l'Himalaya demeure un défi extrême, tempête hivernale ou non. Chose certaine, escalader son sommet demeure une expérience risquée. Malgré cela, l'être humain ne semble pas se lasser des destinations qui lui permettent de tester les limites de son courage et de sa détermination.

■ Serge-André LEMAIRE, *Zone Himalaya,* [En ligne].

> Un permis est obligatoire pour tenter l'ascension de l'Everest. En 1991, il coûtait 3500 $. En 2007, il était à 125 000 $!

> On a dit de l'Everest qu'il abritait le plus haut dépotoir du monde. Entre 1953 et 1995, 50 tonnes de déchets de plastique, de verre et de métal ont été laissées sur place par des alpinistes bien peu respectueux et respectueuses de l'environnement. Le col sud était, dit-on, un véritable cimetière de bouteilles d'oxygène et le camp II, une décharge de barils de fioul.

RECORDS SUR L'EVEREST		
Exploit	**Pays**	**Nom**
Premier Québécois au sommet de l'Everest, le 15 mai 1991	Canada	Yves Laforêt
Première femme à atteindre le sommet	Japon	Junko Tabei
Premier homme à atteindre le sommet en solitaire	Italie	Reinhold Messner
Première ascension hivernale	Pologne	L. Clichy et K. Wielicki
Temps le plus long passé au sommet (21 heures)	Népal	Babu Chhiri Sherpa
Plus grand nombre de sommets (16)	Népal	Apa Sherpa
Personne la plus jeune à atteindre le sommet (15 ans)	Népal	Mingkipa Sherpa
Personne la plus âgée à atteindre le sommet (70 ans et 222 jours)	Japon	Yuichiro Miura

■ Les séquences, les genres
et les types de textes, p. 322

1. L'organisation de cet article repose sur le plan du texte courant ;
il y a donc une introduction, un développement
et une conclusion.

    a) Nommez la séquence dominante qui sert à organiser le texte
dans son ensemble.

    b) Associez un type de texte à cette séquence dominante.

    c) Parmi les schémas ci-dessous, choisissez celui qui représente
le plus fidèlement l'organisation de ce texte en observant
attentivement le découpage des paragraphes et les intertitres.

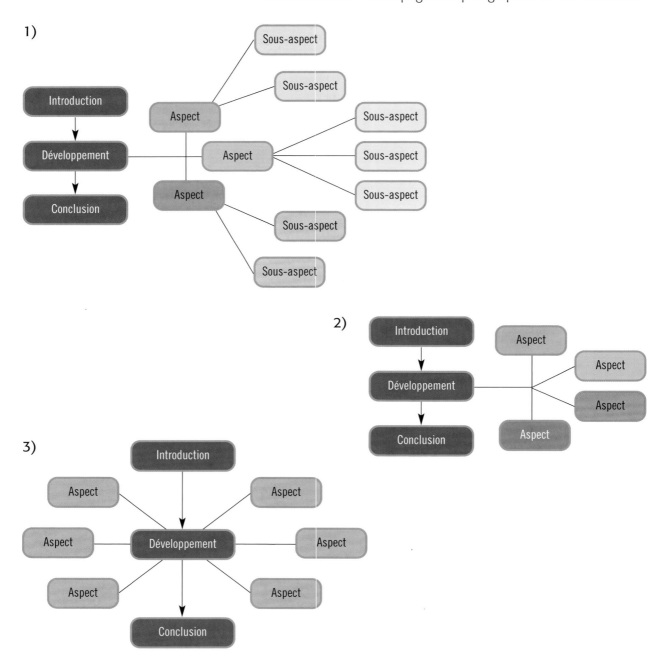

2. L'introduction se divise en trois parties jouant des rôles différents :
le sujet amené, le sujet posé et le sujet divisé.

    a) Quelle méthode, parmi celles mentionnées ci-dessous,
a été utilisée pour amener le sujet ?

        1) L'évocation d'une réalité sociale

        2) Un témoignage personnel

        3) Une perspective historique

        4) Un événement d'actualité

    b) Relevez la phrase correspondant au sujet posé.

    c) Le sujet du texte est-il mentionné explicitement dans le titre ?
Expliquez votre réponse.

    d) Relevez les aspects qui sont annoncés dans le sujet divisé
et notez-les dans un tableau semblable à celui de
la page 92.

    e) Le traitement de l'aspect consacré aux conditions polaires
vous semble-t-il pertinent ? Expliquez votre réponse.

    f) Proposez deux autres aspects de ce sujet qui auraient pu
être abordés dans ce texte.

- Des procédés graphiques, p. 326
- Des procédés descriptifs, p. 326

Rappelez-vous les principaux procédés descriptifs :

- situer le sujet dans l'espace et dans le temps ;
- nommer le sujet ;
- caractériser le sujet.

Dans l'ouverture de la conclusion, l'auteur ou l'auteure peut :

- formuler une opinion, un conseil, une recommandation ;
- émettre un commentaire, une réflexion ;
- faire une projection ;
- interpeller ses lecteurs et lectrices, etc.

3. Différents procédés propres à la description ont été employés dans le développement du texte, de même que des procédés graphiques. Établissez un lien entre ces procédés et les aspects traités en remplissant un tableau semblable à celui ci-dessous.

LE DÉVELOPPEMENT ET LES ASPECTS TRAITÉS			
Aspects traités	**Procédés descriptifs**	**Procédés graphiques**	**Utilité des procédés graphiques**

a) Associez d'abord un ou des procédés descriptifs à chacun des aspects traités dans le développement.

b) De quelle façon la variété des procédés descriptifs utilisés a-t-elle contribué à présenter le mont Everest de manière intéressante et efficace ?

c) Indiquez le ou les types de procédés graphiques (carte géographique, photographie, tableau, illustration, diagramme, etc.) qui accompagnent les différents aspects développés.

d) Expliquez ensuite leur utilité.

4. La conclusion du texte comporte une fermeture et une ouverture.

a) Relevez l'organisateur textuel qui marque la transition entre le développement et la conclusion, et précisez le sens qu'il exprime (temps, lieu, séquence, explication, etc.).

b) Précisez s'il y a un rappel du sujet dans la fermeture.

c) Spécifiez s'il y a un rappel de tous les aspects traités dans cette même partie.

d) Relevez la phrase correspondant à l'ouverture et expliquez la méthode qui a été employée dans cette partie.

5. Pour décrire son sujet, l'auteur établit parfois une relation entre différents éléments en employant la comparaison, la métaphore ou, encore, la métonymie.

- **a)** Quel procédé stylistique est utilisé dans les phrases ci-dessous ?

  1) **Le toit du monde** (Titre)

  2) C'est pourquoi l'Everest est souvent appelé **le Troisième Pôle.** (Lignes 34 à 36)

  3) Aujourd'hui, les Tibétains la nomment Chomolungma (Qomolangma), **la déesse mère de la terre** […] (Lignes 13 à 15)

  4) […] les Népalais l'appellent Sagarmatha, **celle dont la tête touche le ciel.** (Lignes 15 à 17)

- **b)** Les formulations imagées employées ci-dessus rendent-elles la description du sujet plus intéressante et variée ? Pourquoi ?

6. Pour désigner le sujet du texte, l'auteur a eu recours à différents groupes de mots.

- **a)** Relevez, dans le texte, des groupes de mots qui désignent le mont Everest et qui constituent des formes de reprise de l'information.

  1) Un synonyme

  2) Une répétition complète du groupe nominal (GN)

  3) Une répétition partielle du groupe nominal (GN)

  4) Deux pronoms

  5) Deux groupes de mots contenant un adverbe superlatif

  6) Deux groupes de mots ne contenant pas de superlatifs

- **b)** Selon vous, pourquoi l'auteur du texte a-t-il cru nécessaire de désigner cette montagne de diverses façons ?

7. Dans l'un des encadrés accompagnant le texte, on apprend que les aventuriers et aventurières respectent parfois très peu l'environnement qu'ils et elles explorent.

- **a)** Au cours d'une brève discussion, dites ce que vous pensez de cette situation.

- **b)** Quels moyens prendriez-vous pour contrer ce problème ?

- **c)** Présentez ensuite vos pistes de solution à la classe en évitant les tics verbaux et les mots de remplissage tels que *pis, là, genre, style, comme,* etc.

> ■ Des procédés stylistiques, p. 477
> ■ La continuité de l'information, p. 308

> ■ Les éléments verbaux, p. 275

À LA CONQUÊTE DU
SOMMET DU MONDE

Vous rêvez d'aventures exaltantes et périlleuses, à des années-lumière du confort de la vie quotidienne? Adeptes de sports extrêmes et d'émotions fortes, vous cherchez un défi à la mesure de vos ambitions, un défi pour aller plus loin et plus haut? Eh bien, le mont Everest saura certaine-
5 ment combler vos attentes! Et heureusement, il est à votre portée!

Ce monstre de roc et de glace s'élève majestueusement au cœur de l'Himalaya pour toucher le ciel et dominer fière- ment de ses 8850 mètres la terre entière.
10 Il lance ainsi un défi à tous ceux et à toutes celles qui, comme vous, veulent aller au-delà de leurs limites! «La déesse mère de la terre», comme le surnomment les Tibétains, qui résiste depuis l'aube
15 des temps aux assauts violents des vents et aux tempêtes de neige les plus folles, peut être aujourd'hui vaincue par les aventuriers les plus tenaces, les plus intrépides, comme vous!

20 Accompagnés de sherpas, ces guides courageux et généreux pour qui l'Everest n'a plus de secrets, vous pourrez vous attaquer à cette forteresse longtemps restée imprenable, vous mesurer au plus
25 grand des défis. Pendant deux semaines, vous marcherez dans les pas des plus grands explorateurs, comme Tenzing et Edmund Hillary, vous grimperez des falaises vertigineuses, vous frôlerez des
30 abîmes sans fin, vous vivrez des moments de beauté et de plénitude et vous parta- gerez une expérience humaine sans pareille! Enfin, à force de courage et de persévérance, vous pourrez fouler le toit
35 du monde.

Sincèrement, je ne crois pas que vous trouverez un défi plus grand à relever, une aventure plus palpitante à vivre. Laissez-vous tenter par cette expédition
40 hors du commun! Passez à l'action!

■ Carl DIOTTE,
de l'agence Aventures extrêmes.

1. a) À l'aide d'un tableau semblable à celui ci-dessous, cernez le point de vue adopté dans chacun des textes par rapport au sujet, le mont Everest.

   1) Analysez les textes en fonction des critères énumérés dans le tableau.

   2) Expliquez vos réponses en vous appuyant sur des éléments des textes.

DEUX POINTS DE VUE SUR UN SUJET		
Critères	*Le toit du monde*	*À la conquête du sommet du monde*
Intention de communication		
Séquence dominante		
Type de texte		
Vocabulaire (surtout dénoté ou connoté)		
Ton (neutre, humoristique, didactique, etc.)		

   b) D'après les éléments inscrits dans le tableau, quel texte exprime un point de vue plutôt objectif et quel texte exprime un point de vue plutôt subjectif par rapport au sujet ? Expliquez votre réponse.

2. Pour exprimer un point de vue plutôt subjectif, l'énonciateur recourt généralement à diverses marques de modalité.

   a) Relevez d'abord des mots ou des groupes de mots associés au vocabulaire connoté en repérant, dans le texte *À la conquête du sommet du monde* :

   1) trois adjectifs ;

   2) deux adverbes ;

   3) deux noms ;

   4) une interjection ;

   5) un groupe incident.

   b) Notez deux hyperboles qui révèlent la subjectivité de l'énonciateur.

   c) Expliquez le lien entre la présence de phrases exclamatives et impératives dans ce texte et le point de vue adopté par l'énonciateur.

> ■ Les marques de modalité exprimant l'attitude de l'énonciateur par rapport au message, p. 294

> L'intention de communication peut être :
> ■ d'émouvoir, d'exprimer un jugement ;
> ■ d'informer sur un sujet ;
> ■ d'expliquer des faits, des liens ou des phénomènes ;
> ■ de critiquer ;
> ■ de convaincre, etc.

- L'accord de l'adjectif dans le groupe nominal (GN), p. 435
- La continuité de l'information, p. 308
- Les marques de modalité exprimant l'attitude de l'énonciateur par rapport au destinataire, p. 295

3. Pour créer une relation de complicité avec ses destinataires, l'énonciateur utilise divers moyens.

a) Spécifiez trois d'entre eux.

b) Mentionnez celui qui vous semble le plus efficace.

4. a) Avez-vous préféré la description plutôt objective du mont Everest ou celle qui est plutôt subjective? Expliquez votre réponse.

b) Quel énonciateur vous semble le plus crédible? Pourquoi?

5. Envoyez une carte postale à vos proches afin de leur faire connaître un paysage splendide.

Rédigez un bref paragraphe descriptif en respectant les consignes suivantes :

a) choisissez l'une ou l'autre des cartes postales ci-dessous ;

b) adoptez un point de vue subjectif et employez différentes marques de modalité pour l'exprimer ;

c) accordez en genre et en nombre les adjectifs avec les noyaux des groupes nominaux (GN) ;

d) au besoin, utilisez différentes formes de reprise de l'information.

ÉPISODE 2
LE GOÛT D'AILLEURS

TENZING DE L'EVEREST

Le 29 mai 1953, l'explorateur néo-zélandais Edmund Hillary et le sherpa *Tenzing Norgay accomplissent l'exploit d'atteindre, pour la première fois de l'histoire, le sommet du mont Everest. Le texte ci-dessous raconte les derniers moments de cette montée historique du point de vue de Tenzing.*

EDMUND HILLARY
ET TENZING NORGAY.

Je lève la tête; le sommet est tout près maintenant; d'émotion et de joie mon cœur bat à grands coups. Nous voici repartis. Nous montons encore. Il y a toujours les corniches à notre droite et le précipice à notre gauche, mais l'arête est maintenant moins raide.
5   Ce n'est plus qu'une suite de bosses neigeuses, l'une derrière l'autre, et chacune plus haute que l'autre. Mais nous avons toujours peur des corniches, et au lieu de suivre l'arête tout au long, nous coupons vers la gauche, où il y a maintenant une longue pente de neige au-dessus du précipice. À une trentaine de mètres au-dessous du
10 sommet, nous arrivons aux dernières barres rocheuses. Ici, il y a un espace suffisant, presque plat, pour deux tentes, et je me demande si des hommes camperont jamais dans cet endroit, si près du sommet de la terre. Je ramasse deux petites pierres et je les mets dans ma poche pour les ramener dans le monde d'en bas. Puis les rochers,
15 eux aussi, sont derrière nous. Nous voici de nouveau parmi les bosses de neige. Elles s'incurvent vers la droite, et chaque fois que nous en passons une je me demande: «Est-ce que la prochaine sera la dernière? Est-ce que la prochaine sera la dernière?» Finalement, nous arrivons à un endroit où nous pouvons voir plus loin
20 que les bosses, et au-delà, c'est le grand ciel dégagé et les plaines brunes. Notre regard plonge de l'autre côté de la montagne, sur le Tibet. En avant de nous maintenant il n'y a plus qu'une bosse, la dernière. Ce n'est pas une aiguille. Une facile pente de neige y conduit, assez large pour permettre à deux hommes de marcher
25 de front. À une dizaine de mètres du sommet, nous nous arrêtons une minute et levons la tête. Puis nous continuons...

[...]

Sherpa signifie peuple venant de l'est. Les Sherpas sont originaires du Kham, une province située dans le sud-est du Tibet. Arrivés au Népal vers le milieu du 16e siècle, ils se sont installés dans la région de l'Everest. Ils ont conservé l'essentiel de leur culture tibétaine et parlent un dialecte issu de la famille des langues tibéto-birmanes. Les Sherpas sont agriculteurs, éleveurs, commerçants et, depuis les années 1950, porteurs d'altitude, guides de montagne, propriétaires d'agence de trekking ou aubergistes sur les circuits de trekking du Khumbu. Le peuple sherpa est étroitement associé à l'histoire de l'Everest.

Zone Himalaya, [En ligne].

1. Dans le texte, trouvez les mots qui correspondent aux définitions suivantes:
   a) sommet effilé d'une montagne;
   b) partie qui s'avance au-dessus d'une pente raide;
   c) ligne d'intersection de deux versants d'une montagne.

Le 15 mai 1991, Yves Laforest est le premier Québécois à atteindre le sommet du mont Everest. D'autres Québécois l'ont imité par la suite, dont le célèbre explorateur Bernard Voyer, qui a réussi l'exploit le 5 mai 1999. Lisez le récit de voyage de Yves Laforest *L'Everest m'a conquis* aux pages 136 à 139.

2. Trouvez un synonyme au mot bourrades.

Un dernier pas. Nous y sommes. Le rêve est réalisé...

Notre premier geste est celui de tous les alpinistes lorsqu'ils atteignent le sommet de leur montagne. Nous nous serrons
30 la main. Mais ce n'est pas assez pour l'Everest. J'agite mes bras dans l'air, puis je les jette autour d'Hillary, et nous nous donnons de grandes bourrades dans le dos jusqu'à presque en perdre le souffle, malgré l'oxygène. Puis nous regardons autour de nous. Il est onze heures trente du matin, le soleil brille, et le ciel est du
35 bleu le plus intense que j'aie jamais vu. Il ne souffle qu'une légère brise, venant de la direction du Tibet, et le panache de neige qui flotte toujours au sommet de l'Everest est très petit. En abaissant mes regards de l'autre côté de la montagne, j'aperçois tous les points de repères familiers des premières expéditions : le monas-
40 tère de Rongbuk, la ville de Shekar Dzong, la vallée de Kharta, le glacier de Rongbuk et le glacier Est de Rongbuk, le col Nord près de l'arête nord-est où nous avons installé le Camp Six en 1938.

Puis, me tournant, j'abaisse les yeux vers le long chemin que nous venons de parcourir nous-mêmes : vers l'antécime sud, la longue arête, le col Sud ; puis le cirque Ouest,
45 la chute de séracs, le glacier du Khumbu ; jusqu'à Thyangboche, jusqu'aux vallées et aux montagnes de mon pays natal.

Au-delà, et autour de nous de tous côtés, s'étendant au loin à travers le Népal et le Tibet, se dresse la grande chaîne de l'Himalaya. Pour apercevoir les sommets des pics les plus rapprochés, des géants comme le Lhotse, le Nuptse et le Makalu, il faut maintenant
50 regarder très attentivement au-dessous de soi. Et plus loin, toute la masse de la plus haute chaîne du globe, y compris le Kangchenzönga lui-même, ressemble seulement à une collection de petites protubérances sous la vaste étendue du ciel. C'est un spectacle comme je n'en ai jamais encore vu, comme je n'en verrai jamais plus : fantastique, merveilleux et terrible. Mais ce n'est pas un sentiment de terreur que j'éprouve. J'aime
55 trop les montagnes pour cela. J'aime trop l'Everest. En ce grand moment, ce moment que j'ai attendu toute ma vie, ma montagne ne me paraît pas une masse inerte de roc et de glace, mais elle me semble avoir la chaleur amicale de la vie. C'est une grande mère oiseau, et les autres montagnes sont les petits qu'elle protège de ses ailes. J'ai l'impression, moi aussi, de n'avoir qu'à étendre mes ailes pour couvrir et abriter la nichée que j'aime.

■ James Ramsey ULLMAN, « Tenzing de l'Everest ».
© Arthaud. Dans André Velter, *Guide littéraire l'Himalaya*, Lausanne, Éditions Favre, 1997, p. 105-106, 108-110.

1. **a)** Nommez l'énonciateur de ce texte et dressez brièvement son portrait.

   b) Précisez son point de vue par rapport au sujet dont il est question.

   c) Ce point de vue est-il constant tout le long de l'extrait présenté?

   d) Ce point de vue est-il plutôt objectif ou plutôt subjectif?

2. Dans ce récit, plusieurs descriptions s'entremêlent aux actions pour mieux nous permettre de visualiser les derniers moments de cette ascension historique.

   a) Les descriptions de ce texte pourraient être regroupées en deux grandes catégories. Lesquelles?

   b) Illustrez chacune d'elle à l'aide d'un extrait.

   c) Diriez-vous que ces descriptions accélèrent ou ralentissent le rythme du récit? Expliquez votre réponse.

3. Le texte est parsemé de nombreuses indications de temps et de lieux.

   a) Selon vous, pourquoi ces indications de temps et de lieux sont-elles importantes dans cette description?

   b) Ces indications ne jouent pas toutes le même rôle dans le récit. En vous servant de tableaux semblables à ceux ci-contre, relevez des indices de temps et de lieux correspondant à chacun des rôles énumérés. 📝

   c) À quel temps les événements dans le récit sont-ils racontés?

   d) Quel effet cela produit-il?

4. Relisez la conclusion du récit.

   a) Dans la conclusion, relevez une métaphore confirmant que le point de vue initial de l'énonciateur est maintenu.

   b) À l'aide du contexte, expliquez la signification de cette métaphore.

   c) Récrivez la conclusion en présentant, cette fois, ces instants mémorables du point de vue du partenaire de Tenzing. Pour ce faire : ✏️

   1) présentez le point de vue subjectif d'Edmund Hillary en employant diverses marques de modalité;

   2) utilisez notamment des groupes adjectivaux (GAdj) qui présentent des constructions variées;

   3) intégrez au moins un procédé stylistique dans votre conclusion;

   4) rédigez un texte d'environ une page.

🔑

- L'énoncé, p. 291
- Le vocabulaire exprimant le temps et le lieu, p. 483

LES INDICATIONS DE TEMPS	
Rôle	**Indices de temps**
Situer dans le temps un élément par rapport à un autre	
Situer un élément à un moment précis	Il est onze heures trente du matin
Indiquer la fréquence liée à un élément	

LES INDICATIONS DE LIEUX	
Rôle	**Indices de lieu**
Associer les éléments à des lieux précis	
Situer un lieu par rapport à un autre	

- Les marques de modalité exprimant l'attitude de l'énonciateur par rapport au message, p. 294
- Le groupe adjectival (GAdj), p. 409

5. a) Associez chacun des textes au type de relation entre l'auteur et l'énonciateur qu'il présente.

Le toit du monde	L'énonciateur se substitue à l'auteur en devenant le narrateur d'un récit
À la conquête du sommet du monde	Le lien entre l'auteur et l'énonciateur est peu visible
Tenzing de l'Everest	L'énonciateur correspond clairement à l'auteur

b) Spécifiez comment le lien entre l'auteur du texte et l'énonciateur du message peut influencer l'objectivité ou la subjectivité du point de vue énoncé par rapport au sujet.

6. Dans ce premier temps de lecture, vous avez eu l'occasion de connaître un peu mieux le mont Everest et ses environs, notamment grâce à différentes descriptions.

a) Ces descriptions vous ont-elles donné le goût de vous rendre dans cette région du monde?

b) Si oui, feriez-vous une expédition vers le sommet de l'Everest ou préféreriez-vous visiter en touriste cette région?

c) Quelles informations partageriez-vous avec vos amis et amies pour les convaincre de vous accompagner au cœur de l'Himalaya?

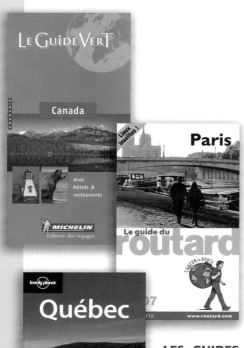

espace culturel

LES GUIDES DE VOYAGE

Un guide de voyage est un ouvrage qui contient des informations générales et pratiques sur une région spécifique pour les voyageurs et voyageuses et les touristes. Le *Guide Michelin* fut l'un des premiers guides importants écrits en français.

Après la Première Guerre mondiale, il a été publié par le fabricant de pneus Michelin. À cette époque, le marché de l'automobile était en plein essor et Michelin voulait offrir des cartes et des informations touristiques aux propriétaires de véhicules. D'ailleurs, ce guide très prisé existe encore aujourd'hui. Vers les années 1960, l'amélioration des moyens de transport et des communications et l'arrivée du tourisme de masse a favorisé l'émergence d'un grand nombre de guides de voyage écrits en français, dont *Le Guide du routard* et *Lonely Planet*, en France, et les guides *Ulysse* au Québec.

• Dressez une petite liste de lieux méconnus à visiter et d'activités insolites et originales à faire dans la ville ou la région où vous habitez.

LE CHOC DES CULTURES

Voyager, ce n'est pas seulement découvrir de nouveaux paysages ou vivre des aventures qui sortent de l'ordinaire, c'est aussi aller à la rencontre d'une autre culture, d'une autre société avec ses règles particulières, ses forces et ses faiblesses. Pour les touristes qui visitent un pays comme pour ceux et celles qui s'y installent pour un séjour prolongé, cette rencontre est souvent bouleversante.

Pour expliquer le choc des cultures dans un texte, il faut, d'une part, décrire les mœurs, les coutumes et les croyances propres au pays visité et, d'autre part, montrer les répercussions de la découverte de ces particularités souvent très différentes de celles des visiteurs et visiteuses. C'est donc dire que la subjectivité est importante quand vient le temps d'évoquer ce choc des cultures.

Cette expérience peut être relatée tant dans un texte courant (par exemple, dans un reportage journalistique ou un récit de voyage) que dans un texte littéraire. Les deux textes suivants racontent cette expérience de manière différente : le premier est composé d'extraits du carnet de voyage d'un couple de Québécois qui a fait un séjour en Chine et le second est formé d'extraits du roman *Les lettres chinoises* de l'auteure québécoise d'origine chinoise Ying Chen, qui y décrit le choc ressenti par un jeune Chinois qui découvre Montréal et la culture québécoise.

1. a) Avez-vous déjà vu des documentaires ou des films où on présentait des coutumes différentes des vôtres ? Pensez, entre autres, aux habitudes relatives aux habitations, aux vêtements, à la nourriture et à l'aspect physique.

   b) Dans l'affirmative, expliquez ces coutumes.

2. a) Avez-vous déjà eu à composer, ici ou ailleurs, avec des habitudes de vie différentes des vôtres ? Si oui, comment avez-vous réagi ?

   b) À votre avis, quelle est la meilleure attitude à adopter dans ces circonstances ?

3. Selon vous, quel est l'intérêt de lire des textes ou de voir des films qui relatent une rencontre entre des gens de cultures différentes ?

CARNET DE VOYAGE DE CHINE

Deux journalistes québécois ont décidé de passer une année en Chine pour y travailler, mais surtout pour être dépaysés, pour aller à la rencontre d'une culture différente de la leur. Ils ont relaté, dans un blogue, leur expérience de dépaysement, le choc culturel qu'ils ont ressenti au cours de leur séjour en Chine.

Blogue de Sophie Doucet et François Guérard

Voyant la trentaine arriver, et son cocktail bébés-maison-réers, nous avons pris peur. « Il faut aller voir le monde », avons-nous pensé. Le monde, ce serait la Chine, de l'autre côté de la planète, et nous irions y travailler un an.

Nous sommes débarqués à Pékin en août dernier, en pleine canicule. Premier choc :
5 nous sommes analphabètes. Impossible de lire les enseignes, cartes et menus de restaurants en caractères chinois.

Deuxième choc : Ouache ! La mode est aux petits bas de nylon beiges.

Depuis six mois, la Chine nous a jeté au visage quatre mille ans de splendeur mais aussi bien des horreurs ! Nous y avons savouré les mets les
10 plus raffinés, mais humé les odeurs les plus… pénétrantes ; nous sommes tombés sous le charme exquis des Pékinois, mais ne parvenons pas à nous habituer à leurs crachats !

La Chine n'est pas qu'un miracle économique, c'est une autre planète où l'amour, l'amitié, l'argent, les enfants, n'ont pas la même signification
15 que chez nous. Où l'ambiance, la courtoisie et (disons-le) le goût, sont aussi des concepts bien différents ! Une planète déroutante, parfois irritante, mais jamais lassante.

La Chine que nous vous présentons ici est celle de notre quotidien. Celle de Pékin, des grand-mères en pyjamas qui promènent leur chien
20 et des « petites filles d'ascenseur » payées pour appuyer sur les boutons. Nous ne chercherons pas à vous l'expliquer, mais à vous la faire voir. Au rythme d'une chronique par semaine.

Le mandarin, la principale langue parlée en Chine, est constitué d'idéogrammes, c'est-à-dire de signes graphiques représentant des mots. Ces idéogrammes sont impossibles à déchiffrer pour la plupart des Occidentaux. Depuis quelques décennies, il existe un système qui permet la transcription alphabétique et phonétique de ces idéogrammes. Ce système, désigné par le mot « pinyin », a recours à l'alphabet latin, alphabet propre à la plupart des langues occidentales. Le pinyin, de plus en plus utilisé en Chine, permet donc de simplifier l'apprentissage du chinois par les étrangers et les étrangères.

Cet idéogramme signifie « amour ».

ÉPISODE 2
LE GOÛT D'AILLEURS

DAVID PASKETT, *STATIONNEMENT À VÉLOS, WUXI*, 1992.

Mars 2005 – Les rues de Pékin

Blogue de Sophie Doucet et François Guérard

Pour découvrir Pékin, mégapole de 15 millions d'habitants, rien de mieux que le vélo. Le mien est un Flying Pigeon noir, lourd, pas de vitesse,
25 avec un panier en avant, comme il s'en fait des millions en Chine.

À Pékin, les pistes cyclables sont omniprésentes et larges comme les rues de Montréal. Mais les disciples du Tour de l'île seraient déçus. Il faut se faufiler dans une masse compacte de vélos/motos/piétons/vieillards-qui-font-du-taï-chi et garder l'œil sur les taxis qui foncent plein gaz dans
30 la piste cyclable en klaxonnant pour éviter le trafic des grands boulevards. Le miracle, c'est que personne ne se touche, tout le monde s'évite à la dernière minute, comme dans une ruche. Au milieu des abeilles, moi, Blanc barbu, j'ai plutôt l'air d'une grosse mouche. Et lorsque je me lance dans le trafic, je me dis : « Dieu, faites que je ne m'écrase pas dans un pare-brise. »

35 À première vue, Pékin est un cauchemar de ville. Voyez ces avenues de six voies où les autos trottent pare-chocs à pare-chocs dans un brouillard orange. Regardez ces tours d'acier pousser comme des verrues. Partout

À voir les adeptes du taï chi bouger à la vitesse de tortues, on pourrait s'étonner d'apprendre que cette discipline est considérée comme un art martial – comme le karaté ou le tae kwon do, par exemple. Dérivé de la philosophie taoïste de Cheung San Fung, le taï chi vise la tranquillité et l'équilibre spirituel, tout en favorisant la force et la santé physique. Pour atteindre l'équilibre recherché, on tente, grâce à une série d'exercices, de rétablir l'égalité entre le yin et le yang.

Montréal Plus, santé, beauté, mieux-être, [En ligne].

1. Le suffixe -*pole* vient du grec *polis*, qui veut dire « ville ». Que signifie le mot mégapole ?

des chantiers, des marteaux piqueurs, de la poussière de béton. La Chine s'éveille! Investissez!
Nous siphonnerons les ressources de la Terre pour étendre de l'asphalte à perte de vue.

40   Par chance, il reste, dans l'ombre des tours résidentielles, de petites ruelles qui grouillent de
vie, les *hutongs.* Les odeurs s'y succèdent: celle, alléchante, des brochettes de mouton qui grillent
devant les boui-boui et celle des toilettes publiques, qui vous arrache les narines et vous retourne
l'estomac. Chaque ruelle est équipée d'une toilette communale, les petites maisons d'une pièce
autour n'en ayant pas. Elle est rudimentaire, un mur sépare les hommes des femmes et on fait
45 dans un trou, sans gêne, devant les autres.

      […]

Lundi 20 juin – Hospitalité chinoise
Blogue de Sophie Doucet

      «Assoyez-vous, assoyez-vous!» Nous venons à peine d'arriver chez notre couple d'amis qu'ils
nous poussent sur le divan et nous mettent un panier de graines de tournesol et un verre de jus
dans les mains. Zheng allume la télévision et met un DVD en anglais (*Shrek*), désireux de nous faire
plaisir. «Attendez-moi, je reviens tout de suite», dit-il, avant de disparaître pendant 10 minutes
50 à la suite de Meimei.

      Nous aurions bien aimé visiter l'appartement de nos amis, mais ce n'est pas au programme.
Il n'est peut-être pas poli de demander. En craquant des graines de tournesol, je regarde autour
de nous. Le mobilier est modeste, des ampoules au plafond en guise d'éclairage. Comme seule
décoration, des immenses laminés des photos de mariage de nos amis.

55   «Quelles belles photos!», je lance à haute voix. Au même moment, Zheng revient au salon,
les bras chargés d'albums de photos de mariage. Il sourit. «Tu les aimes? En voici d'autres!» Et
il dépose trois gros albums sur la table. «On ne pourrait pas vous aider à la cuisine?», je demande.

      «Non! Non! Vous êtes nos invités! Vous restez ici!», dit Zheng d'un
ton ferme.

60   Bon. Regardons les photos. Zheng et Meimei dans un parc en habit
noir et robe blanche; Zheng et Meimei dans un studio, costumés en prince
et princesse Tang; Zheng et Meimei dans un faux décor de cascades
argentées, elle dans ses bras, en robe jaune… Sur les images au fond très

2. À l'aide du contexte, trouvez la
signification du mot boui-boui.

3. a) Relevez une répétition entre
les lignes 60 et 65.

  b) Quel effet cette répétition
produit-elle?

coloré, quantité de brillants et – c'est la touche chinoise – des expressions anglaises bourrées

65 de fautes! *You're the son of my life, Our future is shinning love eturnally.* François et moi ne pouvons nous empêcher de nous bidonner un peu! Ah! Ces Chinois!

Puis, nos amis réapparaissent avec des plats, et encore des plats… La table est minuscule, mais le banquet, royal. Meimei scrute nos réactions chaque fois que nous prenons une bouchée d'un nouveau mets. Nous la complimentons avec effusion, tout est succulent. En fait, ce souper

70 serait parfait si la lumière n'était pas si éblouissante et si la télévision ne me criait pas dans les oreilles. «Est-ce qu'on met de la musique?», je me permets de suggérer. François me fusille du regard. «C'est que nous écoutons un film…», dit Zheng, décontenancé par ma demande. «Ah oui, c'est vrai.»

Après le souper, nous nous assoyons devant la télévision. Pas besoin de parler, on est entre

75 amis. De toute façon, en Chine, on ne peut pas discuter de n'importe quoi. La politique, par exemple, n'est pas un sujet très approprié. Alors on mange des cerises et on se fait des sourires, tout en commentant ce que l'on voit à la télévision. Bientôt, Meimei commence à bâiller et nous décidons qu'il est temps de les quitter. Ils nous raccompagnent jusqu'au taxi.

80 La prochaine fois, ça se passera chez nous. Nous écouterons du jazz et la lumière sera tamisée. Nous boirons du vin rouge et la bouffe sera… bien moins bonne. Pas de

85 photos, pas de télé, nous n'aurons rien d'autre à faire que de parler. Et nous oublierons de les raccompagner. En rentrant chez eux après la soirée, nos amis se tordront de

90 rire : «Vraiment, ils sont bizarres, ces Canadiens!», se diront-ils.

C'est là tout le charme des amitiés interculturelles!

JACQUELINE CÔTÉ, *LA BALINAISE*, 1996.

Mon amie Ning se définit comme une «fashion girl». Le concept de «fashion» n'étant pas
95   compris exactement de la même façon en Chine et au Québec, je ne ferai pas de commentaire.
Mais le fait est que, munie de ses bottes roses à talons aiguilles recouvertes de fourrure, Ning est
un redoutable oiseau de nuit! Elle aime boire de la bière et chanter au karaoké en prenant des airs
de star. Elle travaille comme vendeuse de cigares dans un club jet-set de la capitale. Elle rêve
d'y rencontrer un étranger beau et riche.

100   «Qu'est-ce que tu ferais si tu avais beaucoup d'argent?», je lui demande un bon midi, alors
que nous sommes attablées devant un tofu japonais et un plat de maïs aux noix de pin. Son regard
s'illumine à cette pensée.

— Si j'étais riche, j'achèterais une voiture de luxe! dit-elle en éclatant d'un rire contagieux.
Et je ferais faire de grands tours d'auto à ma grand-mère tout autour de Pékin! Puis, j'achèterais
105   un grand appartement où elle aurait sa propre chambre. Elle ne manquerait de rien.

Je reste bouche bée. Moi qui critique souvent l'obsession des Chinois pour l'argent, je dois
admettre que je n'aurais pas reçu une réponse aussi touchante de la part de beaucoup de jeunes
Québécois…

— Tu sembles l'aimer beaucoup, ta grand-mère, dis-je en me servant dans le plat de maïs.
110   — C'est la personne la plus importante pour moi. Elle a eu une vie difficile. Je ne veux plus jamais
qu'elle souffre, dit-elle. Un petit nuage gris passe sur son visage expressif et joyeux.

Ning n'a plus de parents. Sa mère l'a abandonnée et son père est décédé depuis longtemps.
Sa grand-mère a pris soin d'elle toute son enfance. Maintenant qu'elle est grande, c'est son devoir
de lui rendre un peu de ce qu'elle lui a donné, selon la mentalité chinoise. Ici, la plupart des jeunes
115   travailleurs envoient chaque mois une part de leur salaire à leurs parents ou grands-parents.

Quelques semaines après avoir eu cette discussion avec Ning, je rencontre une autre copine
chinoise, Lulu. Elle me pose toujours beaucoup de questions sur la vie au Québec. Pendant que
nous marchons dans un parc, je lui explique que, chez nous, beaucoup de vieillards sont en maisons
de retraite, où certains ne reçoivent pour ainsi dire jamais de visiteurs. Elle est estomaquée.

120   — Tu veux dire que même leurs enfants ne vont pas les voir?
— Dans certains cas, oui…
Après quelques minutes de silence, elle s'immobilise et me lance, intriguée :

— Mais… s'ils ne sont pas là pour s'occuper de vous quand vous êtes vieux, à quoi ça sert
d'avoir des enfants, au Canada?
125   — Euh…
Ben oui, au fait, à quoi ça sert?

«Pis, la Chine?»

C'est la question que j'ai le plus entendue depuis que je suis descendue de l'avion à l'aéroport PET, il y a trois semaines. Que répondre?

130 Flash back, 15 août 2004. Nous sommes au lendemain de notre arrivée à Pékin, dans un restaurant tout décoré en rouge. La serveuse nous regarde, l'air découragé. Le groupe de Chinois à la table d'à côté se marre sans gêne à nos dépens. C'est notre première tentative pour commander à manger. Et c'est pathétique. Nos gesticulations ne nous aident en rien. «L'année va être longue…», je dis à François.

135 Cette année, finalement, aura été la plus courte de ma vie!

J'ai passé l'automne sur mon solide vélo communiste rose gomme baloune. Il a été le compagnon de ma recherche d'appartement, m'a trimbalée à mes cours de chinois. Mon vélo rose m'a fait découvrir Pékin d'est en ouest, ses grands boulevards et ses *hutongs*. Dans la lumière basse
140 d'octobre, comme ils sont beaux les Pékinois, traînant impassiblement leurs charrettes remplies de fruits et de légumes colorés, jouant au mah-jong sur le trottoir, entourés de curieux!

Puis, l'hiver est arrivé et la capitale s'est recouverte d'un ciel gris jaunâtre: la pollution due au chauffage au charbon. On s'est acheté des manteaux
145 de duvet et j'ai appris à faire la cuisine chinoise, avec Ning. Les soirées entre amis se sont étirées autour de bouillonnantes et piquantes fondues chinoises, au restaurant. À Noël, nous sommes allés à la messe de minuit dans une église pleine de catholiques et de curieux et nous avons entendu *Les anges dans nos campagnes* en chinois!

150 Bientôt, ce fut le Nouvel An chinois ou la Fête du printemps. Toute la ville s'est décorée de banderoles rouges et nous avons été invités à manger des *jiaozi* (raviolis) chez des copines. De jour en jour, le temps s'est adouci et les arbres sont devenus lourds de fleurs pâles. Nous sommes partis un mois sur les routes du Yunnan (sud-ouest), où nous nous sommes laissés
155 enivrer par la beauté des villages figés dans le temps, des champs étagés et des montagnes enneigées du Tibet, au loin.

Le mah-jong est un jeu de société qui se joue à quatre joueurs ou joueuses; il comprend 144 petites tuiles spéciales. Ce jeu d'origine chinoise est pratiqué de nos jours partout dans le monde.

La Fête du printemps correspond à la fête du Nouvel An chinois. La date de cette fête varie d'une année à l'autre parce que le calendrier chinois est établi en fonction de la Lune et non du Soleil. Ainsi, le Nouvel An chinois tombe toujours le premier jour de la nouvelle lune qui suit le dernier mois lunaire de l'hiver. C'est donc dire que cette fête a lieu entre le 21 janvier et le 20 février de chaque année.

4. Par quelle expression peut-on remplacer l'anglicisme flash back?

Finalement, l'été a pointé son nez. Fin juin, les grosses chaleurs se sont abattues sur Pékin, rendant l'air difficile à respirer, la pollution insupportable. Maintenant que nous arrivions sans problème à commander au restaurant, il fallait envisager de rentrer chez nous ! Ce fut la ronde
160 des dernières fois, les adieux à nos amis chinois. Impossible de savoir quand nous allons les revoir. Dix-huit heures d'avion et le diamètre de la planète nous séparent…

L'avion s'est posé à Montréal et nous avions tout de même le coeur léger. Revoir notre ville, notre monde, le ciel si bleu du Québec et l'air si pur. Et envisager, tranquillement, de nous installer dans un petit confort bébés-maison-réers… Après la Chine, plus rien ne nous fait peur,
165 décidément !

■ Blogue de Sophie DOUCET et François GUÉRARD,
Carnet de voyage de Chine.

- La communication et
  ses paramètres, p. 286
- Les marques de modalité exprimant
  l'attitude de l'énonciateur par
  rapport au destinataire, p. 295

Pour vous aider à qualifier le rapport entre les énonciateurs et leurs destinataires, observez les éléments suivants :

- la présence de vocabulaire surtout dénoté ou connoté ;
- la présence ou l'absence d'interpellation directe des destinataires ou leur désignation explicite ;
- le choix de la variété de langue ;
- le ton ;
- le tutoiement ou le vouvoiement.

1. a) Quelle était l'intention précise des énonciateurs en écrivant leur *Carnet de voyage de Chine* ?

b) Qui sont les destinataires de leur texte ?

c) Quel rapport les énonciateurs établissent-ils avec leurs destinataires dans leur carnet ? Est-ce un rapport :

   1) distant ?

   2) d'autorité ?

   3) de complicité ?

2. a) À l'aide d'un tableau semblable à celui de la page suivante, présentez trois aspects importants de la vie en Chine qui sont décrits par les journalistes québécois, ainsi que deux sous-aspects qui s'y rattachent.

b) Décrivez la réaction de l'un ou l'autre des énonciateurs à chacun des aspects de la vie en Chine qu'ils découvrent.

c) Relativement à chacun des aspects retenus, précisez de quelle manière est révélée la réaction des voyageurs en relevant un extrait et en notant les marques de modalité.

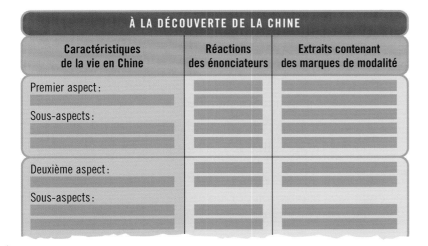

À LA DÉCOUVERTE DE LA CHINE		
Caractéristiques de la vie en Chine	**Réactions des énonciateurs**	**Extraits contenant des marques de modalité**
Premier aspect :		
Sous-aspects :		
Deuxième aspect :		
Sous-aspects :		

- Les marques de modalité exprimant l'attitude de l'énonciateur par rapport au message, p. 294
- Le vocabulaire exprimant la comparaison, p. 482
- La pertinence de l'information, p. 320

d) D'après les éléments relevés dans le tableau, l'opinion générale de ces deux journalistes québécois sur la vie en Chine vous semble-t-elle plutôt négative ou plutôt positive ? Expliquez votre réponse.

3. Pour décrire leur nouvelle réalité, les journalistes emploient plusieurs comparaisons.

a) Selon vous, pourquoi la comparaison est-elle particulièrement utile dans ce texte ?

b) Relevez trois comparaisons dans la partie intitulée «Les rues de Pékin».

c) Quel mot exprimant la comparaison vous a permis de les reconnaître ?

4. À votre avis, l'ensemble des informations présentées dans ce texte est-il pertinent ? Justifiez votre réponse en tenant compte de l'intention de communication, du point de vue présenté et de l'adaptation aux destinataires.

5. Selon vous, ce genre de texte convient-il bien à la découverte d'une autre culture ? Expliquez votre réponse en mentionnant ce que vous avez aimé et moins aimé dans le texte et en le comparant avec d'autres genres de textes visant à informer.

■ Les mots génériques et les mots spécifiques, p. 486

■ L'accord du participe passé employé avec l'auxiliaire *avoir,* p. 438

■ L'accord du participe passé employé avec l'auxiliaire *être,* p. 438

■ La chronologie du déroulement, p. 352

Découvrez les pensées d'une immigrante libanaise en lisant *Le bonheur a la queue glissante,* aux pages 153 à 157.

6. Afin de situer les événements dans le temps, les journalistes recourent à différents procédés liés à la chronologie.

a) Le récit est-il présenté de façon linéaire ou est-il ponctué de retours en arrière ? Justifiez votre réponse.

b) Dans ce récit de voyage, la séquence narrative est souvent interrompue par l'insertion d'autres types de séquences textuelles.

1) Nommez deux sortes de séquences insérées dans la séquence narrative.

2) Illustrez ces séquences à l'aide d'extraits.

3) Expliquez l'effet de ces insertions sur le rythme du récit.

7. Pour situer le récit dans l'espace et permettre des comparaisons entre les cultures, les auteurs emploient un vocabulaire exprimant le lieu.

a) En respectant les relations d'inclusion qui lient les mots ci-dessous, inventez un organisateur graphique pour illustrer le caractère générique ou spécifique de ces mots.

b) Parmi ces mots :

1) lequel est uniquement un terme générique ?

2) lesquels sont uniquement des termes spécifiques ?

c) En tenant compte de ce vocabulaire, diriez-vous que les événements sont localisés dans un espace ouvert et changeant ou dans un espace clos et fixe ?

8. Quel projet pourrait vous inciter à imiter les auteurs du texte et à partir vivre un certain temps à l'étranger ? En un paragraphe, décrivez ce projet en présentant la destination qui vous intéresserait et les raisons qui vous inciteraient à réaliser ce projet.

Dans votre texte, respectez les consignes suivantes :

a) adressez votre texte aux autres élèves de la classe ;

b) tentez d'établir un rapport de complicité avec vos destinataires en employant les moyens appropriés ;

c) accordez correctement les participes passés employés avec l'auxiliaire *avoir* et avec l'auxiliaire *être.*

Les adjectifs de couleur

9. Dans ce texte, plusieurs adjectifs de couleur sont utilisés pour enrichir les descriptions.

    a) Relevez deux adjectifs de couleur :

        1) qui sont employés seuls ;

        2) qui sont dérivés d'un nom ;

        3) qui sont composés.

    b) Pour chacun des types d'adjectifs mentionnés ci-dessus, expliquez la règle d'accord qui est appliquée. Au besoin, consultez une grammaire.

> - Les adjectifs de couleur, p. 441
> - La coordination et la juxtaposition, p. 424
> - Les fonctions syntaxiques, p. 384

La coordination et la juxtaposition

10. a) Relevez, dans les extraits ci-dessous, les groupes de mots et les phrases qui sont joints à l'aide de la coordination ou de la juxtaposition.

> **PREMIER EXTRAIT**
>
> Nous sommes débarqués à Pékin en août dernier, en pleine canicule. Premier choc : nous sommes analphabètes. Impossible de lire les enseignes, cartes et menus de restaurants en caractères chinois. (Lignes 4 à 6)

> **DEUXIÈME EXTRAIT**
>
> Deuxième choc : Ouache ! La mode est aux petits bas de nylon beiges. (Ligne 7)

> **TROISIÈME EXTRAIT**
>
> Depuis six mois, la Chine nous a jeté au visage quatre mille ans de splendeur mais aussi bien des horreurs ! Nous y avons savouré les mets les plus raffinés, mais humé les odeurs les plus… pénétrantes ; nous sommes tombés sous le charme exquis des Pékinois, mais ne parvenons pas à nous habituer à leurs crachats ! (Lignes 8 à 12)

    b) Dans chaque cas, nommez le procédé de jonction en cause (coordination ou juxtaposition).

    c) Déterminez la fonction syntaxique des éléments qui sont joints. Que remarquez-vous ?

    d) Notez le signe de ponctuation ou le coordonnant utilisé et précisez le sens de la relation qu'il établit entre les éléments joints.

    e) Relevez, dans le texte, deux autres juxtapositions et deux autres coordinations, et précisez chaque fois le sens de la relation établie entre les éléments joints.

LES LETTRES CHINOISES

À Shanghai, deux jeunes gens, Yuan et Sassa, sont amoureux. Mais parce qu'il se sent étranger dans son propre pays, Yuan choisit un jour de venir s'établir à Montréal. Sassa, qui se refuse à voir dans l'exil un remède au mal de vivre, décide de ne pas le suivre. Leur amour supportera-t-il cet éloignement ?

1

Me voilà à l'aéroport de Vancouver. Il me faut prendre un avion canadien pour continuer mon trajet. En attendant l'heure du départ, je veux te redire, Sassa, ma souffrance de te quitter. Quand je suis monté dans l'avion, tu souriais. Comment peux-tu me faire cela, ma maligne ? Comment peux-tu ne pas pleurer un peu à un moment pareil ?
5 Il est vrai que tes pleurs ne sauraient pas mieux me consoler. Mais ton sourire muet, ton sourire intelligent et moqueur m'a troublé. Il est imprimé dans ma mémoire et engendrera des douleurs qui m'accompagneront désormais sur le nouveau chemin de ma vie. Est-ce bien
10 cela que tu voulais, hein ?

Il est inutile de te donner des explications. Tu peux tout comprendre et tout supporter sauf cela. Ainsi, tu trouves normal que j'abandonne une terre qui m'a nourri, pauvrement, pendant
15 une vingtaine d'années, pour un autre bout du monde inconnu. Tu m'as même dit que tu apprécies en moi cette espèce d'instinct vagabond. Mais tu ne veux pas croire que c'est en quittant ce pays que j'apprends à le mieux aimer. Le mot
20 « aimer », tu le trouveras peut-être trop fort. Pourtant, je pourrais dire que c'est aujourd'hui, bien plus qu'à d'autres moments de ma vie, que je ressens un profond besoin de reconnaître mon appartenance à mon pays. C'est important
25 d'avoir un pays quand on voyage. Un jour, tu comprendras tout cela : quand tu présentes ton passeport à une dame aux lèvres serrées,

quand tu te retrouves parmi des gens dont tu ignores jusqu'à la langue, et surtout quand on te demande tout le temps de quel
30 pays tu viens. Pour pouvoir vivre dans un monde civilisé, il faut s'identifier, c'est cela.

Yuan,

de Vancouver

 2

Lorsque l'avion est arrivé tard hier soir au-dessus de Montréal,
35 j'ai eu un étourdissement. C'était à cause des lumières. De splendides lumières de l'Amérique du Nord. Des lumières qu'on ne trouve pas chez nous. Je me croyais tombé dans un monde irréel. J'avais les yeux éblouis et le souffle oppressé, Sassa ; tout comme quand, un soir d'été devant l'entrée du collège à Shanghai,
40 tu m'avais regardé en face et souri pour la première fois.

La ville était couverte d'une épaisse neige de janvier. Mais je sentais une chaleur monter très haut, monter jusqu'à envelopper doucement l'avion.

Dans la salle d'attente, il m'a fallu quelques minutes pour
45 comprendre le fonctionnement d'un téléphone automatique. Un monsieur passait devant moi d'un pas pressé. Je lui ai demandé de m'échanger de la monnaie. Il s'est arrêté, un sourire aux lèvres, a sorti de sa poche une poignée de monnaie et l'a mise dans ma main en disant :

50 — Bonne chance.

J'ai murmuré un merci et l'ai regardé disparaître. On ne dit pas bonne chance à n'importe qui. Il y avait sûrement quelque chose en moi qui l'a poussé à me souhaiter cela. Peut-être ma coiffure, ou le style de mon manteau, ou mon air timide et indécis, ou encore mon accent ? Dans cette ville étrangère, quelqu'un m'a donc souhaité bonne
55 chance dès le premier moment.

Ta pensée m'occupe complètement et je vis dans l'espoir de te revoir très bientôt.

Yuan,

de Montréal

Ying CHEN

1961-

Ying Chen est une romancière née en 1961 à Shanghai. Elle a publié tous ses romans au Québec, dont *Les lettres chinoises,* en 1993. Dans ses œuvres, elle aborde les thèmes du déracinement vécu par les immigrants et les immigrantes, du choc des cultures et des amours impossibles.

1. Entre les lignes 1 et 10, relevez une phrase à présentatif et deux phrases impersonnelles.

2. a) À l'aide du contexte, trouvez un synonyme au mot maligne, employé à la page précédente.

   b) À quelle autre classe ce mot peut-il appartenir ?

✒ 3 ✒

Ta lettre, enfin! J'ai envie maintenant de prêter ma plus belle jupe à ma sœur,
60 de faire beaucoup de ménage pour maman et de réviser pendant deux bonnes heures
mes leçons de français pour faire plaisir à papa. Et tout cela en l'honneur de ton arrivée
là-bas! À force de t'avoir souhaité un bon voyage, j'oublie presque la douleur que m'a
causée ce départ. Je suis enfin soulagée de toutes sortes de peurs.

Que puis-je te dire maintenant? «Bonne chance», peut-être? Mais je ne comprends
65 toujours pas après quelle chance tu cours. Il me semble que tu as tes chances ici dans
ton pays. Tu as tes parents qui t'ont gâté, ta fiancée qui est prête à se jeter dans le fleuve
Huang-Pu pour toi, ton poste de travail solide comme du fer, ton petit appartement à toi
presque gratuit. Bien sûr, tu avais des ennuis ici, comme moi, comme tout le monde. Tu
supportais mal le goût inquiétant de l'eau du robinet, l'odeur étouffante dans les autobus
70 toujours pleins, tes voisins qui te connaissaient mieux que toi-même, ta supérieure qui
te tapotait la nuque comme à un petit enfant, etc.

Mais y a-t-il jamais des chances sans ennuis ou des ennuis sans chances ? Au collège,
nous avons appris un proverbe français : «Après la pluie, le beau temps.» Existe-t-il
là-bas un proverbe semblable à celui-ci? Est-ce que les gens y sont aussi optimistes?
75 Moi je poursuivrais la phrase ainsi : «… Et après le beau temps, la pluie (ou la neige).»

Va pour le proverbe. Pour toi, je préfère te souhaiter un beau temps éternel.
Je t'embrasse, mon soleil.

Sassa,

de Shanghai

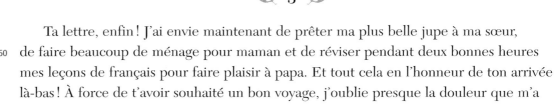

Shanghai est aujourd'hui la plus grande ville de Chine, avec une population de plus de 17 millions d'habitants et d'habitantes. Elle est située sur les rives du fleuve Huang-Pu.

✒ 4 ✒

80 Fais attention, ma belle lune, tu risques de te brûler en
embrassant ton soleil. Mais il a tellement besoin de toi. Tu es sa
seule source d'énergie. S'il se lève tous les jours, c'est dans l'espoir
de te revoir. Pourquoi doit-on attendre cette lueur de crépuscule
pour pouvoir se rencontrer, pourquoi pas plus tôt?

85 J'ai besoin de toi. Tu sais combien les nouveau-nés sont
solitaires.

Yuan,

de Montréal

3. a) D'après le contexte, que signifient les mots chances et ennuis ?

b) Quel rapport y a-t-il entre ces deux significations ?

c) Ces mots appartiennent-ils à la même classe de mots ?

d) Comment appelle-t-on deux mots qui présentent ces caractéristiques ?

114

5

Tu sais comment convaincre maman
90 que je suis très bien ici ? Je n'ai plus à
prendre ma douche dans une salle de bains
publique. Le matin, quand je saute dans
la baignoire à la maison et plonge sous la
chaleur de l'eau, je me sens plus que jamais
95 à l'abri. Je n'ai plus à me découvrir devant
des gens connus et inconnus et à me sentir
ainsi dépourvu jusqu'au plus profond de
moi. Je sens bon maintenant. Je redeviens
frais. Je suis content de moi-même.
100 Je commence à aimer un peu cette vie.

Si cela ne suffit pas à te consoler,
pense encore que la lune d'ici est plus belle
que celle de notre pays. Elle est plus grosse
et plus claire. Elle a l'air en bonne forme.
105 Maman, elle, comprendra très bien que
c'est important pour moi d'avoir au-dessus
de la tête une lune en bonne santé : j'étais
autrefois inquiété par cette pâleur, cette

LINCOLN SELIGMAN, *RUE CHINOISE*, 1992.

fragilité de notre lune qui, souvent assombrie par les nuages, semblait prête à se
110 transformer en eau, à tomber du ciel et à mourir sous nos pieds. Parfois, quand j'étais
malade, je me demandais si ce n'était pas un peu à cause de cette lune. Ce n'était pas
juste. Mais vraiment je ne voulais pas mourir avec elle. J'ai très mauvaise conscience
d'avoir refusé de mourir avec notre lune.

Je suis deux cours d'informatique le jour et un cours de français le soir. En classe,
115 je n'arrive pas encore à répondre au professeur, parce que très souvent je ne comprends
pas les questions. Mes réflexes semblent ralentir depuis que je suis ici. Le professeur
n'ose plus me poser de questions de peur de mes « Pardon ? ».

J'ai encore beaucoup à apprendre. La curiosité, disparue peu à peu avec ma jeunesse,
a ressuscité en moi. J'ai l'impression d'avoir rajeuni. Je vis comme un nouveau-né. Y a-t-il
120 pour nous, les mortels, rien de plus intéressant que de renaître ? Je suggérerais donc
à tout le monde de s'expatrier. Toi la première, bien sûr.

Yuan,

de Montréal

[…]

4. Sachant que le préfixe *ex-* signifie
« en dehors », pouvez-vous dire ce
que signifie le verbe s'expatrier ?

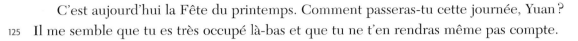

C'est aujourd'hui la Fête du printemps. Comment passeras-tu cette journée, Yuan ?
125 Il me semble que tu es très occupé là-bas et que tu ne t'en rendras même pas compte.

Une vingtaine de personnes viendront dîner à la maison. Ce sont mes oncles, mes tantes, mes cousins, mes cousines, les épouses de mes cousins et les époux de mes cousines, et les enfants qui portent des noms semblables… Tu sais, j'ai toujours un peu peur de ces gens que je ne connais pas vraiment bien. Ils viennent manger chez nous
130 une ou deux fois par an. Quand ils sont ensemble, ils font beaucoup de bruit comme pour créer une atmosphère de fête. Ils parlent de tout et de rien. Ils ne s'écoutent pas. Mais ils font semblant de se comprendre en faisant des mouvements de tête exagérés. Après le repas, ils s'en vont, fatigués, satisfaits, déployant un dernier effort pour saluer un à un les autres dont ils confondent parfois les noms.

135 Alors, cette fois-ci, j'ai décidé d'abandonner ma mère et ma sœur à leur besogne de cuisinières et mon père à sa tâche de causeur. J'avais hâte de m'enfuir. J'ai l'impression d'être trop souvent à la maison. J'ai pris mon manteau. Maman n'a rien dit et m'a regardée d'un œil inquiet. Ma sœur, furieuse, m'a suivie jusqu'au seuil :

— Quel bonheur, hein, d'avoir un fiancé à l'étranger ! Tu es différente, désormais.
140 Tu es devenue étrangère. Tu n'as plus à nous aider même pendant la fête !

C'est un peu vrai, ce qu'elle a dit. On n'a pas besoin d'aller à l'étranger pour devenir étranger. On peut très bien l'être chez soi. Quand on ne se sent pas bien ailleurs, on blâme son exil et on se console avec les souvenirs de sa mère patrie, purifiés et embellis par l'imagination grâce à la distance et au temps écoulé. Mais quand on est étranger
145 chez soi, on n'a aucun espace de retraite. On a l'impression de s'exiler dans des abîmes pourtant familiers, sans issue ni consolation. Depuis que tu es parti, mon amour, dans un pays dont l'existence m'échappe complètement, je me sens précipitée vers ces abîmes. Je suis partie moi aussi en exil. À cause de ton absence peut-être, je n'ai plus la force d'aimer mon travail au bureau ni la fête du printemps ni autre chose. Je ne m'accroche
150 plus très bien à mon quotidien. Je glisse.

Oh que j'ai besoin de toi, de tes bras et de ta poitrine pour me soutenir, et de tes baisers pour m'oublier.

Sassa,

de Shanghai

■ Ying CHEN, *Les lettres chinoises*, Montréal, Leméac / Actes Sud, 1998, p. 9-17 et 26-27 (Coll. Babel).

1. Ce texte, comme le précédent, aborde le thème du choc des cultures.

  a) Votre lecture du texte *Les lettres chinoises* a-t-elle été différente de celle du texte *Carnet de voyage de Chine* compte tenu du fait qu'il s'agit d'un texte de fiction?

  b) En quoi la fiction permet-elle ici de traiter le thème du choc des cultures de manière originale et intéressante?

2. Le livre *Les lettres chinoises,* dont vous venez de lire des extraits, est un roman épistolaire. Le choix de ce type de récit a des conséquences sur l'organisation générale du texte. Expliquez l'organisation textuelle de ce texte en répondant aux questions suivantes.

  a) Comment le texte est-il découpé?

  b) Quelle distinction faites-vous entre l'auteure du texte et les narrateurs?

  c) Les narrateurs sont-ils omniscients, témoins ou participants?

  d) Quelle importance prennent les personnages de Yuan et de Sassa dans le récit?

  e) Les événements de l'histoire sont-ils présentés en ordre chronologique?

  f) Où se déroulent les principaux événements de l'histoire?

3. **a)** Au fil des lettres, un portrait fragmentaire de Yuan et Sassa se dessine. Remplissez un tableau semblable à celui ci-dessous pour présenter les caractéristiques importantes de ces deux personnages.

  b) Relevez deux types de séquences textuelles dans lesquelles ces caractéristiques physiques et psychologiques sont révélées dans le texte.

- Le statut du narrateur, p. 340
- Les traits caractéristiques des personnages, p. 346

Un roman épistolaire est un récit constitué de lettres que s'échangent des personnages fictifs.

Les séquences textuelles peuvent être descriptives, explicatives, narratives, dialogales ou argumentatives.

LE PORTRAIT DES DEUX PERSONNAGES		
Caractéristiques	**Yuan**	**Sassa**
Nationalité	Chinoise	
Statut social		
Statut dans la famille		
Événements marquants		
Loisirs, habitudes, etc.		
Qualités, défauts		
Goûts, peurs, désirs		

■ Le schéma des rôles
des personnages, p. 347

4. a) Afin de bien comprendre la quête poursuivie par le personnage de Yuan, décrivez ces éléments du schéma actantiel :

   1) le destinateur ;

   2) le destinataire ;

   3) l'objet de la quête.

b) Mentionnez les deux rôles joués par Sassa dans la quête de Yuan. Expliquez votre réponse.

5. Yuan et Sassa s'échangent des lettres marquées par des sentiments amoureux et personnels. Montrez comment l'auteure a réussi à suggérer ces sentiments à l'aide des moyens suivants :

a) l'utilisation d'un vocabulaire connoté ;

b) les interpellations directes du destinataire par l'énonciateur ;

c) l'emploi de phrases exclamatives, interrogatives et impératives ;

d) l'utilisation des procédés stylistiques de la métaphore et de l'hyperbole ;

e) l'emploi d'un ton intime, lyrique.

6. Dans ses lettres, Yuan raconte ses premières expériences en pays étranger. Ces expériences lui font découvrir des choses sur sa société d'accueil, sur sa propre culture et sur lui-même.

a) Relisez cette séquence narrative.

> Dans la salle d'attente, il m'a fallu quelques minutes pour comprendre le fonctionnement d'un téléphone automatique. Un monsieur passait devant moi d'un pas pressé. Je lui ai demandé de m'échanger de la monnaie. Il s'est arrêté, un sourire aux lèvres, a sorti de sa poche une poignée de monnaie et l'a mise dans ma main en disant :
>
> — Bonne chance. (Lignes 44 à 50)

b) Relevez le groupe de mots servant à l'expression du lieu qui est employé pour introduire cette péripétie et identifiez-le. Ensuite, indiquez sa fonction syntaxique.

c) Que découvre Yuan dans cette péripétie ? Expliquez votre réponse.

d) En tenant compte de l'ensemble du texte, diriez-vous que les expériences vécues par Yuan se sont avérées plutôt positives ou plutôt négatives ? Justifiez votre réponse.

7. a) Dans sa dernière lettre, Sassa explique à Yuan comment elle se sent depuis son départ. Résumez en vos mots ce qu'elle lui dit à propos de ses sentiments.

b) Montrez que la description comporte beaucoup de mots employés au sens figuré et de métaphores.

c) Selon vous, pourquoi le langage figuré est-il particulièrement utile dans cette description de sentiments complexes ?

- Le sens propre et le sens figuré, p. 471
- La métaphore, p. 478
- Le champ lexical, p. 489
- La coordination et la juxtaposition, p. 424

8. a) Dans le texte, trouvez 15 mots ou expressions appartenant au champ lexical du voyage. Ces mots doivent appartenir à différentes classes.

b) Que vous apprend ce champ lexical sur la façon dont le thème du voyage est traité dans le récit ?

9. Quelle est la principale différence dans la façon de présenter le choc des cultures entre les textes *Les lettres chinoises* et *Carnet de voyage de Chine* ?

Rappelez-vous que les mots qui composent un champ lexical peuvent être des noms, des verbes, des adjectifs et des adverbes.

10. À la lumière de ces deux textes, quelles différences voyez-vous entre la culture chinoise et la culture québécoise ?

a) Discutez de ces différences en abordant les aspects suivants : la famille, l'amour, les habitudes de vie et l'organisation sociale.

b) Essayez d'imaginer comment il serait possible de s'inspirer de la comparaison entre ces deux cultures pour améliorer vos habitudes de vie et vos relations avec les autres.

c) Au cours de la discussion :

1) limitez le développement et la durée de vos interventions afin que les autres aient le temps de prendre la parole ;

2) évitez les répétitions inutiles et les tics verbaux.

L'énumération

11. a) Relevez trois énumérations dans la deuxième lettre de Sassa.

b) Notez les éléments joints et précisez leur fonction grammaticale.

12. Observez l'énumération dans cette phrase tirée du texte.

> Peut-être ma coiffure, ou le style de mon manteau, ou mon air timide et indécis, ou encore mon accent ? (Lignes 53 et 54)

a) Comment les éléments de l'énumération sont-ils liés ? Selon vous, pourquoi en est-il ainsi ?

b) Nommez deux autres coordonnants souvent utilisés dans une énumération.

- La métonymie, p. 479
- Le groupe adverbial (GAdv), p. 411

La métonymie

13. La métonymie est un procédé qui consiste à remplacer un mot par un autre mot qui lui est associé.

Expliquez les métonymies dans ces exemples.

a) Il est vrai que tes pleurs ne sauraient pas mieux me consoler.

b) J'ai peur que tu ne tombes dans des mains inconnues et méchantes.

14. La métonymie est fondée sur différents rapports entre les mots, comme la relation entre la partie et le tout, le contenant et le contenu ou l'effet et la cause. Dans les phrases ci-dessous, indiquez à quel type de rapport correspond chacune des métonymies.

a) Elle a mangé ce plat exotique avec gourmandise.

b) Pendant des semaines, il a goûté aux plaisirs sans fin du voyage.

c) Ce voyageur n'a plus de toit depuis longtemps.

Les fonctions du groupe adverbial (GAdv)

15. a) Dans cet extrait tiré du texte, observez les GAdv soulignés.

> Tu sais comment convaincre maman que je suis <u>très bien</u> <u>ici</u>? Je <u>n'</u>ai <u>plus</u> à prendre ma douche dans une salle de bains publique. Le matin, quand je saute dans la baignoire à la maison et plonge sous la chaleur de l'eau, je me sens <u>plus que jamais</u> à l'abri. Je <u>n'</u>ai <u>plus</u> à me découvrir devant des gens connus et inconnus et à me sentir ainsi dépourvu jusqu'au plus profond de moi. Je sens bon <u>maintenant.</u> Je redeviens frais. Je suis content de moi-même. Je commence à aimer <u>un peu</u> cette vie.
>
> (Lignes 89 à 100)

b) Déterminez la fonction grammaticale exercée par chacun des groupes adverbiaux soulignés. 🗝

espace culturel

KEROUAC, L'INVENTEUR DU ROMAN-ROUTE Les *road novels* – les romans-routes – sont des récits où le cours des événements se confond avec le tracé d'une route, dont le propos est le fait même d'être en route vers un quelque part qui importe, en fin de compte, assez peu.

Le roman qui a créé le genre en 1957 est *Sur la route*, de Jack Kerouac (1922-1969). […]

Sur la route est fait d'une succession de rencontres avec des gars et des filles qui ont en commun d'en avoir marre de l'étouffant conformisme social et culturel dans lequel baignent les États-Unis des années 50. Après avoir lu le livre, c'est par centaines que des jeunes ont quitté l'école et leurs parents pour devenir ceux à qui, dans les années 60, on allait donner le nom de *hippies*. La parution de *Sur la route* (suivie par celle d'une dizaine d'autres titres, dont *Les clochards célestes* et *Les anges vagabonds*) a été le catalyseur de ce qui est sans doute le mouvement culturel, social et politique le plus important du 20e siècle. […]

■ Pierre MONETTE,
« Road novels, le roman-route », *Entre les lignes*,
vol. 2, n° 4, été 2006, p. 30-31.

• Avez-vous déjà vu un *road movie*, c'est-à-dire l'équivalent au cinéma d'un «roman-route»? Si oui, présentez-le brièvement.

La littérature québécoise compte plusieurs «romans-routes» importants. *Volkswagen Blues*, de Jacques Poulin, en est un des exemples les plus célèbres. Lisez le premier chapitre de ce roman aux pages 140 à 152.

VOYAGES IMAGINAIRES

Le thème du voyage a nourri beaucoup d'œuvres littéraires, et particulièrement des romans. C'est que ce thème a tout pour inspirer le romancier ou la romancière qui désire raconter une bonne histoire pleine de rebondissements, dans des décors propices à faire rêver lecteurs et lectrices. De plus, le voyage offre l'occasion à l'écrivain ou à l'écrivaine, et à ses lecteurs et lectrices, de se questionner sur des notions riches et complexes : l'identité, le sentiment d'appartenance, la rencontre avec l'autre, etc. Des auteurs comme Homère (*L'Odyssée*), Cervantès (*Don Quichotte*), Montesquieu (*Les lettres persanes*) et Jack Kerouac (*Sur la route*) ont puisé leur inspiration à cette source.

Plus près de nous, au Québec, plusieurs auteurs ont raconté des histoires de voyage, comme Alain Grandbois avec *Les voyages de Marco Polo*, Jacques Poulin avec *Volkswagen Blues* et Guillaume Vigneault avec *Carnets de naufrage*.

Les deux textes présentés dans ce dernier temps de lecture sont des textes littéraires qui abordent, chacun à sa manière, le thème du voyage.

1. Connaissez-vous des romans ou des films qui mettent en scène des personnages en voyage ? Si oui, donnez leur titre et faites-en une brève critique.

2. a) Selon vous, le personnage principal de ces histoires est-il plus souvent un homme ou une femme ? Comment expliquez-vous ce fait ?

   b) Quelles caractéristiques physiques et psychologiques sont habituellement attribuées au personnage principal qui évolue dans ces œuvres pleines de rebondissements ?

3. a) Selon vous, quel intérêt y a-t-il à décrire, dans un texte littéraire, un lieu qui n'existe pas dans la réalité, un lieu imaginaire, idéal ?

   b) Quel est le défi principal de l'auteur ou l'auteure qui veut faire une telle description ?

A. Y. Jackson, *Autoroute de l'Alaska entre Watson Lake et Nelson*, 1943.

GRANDPA

Noah, un des personnages principaux de Nikolski, *a eu une enfance particulière. Ses parents, Sarah Riel, d'origine amérindienne, et Jonas Doucet, originaire de la Côte-Nord, au Québec, se sont rencontrés dans des circonstances étranges sur les routes des Prairies canadiennes. Sarah a mené Jonas du Manitoba aux Rocheuses à bord de Grandpa, une vieille voiture tirant une roulotte. Leur relation a duré le temps de ce voyage. Noah est né neuf mois plus tard ; il n'a donc jamais vu son père. Il a passé les premières années de sa vie seul en compagnie de sa mère sur les routes des Prairies, toujours à bord de Grandpa.*

Sarah et Jonas Doucet avaient échangé des lettres pendant quelques années. Cette correspondance constituait un monumental **pied de nez** à la logique la plus élémentaire – car Jonas,
5 **à leur instar,** ne s'était jamais fixé où que ce soit. […]

L'addition de ces deux errances rendait tout échange de courrier hautement improbable, et Sarah avait dû élaborer un système postal particulier.

1. Quel est le sens de l'expression figurée **pied de nez** ?

2. Remplacez la locution prépositive **à leur instar** par une locution équivalente.

Nicolas DICKNER

1972-

Nicolas Dickner est un jeune écrivain québécois qui a beaucoup voyagé en Amérique du Sud et en Europe.

Il est l'auteur d'un recueil de nouvelles, *L'encyclopédie du petit cercle,* publié en 2000, et du roman *Nikolski,* pour lequel il a remporté plusieurs prix, dont le prix des Collégiens, décerné par les étudiants et les étudiantes de cégeps.

---

3. Que signifie l'expression figée bon an mal an ?

Le mot bled est un nom appartenant à la langue familière en France. Il désigne un village isolé, éloigné des grandes villes. Il a comme synonymes les mots *trou* et *patelin.*

Lorsque venait le temps de poster une lettre, elle dépliait les cartes routières de l'ouest du continent sur le capot de *Grandpa*
10 et tentait de deviner où Jonas pouvait bien se trouver. […]

Le simple bon sens suggérait que jamais une seule missive envoyée selon ce système fantaisiste n'atteindrait sa cible. Pourtant, ils parvenaient à échanger, bon an mal an, une lettre par mois. Cette correspondance absurde dura jusqu'à l'arrivée
15 d'une mystérieuse carte postale.

Treize ans plus tard, Noah se souviendrait encore avec précision de cette journée.

Ils s'étaient arrêtés à Mair, minuscule bled aggluttiné contre le stationnement d'un concessionnaire de moissonneuses-batteuses.
20 Au centre du village, les trois institutions habituelles formaient un triangle équilatéral : l'édifice de la coopérative agricole (*founded in 1953*), le bureau de poste (S0C 0R1) et le restaurant Brenda's (*Today : fish n' chips, dessert, beverage, 3,95 $*).

Après avoir étudié avec méfiance le menu du restaurant, Noah
25 et Sarah traversèrent la route en direction du bureau de poste.

[…]

Tandis qu'il s'imprégnait de l'atmosphère du bureau de poste, Sarah demanda au commis s'il n'avait pas reçu une lettre pour eux. Le vieil homme prit la boîte qui contenait les lettres envoyées à la poste restante de Mair – assurément l'une des adresses les
30 moins utilisées sur la planète – et s'étonna d'y trouver une carte postale. Il l'examina sans se presser avant de finalement la retourner pour voir à qui elle était adressée.

— *Sarah and Noah Riel, right ? Got an ID ?*

[…] Dès que Sarah tendit sa pièce d'identité, il [Noah] arracha la carte postale des mains de l'homme et détala vers la sortie.

35 Sarah le rejoignit dans l'escalier du bureau de poste où, assis dans la poussière, il contemplait leur miracle à trente-cinq sous. Au recto figurait la photo d'une baleine à bosses en plein vol, ses immenses nageoires déployées, oiseau de trente tonnes tentant vainement d'échapper à son élément. Au coin de la photo, le graphiste avait ajouté *I Love Alaska* en italique rouge cerise. Au verso, Jonas avait tracé trois phrases tortueuses
40 que Noah tentait de déchiffrer sans y parvenir – principalement parce qu'à cette époque il était encore incapable de lire autre chose que ce qui était imprimé sur une carte routière. Il se rabattit plutôt sur le timbre, lequel représentait un coquillage barré du sceau du bureau de poste.

Il lança un regard interrogatif à Sarah.

45   — Nikolski?

Ils s'empressèrent d'étaler la carte de l'Alaska sur le capot brûlant de *Grandpa*.
Le doigt de Noah glissa le long de l'index, trouva les coordonnées de Nikolski –
quadrant E5 –, traça une longue diagonale en travers de la carte et s'arrêta sur l'île
Umnak, bout de terre perdu dans l'interminable colonne vertébrale des Aléoutiennes,
50 loin dans la mer de Béring.

Il encercla au stylo bleu le minuscule village de Nikolski, à la pointe ouest de l'île,
puis recula d'un pas afin de considérer la carte dans son ensemble.

La route la plus proche se terminait à Homer, 800 milles nautiques à l'est.

— Mais qu'est-ce que Jonas est allé faire là-bas?!, s'écria Noah en levant les bras au ciel.
55 Sarah haussa les épaules. Ils replièrent la carte et reprirent la route sans rien ajouter.

                               * * *

Après Nikolski, ils cessèrent de recevoir les cartes postales de Jonas. [...]

Maintes fois, il [Noah] proposa à Sarah d'aller rendre une visite surprise à Jonas,
histoire de le prendre en flagrant délit. Plutôt que de retourner encore une fois
à Medecine Hat, pourquoi ne pas remonter l'autoroute d'Alaska jusqu'à Anchorage,
60 puis de Anchorage prendre un traversier pour Nikolski?

Sarah refusait d'un air évasif. Pressée d'expliquer son refus, elle prétendait que Jonas
avait déjà quitté Nikolski. Elle allait parfois jusqu'à préciser qu'il avait repris la mer
en direction de Vladivostok ou qu'il s'était envolé pour Fairbanks.
Mais le plus souvent, elle demeurait coite et montait le volume de
65 la radio en prétendant n'avoir rien entendu.

Noah, qui ne manquait pas de perspicacité, soupçonna un cas
de peur bleue – une incapacité chronique de s'approcher de l'océan.
Un savant interrogatoire lui permit de confirmer le diagnostic.

Avait-elle déjà visité Vancouver?

70 Moue indifférente.

Lui était-il arrivé de quitter le centre du pays?

Elle n'en avait jamais vu l'intérêt.

N'éprouvait-elle pas l'envie de voir ce qui se trouvait au-delà
des Rocheuses?

75 À cette dernière question, Sarah répondit platement qu'il était
inutile d'aller y voir par eux-mêmes puisqu'ils disposaient de

Les îles Aléoutiennes forment
un archipel s'étendant sur 1900 km
entre l'Amérique et l'Asie, dans le nord
de l'océan Pacifique. Plusieurs îles de
l'archipel possèdent un volcan et sont
secouées par de fréquents tremblements
de terre. Les habitants et les habitantes
de ces îles, les Aléoutes, ont une culture
et un mode de vie semblables à ceux
des Inuits du Canada.

4. a) Quel est le masculin de l'adjectif
coite?

  b) Que signifie ce mot?

plusieurs cartes routières permettant d'élucider cette question d'ailleurs sans intérêt. Noah, qui avait depuis longtemps épuisé les ressources de la boîte à gants, décida d'aborder la question

80 franchement :

— Tu n'as jamais eu le goût de voir l'océan Pacifique ?

Sarah se contenta de répondre que non, elle n'avait jamais vraiment eu le goût de humer la fiente de goéland et le varech en putréfaction. La réponse, savant mélange de mépris et d'indifférence, cacha mal

85 son tressaillement de panique.

Noah secoua la tête. Dans son petit atlas intérieur, il traça une croix sur Nikolski.

* * *

[...]

Noah ne s'était lié d'amitié avec personne – décision désagréable mais nécessaire. Lorsque leur roulotte rasait une cour d'école, il contemplait la multitude de ses amis potentiels. On les comptait par centaines, de l'autre côté du grillage, qui jouaient au

90 basket-ball, râlaient contre les professeurs, se regroupaient en cercles pour tirer sur une cigarette. Certains lançaient des regards pleins de convoitise vers la route. La vieille roulotte argentée exerçait sur eux un étrange magnétisme, telle une horde de Mongols qui aurait traversé au galop la banlieue d'une grande ville. Doigts passés dans le grillage, les captifs enviaient les nomades.

95 Noah considérait la possibilité de s'éjecter par la fenêtre.

Il ne partageait pas le Glorieux Imaginaire Routier Nord-Américain. De son point de vue, la route n'était rien qu'un étroit nulle-part, bordé à bâbord et tribord par le monde réel – endroit fascinant, inaccessible et inimaginable. La route n'avait

100 surtout rien à voir avec l'Aventure, la Liberté ou l'Absence de Devoirs d'Algèbre.

Chaque automne, Sarah achetait les livres de classe appropriés et

105 il s'enfermait dans la roulotte afin d'étudier avec zèle, convaincu que l'algèbre et la grammaire représentaient son seul espoir de réintégrer un jour le monde réel.

WALTER J. PHILLIPS, *SILVER PLAINS, MANITOBA,* 1930.

110 Treize années avaient passé depuis la carte postale de Nikolski. Noah venait de fêter ses dix-huit ans. Le temps était venu de quitter la roulotte. Il n'attendait, pour déclencher ce plan d'évasion, que ses résultats aux examens du ministère de l'Éducation du Manitoba. Une fois son diplôme de douzième année en main, il filerait pour l'université.

La discipline qu'il étudierait le préoccupait bien moins que l'emplacement de
115 l'université elle-même. Il était hors de question de s'installer à Winnipeg ou Saskatoon : Noah voulait sortir de la boîte à gants, sauter par-dessus l'horizon. Mais par-dessus quel horizon ?

Le sud ? Les États-Unis ne l'intéressaient pas.

Le nord ? Pas une option crédible d'ici l'ouverture d'une éventuelle Université
120 centrale de l'Île de Baffin.

L'ouest ? Il était percé de toutes parts, transparent et graisseux comme les cartes routières de la boîte à gants. L'ouest, c'était son père, homme lointain et mystérieux qui habitait avec une tribu d'Aléoutes sur une île perdue de la mer de Béring, se nourrissait de saumon cru et chauffait sa yourte avec des bouses de mouton
125 séchées – modèle paternel peu édifiant.

> Le **Léviathan** est un monstre légendaire qui apparaît notamment dans la Bible.

Noah partirait donc vers l'est.

Il écrivit en catimini à une université montréalaise. Les papiers d'inscription arrivèrent à la poste restante d'Armada une semaine plus tard.

130 Noah craignait de révéler le projet à sa mère. Il redoutait un discours enflammé contre Montréal, ville portuaire, jalon de la voie maritime du Saint-Laurent et métropole mouvementée – ni plus ni moins qu'un Léviathan mangeur d'hommes. Il n'en fut rien. Sarah le regarda déchirer l'enveloppe avec une moue indifférente.

— Une *île*…, se borna-t-elle à marmonner.
135 Plutôt que de gaspiller son énergie en inutiles plaidoyers, Noah se réfugia dans la roulotte afin d'étudier le contenu de l'enveloppe – notamment le guide des programmes, épais atlas des différentes trajectoires qu'il pourrait désormais emprunter. […]

Il émergea une heure plus tard, nauséeux. Il regarda autour de lui, dans l'espoir de reconnaître les parages. La bouilloire lui renvoya l'image difforme de son visage. Au beau
140 milieu du front, l'encre bon marché avait imprimé un mot mystérieux : *Archéologie.*

Noah haussa les épaules et jugea que le destin venait de frapper.

■ Nicolas DICKNER, *Nikolski,*
Québec, Éditions Nota bene / Alto, 2005, p. 39-49.

- Le récit au passé, p. 349
- La vision ou le point de vue du narrateur, p. 342

- Rappelez-vous les différents tons :
  - humoristique ;
  - ironique ;
  - dramatique ;
  - didactique ;
  - critique ;
  - poétique ;
  - neutre.

1. Le déroulement de ce récit est souvent interrompu par des séquences descriptives.

   a) 1) Dans ce récit au passé, quel temps verbal est surtout utilisé dans les séquences narratives pour raconter des actions qui ont été réalisées une seule fois, à un moment précis ?

        2) Dans ce récit au passé, quel temps verbal est principalement employé dans les séquences descriptives ?

   b) En prêtant attention à ces temps verbaux et au contenu du texte, repérez une séquence descriptive dans chacun des passages suivants :

        1) de « Treize ans plus tard […] » à « […] reprirent la route sans rien ajouter. » (Lignes 16 à 55) ;

        2) de « Noah ne s'était lié d'amitié avec personne […] » à « […] à la poste restante d'Armada une semaine plus tard. » (Lignes 87 à 128).

   c) Décrivez le ou les sujets sur lesquels porte la description dans chacune de ces séquences.

   d) Quel effet ces séquences ont-elles sur le rythme du récit ?

2. Selon vous, pourquoi ces descriptions sont-elles réussies ? À l'aide des connaissances que vous avez acquises sur la description dans cet épisode, repérez dans les séquences relevées trois éléments qui contribuent à enrichir et à préciser la description.

3. **a)** Quel est le statut du narrateur dans ce récit : est-il omniscient, témoin ou participant ? Expliquez votre réponse.

   b) Ce narrateur raconte l'histoire en observant les événements d'un angle particulier. A-t-il adopté un point de vue externe ou interne ? Justifiez votre réponse.

   c) Récrivez les lignes 110 à 113 du texte en changeant le point de vue. Que constatez-vous ?

4. L'histoire que raconte ce narrateur s'inscrit dans un cadre réaliste. Cependant, certains éléments de cette histoire de même que le ton sur lequel le narrateur la raconte lui donnent un caractère fantaisiste.

   a) Quelles indications vous permettent de croire que les événements de l'histoire se déroulent dans un cadre réaliste ?

   b) Quels éléments donnent une touche fantaisiste à l'histoire ? Mentionnez-en deux.

   c) Comment qualifieriez-vous le ton sur lequel le narrateur raconte l'histoire ? Appuyer votre réponse sur des exemples tirés du texte.

5. a) Brossez le portrait du personnage principal du récit, Noah, en vous basant sur les renseignements fournis par le texte. Le portrait doit comprendre des informations sur sa vie et sur sa personnalité.

b) Comment les renseignements concernant l'intériorité du personnage (sentiments, pensées et motivations) sont-ils donnés dans le texte?

> ■ Les traits caractéristiques des personnages, p. 346
> ■ La conjugaison, p. 442

6. a) Le narrateur mentionne que Noah «ne partageait pas le Glorieux Imaginaire Routier Nord-Américain» (ligne 96). Expliquez en vos propres mots l'opinion de Noah.

b) Ressentez-vous de l'attirance pour le mode de vie de Noah, comme les jeunes qui lancent «des regards pleins de convoitise vers la route» en voyant passer sa roulotte? Expliquez votre réponse.

7. Le destin du père de Noah reste entouré de mystère. Le récit dit peu de choses sur la vie qu'il a menée après l'envoi de sa dernière carte postale. Voilà qui devrait vous inspirer! Imaginez la vie de Jonas Doucet. Pour ce faire, dressez le portrait de cet homme à l'aide des indices fournis par le texte, et décrivez l'endroit où il habite, ses habitudes de vie, les sentiments qu'il éprouve, etc. Rédigez un texte d'une quinzaine de lignes qui respectera les consignes suivantes :

a) le type de narrateur et le point de vue doivent être identiques à ceux du récit que vous avez lu ;

b) utilisez des adjectifs et des adverbes variés, ainsi que des groupes de mots qui donnent des indications de temps et de lieux ;

c) conjuguez vos verbes au passé simple et à l'imparfait.

La conjugaison : les verbes réguliers en *-er* et *-ir*

8. a) Dans un tableau semblable à celui ci-contre, conjuguez les verbes proposés en respectant le mode, le temps et la personne demandés.

b) Soulignez la terminaison des verbes conjugués.

LA CONJUGAISON DES VERBES RÉGULIERS EN *-ER* ET *-IR*

Modes, temps et personnes	Verbes en *-er*	Verbes en *-ir*
Indicatif, imparfait, 1re p. p.	déambuler	s'évanouir
Subjonctif, présent, 2e p. s.	goûter	finir
Indicatif, présent, 3e p. p.	cultiver	choisir
Indicatif, futur, 1re p. s.	explorer	frémir
Impératif, présent, 2e p. p.	imaginer	réagir
Indicatif, conditionnel présent, 2e p. s.	flâner	chérir
Indicatif, passé simple, 3e p. s.	s'évader	jaillir

L'INVITATION AU VOYAGE

Mon enfant, ma sœur,
Songe à la douceur
D'aller là-bas vivre ensemble !
Aimer à loisir,
5 Aimer et mourir
Au pays qui te ressemble !
Les soleils mouillés
De ces ciels brouillés
Pour mon esprit ont les charmes
10 Si mystérieux
De tes traîtres yeux,
Brillant à travers leurs larmes.

Là, tout n'est qu'ordre et beauté,
Luxe, calme et volupté.

15 Des meubles luisants,
Polis par les ans,
Décoreraient notre chambre ;
Les plus rares fleurs
Mêlant leurs odeurs
20 Aux vagues senteurs de l'ambre,
Les riches plafonds,
Les miroirs profonds,
La splendeur orientale,
Tout y parlerait
25 À l'âme en secret
Sa douce langue natale.

Là, tout n'est qu'ordre et beauté,
Luxe, calme et volupté.

BOB LESCAUX, *UTOPIE*, 1999.

Vois sur ces canaux

30   Dormir ces vaisseaux

Dont l'humeur est vagabonde ;

C'est pour assouvir

Ton moindre désir

Qu'ils viennent du bout du monde.

35   — Les soleils couchants

Revêtent les champs,

Les canaux, la ville entière,

D'hyacinthe et d'or ;

Le monde s'endort

40   Dans une chaude lumière.

Là, tout n'est qu'ordre et beauté,

Luxe, calme et volupté.

■ Charles BAUDELAIRE, « Invitation au voyage »,
dans Guy Bourbonnais, *Choix de poèmes* – Les fleurs du mal
et Le spleen de Paris, Montréal, Beauchemin, 2000, p. 55-56
(Coll. Parcours d'une œuvre).

Charles BAUDELAIRE

1821-1867

Charles Baudelaire est l'un des poètes français les plus importants de l'époque moderne. Il est l'auteur du recueil de poésie *Les fleurs du mal,* publié une première fois en 1857. Les thèmes du voyage, du rêve de l'ailleurs et de la fascination de l'inconnu occupent une place centrale dans son œuvre. Le célèbre poème « L'invitation au voyage », qui figure dans le recueil *Les fleurs du mal,* témoigne de ce goût pour l'ailleurs.

1. a) Définissez le mot vaisseaux.

b) Expliquez ce que veut dire l'auteur lorsqu'il évoque l'humeur vagabonde des vaisseaux.

2. L'hyacinthe est une pierre précieuse. D'après le contexte, de quelle couleur est cette pierre ?

---

1. a) Relevez les trois vers dans lesquels apparaît explicitement l'invitation au voyage.

b) À qui est destinée cette invitation ?

c) Cette invitation vous interpelle-t-elle ? Pourquoi ?

■ Le poème, p. 362

2. L'évocation d'un lieu imaginaire est au cœur de *L'invitation au voyage.*

a) Dans quelle strophe trouve-t-on :

1) la description d'une chambre ?

2) l'évocation d'un paysage de ville ?

3) une comparaison entre une femme et un pays ?

b) Relevez un groupe de mots servant à désigner chacun de ces lieux.

c) Quels indices laissent croire que le lieu décrit est davantage le fruit de l'imagination du poète qu'un lieu réel et précis ?

d) En quelques lignes, décrivez les principales caractéristiques attribuées à ce lieu provenant de l'imagination du poète.

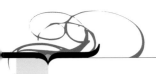

- Des procédés stylistiques, p. 477
- Le champ lexical, p. 489

3. Ce poème de Baudelaire a déjà été mis en musique par Léo Ferré.

   a) Nommez deux éléments du texte qui ont pu faciliter la transposition de ce poème en chanson.

   b) Ce poème avait tout ce qu'il fallait pour devenir une grande chanson. Prouvez-le en relevant dans le texte quatre procédés stylistiques qui ont pu contribuer à en faire une chanson forte et émouvante.

4. Dans ce poème, on remarque la présence de nombreux adjectifs qui enrichissent l'évocation du lieu imaginaire.

   a) Quels seraient les cinq adjectifs les plus appropriés pour qualifier ce lieu imaginé par Charles Baudelaire?

   b) Observez les vers ci-dessous et expliquez pourquoi le poète a choisi de placer ainsi ces adjectifs.

> Des meubles luisants,
> Polis par les ans

> Les plus rares fleurs
> Mêlant leurs odeurs

> Les riches plafonds,
> Les miroirs profonds

   c) Dans plusieurs vers, l'adjectif qui accompagne le nom se trouve avant celui-ci.

      1) « De tes <u>traîtres</u> yeux » (Ligne 11)

      2) « Les plus <u>rares</u> fleurs » (Ligne 18)

      3) « Dans une <u>chaude</u> lumière » (Ligne 40)

   d) Quel effet cette disposition produit-elle?

   e) À quelle variété de langue peut-on associer ces vers ainsi composés? Justifiez votre réponse.

5. Pour susciter le désir d'être ailleurs, le poète emploie un champ lexical lié aux plaisirs des sens.

   a) Relevez cinq mots ou expressions appartenant à ce champ lexical.

   b) De quelle façon ce champ lexical contribue-t-il à donner un sens général au poème?

6. a) Quels indices suggèrent que le poète s'adresse directement à une personne dans son poème ?

b) En vous servant des détails fournis par le texte, brossez le portrait de cette personne telle qu'elle est vue par le poète.

c) À la lumière de votre réponse au point **b)**, donnez votre interprétation du titre du poème.

- Les éléments paraverbaux :
  les éléments prosodiques et vocaux,
  p. 278

7. Pour comprendre et goûter pleinement un poème, il existe un moyen efficace : la lecture à voix haute. En effet, réciter un poème permet d'en saisir les jeux formels (sonorités, rythme, etc.) dans toutes leurs subtilités et de mieux en percevoir les nuances de sens. Au moment de faire cette lecture à voix haute, vous devrez respecter les consignes suivantes :

a) durant votre lecture, variez votre intonation de manière à mettre en évidence certains passages du texte ;

b) adaptez le rythme de votre lecture à l'agencement des vers et des strophes (en faisant, par exemple, une petite pause à la fin de chaque vers), de même qu'à la ponctuation du texte ;

c) prenez soin de bien prononcer les mots afin de respecter le décompte des syllabes de chacun des vers.

8. a) Au terme de cet épisode, êtes-vous en mesure de décrire les particularités d'un lieu, que ce soit dans un texte courant ou dans un texte littéraire ? Justifiez votre réponse.

b) Préférez-vous le faire en adoptant un point de vue subjectif ou un point de vue objectif ? Pourquoi ?

Voici quelques propositions de projets à réaliser de complexité et de durée variables.
Laquelle saura retenir votre attention ?

PREMIÈRE SUGGESTION
UN PROJET D'ÉCRITURE :
LANCEZ UNE INVITATION
AU VOYAGE

En classe, produisez un guide touristique contenant plusieurs articles. Écrivez un article pour présenter une destination touristique de votre choix. Décrivez le lieu de manière à donner le goût aux adolescents et adolescentes de votre âge de le visiter. Le point de vue adopté devra donc être subjectif.

Critères d'évaluation retenus pour la compétence

Écrire des textes variés.

COHÉRENCE DU TEXTE :

- recours à la séquence descriptive et aux procédés qui lui sont associés ;
- maintien du point de vue choisi tout le long du texte ;
- présentation des informations pertinentes.

PERTINENCE DU CHOIX DES RESSOURCES :

- utilisation d'un vocabulaire connoté ;
- emploi des procédés stylistiques appropriés ;
- utilisation d'un vocabulaire servant à l'expression du temps et de l'espace.

DEUXIÈME SUGGESTION
UN PROJET DE COMMUNICATION ORALE : BROSSEZ LE PORTRAIT D'UNE AUTRE CULTURE

En équipe, présentez oralement différents aspects propres à une culture étrangère : coutumes, croyances, condition de la femme, etc. La présentation de type « Grands explorateurs » pourra être accompagnée de musiques, de photographies, d'une dégustation, etc.

Critères d'évaluation retenus pour la compétence

Communiquer oralement.

PERTINENCE DU CHOIX DES RESSOURCES :

- utilisation adéquate des éléments paraverbaux et non verbaux ;
- adaptation du propos aux destinataires.

TROISIÈME SUGGESTION
UN PROJET D'ÉCRITURE :
RACONTEZ UNE HISTOIRE
QUI DÉPAYSE

Rédigez un récit de voyage qui met en scène un personnage en voyage dans un pays étranger. Faites d'abord une recherche sur le pays de votre choix, notamment sur les coutumes ayant cours dans ce pays. Par la suite, imaginez une situation où un voyageur ou une voyageuse découvre ces coutumes (description du personnage, de ses réactions, du lieu où il se trouve, etc.). Ce récit pourra figurer dans un numéro d'une revue littéraire consacré au thème de l'expérience du voyage.

Critères d'évaluation retenus pour la compétence

Écrire des textes variés.

COHÉRENCE DU TEXTE :

- recours en alternance aux séquences descriptives, narratives et dialogales ;
- maintien du point de vue du narrateur choisi tout le long du texte ;
- présentation claire et cohérente des caractéristiques du personnage et de la culture qu'il découvre.

PERTINENCE DU CHOIX DES RESSOURCES :

- utilisation d'adjectifs et d'adverbes précis et variés ;
- emploi des procédés stylistiques appropriés ;
- utilisation du vocabulaire servant à l'expression du temps et de l'espace.

Dans tous ces projets, la compétence transversale *Coopérer* a été ciblée, de même que les critères suivants : *Degré d'engagement dans la réalisation d'un travail de groupe* et *Qualité de l'évaluation de sa contribution et de celle de ses pairs.*

CULTURE GÉNÉRALE

1. Complétez le titre de ce célèbre récit de voyage fictif de l'auteur irlandais Jonathan Swift : *Les voyages de* ▬▬▬.

2. Qui suis-je ? Grand voyageur d'origine italienne, j'ai parcouru l'Asie vers la fin du Moyen Âge et j'ai relaté par la suite mes découvertes dans le *Livre des merveilles du monde*.
   a) Jules Verne
   b) Marco Polo
   c) Christophe Colomb

3. Comment appelle-t-on l'étoile à 32 branches servant à désigner les points cardinaux sur une carte ?

4. Combien y a-t-il de fuseaux horaires sur la planète ?
   a) 12
   b) 24
   c) 36

5. Quelle est la signification du proverbe suivant : « Qui veut voyager loin ménage sa monture » ?

6. Le nom « vélo » est l'abréviation de quel mot ?

7. Corrigez la phrase suivante : « J'aimerais voyager à l'année longue. »

8. Quelle est, depuis longtemps, la première destination touristique dans le monde ?
   a) La France
   b) Les États-Unis
   c) La Chine

9. Quel est le plus petit pays de la planète ?

10. Lequel des mots suivants ne fait pas partie du champ lexical du voyage ?
   a) Pérégrinations
   b) Florilège
   c) Bourlinguer
   d) Odyssée
   e) Pèlerinage

10. b) Florilège
9. Le Vatican
8. a) La France
7. J'aimerais voyager à longueur d'année, toute l'année.
6. Vélocipède
5. Pour accomplir quelque chose, il ne faut pas gaspiller ses forces.
4. b) 24
3. La rose des vents
2. b) Marco Polo
1. *Les voyages de Gulliver.*

ÉPISODE 2
LE GOÛT D'AILLEURS

135

DOSSIER **EVEREST**

L'EVEREST M'A CONQUIS

Chacun semble un peu nerveux à l'idée de faire face au légendaire glacier pour la première fois. Les conversations sont rares. Seuls les 2 sherpas présentent
5 un visage souriant. Leur tâche est de transporter chacun une charge de près de 20 kilos jusqu'à l'emplacement du camp 1 et de redescendre aussitôt au camp de base. Nous devrons par contre
10 établir le camp, installer 2 tentes et y demeurer pour la nuit. Puisqu'ils progresseront plus rapidement que nous, les sherpas se permettent de retarder leur départ, buvant des litres de thé tout en
15 discutant entre eux.

Le déjeuner expédié, nous sortons de la tente, cette fois pour de bon. La préparation de chacun prend du temps. Le froid ralentit les mouvements. Je
20 m'arrête à plusieurs reprises pour réchauffer mes doigts ankylosés par l'air glacial. Une dernière fois, je vérifie mon matériel de sécurité pour m'assurer de ne rien oublier : lampe frontale, cuissards,
25 poignée autobloquante, mousqueton à vis, casque, etc. Vers 4 h 30, je me mets en route. De nombreuses lampes scintillent sur plusieurs centaines de mètres devant moi. Presque toutes les expédi-
30 tions attendaient aussi impatiemment que nous l'ouverture du chemin sur le glacier. Plusieurs grimpeurs débutent leur ascension.

Après la lumière crue de la lampe à
35 kérosène de la tente, mes yeux doivent s'habituer au faible reflet de la lune et au minuscule halo de ma lampe frontale. Au début, les muscles et articulations raidis par le froid, je maintiens difficilement
40 mon équilibre sur les pierres instables. Mon sac est lourd, environ 18 kilos. J'ai peut-être été trop ambitieux en faisant mon sac pour la première montée. Le matériel devant être transporté au camp 1
45 a été placé dans la tente communautaire par ordre de priorité. Chacun y puise et constitue la charge qu'il juge appropriée. En voyant les lourds sacs des autres, surtout ceux de Mark et de Barry, j'ai eu
50 tendance à gonfler un peu trop le mien. Nous avons convenu que chacun transportera ses effets personnels : vêtements, sac de couchage et isolant, etc., et se chargera en plus d'une certaine quantité
55 d'équipement collectif : tentes, réchauds, nourriture, cordes, selon ses capacités. On fait confiance au jugement et à l'intégrité de chacun, quoique Mark, en sa qualité de responsable de l'escalade, ne
60 se gênera pas pour faire des commentaires parfois directs sur les maigres efforts de certains.

L'ascension proprement dite commence par la dangereuse cascade de
65 glace. Le glacier du Khumbu, qui descend du versant sud-ouest de l'Everest, se divise en trois sections : la combe ouest, la cascade de glace et la langue du glacier, que nous avons remontée pour
70 installer notre camp de base.

La partie la plus haute, la combe ouest, prend naissance à environ 6500 mètres, au pied des faces ouest de Lhotse et de l'Everest. Elle descend en pente douce sur plusieurs kilomètres.

Puis, le glacier commence à se fissurer pour former la zone la plus dangereuse : la cascade de glace. Cette section, coincée entre le flanc ouest de l'Everest et la face nord de Nuptse, 2 parois très abruptes, tombe à pic sur plus de 600 mètres. Un glacier, c'est une rivière de glace qui coule au ralenti, à une vitesse normalement imperceptible à l'œil nu. La glace, accumulée par des décennies de chutes de neige qui ne fond jamais complètement à cause du froid extrême, descend lentement mais inexorablement. Ici, dans la cascade de glace de l'Everest, à cause de la pente particulièrement raide, le rythme d'avance du glacier est d'environ 1 mètre par jour. La glace tombe et se casse en formant de gigantesques crevasses et murs de glace, les séracs. Certains de ces séracs, qu'il faudra parfois contourner, parfois grimper, peuvent atteindre jusqu'à 15 mètres de hauteur.

L'effet de la gravité ainsi que l'action du gel et du dégel rendent instables ces masses de glace qui peuvent s'effondrer à tout moment. Et comme si l'instabilité du terrain qu'il faut franchir n'était pas suffisante, la traversée de cette zone est constamment menacée par les avalanches provenant d'un autre glacier, suspendu celui-là sur l'éperon ouest de l'Everest, juste au-dessus de nos têtes. Des milliers de tonnes de glace risquent de nous dégringoler dessus sans aucun avertissement.

Des dizaines d'accidents se sont produits à cet endroit. Certains faits marquants me reviennent en mémoire. En 1982, lors de la première expédition canadienne à l'Everest, il y eut trois morts dans une énorme avalanche provenant de l'éperon ouest. Quelques jours plus tard, un sérac s'effondra sur le glacier. Bilan : un mort. Un autre grimpeur, enseveli jusqu'à la taille, s'en est tiré de justesse.

J'imagine avec horreur les corps broyés sous des tonnes de glace. Depuis notre arrivée, j'ai eu amplement le temps d'étudier le glacier. Je me rends compte à quel point Chomolungma est bien protégée. En attendant mon tour d'y monter, j'ai la gorge nouée et l'impression de faire face à un peloton d'exécution.

Toutes mes énergies sont canalisées par l'exigence de mettre un pied devant l'autre et de respirer pour absorber suffisamment d'oxygène car l'air est raréfié. Rapidement, le mouvement réchauffe mon organisme et bientôt je sens mes forces revenir. Après quelques centaines de mètres sur le glacier vallonné recouvert de pierres, j'arrive au début de la cascade de glace. À partir d'ici, il faut chausser les crampons. Les autres m'ont précédé et lorsque je parviens au pied de la pente, ils entament déjà la remontée des premières cordes fixes placées par l'expédition des sherpas. Je dépose mon sac, m'assieds pour reprendre mon souffle et avale quelques gorgées d'eau, car l'air extrêmement froid et sec me brûle la gorge. Le temps de fixer mes crampons lentement en respirant avec peine et déjà une demi-heure s'est écoulée. En reprenant mon sac pour continuer, je me rends compte à quel point il est lourd. Je débute la montée avec un sentiment mêlé d'exubérance et d'appréhension. Que vais-je trouver ? Que va-t-il m'arriver ?

Un mur de glace se dresse devant moi. Il remplit entièrement mon champ de vision. Ses dimensions sont surhumaines. D'ici, on n'aperçoit pas la pyramide de l'Everest ni même le camp de

138

base. J'entre dans ce labyrinthe mortel avec comme seul repère une corde minuscule fixée par d'autres que moi.

165 La difficulté de la progression chasse rapidement ces pensées de mon esprit. Bientôt, tout mon être est absorbé par les exigences de l'ascension. Je me concentre sur chaque mouvement. Len-
170 tement, la respiration s'équilibre, le sang afflue dans les muscles tendus et le rythme s'établit. Concentration de l'esprit et du corps. Le terrain est nouveau et dangereux. Les pierres accumulées sur le glacier plat en contrebas se sont espacées
175 jusqu'à disparaître tout à fait. La progression se fait sur une pente de glace luisante et nue. Il n'a pas neigé depuis quelques jours et l'intense soleil a vite fait de transformer la neige pour l'ajouter aux glaces
180 éternelles. La pente s'est redressée considérablement. Je dois grimper et contourner de gros blocs de glace qui font plusieurs fois ma hauteur.

Au début, dans la pâle lueur de la
185 lune et de ma lampe frontale, j'aperçois de petits fanions orangés disposés à tous les 20 mètres qui m'indiquent la route à suivre. Plus haut, lorsque l'angle de la pente devient plus raide, une ligne conti-
190 nue de corde fixe, tel un fil d'Ariane,

assure ma sécurité. Dans ce désert blanc et glacé, cette petite corde de 8 millimètres est rassurante. Elle constitue un lien de communication avec d'autres
195 êtres humains, bien que personne ne soit à portée de voix pour le moment. C'est l'unique route sur le glacier et, à voir briller les lumières au-dessus de ma tête, j'en conclus que de nombreux voyageurs
200 l'empruntent, y sont engagés.

Tous mes sens sont parfaitement éveillés. Je renoue avec joie avec ce sentiment que j'éprouve chaque fois que je me retrouve seul avec d'autres en mon-
205 tagne. Chacun progresse à son rythme avec un minimum de sécurité, grâce aux cordes fixes. Mark et Barry sont loin devant. Moins d'une heure après avoir débuté l'ascension du glacier, je rejoins
210 et double Dick St-Onge qui respire péniblement. Un sentiment de liberté totale m'habite, liberté de mouvement, de décision et d'action.

■ Yves LAFOREST, *L'Everest m'a conquis*,
Montréal, Éditions internationales Alain Stanké,
2004, p. 85-88.

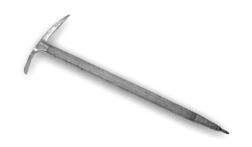

JACQUES CARTIER

Il fut réveillé par le miaulement d'un chat.

Se redressant dans son sac de couchage, il écarta le rideau qui obstruait la fenêtre arrière du minibus Volkswagen : il vit une grande fille maigre qui était vêtue d'une robe de nuit blanche et marchait pieds nus dans l'herbe en dépit du froid ; un petit chat noir
5 courait derrière elle.

Il tapota la vitre sans faire trop de bruit et le chat s'arrêta net, une patte en l'air, puis se remit à courir. Les cheveux de la fille étaient noirs comme du charbon et nattés en longue tresse qui lui descendait au milieu du dos.

En allongeant le cou, l'homme put voir qu'elle se dirigeait vers la section du terrain
10 de camping qui était réservée aux tentes. Il quitta son sac de couchage, mit ses jeans et un gros chandail de laine parce qu'il était frileux, puis il ouvrit tous les rideaux du vieux Volks. Le soleil se levait et il y avait des bancs de brume sur la baie de Gaspé.

Il alla se laver et se raser dans les toilettes. Lorsqu'il revint, il n'y avait plus personne dans la section des tentes ; la fille avait disparu. Il ouvrit la porte à glissière du minibus et transporta sur la table à pique-nique son réchaud à gaz, sa bonbonne de propane et sa vaisselle en plastique. Il se prépara un jus d'orange, du corn flakes, des toasts et il fit bouillir de l'eau en quantité suffisante pour le café et la vaisselle. Quand il fut rendu au café, il se leva de table tout à coup et alla chercher, dans le coffre à gants du Volks, la vieille carte postale de son frère Théo. Il posa la carte contre le pot de marmelade et but son café à petites gorgées.

Lorsqu'il leva les yeux, l'homme vit que la brume s'était dissipée et que la baie de Gaspé était inondée de lumière. Il lava sa vaisselle, puis il remit toutes ses affaires dans le minibus et rabaissa le toit. Avant de partir, il fit les trois vérifications habituelles : la glace dans le frigo, l'huile du moteur et la courroie du ventilateur. Tout était normal. Il donna machinalement un coup de pied au pneu avant, du côté du chauffeur, puis il s'installa au volant. En quittant le terrain de camping, il tourna à gauche : la ville de Gaspé se trouvait à une distance d'environ cinq kilomètres.

Une côte assez raide l'obligea à rétrograder en troisième, puis en deuxième, et lorsqu'il arriva au sommet, il aperçut la grande fille maigre qui marchait au bord de la route. Elle était en partie dissimulée par un énorme havresac à montants tubulaires, mais il la reconnut tout de suite à ses cheveux très noirs et à ses pieds nus. Il fit exprès de rester en deuxième vitesse plus longtemps qu'il n'était nécessaire et, au grondement du moteur, la fille leva le pouce de la main gauche sans se retourner. Il la dépassa, immobilisa le Volks sur l'accotement de la route et fit clignoter ses feux d'urgence.

La fille ouvrit la portière.

Elle avait un visage osseux, le teint foncé, les yeux très noirs et légèrement bridés. Elle portait une robe blanche en coton.

— Bonjour ! dit-elle.

— Je vais à Gaspé, dit l'homme. C'est pas loin, mais…

Il lui fit signe de monter.

Jacques POULIN

1937-

Écrivain québécois de grand renom, Jacques Poulin a écrit, depuis les années 1960, une dizaine de romans qui ont en commun de raconter des histoires simples et émouvantes, dans un style sobre et intimiste. Plusieurs de ses livres, comme *Les grandes marées* (1978) et *Volkswagen Blues* (1984), sont devenus des classiques de la littérature québécoise.

Elle se défit de son havresac et le hissa sur le siège du
45 passager. Le petit chat noir sortit d'une des poches, s'étira et grimpa sur le dossier du siège. Il était tout noir, avec le poil court, et il avait les yeux bleus. Il se mit à explorer le minibus. L'homme plaça le havresac entre les deux sièges. La fille monta dans le Volks, mais elle laissa la portière ouverte. Elle observait
50 le chat et attendait qu'il eût terminé son exploration. Finalement, il vint se coucher sur ses genoux.

— Ça va, dit-elle, et elle ferma la portière.

Après un coup d'œil au rétroviseur, l'homme démarra.

Le Volks était très vieux et envahi par la rouille, mais le
55 moteur tournait bien. C'était un moteur rénové. La fille était jeune. L'homme régla le chauffage pour qu'elle eût un peu d'air chaud sur les pieds. C'était le début de mai.

— Allez-vous loin ? demanda-t-il.

— J'en sais rien, dit-elle. Mais d'abord il faut que j'aille au musée de Gaspé. Je connais
60 quelqu'un et je veux lui dire bonjour.

— Moi, je vais à Gaspé, mais je ne sais pas exactement à quel endroit…

Il fit un grand geste dans le vide avec la main droite.

— Je cherche mon frère, dit-il finalement.

Il n'avait pas vu son frère depuis très longtemps : une quinzaine d'années,
65 peut-être vingt, il ne se rappelait pas au juste. La dernière fois qu'il l'avait vu, c'était au Mont-Tremblant où ils avaient assisté à une course d'autos. Des Formules Un. Ensuite son frère était parti en voyage. Au début, il envoyait des cartes postales. Il devait se déplacer beaucoup, car les cartes venaient de toutes sortes d'endroits ; il en était arrivé une de Key West et une autre de la Baie James. Puis, au bout de quelques années,
70 il avait cessé d'écrire. Il n'avait plus jamais donné signe de vie. La dernière carte postale était vraiment bizarre et le timbre avait été oblitéré à Gaspé.

— Regardez dans le coffre à gants, dit-il.

La fille prit la carte postale et l'examina. L'homme l'observait du coin de l'œil pour voir sa réaction. La carte montrait un paysage typique de la Gaspésie : un petit village
75 de pêcheurs au creux d'une anse ; le texte qui se trouvait à l'endos était tout à fait illisible à l'exception de la signature : *Ton frère Théo*.

— C'est une écriture ancienne, évidemment, dit la fille.

— Évidemment, dit l'homme en retenant son souffle.

— Les textes anciens sont toujours difficiles à lire, dit-elle très posément. Votre frère
80 Théo, c'était un historien ou quelque chose du genre?

— Il a fait des études en histoire, mais il n'a jamais travaillé dans ce domaine-là.
Ni dans un autre domaine. Il n'aimait pas travailler. Ce qu'il aimait, c'étaient les voyages,
les autos. Il faisait des petites jobs et quand il avait un peu d'argent, il partait en voyage.

La fille eut un léger sourire.

85 — Et physiquement, comment était-il?

— Le contraire de moi: il était grand, un mètre quatre-vingt-dix, les cheveux… noirs
comme vous et il ne se cassait pas la tête pour rien.

— Mais pourquoi le cherchez-vous *maintenant*, si c'est pas indiscret? Après tout,
la carte postale est très vieille…

90 — C'est vrai. J'avais mis la carte dans un livre et je l'avais oubliée. Je veux dire:
je ne me souvenais plus dans quel livre elle était.

Il réfléchit un moment.

— Évidemment, ça ne répond pas à votre question.

— Vous n'êtes pas obligé.

95 — Bien sûr…

L'homme conduisait le Volks très lentement, en troisième vitesse.
De temps en temps, il regardait dans le rétroviseur pour voir si quelqu'un
s'impatientait derrière lui. Il n'y avait personne. Tout de même,
il finit par s'arrêter au bord de la route et il coupa le contact.

100 — J'ai eu quarante ans la semaine dernière et…

Il secoua la tête.

— Mais non, c'est pas une question d'âge… Il y a des jours où vous
avez l'impression que tout s'écroule… en vous et autour de vous, dit-il
en cherchant ses mots. Alors vous vous demandez à quoi vous allez
105 pouvoir vous raccrocher… J'ai pensé à mon frère. C'était mon plus
grand chum autrefois. Je me suis demandé pourquoi il ne donnait
plus de ses nouvelles et j'ai cherché la dernière carte qu'il m'avait

envoyée. Finalement je l'ai retrouvée. Elle était dans un livre à couverture dorée qui s'appelle *The Golden Dream*. Un livre de Walker Chapman. Avez-vous lu ça ?

110 — Non, dit la fille.

— En tout cas, c'est là que j'ai retrouvé la carte. Et comme elle avait été postée à Gaspé, même si ça fait longtemps…

— Je comprends.

— Aujourd'hui, je me sens vieux et ridicule.

115 La fille se remit à examiner la carte postale. Elle caressait distraitement la tête du petit chat qui dormait sur ses genoux.

— Vous vous appelez Jack ? dit-elle en lisant le nom et l'adresse qui figuraient à la droite du texte.

— C'est comme ça que mon frère m'appelait. Quand on était petits, on se donnait 120 des noms anglais et on trouvait que ça faisait beaucoup mieux !

— Moi, les gens m'appellent la Grande Sauterelle. Il paraît que c'est à cause de mes jambes qui sont trop longues.

Elle releva sa robe jusqu'aux cuisses pour lui montrer. Ses jambes étaient vraiment très longues et très maigres. Ensuite elle se replongea dans l'étude de la carte postale.

125 — On dirait que le dernier mot c'est *croix*, dit-elle.

Elle lui donna la carte.

— Vous avez peut-être raison, dit-il, mais ça ne pourrait pas être *voix* ?

— Non.

— Pourquoi ?

130 — Parce qu'il y a cinq lettres.

Il se mit à rire et elle le regarda sans comprendre.

— Excusez-moi, dit-il, mais je trouve qu'on a l'air de deux espèces de zouaves en train de déchiffrer une vieille carte au trésor !

— C'est un peu ça, dit-elle sans perdre son air sérieux. Si votre frère s'est donné la
135 peine de faire imprimer un texte ancien sur une carte postale, j'imagine qu'il avait une idée derrière la tête. C'est une sorte de message qu'il vous envoyait, vous ne pensez pas ?

Elle parlait très posément et c'était très agréable de l'entendre réfléchir tout haut.

— À moins que ce soit une blague, ajouta-t-elle.

— On ne peut pas savoir, dit-il. Théo ne faisait pas les choses comme tout le monde.

140 Il remit le moteur en marche.

— Si j'étais à votre place, dit la fille, j'irais au musée et je montrerais le texte au conservateur.

Il se tourna pour la regarder. Elle avait toujours le même air grave et réfléchi, mais elle penchait la tête de côté parce que le petit chat avait grimpé sur son épaule et s'était
145 installé dans son cou.

❁ ❁ ❁

— C'est ici, dit la Grande Sauterelle. Tournez à gauche.

Jack quitta la route et rangea le vieux Volks à côté du musée. C'était un immeuble de bois comprenant plusieurs sections disposées en étoile. Plus loin, sur une sorte de terre-plein, se dressaient un groupe de sculptures en métal noir semblables à des
150 menhirs et portant des inscriptions ; il y avait aussi une grande croix de granit qui mesurait au moins neuf mètres de hauteur.

Ils descendirent du Volks. La fille laissa son chat à l'intérieur, mais elle ouvrit une fenêtre pour qu'il pût sortir s'il en avait envie.

— Il ne se perdra pas ? s'inquiéta l'homme.

155 — Non, dit-elle. Il aime se promener, mais il ne s'éloigne jamais.

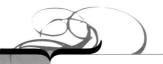

Dans le hall du musée, une vieille femme lavait le parquet avec une vadrouille et un seau d'eau. La jeune fille s'avança vers elle et se mit à lui parler à voix basse. Jack contourna les flaques d'eau savonneuse et se dirigea vers le comptoir des renseignements, derrière lequel était assis un jeune homme qui semblait absorbé dans une lecture.

160 — Excusez-moi de vous déranger.

— Hein ? fit le jeune homme en levant la tête.

— Je voudrais un renseignement, s'il vous plaît.

— Quel genre de renseignement ?

— C'est à propos de ceci, dit Jack en lui montrant la carte postale.

165 Le jeune homme examina quelques instants le texte, jeta un coup d'œil au verso puis regarda le texte une nouvelle fois.

— Je ne comprends pas un mot là-dedans, déclara-t-il.

— Bien sûr, mais…

— Si vous le saviez d'avance, pourquoi m'avoir montré la carte ? coupa le jeune homme
170 sur un ton impatient.

— C'est un texte ancien.

— *So what?*

À ce moment, la Grande Sauterelle et la femme de ménage s'approchèrent du comptoir. Sans élever la voix, l'homme tenta d'expliquer :

175 — Je voulais vous demander des renseignements sur l'origine du texte…

— Je ne suis pas un expert en textes anciens, dit sèchement le jeune homme.

Il lui remit la carte postale avec un haussement d'épaules et il reprit sa lecture. Il lisait un album de *Superman*.

La Grande Sauterelle demanda :

180 — Savez-vous si le conservateur est à son bureau ?

— *Qui ?* fit le jeune homme sans lever les yeux.

— Le directeur du musée.

— Il est en voyage.

La femme de ménage essayait de voir la carte par-dessus l'épaule de Jack. Elle était
petite et tout en rondeurs, et la couleur de sa peau ainsi que les traits de son visage
montraient qu'elle était une Indienne[1].

— On peut voir ? fit-elle.

Il ne répondait pas, alors elle s'essuya les doigts sur sa blouse blanche
et elle lui prit la carte des mains.

— Ça m'a tout l'air d'être l'écriture de Jacques
Cartier, dit-elle.

Il y eut un long moment de silence. Quand
elle vit que personne ne faisait de commentaires,
la femme posa la carte postale sur le comptoir
et retourna auprès du seau d'eau qu'elle avait laissé
au milieu de la place.

— L'écriture de Jacques Cartier ?... Qu'est-ce qui vous fait
dire ça ? demanda l'homme qui l'avait suivie pas à pas.

— C'est bien simple, dit-elle, votre texte ancien, c'est
exactement le même que celui qui est dans la grande salle, et
je ne peux pas me tromper parce que, tous les jours en faisant
le ménage, je me trouve à épousseter les deux pancartes.

— Les *deux* pancartes ? Alors il y a *deux* textes ?

— Mais non. C'est le même texte sur les deux pancartes, excepté qu'il est écrit une fois
en écriture ancienne comme la vôtre et une autre fois en écriture… ordinaire.

— Voulez-vous avoir l'obligeance de nous montrer ça ? demanda-t-il vivement.

— Certainement. Venez par ici, mais faites attention où vous mettez les pieds.

Jack et la fille entrèrent dans la grande salle derrière la femme de ménage.
Ils suivirent une sorte de couloir tracé par des câbles parallèles qui serpentaient entre
divers objets étalés sur le sol, accrochés au mur ou exposés dans des armoires vitrées :
outils, vêtements, armes, véhicules de transport, instruments de navigation, cartes
et affiches… tout cela disposé selon un ordre chronologique allant des origines
de l'Amérique à l'époque contemporaine.

Au fond de la grande salle, la femme de ménage s'arrêta devant deux affiches
géantes. Elle sortit machinalement un linge de sa poche et les épousseta.

---

1. On utilise aujourd'hui le nom « Amérindienne ».

TEXTES SUPPLÉMENTAIRES

— C'est ici, dit-elle simplement.

Ils virent tout de suite que le texte de l'affiche de gauche était le même que celui de la carte postale et ils se retournèrent aussitôt pour remercier la femme, mais elle n'était plus là.

220   Sur l'affiche de droite, on pouvait lire : « Extrait de la relation originale du premier voyage de Jacques Cartier. » Et le texte, en caractères d'imprimerie, se lisait comme suit :

> *Le XXIIIIe jour dudict moys nous fismes faire vne croix de trente*
> *piedz de hault, qui fut fete deuant pluseurs d'eulx, sur la poincte*
> *de l'entrée dudit hable, soubz le croysillon de laquelle mismes vng*
> 225 *escusson en bosse à troyes fleurs de lys, et dessus vng escripteau*
> *en boys en grant, en grosse lettre de forme, où il y auoit «Vive*
> *le Roy de France» ; Et icelle croix plantasmes sur la dicte poincte*
> *deuant eulx, lesquelz la regardèrent faire et planter ; Et après*
> *qu'elle fut esleuée en l'air, nous mismes tous à genoulz, les mains*
> 230 *joinctes, en adorant incelle deuant eulx et leurs fismes signe,*
> *regardant et leur monstrant le ciel, que par icelle estoit nostre*
> *Redemption, de quoy ilz firent plusieurs admyradtions, en tournant*
> *et regardant icelle croix.*

— C'est un bon texte et je suis content de l'avoir lu, dit Jack, mais je ne sais pas si on est
235 beaucoup plus avancés…

— Je trouve qu'on fait des progrès, dit la Grande Sauterelle. Maintenant il faut réfléchir un peu. Allons faire un tour dehors ?

Ils relurent le texte de Jacques Cartier, puis ils sortirent lentement de la grande salle en s'arrêtant ici et là pour jeter un coup d'œil sur les pièces de l'exposition. Ils regardèrent
240 en particulier une très grande et très belle carte géographique de l'Amérique du Nord où l'on pouvait voir l'immense territoire qui appartenait à la France au milieu du 18e siècle, un territoire qui s'étendait des régions arctiques au golfe du Mexique et qui, vers l'ouest, atteignait même les montagnes Rocheuses : c'était incroyable et très émouvant à regarder. Mais il y avait aussi une autre carte géographique, tout aussi impression-
245 nante, qui montrait une Amérique du Nord avant l'arrivée des Blancs ; la carte était jalonnée de noms des tribus indiennes, des noms que l'homme connaissait : les Cris, les Montagnais, les Iroquois, les Sioux, les Cheyennes, les Comanches, les Apaches, mais également une grande quantité de noms dont il n'avait jamais entendu parler de toute sa vie : les Chastacostas, les Shumans, les Miluks, les Wacos, les Karankawans, les Timucuas,
250 les Potanos, les Yuchis, les Coahuiltecans, les Pascagoulas, les Tillamooks, les Maidus, les Possepatucks, les Alseas, les Chawashas, les Susquehannas, les Calusas.

La fille s'attardait longuement devant la deuxième carte. Ses yeux étaient brillants et humides, et Jack comprit qu'il valait mieux la laisser toute seule un moment. Il revint dans le hall. La femme de ménage achevait d'essuyer le parquet. L'homme lui serra
255 la main et la remercia de ses renseignements.

— Si vous avez le goût de vous reposer, dit-elle, vous pouvez aller vous asseoir à la bibliothèque. C'est le meilleur endroit pour avoir la paix et il y a toutes sortes de livres qui parlent de Jacques Cartier, si c'est ça qui vous intéresse.

— Merci encore, chère madame, dit-il.

260 — C'est rare que les gens me disent «chère madame», dit-elle avec un large sourire.

— Je vais aller prendre l'air et puis je reviendrai voir la bibliothèque.

* * *

La Grande Sauterelle était venue le rejoindre avec le chat et ils avaient marché en silence jusqu'à l'extrémité de la bande de terre qui s'avançait dans la baie.

— Mettez-vous à la place de Théo, dit-elle.

265 Ils étaient dans un bois de bouleaux, la sorte d'arbre que l'homme préférait. La fille poursuivit :

— Vous arrivez au musée, vous visitez et, pour une raison que nous ne connaissons pas encore, il vous prend l'envie d'envoyer une carte postale dont le texte serait le récit de Jacques Cartier que vous venez de lire dans la grande salle. Alors qu'est-ce que
270 vous faites ?

— J'achète une carte postale au comptoir, dit-il.

— D'accord. Et ensuite ?

— Ensuite j'apporte le texte à un imprimeur et je lui demande de le reproduire sur la carte postale, mais il y a un petit problème…

275 — Vous ne pouvez pas lui apporter l'affiche de la grande salle, évidemment.

— Évidemment.

— Alors ?

Il haussa les épaules.

— C'est simple, dit-elle. Vous allez à la bibliothèque.

280 — Pourquoi ?

— Pour chercher le livre d'où le texte a été tiré. Et quand vous l'avez trouvé, vous faites faire une photocopie et vous l'apportez à l'imprimeur.

285 — Ça me paraît logique, dit-il.

Il la regardait avec curiosité.

— Je ne sais pas comment vous faites pour avoir les idées aussi claires, dit-il. Dans ma tête, il y a une espèce de brume
290 permanente et tout est embrouillé.

Quelques minutes plus tard, Jack était à la bibliothèque. La fille s'était arrêtée dans le hall pour dire un mot à la femme de ménage qui s'en allait.
295 La bibliothèque était petite mais bien éclairée et il y avait une grande table, des chaises rembourrées et un fichier

des titres et des auteurs. L'homme choisit plusieurs livres qui traitaient des voyages de Jacques Cartier et il s'assit à un bout de la table pour les examiner. Par la porte ouverte,
300 il voyait la fille et la femme qui se tenaient dans les bras l'une de l'autre et parlaient tout bas. La fille était beaucoup plus grande que la femme, mais elles avaient les cheveux exactement de la même couleur.

Il feuilleta plusieurs livres et il venait juste de trouver le texte de Jacques Cartier lorsque la Grande Sauterelle le rejoignit. Il lui fit voir le texte, qui se trouvait dans un
305 ouvrage de Joseph-Camille Pouliot, *La Grande Aventure de Jacques Cartier*, en page 43, avec la note suivante : « Fac-similé extrait de la relation originale du 1er voyage de Cartier contenant le récit de l'érection d'une croix dans la baie de Gaspé, le 24 juillet 1534. »

— J'aime beaucoup ce monsieur Pouliot ! déclara la fille.

— C'était un juge, dit Jack.

310 — Alors, merci Votre Honneur !

Elle s'assit à l'autre bout de la table et se mit à réfléchir. Tout à coup elle se releva.

— J'ai une idée, dit-elle joyeusement.

— Encore ?

— On va faire une petite expérience, mon cher Watson !

315 Elle prit le livre et entraîna Jack hors de la bibliothèque. Au comptoir des renseignements, le jeune homme buvait une tasse de café et fumait une cigarette.

Elle posa le livre ouvert devant lui.

— Je voudrais avoir une photocopie du fac-similé.

— Une photocopie du *quoi* ?

320 — Du texte qui est ici.

Elle mit le doigt sur le texte. Il regarda très attentivement l'écriture ronde et fantaisiste de Jacques Cartier.

— C'est drôle, j'ai l'impression d'avoir vu ça quelque part…

— Vous êtes très observateur, dit-elle.

325 — Merci beaucoup, dit-il. Malheureusement, il n'y a pas de photocopieuse au musée.

— Non ?

— Non.

— Alors comment on fait pour avoir une photocopie ?

— J'en sais rien, dit-il.

TEXTES SUPPLÉMENTAIRES

330   Sans se décourager, elle demanda :

— Êtes-vous étudiant ?

— Oui. Pourquoi ?

— À votre collège, il y a une bonne photocopieuse, non ?

— Évidemment.

335   — Alors, qu'est-ce qui m'empêche de sortir ce livre et d'aller faire photocopier
mon texte à votre collège ?

— Rien, dit-il.

Il réfléchit et ajouta :

— Vous pouvez sortir un livre du musée à la condition d'inscrire votre nom
340   et votre adresse dans le cahier des visiteurs.

— Je n'ai pas bien compris, dit la fille avec une pointe d'émotion dans la voix.
Vous avez dit : « Dans le cahier… ? »

— … le cahier des visiteurs, répéta le jeune homme.

Jack et la fille se regardèrent.

345   Le jeune homme sortit le cahier d'un tiroir et, l'ouvrant à la page du jour, il le plaça
devant elle sans dire un mot.

Elle inscrivit son nom et son adresse à l'endroit qu'il lui indiquait.

— Et les vieux cahiers, ceux des années passées, qu'est-ce que vous en faites ?
lui demanda-t-elle ensuite.

350   — On les garde, dit-il. On les range dans un classeur.

— Un musée, évidemment, c'est fait pour garder les vieilles choses…

Elle avait appuyé ses coudes sur le comptoir, juste en face de lui, et elle le regardait
avec un sourire radieux.

— Est-ce qu'on pourrait jeter un petit coup d'œil sur les vieux cahiers, si ça ne vous
355   dérange pas ?

Il avait l'air de se demander si elle était devenue folle.

■ Jacques POULIN, *Volkswagen Blues*,
Montréal, Éditions Québec/Amérique, 1989, p. 9-14
(Coll. Littérature d'Amérique).

HELEN J. VAUGHN, *THÉ ET COMPASSION 2*, 1997.

LE BONHEUR
A LA QUEUE GLISSANTE

Nous étions chez Samira, l'aînée de mes filles, qui nous avait invités pour un dîner suivi d'une séance de photos. Pour une fois, il ne manquait personne. Nous réunir tous pour quelques heures – il y en a toujours un ou une qui est malade, ou en voyage, ou occupé – n'a jamais été chose facile. Samira, l'organisatrice en chef de la famille, et
5 Kaokab, la benjamine, ont souvent essayé de nous rassembler pour une photo de famille avant que leur père et moi quittions ce monde. La dernière et la seule photo que nous ayons, Kaokab était enfant et Samira, jeune fille.

Ce jour-là, c'est le photographe qui n'est pas venu, au grand désespoir de Samira qui a même dit que le destin était contre nous. Parler du destin pour une chose si futile !

Abla FARHOUD

1945-

Dramaturge lue et jouée au Québec, aux États-Unis, en France, en Belgique et au Liban, Abla Farhoud, qui vit à Montréal, a reçu en 1993 le prix Arletty de l'Université de la langue française et le prix Théâtre et Liberté de la Société des auteurs et compositeurs dramatiques de France. *Le bonheur a la queue glissante* est son premier roman.

10 Je mangeais avec une petite tristesse. Une toute petite tristesse. Est-ce à cause de cela que j'ai parlé de l'hospice ? Je crois qu'il ne faut jamais laisser une vieille femme boire du vin…

Je sentais la fin de quelque chose. J'avais le sentiment que c'était la dernière fois que je prenais un repas avec tous les miens
15 rassemblés.

[…]

Je les regardais, l'un après l'autre, sans qu'ils me voient, tous occupés par le photographe qui ne viendra pas, oubliant très vite l'hospice qui viendra un jour.

Salim, mon mari, trônait au bout de la table. Comme d'habi-
20 tude, il parlait, gesticulait, moi, je ne parlais pas, j'écoutais ; Samira, l'aînée de mes filles, allait et venait, agile et précise, aucun geste pour rien, tout doit être parfait. Chaque objet de sa maison a sa place et c'est à cette même place qu'il faut le remettre. Toutes les maisons que j'ai habitées ont toujours été sens dessus dessous malgré toute ma volonté
25 de changer. Samira a un mari aussi riche qu'elle et ils n'ont pas d'enfants, moi, j'ai six enfants et cinq petits-enfants pour toute richesse ; Myriam, la deuxième de mes filles, a deux enfants, Véronique et David. C'est chez elle que je vais le plus souvent, à cause de ses enfants. Elle écrit des livres, moi, je sais seulement écrire mon nom ; Kaokab, la plus jeune, est la seule personne que je connaisse qui battrait son père dans une joute oratoire
30 ou un match d'histoires drôles. En sa présence, Salim écoute plus qu'il ne parle, ce qui est un exploit. Kaokab est professeure de langues, moi, je parle à peine ma propre langue et quelques mots de français et d'anglais ; Samir, le plus jeune des garçons, a trois enfants, Amélie, Julien et Gabriel. Je ne sais pas quand il a eu le temps de les faire. En avion peut-être. C'est d'ailleurs là qu'il a rencontré sa femme. Un jour à Hong Kong, un jour
35 au Brésil ou au Chili. Je ne sais pas où se trouvent ces pays, je sais seulement qu'ils sont loin d'ici ; Farid n'a pas d'enfants et fait mille métiers. Souvent il dessine des meubles et les fabrique, moi, je sais dessiner des oiseaux. Et Abdallah, l'aîné de la famille, n'a ni femme ni enfants.

Mon regard passait de l'un à l'autre plusieurs fois et je n'ai pu m'empêcher de me
40 demander s'ils étaient bien mes enfants ou les enfants de la voisine comme on dit.

Assis près de Kaokab, un homme que j'ai déjà vu une fois ou deux. À côté de Farid, une jeune femme que je vois pour la première fois. Farid et Kaokab ne restent pas long- temps avec la même personne. S'ils sont heureux, tant mieux. Mon mari a de la difficulté à accepter. Même si nous vivons ici depuis de nombreuses années, les coutumes de ce
45 pays lui paraissent toujours inconcevables. Surtout quand il s'agit de ses filles. Mon Dieu !

les discours que j'ai entendus sur la société québécoise, canadienne et américaine quand Myriam s'est séparée! J'avais beau lui dire qu'au Liban aussi on se divorce, plus encore depuis la guerre, que les mœurs changent partout dans le monde et pas seulement ici, rien à faire. Il fulminait au lieu d'avoir de la peine. Il a fini par dire que le monde va à sa
50 perte et que la vie n'a plus de sens. C'est toujours sur cette phrase qu'il s'arrête de parler. Et il rentre dormir pour reprendre des forces ou pour oublier.

Nous avons tous eu beaucoup de peine de perdre le mari de Myriam, nous l'aimions beaucoup même s'il ne parlait pas notre langue. Il était si bon avec Abdallah dans ses moments difficiles. J'ai seulement dit à Myriam : «Je pense, ma fille, que les enfants
55 de cet âge ont besoin de leur père.» Elle m'a répondu : «Leur père n'est pas mort, ils vivront avec lui une semaine sur deux.» Cela m'a donné un coup au cœur. Je les voyais avec leurs valises allant de la maison de leur père à la maison de leur mère sans jamais une maison à eux. J'ai seulement dit : «Tu es sûre que leur père pourra leur faire à manger?» Ses yeux étaient petits. Elle avait sans doute beaucoup pleuré : «Tout ce qui
60 t'importe, mère, c'est la nourriture. Il n'y a pas que manger dans la vie. Mais ne t'en fais pas, leur père sait très bien faire la cuisine.» J'ai pensé : Une mère ne se remplace pas, mais je n'ai rien dit, je ne voulais pas ajouter à sa peine. Je ne suis pas très bonne en mots. Je ne sais pas parler. Je laisse la parole à Salim. Moi, je donne à manger.

Mes mots sont les branches de persil que je lave, que je trie, que je découpe,
65 les poivrons et les courgettes que je vide pour mieux les farcir, les pommes de terre que j'épluche, les feuilles de vigne et les feuilles de chou que je roule.

Depuis plus de cinquante ans je fais à manger tous les jours et, chaque
70 fois, c'est différent. J'améliore les plats, j'invente de nouvelles recettes, de nouvelles façons de procéder, parfois. Je me demande s'il y a autant de diffé- rence dans les mots. Pour plonger mes
75 mains dans la nourriture, il faut que j'en aie vraiment envie, sinon je brasse à la cuiller. Mes mains nues et propres touchent la nourriture que mes enfants vont manger. C'est ma façon de leur
80 faire du bien, je ne peux pas grand- chose, mais ça, je le peux.

Tony Lane, *L'arbre du cœur*, 1996.

TEXTES SUPPLÉMENTAIRES

C'est très rare que Salim ou les enfants disent merci. Ça ne m'a jamais dérangée. Est-ce qu'on dit merci si quelqu'un nous dit « Je t'aime » ? On peut répondre je t'aime, mais on ne dit pas merci.

85 Quelquefois j'aimerais pouvoir parler, avec des mots. J'ai oublié, avec le temps. Depuis une dizaine d'années, il m'arrive d'essayer. Ça sort de ma bouche en boules déjà défaites. J'oublie des bouts de mots en dedans et personne ne comprend. Même moi, je trouve que tout est mêlé. Je vois bien que ce qui est dans ma tête et ce qui sort de ma bouche n'ont rien à voir. Alors je me tais. Le pire, c'est quand je veux raconter
90 une histoire que je connais bien, que j'ai vécue. Quand Salim est là, il reprend l'histoire du début. Il prend tout son temps, arrondit les mots, donne tous les détails, même ceux que j'avais oubliés ou pensé qu'ils n'étaient pas importants. Il se lève, fait les gestes qu'il faut pour donner de l'ampleur aux choses, pour les mettre en évidence. Tout le monde est accroché, suit l'histoire. Même moi. Soudainement, cette petite histoire de rien
95 du tout devient importante. Même pour moi qui l'ai vécue. Je ne sais pas comment il fait. Je l'envie. Je l'admire aussi.

Pourtant je me souviens, quand j'étais petite, je parlais. Je savais parler. Contrairement à ma sœur, toujours silencieuse, je parlais. Je disais ce que je pensais. Je faisais rire mon père, mes frères et sœurs. Même les invités. Un jour, j'ai même fait rire Mahmoud
100 Boutrabi connu dans tout le village pour son mauvais caractère et sa mauvaise humeur. Personne ne l'avait jamais vu sourire et rire encore moins. Mon père avait remarqué mon exploit et, par la suite, je suis devenue aux yeux de tous celle qui a réussi à faire rire Mahmoud Boutrabi. Je disais aussi leur vérité aux gens, ce qui provoquait le rire des autres. Je ne laissais rien passer. C'était ainsi, sans effort.

105 Qu'est-ce qui est arrivé pour que mes mots se transforment en grains de blé, de riz, en feuilles de vigne et en feuilles de chou ? Pour que mes pensées se changent en huile d'olive et en jus de citron ? Qu'est-ce qui est arrivé ? Quand cela a-t-il commencé ? Ce n'est quand même pas Salim qui a provoqué cela ? Si je lui ai cédé ma place, ma langue, si rapidement, c'est que j'avais commencé à le faire avant. Mais quand ?

110 Le repas était sans doute très bon. Je mangeais sans appétit. Comme chaque fois qu'elle nous invite, Samira s'est plainte que nous mangions trop vite, que ce n'était pas la peine de cuisiner pendant des heures pour tout avaler en cinq minutes. Elle avait tout à fait raison, mais à quoi ça sert de le redire puisque aucune parole n'a jamais rien changé à cette mauvaise habitude. C'est toujours Salim qui répond à la remarque de Samira.
115 Il dit que c'est héréditaire, que nos ancêtres mangeaient dans la même grande assiette posée au milieu de la table et qu'il fallait que chacun se presse d'avaler s'il voulait rassasier sa faim avant qu'il ne reste plus rien ; il dit que dans les premiers temps de son arrivée ici

il n'avait jamais le temps de terminer son repas, car les clients entraient dans le magasin à n'importe quelle heure, et comme ses enfants ont travaillé dans ses magasins, ils mangent
120 vite eux aussi. Il finit toujours en disant qu'il mange vite parce qu'il déteste manger froid.

Les vieux racontent toujours les mêmes histoires. J'aime mieux ne pas parler.

Je ne sais pas ce qu'il m'a pris de parler. De dire à mes enfants de me mettre à l'hospice… Mais j'aimerais mieux mourir ! Pourquoi parler de cela maintenant ?

J'ai de bons enfants, ils prendront soin de moi, j'en suis sûre, mais peut-on être
125 jamais sûr de quoi que ce soit ? Une seule mauvaise action peut parfois faire oublier toutes les bonnes actions qui l'ont précédée. L'humain oublie, c'est pour cela qu'on l'appelle humain. L'ingratitude n'est pas un manquement exceptionnel…

… Mon âme est tournée vers celle de mon enfant et l'âme de mon enfant est de pierre… Les parents se vouent à leurs enfants et ceux-ci vont faire de même avec leurs
130 enfants, c'est dans l'ordre des choses.

Garder une vieille femme à la maison, c'est très dur. Je le sais, la grand-mère de Salim, je l'ai gardée pendant deux ans, jusqu'à ce qu'elle meure…

Chacun a sa vie. Mes filles ont leur travail et mes fils… Ah ! mon Dieu, pourquoi penser à cela maintenant ?

135 C'est surtout pour Abdallah que je m'inquiète. Qui s'occupera de lui quand son père et moi ne serons plus là ? Si mes enfants sont prêts à envoyer leur mère à l'hospice, laisseront-ils leur grand frère dans la rue ?

Je suis sûre que tout se passera bien. Je suis en bonne santé, grâce à Dieu, je peux encore aller et venir et faire à manger. Je suis de la lignée de mon père qui est mort à
140 quatre-vingt-quinze ans avec presque toutes ses dents et toute sa tête. Pourquoi m'en faire avant le temps ? On dit que… seule sa propre écorce est tendre pour le bois… Avec mes six enfants et cinq petits-enfants, j'ai une écorce de onze couches…

■ Abla FARHOUD, *Le bonheur a la queue glissante*,
Montréal, Éditions de l'Hexagone, 1998,
p. 10-18 (Coll. Fictions).

■ **MARC PELLOTÉ**, *À la rencontre des explorateurs,* Paris, Éditions Flammarion, 2004, 127 p. (Coll. Castor Doc).

Cet ouvrage documentaire permet de découvrir les aventures des grands explorateurs, des Vikings à Jacques Cartier. Aux textes concis et de qualité s'ajoutent de nombreuses photographies et gravures, de courtes bibliographies et des liens vers des sites Internet éducatifs. Le trajet de chaque voyage est illustré sur une carte géographique.

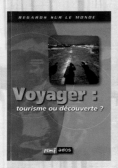

■ **ANNIE DHÉNIN** et **FRANÇOIS PERDRIAL**, *Voyager : tourisme ou découverte ?,* Paris, Éditions PEMF Ados, 2000, 63 p.

Pourquoi voyager ? Quelles sont les façons de voyager ? Les attentes des touristes sont-elles stéréotypées ? Quelles sont les conséquences du tourisme sur les pays visités ? Et, enfin, comment un voyage transforme-t-il un individu ? Des questions et des réponses pour les jeunes adultes qui ont envie de partir à l'aventure.

■ **CHARLOTTE GINGRAS**, *La disparition,* Saint-Laurent, Les éditions de la courte échelle, 2005, 159 p.

Lorsqu'elle reçoit par la poste le mystérieux carnet de sa mère, disparue deux ans plus tôt dans le Grand Nord, Viola décide de retrouver sa trace. Dans le train qui l'emmène là-bas, elle rencontre Nashtah, une fille inuite de son âge, déjà mère d'un petit bébé. Un monde les sépare, mais leurs destins se lient.

■ **MARC LABERGE**, *Le glacier,* Montréal, Québec/Amérique, 1995, 160 p. (Coll. Jeunesse).

L'histoire vraie du *Glacier* raconte comment un homme et son chien ont réussi à échapper à une fin effroyable, lors d'une tempête de vent, de pluie et de neige, sur un glacier aux crevasses infranchissables. Inspirés de la vie de John Muir, ces récits d'aventures racontés par Marc Laberge se déroulent dans les grandes étendues sauvages des montagnes de l'Ouest américain.

■ **KAREN HESS**, *Vers des terres inconnues,* Paris, Gallimard Jeunesse, 2002, 526 p. (Coll. Folio Junior).

Sous forme d'un journal, un formidable roman d'aventures à l'époque des grandes découvertes. Inspiré de l'histoire vraie du capitaine Cook et d'un jeune passager clandestin qui l'accompagnera dans l'une de ses célèbres expéditions, au cours de laquelle il découvrit la Nouvelle-Zélande et l'Australie.

■ **MAGAZINE *MÜV*,** En collaboration avec Tourisme Jeunesse

Lancé à l'automne 2004, le magazine *Müv* s'est donné pour mission de faire voir le tourisme et le voyage sous un autre angle. Écrit par et pour les jeunes, le magazine *Müv* propose des dossiers uniques, des reportages surprenants et des points de vue nouveaux sur plusieurs sujets. Mais peu importe le sujet ou le thème, le lecteur ou la lectrice trouvera toujours dans les pages de *Müv* un contenu dépaysant.

■ **YVES GARNIER,** dir., *Atlas universel Larousse,* Paris, Larousse, 2003, CD ROM.

Un atlas électronique pour voyager virtuellement :

- 1200 photographies, des images satellites, des animations 3D, des visites virtuelles, des documents sonores ;
- 13 000 articles et dossiers ;
- plus de 2500 indicateurs statistiques par pays ;
- 8400 liens Internet.

■ **WALTER SALLES,** *Carnets de voyage,* Diaphana Films, 2003, 126 min.

En 1952, deux jeunes Argentins, Alberto Granado et Ernesto Guevara, partent à la découverte de l'Amérique latine. Ils débutent leur périple sur une vieille moto baptisée « La Puissante ». La confrontation avec la réalité sociale et politique des différents pays visités altère la perception que les deux amis ont du continent. Cette expérience éveillera de nouvelles vocations associées à un désir de justice sociale. *Carnets de voyage* s'inspire des notes de voyage écrites par Ernesto Che Guevara lors de son périple et du livre de son coéquipier Alberto Granado, *Con el Che por America Latina.*

SKILLONE

Portraits d'ados

> L'ADOLESCENCE EST L'ÂGE OÙ LES ENFANTS COMMENCENT À RÉPONDRE EUX-MÊMES AUX QUESTIONS QU'ILS SE POSENT.
>
> BERNARD SHAW,
> écrivain irlandais

Cette fresque a été photographiée par Henri Diltz, et l'artiste qui l'a réalisée s'est contenté d'apposer son pseudonyme, « Skillone ». Cette façon de faire est fréquemment employée par les personnes qui pratiquent cet art urbain. Plusieurs artistes préfèrent travailler dans l'ombre et adoptent une signature qui leur permet de garder l'anonymat.

1. Selon vous, est-ce légitime que certaines personnes qui pratiquent un art urbain s'approprient l'espace public? Ces personnes sont-elles des artistes ou des vandales? Justifiez votre réponse.

2. À votre avis, les gens qui font des graffitis travaillent-ils tous dans l'illégalité?

3. Admettez-vous que certains graffiteurs et graffiteuses puissent être considérés comme des artistes à part entière qui produisent des œuvres d'art? Pourquoi?

4. Les personnes qui s'adonnent à l'art mural éprouvent souvent des difficultés au moment de peindre leurs fresques urbaines. Selon vous, à quels problèmes doivent-elles faire face?

5. Selon vous, pourquoi cette forme d'art intéresse-t-elle particulièrement les adolescents et adolescentes?

Au programme

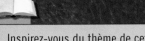

Inspirez-vous du thème de cet épisode pour enrichir votre répertoire personnalisé. Choisissez un roman jeunesse ayant comme public cible les 15-17 ans et lisez-le afin de découvrir comment les personnages vivent leur adolescence.

Allez à la page 230 pour découvrir des suggestions de lecture.

Pré**s**entation

L'adolescence, cette période de transition entre l'enfance et l'âge adulte, est vécue de différentes façons selon les personnes et les cultures. Et, d'une époque à l'autre, elle n'a pas toujours été considérée de la même façon. Malgré tout, certaines constances sont observées : transformation du corps, désir d'indépendance, recherche d'identité, etc.

Chez nous, l'adolescence est un phénomène relativement nouveau. Il y a un peu plus de cent ans, cette période de la vie, telle qu'on la connaît aujourd'hui, était presque ignorée : la scolarisation n'étant pas obligatoire, les 12-18 ans devenaient assez tôt des travailleurs et des travailleuses, et étaient traités comme des adultes. Des changements sociaux et de nombreuses découvertes sur le sujet ont permis de mettre en lumière cette importante phase de la vie. Depuis, on ne cesse de publier des ouvrages qui nous permettent de mieux saisir ce qu'est l'adolescence. Ce troisième épisode vous propose donc de mieux comprendre cette période pour mieux la vivre !

La situation de communication écrite et orale
- L'intention de communication
- L'énonciateur, le destinataire et le message
- Les marques de modalité exprimant l'attitude de l'énonciateur par rapport au message
- Le discours rapporté

L'organisation du texte
- La séquence explicative
- Des structures pour développer l'explication
- Des procédés explicatifs

Les variétés de langue
- La variation linguistique
- La langue familière
- La langue populaire

La grammaire du texte
- La continuité de l'information
- Les intitulés
- Les organisateurs textuels
- Les marqueurs de relation
- Les marques typographiques
- La pertinence de l'information

NOTIONS ET CONCEPTS

La langue orale
- La communication orale
- Les éléments verbaux
- Les marques de l'oralité

Le lexique
- L'étymologie
- La dérivation
- Les familles de mots
- L'emprunt
- Les mots génériques et les mots spécifiques
- Le champ lexical
- Les expressions figées
- Le vocabulaire exprimant la cause, la conséquence et la comparaison
- Des procédés stylistiques

La grammaire de la phrase
- Le groupe nominal
- Le complément du nom
- Les catégories de verbes
- Le complément du verbe
- La subordonnée complément de phrase
- Les phrases à construction particulière
- La jonction de phrases
- La conjugaison

QU'EST-CE QUE L'ADOLESCENCE ?

L'adolescence est un sujet qui a fait couler beaucoup d'encre au cours des dernières décennies. De génération en génération, la fameuse crise amène un lot d'interrogations auxquelles spécialistes et parents tentent de répondre.

Dans ce premier temps de lecture, vous lirez deux textes courants qui traitent de l'adolescence. L'auteur du premier texte aborde le sujet en s'intéressant à ses aspects biologiques et psychologiques, alors que l'auteure du second se penche sur ses aspects historiques et culturels.

1. Que savez-vous à propos :

   a) des modifications physiques qui surviennent chez les garçons et les filles à l'adolescence ?

   b) des transformations psychologiques et sociales qui affectent les adolescents et les adolescentes ?

2. Qu'aimeriez-vous particulièrement apprendre sur l'adolescence en lisant le texte de la page suivante ? Ayez en tête l'information recherchée au cours de votre lecture.

En mars 2006, le quotidien *La Presse* publiait un dossier intitulé «Bienvenue en Adonésie». Pendant deux jours, divers textes traitant des adolescents et des adolescentes sont parus dans les pages du cahier «Actuel» de ce journal. Le texte qui suit est extrait de cette série d'articles. L'auteur y explique ce qu'il se produit dans le corps et l'esprit d'une personne lorsqu'elle «devient» adolescente.

L'ÂGE DE TOUTES LES RÉVOLUTIONS

On se réveille un matin et on tombe sur son premier poil pubien. Puis, bang : sans avoir appuyé sur le moindre bouton, on se retrouve happé par un tourbillon

5 de changements. Le corps s'étire et se transforme ; la façon de voir le monde, ses proches, soi-même, bascule. Jamais, dans la vie, nous ne connaîtrons autant de bouleversements aussi rapidement. À

10 16 ans, au volant d'une voiture, le monde de l'enfance semble déjà loin dans le rétroviseur. L'adolescence est une période où tout bouillonne. Une révolution à la fois biologique, sociale et psychologique à

15 laquelle nul n'échappe.

Pour certains, les remous de l'adolescence sont tellement grisants qu'ils ne veulent plus en sortir. D'autres s'en souviendront comme d'une période tumul-

20 tueuse. Mais peu importe comment elle se vit, cette tranche de vie commence invariablement de la même façon. Par un signal chimique qui vient dire : prêt, pas prêt, l'enfance est terminée.

25 L'étincelle se produit au cœur du cerveau, dans une région appelée l'hypothalamus. En libérant une hormone appelée la gonadolibérine, l'hypothalamus

enclenche une cascade d'événements qui

30 feront *triper* les ados, déraper certains parents et vendre beaucoup de livres de psychologie.

Les signaux de l'hypothalamus réveillent l'hypophyse, le chef d'orchestre

35 de la révolution biologique. Cette glande libère à son tour un flot d'hormones qui viennent stimuler les ovaires des filles et les testicules des garçons. Les glandes surrénales se joignent aussi au concert.

40 Résultat : un joyeux cocktail chimique, différent pour les filles et les garçons, se déverse dans le système de nos ados. Sa mission : étirer et remodeler leurs corps d'enfants jusqu'à ce qu'ils deviennent des

45 corps d'adultes.

Les filles voient leur poitrine se développer. Les gars, qui suivent ces progrès de près, recommencent à mouiller leur pyjama la nuit. La révolution biologique

50 est en marche. Elle n'a qu'un but en tête : assurer la survie de l'espèce *Homo sapiens* en poussant nos ados à se reproduire.

1. Que signifie le suffixe -logique qui apparaît dans ces mots ?

[…] Une étude menée aux États-Unis montre qu'entre 1850 et 1950 l'âge moyen de la puberté – la transformation physique du corps – est passé de 17 ans à 13 ans. Des changements qu'on explique par la meilleure alimentation et l'amélioration de l'hygiène.

La révolution psychologique

«La maturité physique est devancée. Mais la maturité sociale, elle, arrive beaucoup plus tard. Avec les études qui se prolongent, les adolescents restent dépendants de leurs parents beaucoup plus longtemps», souligne Ellen Moss, professeure de psychologie à l'Université du Québec à Montréal. Voilà, selon la chercheuse, pourquoi on entend tellement parler de nos ados aujourd'hui. «Avant, l'adolescence, ça n'existait pas. À 15 ou 16 ans, on était un adulte», dit-elle.

L'ado se retrouve ainsi plongé dans un **no man's land** prolongé entre l'enfance et l'âge adulte, au sein duquel il devra construire son identité psychologique. Là encore, c'est la révolution.

L'ado doit d'abord redéfinir qui il est. Il va expérimenter des choses, se tester lui-même. C'est extrêmement important pour le développement», explique Mme Moss. Ceux qui se fixent trop tôt risquent de passer à côté de leur adolescence… et le regretter. «Les expériences vont se faire à 50 ans. Et là, les conséquences sont plus graves, car on a des responsabilités», dit Mme Moss. À l'opposé, soit parce qu'ils sont perdus dans les remous du changement, soit parce

qu'ils y prennent goût, certains ados repoussent les engagements de la vie adulte de plus en plus tard.

Les parents, ces héros de l'enfance, en prennent aussi pour leur rhume. «L'ado va déconstruire l'image idéalisée qu'il avait de ses parents. Il y a un renversement. Alors qu'avant, il ne voyait que du positif, il se met à ne voir que le négatif», explique Mme Moss. Une étape nécessaire, selon la psychologue, et qui aboutira éventuellement à une image équilibrée. Pendant ce temps, l'ado délaisse papa et maman pour se retrouver entre amis. «Ça fait partie de sa transition vers l'indépendance», dit Mme Moss.

L'ado devra aussi apprendre à gérer sa sexualité, accepter qui il est, songer à un choix de carrière réaliste. «Il y a beaucoup de mythes à propos de l'adolescence. Mais pour la plupart des adolescents, c'est une période qui se déroule bien», dit Mme Moss. Une révolution… tranquille.

■ Philippe MERCURE, «L'âge de toutes les révolutions», *La Presse*, cahier «Actuel», 11 mars 2006, p. 2.

L'expression no man's land est une expression anglaise qu'on a gardée telle quelle, en français, durant la Première Guerre mondiale. Elle désignait l'espace qui était situé entre les deux lignes ennemies et qui n'était contrôlé par personne. Aujourd'hui, l'expression renvoie à une zone abandonnée ou à une zone tampon.

2. Dans ce contexte, que signifie l'expression en prendre pour son rhume?

1. a) Avez-vous appris ce que vous souhaitiez découvrir en lisant ce texte ? Si oui, précisez l'information trouvée. Sinon, comment pourriez-vous obtenir l'information recherchée ?

b) Avez-vous appris de nouvelles informations que vous ignoriez sur l'adolescence en lisant cet article ? Lesquelles ?

2. a) Quelle est la séquence dominante dans cet article ?

b) Formulez la question à laquelle ce texte répond en utilisant le mot interrogatif *pourquoi* ou *comment* au début de votre phrase interrogative.

c) Selon vous, quelle était l'intention de communication de l'auteur lorsqu'il a écrit ce texte ?

d) À votre avis, quels destinataires Philippe Mercure avait-il en tête lorsqu'il a rédigé cet article ? Expliquez votre réponse.

3. L'organisation de l'article repose sur le plan du texte explicatif ; il commence donc par une phase de questionnement.

a) Notez les lignes qui correspondent au sujet amené et spécifiez ce dont il est question.

b) Relevez la phrase qui correspond au sujet posé et indiquez si la question à laquelle ce texte répond est explicite ou implicite.

c) Relevez la phrase qui correspond au sujet divisé et précisez ce qui lie les trois aspects annoncés.

4. La phase explicative de ce texte est divisée en deux parties.

a) Relevez l'intertitre qui délimite ces parties et décrivez la sorte de phrases à construction particulière qui le compose.

b) Trouvez un intertitre présentant le même type de construction particulière qui pourrait être inscrit au début de la première partie du développement. Entre quels paragraphes serait-il placé ?

5. **a)** Que remarquez-vous à propos de la phase conclusive?

b) Rédigez une phase conclusive pour ce texte et assurez-vous qu'elle présente une fermeture et une ouverture.

c) Commencez votre conclusion par un organisateur textuel de séquence.

6. Pour donner de la crédibilité à son article, Philippe Mercure cède parfois la parole à un autre énonciateur.

a) Nommez cette personne et expliquez en quoi ses propos donnent de la crédibilité au texte.

b) Dans le dernier paragraphe, relevez les indices qui signalent un changement d'énonciateur.

c) Relevez, dans le texte, trois verbes de parole différents se trouvant dans des phrases incises et signalant la présence d'un discours rapporté direct.

7. Mme Ross explique ce qui fait que la relation entre les adolescents et adolescentes et leurs parents est parfois difficile.

a) Relevez la cause qu'elle met en lumière pour expliquer cette difficulté.

b) Êtes-vous d'accord avec elle? Servez-vous de votre expérience personnelle pour appuyez votre réponse.

8. Dans ce texte, les explications données correspondent généralement à des causes et à des conséquences.

a) Relevez, dans les paires de phrases ci-dessous, la phrase qui exprime la cause et celle qui exprime la conséquence.

    1) Les adolescents restent dépendants de leurs parents beaucoup plus longtemps. Les études se prolongent.

    2) L'hypothalamus émet des signaux. L'hypophyse se réveille.

    3) Certains ne veulent plus sortir de l'adolescence. Les remous de l'adolescence sont très grisants pour certains.

    4) Les ovaires des filles et les testicules des garçons sont stimulés. L'hypophyse libère à son tour un flot d'hormones.

b) Réunissez ensuite ces phrases simples pour former une phrase complexe. Employez des conjonctions permettant d'annoncer une cause ou une conséquence.

c) Évitez les répétitions en remplaçant les groupes de mots identiques par des pronoms.

- Le plan du texte explicatif, p. 330
- Les organisateurs textuels, p. 316
- Le discours rapporté direct, p. 300
- Le vocabulaire exprimant la cause, la conséquence et la comparaison, p. 482
- La jonction de phrases, p. 412

Pour vous informer davantage au sujet de cette période que vous vivez actuellement, lisez l'article *L'adolescence, une étape-clé,* aux pages 212 à 215. Une journaliste de *Science & Vie Junior* a réalisé une entrevue avec un psychiatre pour enfants, adolescents et adolescentes dans le but de mieux comprendre ce qui est vécu à partir de l'âge de 11-12 ans.

■ Le groupe nominal, p. 405

9. Imaginez-vous dans une dizaine d'années. Qui êtes-vous ? Que faites-vous ? Avez-vous réalisé certains de vos rêves ?

  a) Dans une lettre que vous vous destinez, dites à quoi ressemblera votre vie dans une décennie. Voici quelques pistes d'exploitation :

   1) Avez-vous toujours les mêmes amis ?

   2) Quelle profession exercez-vous ?

   3) Avez-vous fondé une famille ?

  b) Consacrez un paragraphe à chacun des aspects traités.

  c) Conservez précieusement cette lettre et n'oubliez pas de la relire dans dix ans ! Aviez-vous vu juste ?

10. a) Quelle signification donne-t-on au mot *mythes* dans la phrase suivante ?

  > Il y a beaucoup de *mythes* à propos de l'adolescence. (Lignes 107 à 109)

  b) Donnez un exemple de mythe dont vous auriez entendu parler à propos de l'adolescence.

Le groupe nominal

11. Une phrase peut contenir plusieurs groupes nominaux (GN).

  a) Relevez les GN dans la phrase ci-dessous.

  > Les parents, ces héros de l'enfance, en prennent aussi pour leur rhume. (Lignes 92 et 93)

  b) Quelle est la construction de chacun de ces GN ?

  c) Modifiez le second GN de cette phrase de manière à ce qu'il présente la construction suivante :

   dét. + nom + GPrép + subordonnée relative.

  d) Quelle fonction cette subordonnée relative exerce-t-elle ?

LA RÉVOLUTION TRANQUILLE

La dernière phrase du texte que vous venez de lire fait référence à une période importante de l'histoire du Québec: la Révolution tranquille.

À l'aube des années 1960, le Québec a un rattrapage à faire sur plusieurs sociétés industrielles. Le premier ministre Duplessis a une vision essentiellement agricole du Québec et il dirige un gouvernement autoritaire et conservateur qui s'appuie sur la religion. Mais de nombreux citoyens réclament du changement.

C'était le 22 juin 1960. Pour la première fois depuis seize ans, le Québec boudait l'Union nationale pour porter au pouvoir le Parti libéral. «C'est le temps que ça change!», affirmait le slogan électoral libéral. Le parti tiendra sa promesse, même si ses membres ignorent l'ampleur de la réforme qu'ils entreprendront. Quelques semaines seulement après l'élection, un journaliste torontois parlera de *Quiet Revolution* pour qualifier les changements apportés par le gouvernement de Jean Lesage. Le nom restera: Révolu-

tion tranquille. Finis la «grande noirceur» et le laisser-faire de l'époque duplessiste. Québec sépare l'État du clergé et s'investit davantage dans le fonctionnement de la société québécoise. En quelques années, des bouleversements profonds se succèdent rapidement: réforme du système d'éducation, instauration de l'assurance hospitalisation, recrutement d'une fonction publique nombreuse, mise sur pied de divers leviers économiques, nationalisation du réseau d'électricité, ouverture sur le monde… Sous la gouverne de «l'équipe du tonnerre», la société québécoise s'affirme et se donne les outils pour entrer dans la modernité.

■ Extrait de *La Révolution tranquille a 40 ans*, Radio-Canada, [En ligne].

1. Avec le recul, croyez-vous que la démocratisation de l'éducation et l'avènement de l'assurance maladie étaient souhaitables?

2. Vos ancêtres ont-ils vécu leur adolescence de la même manière que vous? Vivaient-ils mieux cette période de transition mouvementée? Connaissaient-ils le concept de l'adolescence? Et qu'en était-il dans les autres régions du globe? L'adolescence se vivait-elle de la même façon dans toutes les sociétés? Les questions relatives aux aspects historiques et culturels sont nombreuses.

Maurice Duplessis

UNE HISTOIRE INVENTÉE

Cette période mouvementée qu'est l'**adolescence** n'a pas toujours été synonyme de crise.

L'adolescence n'existe pas. Il y a l'enfance et il y a l'âge adulte. Entre les deux, un passage un peu flou que les sociétés ont appréhendé de multiples façons.
5 Bien sûr, il y a toujours eu des jeunes, mais nos ancêtres n'avaient aucune idée de ce que nous appelons l'adolescence. Dans les années 1930, l'anthropologue Margaret Mead constate chez les indi-
10 gènes du Pacifique Sud que la transition entre l'enfance et l'âge adulte ne conduit pas à la crise qui la caractérise en Occident. D'où la conviction, qui s'est imposée depuis, selon laquelle l'adoles-
15 cence n'est pas un phénomène universel, nécessaire et incontournable, mais un pur produit de notre civilisation.

« Notre représentation de l'adolescence comme une période de crise asso-
20 ciée à une recherche d'identité et à une révolte date de la fin du XIXe siècle », nuance l'historienne Louise Bienvenue, de l'Université de Sherbrooke. C'est la montée de la bourgeoisie, à l'époque
25 industrielle, qui aurait créé les conditions propices à l'apparition de ce concept. Motivés par leur volonté de s'enrichir, et conscients de l'importance de l'éducation, les bourgeois consentent un effort
30 énorme pour former leurs enfants. Or, le concept d'adolescence est étroitement lié au développement de la scolarité secondaire, qui regroupe les jeunes et les isole du reste de la société.

35 « Dans la seconde moitié du XIXe siècle, on commence à se représenter la société divisée en groupes d'âge, et plus seulement en classes sociales. Les adolescents sont alors perçus comme un
40 groupe à risque, explique Jean-Claude Caron, professeur d'histoire à l'université Blaise-Pascal, à Clermont-Ferrand II. Les grandes thèses publiées à l'époque sur la jeunesse criminelle sont l'équiva-
45 lent de notre littérature sur l'adolescence délinquante. »

En fait, précise Louise Bienvenue : « C'est surtout le regard posé par la science sur les jeunes qui a imposé le
50 terme d'"adolescence". » Au début du XXe siècle, la médecine commence en effet à mieux comprendre les processus physiologiques de la puberté. C'est aussi

Le mot adolescence est attesté dès le XIIIe siècle en ancien français. Dans les premiers dictionnaires du XVIIe siècle, le mot « adolécent », comme on l'écrit à l'époque, est surtout décrit comme une raillerie, et l'Académie précise qu'il « ne se dit que des garçons ». Le mot vient du latin *adulescens* qui, pour sa part, tire son origine du verbe *adolescere*, signifiant « grandir », dont le participe présent est *adolescens*, « en train de grandir », et le participe passé, *adultus*, « qui a fini de grandir ». Chez les Romains, le terme *adulescens* était employé pour désigner un jeune homme âgé entre 17 et 30 ans, parfois plus. En français, le féminin « adolescente » apparaît tardivement, et ce n'est qu'en 1932 que le *Dictionnaire de l'Académie française* efface toute distinction entre les sexes dans la définition du mot « adolescent ». Cela reflète la toute petite place accordée aux filles dans l'histoire de l'adolescence.

BERTRAND DU GUESCLIN, *DU GUESCLIN ADOLESCENT,* 1900.

la grande époque de Freud. Psycho-
55 logues, criminalistes, travailleurs sociaux
vont s'emparer de cette nouvelle réalité
et les travaux savants vont se multiplier
pour élucider le mystère. Mais si l'adolescence fait l'objet d'études scientifiques
60 depuis le tournant du XXᵉ siècle, est-ce à
dire qu'elle n'existait pas avant ?

Pas sûr, répond Louise Bienvenue :
« Envisager les âges de la vie comme des
constructions sociales n'exclut pas le fait
65 qu'il existe des constantes associées à
cette période se situant entre l'enfance et
l'âge adulte. Et même si, autrefois, les
jeunes commençaient à travailler à 14 ans,
ils n'avaient pas autant d'autonomie que
70 les adultes. »

Car la façon dont on conçoit la jeunesse – et avec elle l'âge de la majorité –

varie selon les cultures et les époques.
« Aujourd'hui, dès qu'on entend le mot
75 "adolescent", on pense "conduites à
risque", dit Jean-Claude Caron. Ce n'était
pas nécessairement le cas auparavant. Il y
a toujours eu des rites violents associés à
la jeunesse, comme les bagarres de vil-
80 lage au Moyen Âge. Sauf que, loin d'être
punis, ces comportements étaient valo-
risés par la communauté. »

ILS SONT INCONSTANTS ET SE DÉGOÛTENT
VITE DE CE QU'ILS ONT DÉSIRÉ. PARMI
LES PLAISIRS DU CORPS, CE SONT CEUX
DE LA CHAIR QU'ILS PRÉFÈRENT. ILS NE
SAVENT PAS SE MAÎTRISER. ILS AIMENT
AVEC EXCÈS, HAÏSSENT AVEC EXCÈS
ET SE COMPORTENT DE MÊME EN TOUTES
AUTRES OCCASIONS.

ARISTOTE

Pierre Bruegel le Vieux, *Les jeux d'enfants* (détail), 1560.

Le phénomène de gang n'a lui non plus rien de nouveau, mais on trouvait parfois le moyen de le détourner à des fins positives. Dans les villages européens, des bandes de jeunes non mariés avaient pour responsabilité d'organiser les fêtes qui ponctuaient le calendrier. Ces groupes finançaient des événements en jouant à la police des mœurs : si un veuf s'éprenait d'une trop jeune fille, par exemple, ils faisaient du tintamarre – une coutume appelée le charivari – sous ses fenêtres toutes les nuits. Pour être libérée de ses tourmenteurs, la victime devait payer une amende qui servait à la mise en œuvre des festivités. « C'était une façon institutionnalisée de canaliser les pulsions des jeunes », dit Louise Bienvenue.

Les filles aussi avaient leurs rassemblements. Dans plusieurs pays, elles se réunissaient, pendant les soirées d'hiver, pour filer en commun leur trousseau. La saison des veillées commençait généralement en novembre, autour de la Sainte-Catherine, patronne des filles à marier. Dans certaines régions, les jeunes hommes venaient divertir les fileuses et en profitaient pour jeter un coup d'œil au trousseau. Quand l'ouvrage était terminé, les jeunes gens mangeaient, buvaient et dansaient ensemble. Au XVIIIe siècle, un évêque allemand avait tenté d'interdire ces réunions un peu trop conviviales à son goût.

La permission d'assister à une danse, pour une fille, était souvent considérée comme un marqueur du fait qu'elle n'était plus une enfant. Une sorte d'initiation. Mais cela ne suffisait pas à lui conférer le plein statut d'une adulte, précise l'Autrichien Michael Mitterauer, historien de la famille, dans *A History of Youth*. Dans la plupart des sociétés traditionnelles, c'est le mariage qui constitue le véritable seuil de l'âge d'adulte. « Contrairement à ce que l'on a pensé pendant longtemps, les jeunes se mariaient relativement tard, note Jean-Claude Caron. Il n'était pas rare qu'une jeune femme prenne époux seulement à 23 ou 25 ans. »

Les hommes pouvaient attendre encore plus longtemps avant de célébrer leurs noces. Quand ils avaient eu la possibilité d'acquérir une terre ou une maison. La post-adolescence ne serait donc pas un phénomène nouveau, même si les **Tanguy** du Moyen Âge ne s'incrustaient pas toujours chez papa et maman. En ville, les apprentis et les compagnons travaillaient pour différents maîtres. Dans les campagnes, les garçons et les filles de ferme, de même que les pages et les demoiselles chez les nobles, étaient souvent placés au service d'une autre famille que la leur.

Comme l'a démontré l'historien français Philippe Ariès, entre autres par ses observations des tableaux de genre, la discontinuité entre l'enfance et l'âge adulte était certainement moins marquée autrefois. La transition entre les deux était donc plus aisée, écrit Michael

Mitterauer. Mais les jeunes traversaient quand même une période intermédiaire caractérisée par ses regroupements, ses divertissements, son intérêt envers l'autre sexe et son apprentissage des rôles adultes.

De nombreux peuples, entre autres les Murias de l'Inde, les Massaïs africains ou les Trobriandais du Pacifique Sud, avaient l'habitude d'isoler leurs adolescents dans des maisons à part. Peut-être était-ce pour éviter la confrontation entre les générations. Mais n'est-ce pas aussi ce qu'on faisait dans les collèges de la bourgeoisie ? Au-delà des différences culturelles, l'adolescence, avec ses excès et ses débordements, n'a-t-elle pas toujours été problématique pour les adultes ?

■ Marie-Claude BOURDON,
« Une histoire inventée »,
Québec science, septembre 2006, p. 18-19.

L'expression un Tanguy vient du film du même nom dans lequel le fils unique de la famille habite encore chez ses parents à 28 ans et ne veut pas quitter le cocon familial.

---

1. Trouvez sept mots appartenant à la famille du mot enfant et spécifiez la classe de chacun de ces mots.

2. Mentionnez trois locutions contenant le mot *enfant* et expliquez leur sens.

3. Citez un proverbe qui contient ce même mot et expliquez-en le sens.

■ Des structures pour développer
l'explication, p. 331

■ Des procédés explicatifs, p. 329

1. L'aspect socioculturel est déterminant lorsque vient le temps d'aborder le concept d'adolescence.

   a) Pourquoi ce facteur est-il important dans la compréhension de cette période de la vie ?

   b) Relevez, dans le texte, trois exemples qui reflètent cette constatation.

2. a) En quoi les propos de Jean-Claude Caron (lignes 74 à 76) et ceux d'Aristote cités dans l'encadré (page 171) se rejoignent-ils ?

   b) Êtes-vous d'accord avec Aristote quant aux propos qu'il a tenus ? Justifiez votre réponse.

   c) À votre avis, est-il plus difficile de vivre la période de transition entre l'enfance et l'âge adulte aujourd'hui qu'au temps d'Aristote ? Expliquez votre réponse.

3. La phase explicative de ce texte est organisée de manière à présenter les causes et les conséquences historiques et culturelles associées au phénomène de l'adolescence.

   a) Relevez trois passages du texte qui reflètent cette organisation.

   b) Mentionnez quatre causes historiques, suggérées par l'historienne Louise Bienvenue, qui ont contribué à forger notre conception actuelle de l'adolescence.

Rappelez-vous les différents procédés explicatifs :

■ comparaison ;

■ procédés graphiques ;

■ définition ;

■ reformulation ;

■ exemple.

4. a) Nommez les procédés explicatifs utilisés dans les séquences suivantes.

   1) Chez les Romains, le terme *adulescens* était employé pour désigner un jeune homme âgé entre 17 et 30 ans, parfois plus. (Encadré, page 170)

   2) Les grandes thèses publiées à l'époque sur la jeunesse criminelle sont l'équivalent de notre littérature sur l'adolescence délinquante. (Lignes 43 à 46)

   3) Il y a toujours eu des rites violents associés à la jeunesse, comme les bagarres de village au Moyen Âge. (Lignes 77 à 80)

   4) En ville, les apprentis et les compagnons travaillaient pour différents maîtres. Dans les campagnes, les garçons et les filles de ferme, de même que les pages et les demoiselles chez les nobles, étaient souvent placés au service d'une autre famille que la leur. (Lignes 142 à 149)

   b) Les illustrations qui accompagnent ce texte peuvent-elles être considérées comme des procédés explicatifs ? Pourquoi ?

5. a) Quel est le point de vue de l'auteure en ce qui concerne l'adolescence?

b) Ce point de vue est-il maintenu tout le long du texte? Expliquez votre réponse.

6. L'histoire du mot *adolescent* nous révèle que les adolescents et les adolescentes ont été victimes de stéréotypes sexuels à une autre époque.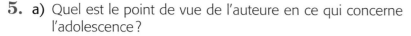

a) Au cours d'une discussion, expliquez de quelle façon les garçons et les filles ont subi, chacun à leur manière, une forme de discrimination à cause de leur âge.

b) À votre avis, cette discrimination liée à l'adolescence est-elle toujours présente dans la société?

c) Au cours de la discussion, prêtez une attention particulière aux différentes façons de signaler votre volonté de prendre la parole. Après la discussion, décrivez les méthodes employées à cette fin.

7. Ce texte explicatif compte plusieurs passages où se trouvent des paroles rapportées directement ou indirectement.

a) Pourquoi la journaliste Marie-Claude Bourdon laisse-t-elle fréquemment la parole à d'autres personnes?

- Le discours rapporté, p. 298

b) Indiquez, relativement à chacune des phrases du tableau ci-dessous:

1) si les paroles sont rapportées directement ou indirectement;

2) le nom et la fonction de l'énonciateur;

3) le point de vue exprimé par l'énonciateur.

- La communication orale, p. 274

LES PAROLES RAPPORTÉES DIRECTEMENT ET INDIRECTEMENT			
Paroles rapportées	**Discours direct ou indirect**	**Énonciateur**	**Point de vue**
« Envisager les âges de la vie comme des constructions sociales n'exclut pas le fait qu'il existe des constantes associées à cette période se situant entre l'enfance et l'âge adulte. » (Lignes 63 à 67)	▬▬▬	▬▬▬	▬▬▬
Mais cela [assister à une danse] ne suffisait pas à lui conférer le plein statut d'une adulte, précise l'Autrichien Michael Mitterauer, historien de la famille, dans *A History of Youth*. (Lignes 122 à 126)	▬▬▬	▬▬▬	▬▬▬
« Contrairement à ce que l'on a pensé pendant longtemps, les jeunes se mariaient relativement tard », note Jean-Claude Caron. (Lignes 129 à 132)	▬▬▬	▬▬▬	▬▬▬
Comme l'a démontré l'historien français Philippe Ariès, entre autres par ses observations des tableaux de genre, la discontinuité entre l'enfance et l'âge adulte était certainement moins marquée autrefois. (Lignes 150 à 155)	▬▬▬	▬▬▬	▬▬▬

■ Les groupes de mots et les fonctions dans les groupes, p. 405

Des groupes de mots exerçant une même fonction

8. Dans l'extrait ci-dessous, observez les différents groupes de mots en caractères gras.

> Dans les années 1930, l'anthropologue **Margaret Mead**[1] constate chez les indigènes du Pacifique Sud que la transition entre l'enfance et l'âge **adulte**[2] ne conduit pas à la crise **qui la caractérise en Occident.**[3] D'où la conviction, qui s'est imposée depuis, **selon laquelle**[4] **l'adolescence n'est pas un phénomène universel, nécessaire et incontournable,** mais un **pur**[5] produit **de notre**[6] civilisation. (Lignes 8 à 17)

a) Identifiez chacun de ces groupes de mots.

b) Mentionnez la fonction exercée par chacun de ces groupes de mots.

espace culturel

L'ÂGE DE L'ADOLESCENCE VARIE SELON LES CULTURES.

- Aux États-Unis, on considère que l'adolescence commence à l'âge de 13 ans et se termine à l'âge de 24 ans.

- En Grande-Bretagne, le groupe des *teenagers* comprend les jeunes de 13 à 19 ans.

- En France, l'adolescence correspond souvent au passage au collège (11-14 ans) et au lycée (14-18 ans).

Le passage à l'âge adulte peut être marqué par une cérémonie formelle dans certaines cultures.

- Dans la tradition juive, on considère que les garçons rejoignent les membres de la communauté des adultes à l'âge de 13 ans, et cette transition est célébrée dans la cérémonie de la *bar mitsvah*.

- Au Japon, il y a un jour de janvier consacré au «passage à l'âge adulte».

- En Afrique et en Amérique latine, l'adolescence est souvent l'âge de rites initiatiques qui renforcent l'intégration au monde des adultes.

- Y a-t-il ici certains rites initiatiques? Lesquels?

QUELS SONT LES BESOINS PHYSIQUES À L'ADOLESCENCE ?

Les nombreuses transformations que le corps subit à l'adolescence provoquent nécessairement des changements en ce qui a trait aux besoins physiques. Être adolescent ou adolescente, c'est être en pleine croissance. Et cette croissance n'est assurée que si les besoins physiques sont comblés. Il est donc important d'être à l'écoute de son corps afin de lui fournir l'énergie dont il a besoin. Ce deuxième temps de lecture vous propose deux textes faisant état de deux besoins physiques d'une importance capitale à l'adolescence : manger et dormir.

1. Diriez-vous que les parents influencent fortement les habitudes alimentaires de leurs enfants ? Pourquoi ?

2. Le besoin de sommeil augmente-t-il à l'adolescence ? À votre avis, est-ce un mythe ou une réalité ?

3. Vous considérez-vous comme une personne en pleine forme ? Évaluez votre condition physique en répondant aux questions suivantes.

    a) Faites-vous régulièrement de l'exercice ?

    b) Avez-vous de saines habitudes alimentaires (fréquence, quantité et qualité des aliments) ?

    c) Souffrez-vous souvent de fatigue ? Vous reposez-vous suffisamment ?

Dans les sociétés occidentales, l'obésité et les mauvaises habitudes alimentaires gagnent du terrain. Le Canada a donc déclaré la guerre aux gras trans. Pour améliorer notre alimentation, on nous incite à manger du poisson, source importante d'oméga-3, trois à quatre fois par semaine, et à ingurgiter des légumineuses, du soya et de cinq à dix portions de fruits et légumes par jour ! À l'adolescence, les jeunes sont souvent les premiers à être pointés du doigt lorsque vient le temps des réprimandes. Marie-Christine Blais, critique et journaliste au journal *La Presse,* nous propose d'explorer le sujet de l'alimentation des adolescents et adolescentes sous un angle différent…

LAISSEZ-LES MANGER !

Bien sûr qu'il faut faire attention à notre poids… nous, adultes. Mais les adolescents, eux, vivent une période de croissance unique, fondamentale, qui
5 exige qu'ils mangent. Qu'ils mangent mieux ? C'est souhaitable. Qu'ils mangent plus ou, en tout cas, suffisamment ? C'est indispensable.

« Un adolescent normal, c'est celui
10 qui, alors que ça fait à peine une heure que vous êtes revenus de l'épicerie avec plein de sacs, se plaint qu'il n'y a rien à manger dans la maison ! »

Le docteur Jean Wilkins, de l'hôpital
15 Sainte-Justine, sait de quoi il parle : depuis 32 ans, il suit des adolescents qui souffrent de désordres alimentaires, et si l'anorexie fait plus de ravages qu'avant chez les adolescentes, il remarque aussi
20 un nouveau phénomène. « Chez les garçons comme chez les filles, de plus en plus de jeunes se font vomir après avoir mangé. Pourquoi ? Ils ont faim, tellement faim qu'ils mangent, mais tellement peur
25 de grossir qu'ils se font vomir. »

Or, grossir, mincir, puis regrossir, allonger, etc., rien de plus normal pour un corps adolescent bouleversé par les hormones. En fait, il existe trois périodes
30 où l'humain a besoin de manger plus que de coutume en raison de sa croissance : dans le ventre de sa mère, lors de sa toute première année de vie et au moment de son adolescence. Or les spécialistes inter-
35 rogés dans le cadre de ce reportage sont unanimes : par peur de n'avoir pas le fameux « poids santé », les ados sont en train de se dérégler la santé, maintenant et pour les années à venir. « J'ai des ado-
40 lescentes actuellement qui sont présentées dans leur école comme des modèles de poids santé alors qu'elles sont ano-rexiques ! » constate avec consternation le Dr Wilkins.

1. Lisez le titre et la première phrase de l'article. Qui sont les destinataires premiers de ce texte ?

«C'est sûr qu'il ne faut pas que les ados se bourrent uniquement de *fast-food* , explique pour sa part Marie Breton, diététiste et auteure de livres de recettes familiales. C'est à nous, parents, de leur offrir de la variété, de s'assurer qu'il y a toujours des fruits, des légumes, de s'assurer aussi qu'ils mangent régulièrement. Mais dans les faits, les besoins caloriques des ados sont tellement élevés qu'ils compensent par la quantité de nourriture qu'ils ingurgitent ce qu'ils n'ont pas nécessairement en qualité !»

Entre l'âge de 10 et 20 ans, nous doublons notre poids et notre taille croît d'environ 40 %. À cela s'ajoute le bagage génétique de chacun. «Et il faut respecter ce bagage, explique le Dr Wilkins. Mettons que vous mesurez 1 m 70 et que la moyenne des gens mesure [*sic*] 1 m 50, viendrez-vous me demander de vous couper 20 centimètres ? Non. C'est la même chose avec notre poids. Nous avons notre poids naturel, normal, c'est celui-là qu'il faut respecter, et non le fameux poids santé (terme que Santé Canada lui-même n'utilise plus depuis trois ans), qui est tout juste un calcul sur une courbe et qui montre du doigt ceux qui dévient de la courbe. On fait incroyablement mal à nos jeunes ces temps-ci avec le discours sur l'obésité.»

«Restez calmes»

Fanny Dagenais travaille au programme québécois *Bien dans sa tête, bien dans sa peau,* un programme sur le poids et l'image corporelle pour les adolescents en milieu scolaire (au secondaire).

Son constat est le même. «Les filles et les garçons que nous rencontrons veulent se faire rassurer sur le poids santé, alors que c'est très difficile d'établir le poids normal d'un ado, parce qu'il est en transformation et aussi parce que personne n'est pareil», note-t-elle. Le sujet intéresse énormément les ados, on le voit à leurs questions, ajoute Mme Dagenais. «Ils sont bombardés d'idéaux de beauté : les filles veulent être ou rester minces, les garçons veulent développer une masse musculaire rapidement. Ce que nous faisons, c'est de développer leur sens critique et de leur faire réaliser que les vedettes qu'ils voient sont arrangées avec le gars des vues. On leur montre des photos d'artistes avant et après les interventions chirurgicales, avant et après les retouches photo, etc. Et on insiste sur le fait qu'une saine alimentation, ce n'est pas de catégoriser la nourriture entre bons aliments et mauvais aliments. C'est de varier son alimentation. Alors, on fait des dégustations. »

Pour en apprendre davantage sur les troubles alimentaires, regardez le documentaire *La peau et les os, après…,* un film d'Hélène Bélanger-Martin.

2. Le terme *fast-food* est un anglicisme souvent employé pour désigner la nourriture qui est préparée rapidement dans les restaurants et qui n'est pas très nutritive. Proposez un terme français pour remplacer cet anglicisme.

3. Pourquoi le seul intertitre du texte est-il mis entre guillemets ?

« Mon conseil aux parents, c'est : restez calmes, explique de son côté Marie Breton. Ne les critiquez pas : les études le démontrent, les ados critiqués sautent plus de repas et mangent moins bien que les ados respectés dans leurs choix. Choisir de manger ceci ou cela, c'est la façon normale pour les ados de s'affirmer. Ils finiront par se rallier aux habitudes de la maison. Encore faut-il qu'il y ait des habitudes, prises tôt : le souper traditionnel, tous ensemble autour de la table, est un rituel à instaurer. Des études démontrent que les ados qui ont ce repas en famille bénéficient d'une plus grande cohésion et que leur alimentation est de meilleure qualité, tant à la maison qu'à l'extérieur. »

« Il faut aussi éviter les attitudes restrictives par rapport à certains aliments, précise Fanny Dagenais. Quand on interdit la pizza ou ceci ou cela, cela renforce l'attrait de cet aliment et l'ado va non seulement s'arranger pour en manger, mais il va en manger plus ! » Enfin, dans le cas précis des filles, leur comportement est largement influencé, eh oui ! par le comportement de leur mère. Si les mères sont très préoccupées par leur corps et leur poids, leurs filles feront de même, au mépris de leur santé.

« J'ai un petit-fils âgé de 14 ans, conclut le Dr Wilkins, et à l'école, on leur apprend à calculer leur indice de masse corporelle. C'est un exercice utile pour les jeunes, mais pas si on se sert de ces données personnelles pour marquer les ados, pointer ceux qui ne sont pas conformes au poids idéal, à une époque où ils sont particulièrement fragiles, psychologiquement et physiquement. C'est vrai que l'obésité est un problème dans notre société, mais pour le moment, nous ne sommes pas encore bien outillés pour le combattre. En voulant le bien de nos adolescents et leur éviter l'obésité, nous leur faisons surtout du mal. »

Il faut les faire manger, nos ados.

■ Marie-Christine BLAIS,
« Laissez-les manger ! »,
La Presse, cahier « Actuel », 10 mars 2006, p. 2.

1. Ce texte répond à plusieurs questions relatives à l'alimentation à l'adolescence.

■ L'énonciation, p. 291

   a) Au regard de chacune des questions ci-dessous, relevez une ou des réponses données dans le texte.

      1) Pourquoi faut-il laisser les adolescents et les adolescentes manger ?

      2) Pourquoi les adolescents et les adolescentes accordent-ils tant d'importance au fameux poids santé ?

      3) Pourquoi la recherche du poids santé à l'adolescence peut-elle être néfaste à la santé ?

      4) Comment s'assurer que les adolescents et les adolescentes mangent bien et à leur faim ?

   b) Pour chacune des réponses trouvées, dites s'il s'agit d'une cause, d'une conséquence ou d'une solution.

   c) Outre le désir d'expliquer en quoi une bonne alimentation est importante à l'adolescence, quelle autre intention de communication l'auteure poursuivait-elle en écrivant ce texte ?

   d) D'après vous, pourquoi entretenait-elle également cette intention de communication ?

Pour vous aider à déterminer l'intention de communication de l'auteure, examinez attentivement le titre du texte et son intertitre.

2. Dans son article, Marie-Christine Blais laisse la parole à plusieurs personnes.

   a) Énumérez tous les énonciateurs qui apparaissent dans ce texte.

   b) Parmi ces énonciateurs, lequel vous semble le plus crédible ? Pourquoi ?

   c) À quelle conclusion commune les spécialistes interrogés dans le cadre de ce reportage parviennent-ils ?

   d) Quelle est votre opinion au regard de la recherche de ce fameux «poids santé» ?

- Des procédés explicatifs, p. 329
- Le plan du texte explicatif, p. 330

3. Dans la phase explicative, différents faits sont expliqués.

   a) Relevez les explications associées à chacune des questions secondaires ci-dessous.

      1) Faut-il respecter notre poids naturel ou notre poids santé ?

      2) Comment le programme *Bien dans sa tête, bien dans sa peau* développe-t-il le sens critique des jeunes ?

      3) Les parents doivent-ils adopter des attitudes restrictives par rapport à certains aliments ?

   b) Quels procédés explicatifs emploie-t-on dans les explications relevées ?

   c) Parmi les différentes questions auxquelles ce texte répond, choisissez-en une. En vous inspirant de cette question, composez une phase de questionnement comprenant les trois parties suivantes :

      1) un sujet amené mettant en contexte le besoin d'explication ou indiquant la source de ce besoin ;

      2) un sujet posé présentant la question à laquelle le texte tente de répondre (Pourquoi… ? Comment… ? Est-ce que… ?) ;

      3) un sujet divisé annonçant les principaux aspects qui seront traités.

4. Marie Breton affirme : « C'est à nous, parents, de leur offrir de la variété, de s'assurer qu'il y a toujours des fruits, des légumes, de s'assurer aussi qu'ils mangent régulièrement. » (Lignes 49 à 53) Ces propos vous semblent-ils fondés ? Expliquez votre réponse en quelques lignes.

5. Mme Dagenais, responsable du programme *Bien dans sa tête, bien dans sa peau,* affirme que « les filles veulent être ou rester minces, les garçons veulent développer une masse musculaire rapidement » (lignes 91 à 94). Cette affirmation peut-elle s'appliquer à vous ? Expliquez-en brièvement la raison.

6. a) Discutez avec d'autres élèves des différents idéaux de beauté de notre époque et de notre société en répondant aux questions ci-dessous.

      1) De nos jours, qu'est-ce qui est synonyme de beauté ?

      2) Ces idéaux de beauté ont-ils toujours un caractère sain ?

      3) Subissez-vous l'influence de ces modèles de beauté ?

      4) Jusqu'où iriez-vous pour ressembler à ces modèles ?

      5) Que diriez-vous aux gens qui ne s'acceptent pas tels qu'ils sont ?

6) Au début du 20ᵉ siècle, les hommes appréciaient davantage qu'aujourd'hui les femmes corpulentes. Elles étaient vues comme des êtres en santé capables de travailler dur et de donner naissance à de nombreux enfants. D'après vous, qu'est-ce qui explique ce changement d'idéal de beauté au cours du dernier siècle?

■ La communication orale, p. 274

b) Au cours de cette discussion, prêtez une attention particulière à l'interrogation partielle en tant que moyen de faire progresser un échange.

La conjugaison: certains verbes en *-ir* et *-re*

7. a) Observez les phrases ci-dessous.

1) Or, **grossir, mincir,** puis **regrossir,** allonger, etc., rien de plus normal pour un corps adolescent bouleversé par les hormones. (Lignes 26 à 29)

2) **Choisir** de manger ceci ou cela, c'est la façon normale pour les ados de s'affirmer. (Lignes 113 à 115)

b) À quel mode les verbes en caractères gras sont-ils?

c) Conjuguez ces verbes à la deuxième personne de l'indicatif présent et de l'impératif présent. Que constatez-vous?

d) Faites de même avec les verbes *suivre* et *interdire,* qui apparaissent aussi dans le texte (lignes 16 et 127). Diriez-vous que la constatation précédente est également pertinente pour plusieurs verbes se terminant par *-re*?

GUSTAVE DORÉ, *LE REPAS DE PANTAGRUEL.*

POURQUOI SUIS-JE TOUT LE TEMPS FATIGUÉ ?

Quand arrive la fin du trimestre, votre bon caractère vire à l'aigre. Vous, d'ordinaire si sympathique, avez du mal à vous reconnaître, un rien vous énerve.
5 Vos parents, par exemple, qui, dès le petit déjeuner, cherchent à communiquer… quelle prise de tête ! Vous êtes grognon, totalement dans les vapes, orphelin de votre couette. Et la journée
10 ne fait que commencer, après, c'est pire,

il faut bosser. Affronter les profs. Difficile de se concentrer, difficile de mémoriser… les cours parviennent à un niveau d'ennui encore jamais atteint jusque-là,
15 les devoirs s'éternisent jusqu'à ce que les yeux vous brûlent. Vous allez alors vous coucher. Trop tard ! Si vous êtes dans cet état, c'est que vous ne dormez pas assez.

Les heures de sommeil dont vous
20 avez besoin sont génétiquement programmées. Vous êtes né petit dormeur, comme Napoléon, réputé ne dormir que cinq ou six heures par nuit, ou gros dormeur, comme Einstein, qui, soit dit en
25 passant, malgré ses dix heures de sommeil quotidiennes, ne perd pas son temps pour autant. Ou alors vous êtes un moyen dormeur, avec un besoin de sommeil tournant autour de huit heures par
30 nuit, comme la majorité des individus. Vous aurez beau faire, vous resterez tributaire de votre programmation. Si vous réduisez le temps de sommeil qui vous est nécessaire, vous serez fatigué.

35 Pour une raison inconnue, ce temps de sommeil augmente d'environ une heure en moyenne à l'adolescence. Vous aviez besoin de dormir huit heures, à présent il vous en faut neuf pour être en
40 forme. Le problème, c'est que vos rythmes sociaux commencent à changer aussi. Même crevé, vous n'avez ni le temps ni l'envie de vous coucher avec les poules. Il y a les devoirs à finir, un livre à

lire, un bon film à la télé ou votre émission de radio favorite qui passe… Et toutes ces histoires qui vous trottent dans la tête, les amours et les disputes avec les copains ou les copines, les accrocs avec les parents, l'anxiété des contrôles et des cours mal sus, le malaise, la difficulté d'être, écartelé entre enfance et âge adulte… Toutes les angoisses, tout le stress de la journée se bousculent dans votre esprit justement à l'heure où vous auriez tellement besoin de le mettre au repos ! L'heure de votre coucher est de plus en plus tardive alors que celle de votre lever reste très matinale. Total, il vous manque du sommeil en quantité… que vous tentez de rattraper le week-end. Mais cela ne marche pas bien, pour deux raisons.

D'abord, vous avez tendance à aggraver le cercle vicieux. Vous vous levez tard le samedi matin, donc vous êtes moins fatigué le samedi soir, alors vous en profitez pour vous coucher tard. Conséquence, vous dormez comme un loir le dimanche matin, mais, quand vient le dimanche soir, c'est «bonjour l'insomnie» et pas moyen de s'endormir. Et le lundi matin, quand le réveil sonne, c'est à quatre pattes que vous cherchez vos chaussettes dans le noir car vous n'arrivez plus à ouvrir les yeux. La semaine s'annonce fatigante et vous êtes déjà fatigué. . D'ailleurs, idéalement, le réveil serait un instrument à bannir ! Car il ne tient aucun compte de votre rythme de sommeil et sonne toujours au plus mauvais moment, au milieu d'un cycle de sommeil.

En effet, vos nuits sont découpées en cycles, qui se composent de quatre stades de sommeil lent, plus ou moins profond, et d'un stade de sommeil où votre corps est calme mais votre esprit agité, appelé sommeil paradoxal (*voir encadré à la page 189*).

Pour être en forme, il faudrait respecter ces cycles, ne jamais les interrompre et attendre de se réveiller naturellement.

Entre les cycles, c'est physiologique, nous nous réveillons quelques secondes, toujours moins d'une minute. En règle générale, on ne s'en souvient pas. Sauf… exception : il peut arriver que vous preniez conscience de ces microéveils. Dans ce cas, vous aurez peut-être la sensation (fausse) de n'avoir pas dormi, alors que votre frère qui a passé la nuit dans la même chambre soutient mordicus que vous avez ronflé avec constance !

D'autre part, même si allonger vos nuits du week-end est agréable, ce n'est pas [un sommeil] aussi réparateur […] Car toutes vos heures de sommeil ne sont pas équivalentes. Un cycle total dure environ quatre-vingt-dix minutes (plus ou moins dix minutes selon les individus). Les premiers cycles de votre programme de sommeil contiennent beaucoup de

120 sommeil lent profond et peu de sommeil paradoxal. Au fil de la nuit, la tendance s'inverse.

C'est le sommeil profond qui vous repose. À ce moment-là, votre corps et 125 votre cerveau ne consomment que très peu d'énergie. L'organisme s'économise et le cerveau récupère. Votre hypophyse (petite glande du cerveau) sécrète l'hormone de croissance, hormone grâce à 130 laquelle vous grandissez, vous cicatrisez, et qui permet à vos cellules de se reproduire pour que se régénèrent vos tissus. C'est peut-être parce que vous grandissez beaucoup et que votre corps se trans-135 forme que vos besoins en sommeil augmentent. En tout cas, le sommeil lent profond est le sommeil indispensable à votre équilibre physique et psychique. Vos trois premières heures de sommeil 140 en sont plus riches que les suivantes. Mais quand je dis trois premières heures, ce ne sont pas n'importe lesquelles, hélas ! Ce sont celles que vous a attribuées la loterie génétique car, et c'est bien là le 145 problème, la nature a aussi décidé de l'heure à laquelle vous allez vous coucher. En début de nuit programmée (et pas en début de nuit choisie), il y a plus de sommeil lent profond que de sommeil 150 paradoxal, ensuite, c'est l'inverse. Si vous

vous couchez plus tard que ne le veut votre horloge génétique, vous loupez les heures les plus importantes de votre nuit. Car vous êtes, dès votre naissance, un 155 petit, un gros ou un moyen dormeur, du soir ou du matin !
[…]

Quelle que soit votre nature, la solution n'est pas d'essayer de s'adapter à dormir moins ou plus tard, vous n'y réus-160 sirez pas, tout est inscrit dans vos gènes.
[…]

Comment faire pour se reposer ?

Avant tout, pour bien dormir, créez un environnement approprié : une chambre calme, aux couleurs apaisantes, une lumière tamisée et une température 165 adaptée (autour de 18 à 20 °C dans la chambre et de 28 à 30 °C sous la couette).

Pour plonger plus longtemps dans un sommeil profond, faites du sport. Mais soyez prévoyant, courez plutôt dans 170 l'après-midi que le soir. Sinon, vous risquez au contraire d'être bien réveillé. De même, si vous prenez un bain chaud environ trois quart d'heure avant de vous coucher, cela va vous endormir ; en 175 revanche, juste avant, cela vous tient en éveil. Pourquoi ? Parce que vous déréglez votre thermostat interne ! La température du corps n'est pas constante tout au long de la journée, comme on aurait ten-180 dance à le croire. Elle varie de façon cyclique sur vingt-quatre heures. Elle ne fait pas des bonds énormes, il ne s'agit pas de fièvre ou d'hypothermie comme

Il semble que le sport a d'autres effets bénéfiques, dont celui d'améliorer la performance scolaire. À ce sujet, lisez le texte *Combinaison gagnante*, aux pages 216 à 218.

les gens qu'on retrouve à moitié gelés au
185 **mont Blanc** ; non, elle varie discrète-
ment sur une amplitude d'environ 1 °C,
entre 36,5 et 37,5 °C. Mais ce tout petit
décalage vers le plus chaud ou le plus
froid a des répercussions énormes. C'est
190 du moins ce que pensent un certain
nombre de médecins et de chronobiolo-
gistes, dont le docteur Patrick Lemoine,
psychiatre et spécialiste du sommeil à
l'hôpital du Vinatier, à Lyon. Il est per-
195 suadé que les variations de notre température corporelle créent notre rythme de
sommeil.

La théorie n'est pas farfelue du tout,
elle se défend même assez bien. La voici :
200 au départ, nos gènes commandent à la
température de varier de quelques
dixièmes de degré sur une journée. Le
matin, notre température monte progressivement jusqu'en fin d'après-midi, puis
205 elle redescend doucement au fil de la
nuit pour atteindre son minimum, et
c'est reparti dans l'autre sens… comme
une horloge. Une horloge biologique qui
rythme notre sommeil. Quand votre tem-
210 pérature baisse, vous avez sommeil. Elle
est au plus bas la nuit, vous êtes alors en
quasi-hibernation, en sommeil lent profond. Puis elle remonte progressivement.
Réduisant au fil des heures votre temps
215 de sommeil lent profond. Plus elle
remonte (dans les limites de la normale,
bien sûr) et plus vous êtes en forme.

Cette horloge, qui peut fonctionner
en autonomie, a toutefois besoin d'être
220 réglée de temps à autre. C'est le rôle du
plus grand horloger qui soit, l'Univers et
son ballet de planètes. En faisant le jour

et la nuit, il rythme notre sommeil. Voilà
pourquoi, quand la nuit tombe, vous
225 bâillez. En effet, dès que vous êtes plongé dans l'obscurité, une toute petite
glande à la base de votre cerveau, la
glande pinéale, se met à fabriquer une
hormone baptisée mélatonine qui favo-
230 rise l'endormissement. Comme c'est la
tombée de la nuit qui donne le signal de
la sécrétion de cette hormone, vous avez
tendance à avoir sommeil plus tôt l'hiver
et plus tard l'été.

235 Au double effet de la température
qui baisse et de la mélatonine qui monte
s'ajoute la pression psychologique et
sociale. Le rituel des activités proprement du soir : fin des devoirs, dîner en
240 famille, activités de la maison au ralenti…
tout ce qui annonce le coucher prochain
vous met en condition pour vous assoupir. Bientôt, vous allez ressentir un vrai
« coup de barre » : vous bâillez, cette fois-
245 ci, à vous décrocher la mâchoire, vous
avez un peu froid, vous êtes au début
d'un cycle de sommeil. Si vous allez vous
coucher tout de suite, vous dormirez.
C'est ce signal-là qu'il faut respecter pour

Le **mont Blanc** est le plus haut sommet
des Alpes, avec une altitude de 4807 m.
Ce massif contient de nombreux glaciers,
dont la mer de Glace et le glacier des Bossons
sur son versant nord. Chaque année,
des milliers d'alpinistes-touristes s'y rendent
dans l'espoir d'atteindre son sommet.

Quelle différence culturelle relative à l'usage d'un mot remarquez-vous
entre les lignes 235 et 248 ?

250 être le plus en forme possible le lendemain. Mais si vous résistez à l'appel de la
couette, en un quart d'heure ça va mieux
et vous pouvez tenir encore en moyenne
une heure et demie (un cycle de som-
255 meil) avant que les bâillements vous

Dans la mythologie grecque, Morphée est une divinité onirique qui a comme vocation d'endormir les mortels. L'expression «être dans les bras de Morphée» signifie «être endormi» et, par extension, rêver. Morphée est à l'origine du mot *morphine*, à cause de la capacité d'endormir que possède cette drogue.

Sir William Ernest Reynolds, *Dans les bras de Morphée.*

reprennent. Puis, de nouveau, vous serez saisi d'une irrépressible envie de vous allonger, de fermer les paupières et de vous assoupir tranquillement. Si vous 260 ratez ce moment, il faudra attendre le début du cycle suivant. Ne vous énervez pas, mieux vaut vous occuper calmement que de rester au lit à tourner dans tous les sens.

265 De toutes ces observations, les médecins du sommeil font leur miel et voici leurs conseils éclairés : si vous vou-lez bien dormir, évitez de faire monter votre température, plongez-vous dans 270 l'obscurité et mettez votre tête et votre corps au ralenti. Cela ne signifie pas seu-lement ne pas s'activer. L'idéal, c'est du calme, de la musique douce ou un bon livre. En position allongée sous une 275 lumière tamisée, vous êtes prêt à som-brer dans les bras de **Morphée**. [...]

■ Sylvie SARGUEIL et Princesse H, *Maux d'ados*, Paris, De La Martinière Jeunesse, 2003, p. 145-148, 150-153.

espace culturel

NAPOLÉON BONAPARTE est né le 15 août 1769 à Ajaccio, en Corse, et il est mort le 5 mai 1821 sur l'île Sainte-Hélène, dans l'Atlantique. Grande figure de l'histoire de France, il a été l'Empereur des Français avant de conquérir l'Europe.

Anne-Louis Girodet-Trioson, *Portrait de Napoléon 1*, fin 18ᵉ - début 19ᵉ siècle.

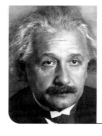

ALBERT EINSTEIN a vu le jour le 14 mars 1879 à Ulm, en Allemagne et est décédé le 18 avril 1955 à Princeton aux États-Unis. Physicien de haut niveau, il a développé entre autres la théorie de la relativité restreinte. Ses recherches lui ont valu une renommée mondiale.

LES STADES DU
SOMMEIL

STADE 1

Juste avant de vous endormir, vous êtes détendu, votre respiration est calme : vous entrez dans la nuit en sommeil lent léger, en stade 1. Il se peut alors que quelques muscles se contractent brusquement ou que vous ayez des hallucinations, c'est normal. Vous voyez des choses bizarres, vous entendez des bruits curieux ou vous ressentez l'étrange et désagréable impression de tomber, par exemple. Ces manifestations vous réveillent parfois. En tout cas, si quelqu'un vous secoue brusquement à ce moment-là, vous pouvez les lui raconter. Ce ne sont pas vraiment des rêves, juste des scènes ou des sensations qui ont traversé votre esprit de façon fugace. Cette première phase de sommeil dure quelques minutes, puis vient le stade 2.

FIN D'UN CYCLE

STADE 5

Soudain, voilà le drôle de stade, le stade ultime d'un cycle de sommeil, le stade 5, celui du sommeil paradoxal. Votre corps est totalement relâché (comme paralysé), mais vos yeux s'agitent (reflétant probablement vos rêves et le mouvement de votre regard devant la scène onirique). Dans votre cerveau, on dirait que c'est la pagaille, les ondes lentes ont disparu, remplacées par des ondes rapides, plus rapides que pendant l'éveil, les rythmes cardiaque et respiratoire sont plus ou moins irréguliers... vous rêvez. Votre cerveau est hyperactif, l'énergie qu'il dépense est équivalente à celle d'une période d'éveil. Surpris par la sonnerie du réveil en plein sommeil paradoxal, vous avez huit chances sur dix de vous souvenir en détail de votre rêve et de pouvoir le raconter.

STADE 2

Vos muscles se détendent encore plus mais, franchement, la différence est peu visible de l'extérieur. C'est l'enregistrement des ondes électriques du cerveau qui montre que vous changez de stade et que vous vous enfoncez dans un sommeil de plus en plus lourd. On parle de sommeil lent parce que cette activité électrique est ralentie par rapport à ce qu'elle est lorsque vous êtes éveillé.

STADES 3 ET 4

En stades 3 et 4, votre cerveau produit toujours plus d'ondes lentes. À ce moment-là, vous dormez véritablement comme une souche. C'est le sommeil lent profond. Votre corps ne fait aucun mouvement, votre rythme cardiaque est très ralenti, votre respiration régulière.

- Des structures pour développer l'explication, p. 331
- Les organisateurs textuels, p. 316

1. a) Pour quels destinataires Sylvie Sargueil a-t-elle écrit ce texte ?

b) Relevez deux indices qui le confirment.

2. Bien que la séquence explicative soit dominante dans ce texte, un autre type de séquence est fréquemment utilisé.

a) À l'aide des extraits ci-dessous, déterminez le type de cette séquence.

Premier extrait

Quand arrive la fin du trimestre, votre bon caractère vire à l'aigre. Vous, d'ordinaire si sympathique, avez du mal à vous reconnaître, un rien vous énerve. [...] Vous êtes grognon, totalement dans les vapes, orphelin de votre couette. (Lignes 1 à 9)

Deuxième extrait

Bientôt, vous allez ressentir un vrai « coup de barre » : vous bâillez, cette fois-ci, à vous décrocher la mâchoire, vous avez un peu froid, vous êtes au début d'un cycle de sommeil. (Lignes 243 à 247)

Troisième extrait

L'idéal, c'est du calme, de la musique douce ou un bon livre. En position allongée sous une lumière tamisée, vous êtes prêt à sombrer dans les bras de Morphée. (Lignes 272 à 276)

b) Expliquez le rôle joué par chacune de ces séquences secondaires.

3. a) La phase explicative de ce texte est divisée en deux grandes parties. À quoi correspondent chacune de ces parties ?

b) De quelle façon la séquence explicative est-elle organisée dans son ensemble ?

1) Selon une structure comparative ?

2) Selon une structure cause-conséquence ?

3) Selon une structure problème-solutions ?

4) Selon une structure énumérative de causes ?

c) Pour organiser les différentes parties du texte, l'auteure a employé des organisateurs textuels. Relevez dans le texte :

1) deux organisateurs textuels qui marquent la séquence ;

2) deux organisateurs textuels qui marquent le temps ;

3) deux organisateurs textuels qui marquent l'explication.

4. a) Relevez, dans le texte, un exemple pour illustrer chacun des procédés explicatifs suivants : la comparaison, la définition, la reformulation et l'exemple.

b) À quel procédé explicatif peut être associé le schéma présentant les stades du sommeil ?

5. Dans le troisième paragraphe du texte, on mentionne que la raison pour laquelle le temps de sommeil augmente à l'adolescence est inconnue. Toutefois, une hypothèse quant à cette raison est fournie un peu plus loin dans le texte.

■ Des procédés explicatifs, p. 329

a) Relevez la phrase qui indique les causes probables de ce besoin de sommeil grandissant.

b) Quel élément linguistique vous indique qu'il s'agit bien de causes ?

c) Quel élément linguistique vous indique que ces causes sont hypothétiques ?

6. Le processus du sommeil peut sembler complexe. Dans les phrases ci-dessous, clarifiez les passages en caractères gras en ajoutant un élément d'explication correspondant au procédé explicatif mis entre parenthèses.

a) Vous, d'ordinaire si sympathique, avez du mal à vous reconnaître, **un rien vous énerve.** (Lignes 2 à 4) (Exemple)

b) **Les premiers cycles de votre programme de sommeil contiennent beaucoup de sommeil lent profond et peu de sommeil paradoxal. Au fil de la nuit, la tendance s'inverse.** (Lignes 118 à 122) (Un procédé graphique de votre choix)

c) Quelle que soit votre nature, la solution n'est pas d'essayer de s'adapter à dormir moins ou plus tard, vous n'y réussirez pas, **tout est inscrit dans vos gênes.** (Lignes 157 à 160) (Comparaison)

d) Elle ne fait pas de bonds énormes, il ne s'agit pas de fièvre ou d'**hypothermie,** comme les gens que l'on retrouve à moitié gelés au mont Blanc [...] (Lignes 181 à 185) (Définition)

e) En position allongée sous une lumière tamisée, vous êtes prêt à **sombrer dans les bras de Morphée.** (Lignes 274 à 276) (Reformulation)

Voici quelques marqueurs de relation permettant d'introduire des procédés explicatifs.

- **Comparaison :** *comme, tel que, ainsi que, semblable à*
- **Définition :** *il s'agit de, ce qui signifie*
- **Reformulation :** *c'est-à-dire, autrement dit, en d'autres termes*
- **Exemple :** *par exemple, entre autres, notamment*

■ Les catégories de verbe, p. 401

7. Indiquez si, dans les phrases ci-dessous, la conjonction *comme* sert à introduire une comparaison, une cause ou un exemple.

a) À ce moment-là, vous dormez véritablement **comme** une souche. (Page 189, stades 3 et 4)

b) **Comme** c'est la tombée de la nuit qui donne le signal de la sécrétion de cette hormone, vous avez tendance à avoir sommeil plus tôt l'hiver et plus tard l'été. (Lignes 230 à 234)

c) Vous êtes né petit dormeur, **comme** Napoléon, réputé ne dormir que cinq ou six heures par nuit, ou gros dormeur, **comme** Einstein […] (Lignes 21 à 24)

d) Elle ne fait pas des bonds énormes, il ne s'agit pas de fièvre ou d'hypothermie **comme** les gens qu'on retrouve à moitié gelés au mont Blanc […] (Lignes 181 à 185)

8. L'auteure de ce texte n'est pas québécoise. Ses origines sont perceptibles à la lecture de son texte à cause de certains mots qui sont couramment employés ailleurs, mais moins au Québec.

a) Selon vous, quelle est la nationalité de l'auteure ?

b) Dans le premier paragraphe, relevez trois groupes de mots qui vous ont servi d'indices.

c) Dans chaque cas, trouvez un terme ou une expression qui serait plus approprié pour le Québec.

Les catégories de verbes

9. Les verbes permettent d'exprimer une action ou un état. On peut les regrouper en cinq catégories, selon la relation qu'ils entretiennent avec les autres constituants de la phrase.

a) Dans les phrases ci-dessous, repérez les verbes conjugués.

1) Il faut bosser.

2) Les devoirs s'éternisent.

3) Vous resterez tributaire de votre programmation.

4) À l'adolescence, le temps de sommeil augmente.

5) Vous vous levez tard le samedi matin.

6) Vous dormez comme un loir.

7) Les premiers cycles de votre programme de sommeil contiennent beaucoup de sommeil lent profond.

8) Votre hypophyse sécrète l'hormone de croissance.

9) Vous semblez joyeux même s'il pleut.

10) […] il peut arriver que vous preniez conscience de ces microéveils.

Les cinq catégories de verbes sont :

■ les verbes attributifs ;

■ les verbes transitifs ;

■ les verbes intransitifs ;

■ les verbes pronominaux ;

■ les verbes impersonnels.

b) Regroupez-les en cinq catégories.

c) Expliquez les raisons qui vous incitent à faire ces regroupements.

■ Le complément du verbe, p. 387

La fonction de complément du verbe

10. a) Identifiez les expansions en caractères gras qui accompagnent les noyaux des groupes verbaux (GV).

1) Vos parents, par exemple, qui, dès le petit déjeuner, <u>cherchent</u> **à communiquer** […] (Lignes 5 à 7)

2) Les cours <u>parviennent</u> **à un niveau d'ennui encore jamais atteint jusque-là.** (Lignes 13 et 14)

3) Vous <u>voyez</u> **des choses bizarres,** vous <u>entendez</u> **des bruits curieux** ou vous <u>ressentez</u> **l'étrange et désagréable impression de tomber,** par exemple. (Page 189, stade 1)

4) Dans votre cerceau, on <u>dirait</u> **que c'est la pagaille.** (Page 189, stade 5)

5) Tout <u>est inscrit</u> **dans vos gènes.** (Ligne 160)

6) Il ne <u>s'agit</u> pas **de fièvre ou d'hypothermie** comme les gens qu'on retrouve à moitié gelés au mont Blanc. (Lignes 182 à 185)

7) Il <u>est persuadé</u> **que les variations de notre température corporelle créent notre rythme de sommeil.** (Lignes 194 à 197)

b) Parmi les phrases ci-dessus, quelles sont celles qui contiennent des expansions exerçant la fonction de complément direct du verbe?

c) Quelles phrases contiennent des expansions exerçant la fonction de complément indirect du verbe?

d) Quelle phrase contient une expansion exerçant la fonction de complément du verbe impersonnel?

e) Dans la phrase qui suit, quelle fonction le groupe de mots en caractères gras exerce-t-il?

> Il y a **les devoirs à finir, un livre à lire, un bon film à la télé ou votre émission de radio favorite qui passe** […]

COMMENT BIEN VIVRE L'AMOUR
À L'ADOLESCENCE ?

Dans les années 1940, le psychologue Abraham Maslow avait identifié et hiérarchisé les besoins humains. Parmi ceux-ci se trouvaient la sécurité affective, le besoin d'amour et le besoin d'estime de soi et des autres. Bien des choses ont changé depuis cette époque, mais ces besoins existent toujours. L'adolescence est une période particulièrement propice au développement de la conscience de soi et à l'apprentissage de la satisfaction de ces besoins.

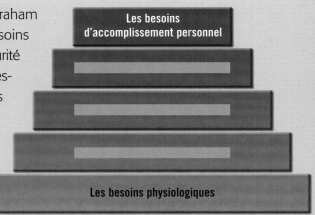

1. **a)** En tenant compte de leur importance, placez les éléments suivants dans la pyramide de la hiérarchie des besoins d'Abraham Maslow :

   1) les besoins d'amour et d'appartenance ;

   2) les besoins de sécurité ;

   3) les besoins d'estime.

   b) Pour se tenir bien droite, cette pyramide possède une base solide. Possédez-vous une base solide en ce qui concerne votre estime personnelle ? Votre structure présente-elle des failles qui pourraient causer des dommages importants ?

2. **a)** Donnez votre propre définition de la dépendance affective.

   b) Comparez votre définition avec celles des autres élèves de la classe.

3. Votre meilleur ami ou meilleure amie vit actuellement une peine d'amour. Que faites-vous pour l'aider ?

Dans ce temps de lecture, vous lirez deux extraits tirés du livre *Full sexuel* de la sexologue Jocelyne Robert. Le premier extrait aborde la question de la dépendance affective alors que le second traite de la peine d'amour.

J'VEUX D'L'AMOUR !
J'VEUX D'L'AMOUR !
J'VEUX D'L'AMOUR !

Des filles rivées au combiné téléphonique, attendant fébrilement le coup de fil de l'amoureux, j'en ai rencontré à la douzaine. Pour être sûre d'être là au cas où…, elles refusaient sorties et invitations, s'enfermaient dans la maison. Des gars aussi, qui pétaient les plombs,
5 quand leur blonde adressait la parole à un autre, qui s'écroulaient de désespoir lorsque la beauté convoitée refusait leurs avances, qui décrochaient parce que leur blonde avait changé d'école…

CASANOVA

Don Juan et Casanova n'étaient pas de grands amoureux. Ils étaient
10 des ogres qui dévoraient leur proie, accros de l'amour, des dépendants affectifs. Cette voracité en amour qu'on appelle dépendance affective se pointe souvent à l'adolescence.
15 Un mal qui fait souffrir celui qui en est atteint autant que ceux qui lui sont proches.

Pour évaluer tes tendances, tu peux te poser ces questions :

- Ai-je peur d'être abandonné au point d'être prêt à tout pour
20 garder mon partenaire ?

- M'arrive-t-il de me laisser malmener, physiquement, verbalement ou sexuellement ou d'agir ainsi à l'endroit de l'autre ?

- Mon niveau d'estime personnelle est-il à 4 ou moins sur une échelle de 10 ?

25 - Ai-je des problèmes de consommation ou mon partenaire est-il aux prises avec ce problème ?

- Suis-je d'avis qu'il est naturel que l'amour fasse souffrir ?

Si tu réponds oui à une seule de ces questions, tu es peut-être sur la pente de la dépendance affective. Aussi bien t'en rendre
30 compte tout de suite, te ressaisir avant de dégringoler en enfer.

DON JUAN

Soyez témoin des premiers pas d'un amour en lisant un extrait de *Marie-Tempête,* de l'auteure Dominique Demers, aux pages 219 à 222.

- Première étape : admettre ta difficulté sans quoi tu ne pourras jamais te retirer d'une relation destructrice ;
- deuxième étape : t'entourer d'amis, d'amies ou de membres de ta famille qui peuvent être d'un grand secours quand rien ne va plus ;
35 - troisième étape : consulter une personne de confiance, à ton école, au CLSC ou dans une clinique jeunesse. […]

Émilie, 15 ans, gît devant moi. Elle est effondrée parce que Antonin l'a trompée. Il lui a avoué qu'il ne l'aimait plus. Quand ça allait bien entre eux, « on partageait tout », dit-elle. Elle l'aidait dans ses travaux scolaires, l'encourageait dans ses activités spor-
40 *tives, ne faisait rien d'autre que l'attendre lorsqu'il était occupé ailleurs. Toujours disponible, toujours prête à lui rendre service, elle lui faisait même profiter de son cash à elle… « Il m'aimait, c'est sûr. À preuve, sa jalousie : il stressait au max quand d'autres gars me regardaient, me traitait de tous les noms si j'avais l'air d'apprécier qu'on me drague. » Plus rien n'intéresse Émilie. Elle ne « peut pas se passer de lui ».*
45 *Sans le regard d'Antonin sur elle, elle n'existe plus. Sa best lui a suggéré de venir me voir pour que je l'aide à trouver des moyens de le reconquérir…*

L'expression **mettre le grappin sur** quelqu'un ou sur quelque chose a été attestée en 1740 dans le *Dictionnaire de l'Académie*. Elle signifie se saisir, s'emparer de quelque chose ou accaparer, retenir de force une personne. Cette métaphore est d'origine maritime, le grappin étant le crochet situé à l'extrémité d'un cordage et permettant l'abordage d'un bateau.

Alain RAY et Sophie CHANTREAU, *Dictionnaire d'expressions et locutions*, Paris, Le Robert, 2003.

1. Quel est l'infinitif du verbe en caractères gras dans la phrase suivante ? « Émilie, 15 ans, **gît** devant moi. »
2. Corrigez les anglicismes employés dans cette page.
3. Repérez une phrase interrogative appartenant au langage familier et transformez-la afin qu'elle corresponde au langage standard.

Tu penses quoi de cette situation ? Amour ou esclavage ? Ai-je bien fait d'aider Émilie à recouvrer sa dignité et son autonomie, plutôt que de l'aider à **remettre le grappin** sur Antonin ?

50 Aussi fréquente chez les deux sexes, la dépendance affective se manifeste différemment chez l'un et l'autre : la fille encaisse, le gars crie ; elle redouble de séduction et se montre indispensable, il pique une crise de nerfs. Jalousie et contrôle, violence ou soumission, rage ouverte ou silencieuse, domination ou victimisation sont les ingré-
55 dients de ce plat indigeste. Chacun veut être le nombril du monde de l'autre, son poumon. L'un comme l'autre sont prêts à toutes les bassesses pour ne pas laisser échapper leur « bourreau d'amour »… Tout ça peut changer. Si on est conscient du problème et si on veut ce changement.

60 Ne pas réagir, c'est se condamner à quémander éternellement des marques d'attention et d'affection. Peut-être connais-tu des gens qui sont comme ça ? Tu sais, cette personne qui tète goulûment les regards et l'admiration comme un bébé cramponné au biberon ou au sein maternel !

■ Jocelyne ROBERT, *Full sexuel : la vie amoureuse des adolescents*, Montréal, Les Éditions de l'Homme, 2002, p. 28-31.

1. **a)** Après avoir lu ce texte, diriez-vous que vous êtes en mesure de reconnaître la dépendance affective ? Comment ?

   b) Avant même de consulter une personne-ressource, quelles étapes la personne souffrant de dépendance affective doit-elle franchir ?

2. **a)** Quelle double intention Jocelyne Robert poursuit-elle en écrivant ce texte ?

   b) La sexologue présente-t-elle une vision objective ou une vision subjective du sujet ? Illustrez votre réponse à l'aide de cinq exemples tirés du texte.

3. **a)** Quelle variété de langue l'auteure emploie-t-elle dans son texte ? Justifiez votre réponse à l'aide de deux exemples.

   b) L'auteure interpelle-t-elle les destinataires dans ce texte ? Dans l'affirmative, citez deux exemples.

   c) Jocelyne Robert s'adresse-t-elle à ses lecteurs et lectrices en les tutoyant ou en les vouvoyant ? Expliquez ce choix.

   d) L'auteure emploie-t-elle parfois un vocabulaire connoté lorsqu'elle s'adresse à ses destinataires ? Justifiez votre réponse.

   e) À l'aide de vos réponses aux questions précédentes, déterminez le type de rapport que Jocelyne Robert a établi avec ses destinataires.

4. Dans ce texte, l'auteure cite les propos d'Émilie, 15 ans : « Il m'aimait, c'est sûr. À preuve, sa jalousie […] » (Ligne 42)

   a) Comment ces propos donnent-ils de la crédibilité au texte ?

   b) Qu'en pensez-vous ? La jalousie est-elle une marque d'amour ?

- Les marques de modalité exprimant l'attitude de l'énonciateur par rapport au messsage, p. 294
- Les marques de modalité exprimant l'attitude de l'énonciateur par rapport au destinataire, p. 295

Rappelez-vous certains types de rapports que l'énonciateur peut établir avec ses destinataires :

- un rapport de complicité ;
- un rapport de familiarité ;
- un rapport d'autorité ;
- un rapport distant ;
- un rapport de provocation, etc.

EDWARD BLAIR LEIGHTON, *DIEU VOUS GARDE*, 1900.

5. a) Quelle antithèse l'auteure emploie-t-elle pour illustrer le fait que la dépendance affective se manifeste différemment selon le sexe?

b) En quoi la vision qui est proposée est-elle stéréotypée?

6. Pour que le texte soit cohérent, plusieurs procédés de reprise de l'information ont été exploités.

a) Associez un procédé de reprise de l'information à chacun des énoncés suivants.

b) Pour vous aider, observez les indices en caractères gras.

1) Ils étaient des ogres qui dévoraient leur proie, **accros de l'amour, des dépendants affectifs.** (Lignes 9 à 12)

2) [...] **dépendance affective** se pointe souvent à l'adolescence. **Un mal qui fait souffrir celui qui en est atteint autant que ceux qui lui sont proches.** (Lignes 13 à 17)

3) M'arrive-t-il de **me laisser malmener, physiquement, verbalement ou sexuellement** ou d'agir **ainsi** à l'endroit de l'autre? (Lignes 21 et 22)

4) **Émilie,** 15 ans, gît devant moi. **Elle** est effondrée parce que Antonin **l'**a trompée. (Ligne 37)

5) Aussi fréquente chez les deux **sexes,** la dépendance affective se manifeste différemment chez l'un et l'autre: la **fille** encaisse, le **gars** crie... (Lignes 50 à 52)

La subordonnée complément de phrase

7. a) Repérez les subordonnées compléments de phrase présentes dans les phrases ci-dessous.

1) Des gars aussi, qui pétaient les plombs, quand leur blonde adressait la parole à un autre, qui s'écroulaient de désespoir lorsque la beauté convoitée refusait leurs avances, qui décrochaient parce que leur blonde avait changé d'école...

2) Elle est effondrée parce que Antonin l'a trompée.

3) Sa *best* lui a suggéré de venir me voir pour que je l'aide à trouver des moyens de le reconquérir...

b) Dans chaque cas, spécifiez le type de précision que la subordonnée apporte à la phrase: temps, cause, conséquence, but ou comparaison.

c) Indiquez la fonction exercée par ces subordonnées compléments de phrase.

■ La subordonnée complément de phrase, p. 420

Voici quelques procédés de reprise d'information qui peuvent s'avérer utiles pour effectuer la tâche ci-contre:

■ les mots de même famille;

■ les termes spécifiques et génériques;

■ la périphrase;

■ les pronoms;

■ les synonymes;

■ les adverbes;

■ la reprise partielle d'un groupe de mots.

LA PEINE D'AMOUR ET LE MAL D'AMOUR

Avoir une solide estime de soi, ne pas souffrir de dépendance affective, n'immunisent pas – hélas! – contre la peine d'amour. L'amour
5 occupe une bien grande place dans la vie des êtres humains. Chacun veut aimer, être aimé, se sentir important, unique. Qui n'est jamais tombé follement amoureux? Qui
10 n'a jamais éprouvé ce sentiment d'aimer l'autre à la folie, de le voir dans sa pizza, de ne plus y voir clair, de l'aimer pour toujours? Tomber en amour, c'est merveilleux,
15 mais ça comporte aussi des risques. L'un de ces risques, c'est de tomber bien bas quand rien ne va plus, quand l'aimé nous quitte, quand le chagrin d'amour déloge le bonheur d'amour. Alors, le cœur est fracturé. Et si, pour comble,
20 la trahison nous est annoncée par un tiers, l'ego est en miettes. Cette énorme épreuve, terrible, cruelle, insupportable, est le lot de bien des gens.

Si ça ne t'est jamais arrivé, aussi bien voir venir : tu n'es pas à l'abri. Aimer follement suppose nécessairement que l'on puisse
25 souffrir follement aussi. Si tu vis actuellement cette torture, sache qu'elle est intolérable… mais normale. Je ne te suis peut-être pas d'un grand secours en disant cela. Mais ça n'arrangerait rien non plus si j'affirmais bêtement : « Une de perdue, dix de retrouvées! » ou « Tu ne t'en souviendras pas le jour de tes noces! »

30 Quand on éprouve une grande tristesse, il n'y a pas d'autre choix que de la vivre, de la ressentir, jusqu'à ce qu'elle ne soit plus qu'un souvenir. Personne, aucun spécialiste ou magicien ne peut porter ou effacer la peine d'une autre personne. Durant ce voyage en enfer, tantôt bref, tantôt interminable, on est tout chamboulé :

FRANCIS DANBY, *Amour déçu* (DÉTAIL), 1821.

L'amour est aveugle

Au 16e siècle, Odet Turnèbe (dit Tourneboeuf) fit cette constatation dans une comédie intitulée *Les Contens* [*sic*]. Il y écrivait (transcrit en français moderne) : « L'on dit bien vrai que l'amour est aveugle, c'est-à-dire que ceux qui aiment ne savent ordinairement ce qu'ils font et se mettent souvent en dangers dont ils se passeraient bien. »

Des nos jours, au Québec, on dit plutôt : « Il l'aime assez qu'il n'en voit plus clair! »

Adapté de Robert HENRY, *L'histoire surprenante et insolite de 322 mots*, Montréal, Maclean-Hunter, 1997, p. 7 (Coll. Le français tel qu'on le parle).

35 crise de larmes ou de colère, repli sur soi, usage ou augmentation de l'usage d'alcool
ou de drogue, actes violents ou délinquants, déprime, perte d'intérêt pour l'école,
les copains, les sorties. Ou, au contraire, butinage amoureux et fuite dans un million
d'activités pour s'étourdir. On ne sait plus où donner de la tête et du cœur.

S'il t'arrive de te sentir **K.-O.,** sonné de chagrin, rappelle-toi qu'un K.-O. est
40 temporaire. Tôt ou tard, les lettres vont s'inverser et tu vas redevenir **OK.** Souviens-toi
aussi qu'il faut du temps pour liquider un deuil et retrouver l'espoir. Une étude effectuée
auprès de 100 jeunes d'environ 15 ans révèle que, pour près de 40 p. 100 d'entre eux,
la peine d'amour a duré moins d'un mois. **C'est plutôt réconfortant, non ?** Voici
leurs conseils.

45 Ce qui aide, selon eux, à dissiper la peine d'amour :

- se divertir ;
- rechercher le soutien de ses amis ;
- réfléchir et consulter une personne-ressource ;
- avoir confiance que le temps arrange les choses ;
50 - parler de sa peine à une personne de confiance (98 p. 100 des jeunes
  interrogés le recommandent).

Ce qui nuit, selon eux :

- s'isoler ;
- s'ankyloser dans l'alcool ou la drogue ;
55 - rechercher les situations qui font penser à l'autre ou reprendre contact
  avec l'être aimé ;
- revoir l'ex avec son nouvel amour.

Une dernière chose. En état de découragement, il faut surtout t'enlever de la tête
que nul n'est en mesure de comprendre ce que tu éprouves. Si tu es en peine d'amour
60 et que personne parmi tes proches ne te tend la main, brise toi-même ton cocon de
détresse et va chercher le secours dont tu as besoin pour t'en sortir. D'anciens adolescents,
qui sont tous déjà passés par là, ne demandent qu'à t'aider. Ils attendent ton appel.

■ Jocelyne ROBERT, *Full sexuel : la vie amoureuse des adolescents*,
Montréal, Les Éditions de l'Homme, 2002, p. 31-33.

1. a) À quels mots les abréviations K.-O.
et OK correspondent-elles ?

b) À quelle langue ces mots ont-ils été
empruntés ?

2. À quelle variété de langue pouvez-vous
associer la phrase interrogative
surlignée ?

1. a) De quel problème est-il question dans ce texte? Quelles conséquences peut-il engendrer?

   b) Relevez les solutions qui sont proposées dans le texte.

   c) Parmi les conseils de jeunes qui sont cités à la fin du texte, certains ont-ils été mentionnés dans l'activité de préparation, à la page 194?

- Le champ lexical, p. 489
- Les expressions figées, p. 490

2. Prouvez que la peine d'amour est bien le sujet central de ce texte en dressant un champ lexical lié à ce thème.

   a) Relevez une dizaine de termes associés à la peine d'amour.

   b) Créez une constellation semblable à celle ci-dessous et notez-y vos réponses.

LA PEINE D'AMOUR

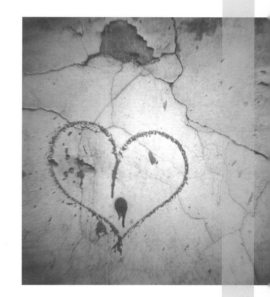

3. Dans ce texte, on mentionne les dictons suivants : «Une de perdue, dix de retrouvées!» et «Tu ne t'en souviendras pas le jour de tes noces!»

   a) Connaissez-vous d'autres expressions (locutions, dictons ou proverbes) liées à l'amour?

   b) Bien que cela n'aide pas vraiment les personnes vivant une peine d'amour, les gens de leur entourage ont tendance à citer ces expressions connues. À votre avis, pourquoi agissent-ils ainsi?

   c) Que devraient plutôt faire ces gens pour aider les personnes qui vivent une peine d'amour?

4. a) Composez un court poème de quelques strophes qui exprimera les émotions associées à une peine d'amour.

   b) Exploitez le champ lexical de ce thème.

   c) Employez des procédés stylistiques diversifiés.

Consultez un exemple de texte poétique en lisant *Les mots secrets* de Louise Dupré aux pages 223 à 225.

- Les marques de modalité exprimant l'attitude de l'énonciateur par rapport au message, p. 294
- La dérivation, p. 457
- Tableau des principaux préfixes, p. 458
- Tableau des principaux suffixes, p. 460

5. Comme elle l'a fait dans le cas de la dépendance affective, Jocelyne Robert présente la réalité de la peine d'amour de manière subjective.

   a) Dans les extraits du tableau ci-dessous, des marques de modalité ont été associées aux mots en caractères gras, mais elles n'ont pas été associées aux bons mots. Corrigez la situation.

LES MARQUES DE MODALITÉ EXPRIMANT L'ATTITUDE DE L'ÉNONCIATEUR PAR RAPPORT AU MESSAGE	
Extraits	**Marques de modalités**
Durant **ce voyage en enfer**, tantôt bref, tantôt interminable, on est **tout** chamboulé [...] (Lignes 33 et 34)	Adverbes
Cette **énorme épreuve, terrible, cruelle, insupportable**, est le lot de bien des gens. (Lignes 21 et 22)	Interjection révélant la subjectivité
Avoir une solide estime de soi, ne pas souffrir de dépendance affective, n'immunisent pas – **hélas** ! – contre la peine d'amour. (Lignes 1 à 4)	Groupe incident
Alors, le **cœur est fracturé**. (Ligne 19)	Métaphore et adverbe
Et si, **pour comble**, la trahison nous est annoncée par un tiers [...] (Lignes 19 et 20)	Accumulation
Mais ça n'arrangerait rien **non plus** si j'affirmais **bêtement** [...] (Lignes 27 et 28)	Métaphore

   b) Selon vous, malgré la présence de ces marques de modalités, peut-on considérer les informations présentées dans ces textes comme étant crédibles et pertinentes ? Pourquoi ?

La dérivation

6. a) Quel est le mot de base dans le mot *découragement* ?

   b) Spécifiez le sens du préfixe et du suffixe présents dans ce mot.

7. Relevez dans le texte :

   a) deux verbes comprenant un préfixe marquant la répétition ;

   b) trois mots débutant par un préfixe marquant la négation et se terminant par un suffixe marquant la possibilité.

8. Quelles sont les trois consonnes devant lesquelles le préfixe *in-* ne peut être utilisé ?

HISTOIRE D'EN RIRE UN PEU

Au terme de cet épisode, vous êtes en mesure de mieux comprendre l'adolescence et tous les bouleversements qu'elle implique. Qu'ils soient physiques, psychologiques ou sociaux, des changements s'opèrent pendant cette période de transition. Une fois bien informés, il ne nous reste plus qu'à rire de toutes ces transformations qui marquent la vie des jeunes.

Dans ce dernier temps de lecture, on vous propose de rire de bon cœur en compagnie d'Yvon Deschamps. Avant de vous lancer à la découverte de ce monologue, sachez que cet humoriste a une façon bien personnelle de se moquer de certaines situations. Loin de vouloir être méchant ou même blessant, il utilise l'amplification, voire la provocation, simplement pour susciter une forte réaction chez son auditoire. Dans ce monologue, Yvon Deschamps réunit plusieurs préjugés liés à l'adolescence et les pousse à l'extrême dans le but de divertir et de faire rigoler.

1. Vous connaissez sans doute ce pilier de l'humour québécois. Pourriez-vous mentionner quelques-unes des activités auxquelles il s'est adonné au cours de sa carrière?

2. Quelle relation Yvon Deschamps entretient-il, généralement, avec son public?

3. Quels tons cet artiste privilégie-t-il, habituellement?

LES ADOLESCENTS (LE GRAND TARLA)

Est-ce qu'y en a qui ont des adolescents à maison ? Oui ? Vous devez être contents d'être ici ! Non, non, les adolescents, y paraît que c'est jusse les nôtres qui sont d'même. Non, y paraît qu'ailleurs sont ben fins. Moé, des fois, j'rencontre du monde, y m'disent : « Ah ! Vos enfants sont assez bien élevés ! » « Ah oui ??? Ben quand y sont chez vous,
5 pouvez-vous faire un vidéo pis me l'envoyer parce que chez nous, y ont pas d'allure ! »

Non, faut pas généraliser parce que les adolescents sont très gentils. C'est jusse vers 15 ans, han ? Un moment donné, là… Moé, l'mien, ça y a pogné à 15 ans. Eille, là tu sais pus quoi faire avec ça ! Tu parles à ça, c'est pareil comme parler aux murs. Tu sens ta voix qui r'vient, toujours ! Eille, là tu parles à ça, tu serais mieux d'pas parler, chose ! L'autre
10 jour, y était là, j'me retourne pour y parler, y était rendu là ! Parce qu'en plusse, y grandit à vue d'œil : un pied en un an et d'mi ! Pauvre enfant, grandir de même, ça pas d'sens ! Là, y est maigre maigre maigre, han ? Les bras trop longs, les culottes trop courtes, on dirait qu'la peau de son visage arrive pas à s'étirer assez pour faire le tour de toutes ses boutons, ah… Y fait peur, eille ! Ça pas d'bon sens.

15 Pis c'est comme si son développement moteur avait été inversement proportionnel à son développement physique. Eille, à quatre ans, c't'enfant-là parlait, y marchait, y s'lavait, y s'habillait tout seul ! Là, y a 15 ans : y parle pus, y marche pus, y s'lave pus, y pue. Pis y mange ! Y mange, ah ! Y s'lève de table après le souper, c'est pour aller voir si y reste queque
20 chose dans l'frigidaire ! Ah oui, c't'enfant-là a jusse un but dans la vie : vider le frigidaire. Non, moé pis ma femme, on s'cache du manger en d'sour du lit, sans ça on mangerait jamais ! Pis en plusse, quand tu l'chicanes, y grogne : « EUUUURGH ! » Parce qu'y parle pas à c't'âge-là : y grogne. En faite,
25 c'est toute c'qu'y fait dans vie : y mange pis y

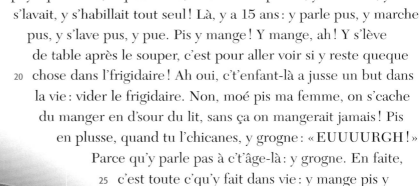

1. À quel public ce monologue est-il destiné ?

2. Quel geste l'humoriste fait-il, selon vous, lorsqu'il dit : « y était rendu là ! ? »

grogne ! Y mange pis y grogne ! J'ai dit à ma femme l'autre jour :
« Y mange pis y grogne pis y mange pis y grogne, des fois j'me
demande si on s'rait pas mieux avec un gros chien. » Non, mais
un gros chien ça mange pis ça grogne, mais au moins quand tu
30   y fais plaisir, y s'fait aller la queue ! Eille, lui, avant qu'y s'fasse
aller queque chose…

     Non, y a une couple de semaines, un moment donné j'pensais
qu'y était pour se faire aller pas mal, t'sais ? J'rentre de travailler, y avait
ouvert le frigidaire, naturellement, y était accoté dans porte, y était après boire à même
35   la pinte de lait. Je l'aurais étripé… mais y est plus grand qu'moé. Fa que là, y m'voit
passer, y dit : « HARGH ! HAHEU ! » J'ai dit : « Chus ben content pour toi. » Non, y voulait
dire : « J'ai un party samedi soir. » Ben j'ai dit à ma femme : « Là, au moins, y va s'exciter,
ça va être le fun ! » Eille, la gang est arrivée, j'ai dit : « Ça va swigner dans maison ! »
E-rien ! Y s'assoyent pis là y écoutent d'la musique. Quatre heures de temps sans bouger.
40   La musique ! Eille, tellement qu'un moment donné, vers onze heures et quart, y en a
un qui a bougé, j'ai faite un saut ! J'ai dit : « Si t'es pour être malade, va sniffer d'la p'tite
vache dans cuisine ! »

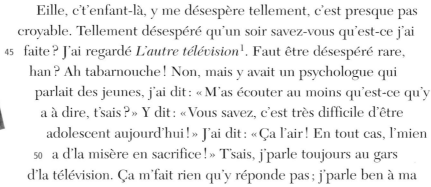

     Eille, c't'enfant-là, y me désespère tellement, c'est presque pas
croyable. Tellement désespéré qu'un soir savez-vous qu'est-ce j'ai
45   faite ? J'ai regardé *L'autre télévision*[1]. Faut être désespéré rare,
han ? Ah tabarnouche ! Non, mais y avait un psychologue qui
parlait des jeunes, j'ai dit : « M'as écouter au moins qu'est-ce qu'y
a à dire, t'sais ? » Y dit : « Vous savez, c'est très difficile d'être
adolescent aujourd'hui ! » J'ai dit : « Ça l'air ! En tout cas, l'mien
50   a d'la misère en sacrifice ! » T'sais, j'parle toujours au gars
d'la télévision. Ça m'fait rien qu'y réponde pas ; j'parle ben à ma
femme, à répond pas non plus, fa que… Y dit : « C'est parce que c'était plus
facile dans notre temps ! » J'ai dit à ma femme : « Y connaît rien, lui ! Comment ça c'tait
plus facile ? On avait rien tabarnouche ! Rappelle-toi, Minou, on avait e-rien ! » Y dit :
55   « C'était plus facile dans notre temps, parce que nous n'avions rien. » J'ai dit : « Y connaît
ça, on est correct… » Y dit : « C'était plus simple parce que comme nous n'avions rien,
nous étions devant tout et comme nos enfants ont tout, ils se retrouvent devant rien. »
Y dit : « En plusse, à cause de l'information aujourd'hui, à cause de la télévision,
les enfants sont beaucoup plus débrouillards que nous étions à leur âge. » Là, j'dis
60   à ma femme : « Ferme la télévision, y connaît rien ! »

---

1. *L'autre télévision* était le slogan de Radio-Québec, la télévision nationale fondée en 1975, devenue aujourd'hui Télé-Québec.

Mon tarla plus débrouillard que j'étais? J'gagnais ma vie à son âge, moé! J'ai commencé à travailler à 13 ans! Débrouillard, lui? Sa chambre est grande comme ma main, y a pas réussi à trouver l'garde-robe encore!

65 Le panier à linge sale est jusse à porte de sa chambre, y s'enfarge dedans 20 fois par jour, y l'a jamais vu! Toute son linge sale est su son plancher d'chambre! L'autre jour, y dit: «SIRGH WEUH RGAH?» J'ai dit: «Non. J'te prête pas mon char.» Y dit: «POUGUOIH?» J'ai dit: «Tout d'un coup que quelqu'un a laissé un panier à linge sale dans rue,
70 tu l'verras pas, tu vas l'frapper!»

Non, mais un samedi y m'a faite un affaire, j'pensais l'étriper, eille! C'est pas croyable, tu t'dis: «Ça s'peut pas!» mais ça s'peut. Ma femme était partie avec une amie, magasiner pis manger ensemble, t'sais. À dit: «Tu vas garder l'grand, mais dis-y pas que tu l'gardes. Tu fais à semblant d'être là par hasard.» J'ai dit: «O.K.» Ça fait que là, j'reste
75 à maison. Y était dans sa chambre, y faisait pas d'bruit, rien. D'un coup, j'ai pensé, y me l'avait dit que la veille, y avait eu un cours de sexologie. Alors j'm'ai dit: «Y doit être en train d'faire ses devoirs, t'sais…»

Fa que là, j'ai été m'coucher su l' sofa. J'm'ai dit: «J'vas faire un p'tit somme pendant qu'y va faire ses affaires.» T'sais, j'étais ben fatiqué. J'viens pour m'assoupir, mon tarla
80 arrive: «ARGH WAVKH MÉWJ!» Ah tabarnouche, j'ai faite un saut! Non, mais t'sais… J'ai dit: «Non non, popa est fatigué là, bon.» Y dit: «AHA HWIFDN!» J'ai dit: «Pas après-midi.» Y dit: «AJA EH AHWÉPGKË!» Ah j'ai dit: «O.K. d'abord, fatiquant, m'as y aller!» Y m'achalait pour que je l'emmène au magasin, un magasin spécial où c'qu'y vendent du linge neuf mais qui a l'air
85 vieux. T'sais, y l'déchirent pis y l'salissent toute d'avance.

Eille, j'prends la peine de me lever, m'habiller, on arrive dans l'garage. Comme on arrive dans l'garage, j'entends l'téléphone qui sonne. Eille, là j'ai été pogné! Là, j'ai dit: «Qu'ossé que j'fais?» Oubliez pas que chus tout seul avec, moé.
90 Si j'vas répondre, qu'ossé qu'y va faire tout seul dans l'garage, là lui? L'aut'jour, y m'a arraché toutes les barreaux d'la galerie. J'ai dit: «Qu'est-ce t'as faite là?» Y dit: «BWUGH ORFLBZHAU!» Y dit: «Tu m'as jamais dit qu'y fallait pas l'faire.» Alors imaginez-vous! Là, d'un autre côté, si je l'envoye répondre pis qu'y répond: «WHAARGUU!» pis c'est un client, m'as perdre un client, moé là!

3. À quelle langue le mot sofa a-t-il été emprunté?

95   Fa que j'm'ai dit: «M'as aller répondre mais
     j'vas y dire de pas bouger.» J'dis à mon tarla:
     «Bouge pas! Attends Popa. Non, bouge pas!»
     Non non, c'est pas qu'j'avais peur pour mon char:
     mon char était barré. Non, c'est parce que moé,
100 dans mon garage, j'ai mon établi. Et su mon établi,
     y a MES outils. Et ça, mes outils, c'est sacré. O.K.
     là? Bon. ON TOUCHE PAS À MES OUTILS!
     Moé-même, j'y ai jamais touché. Moé, mon égoïne
     est encore dans sa gaine originale. […] Et sur mon
105 établi, j'ai un p'tit coffre en bois, gossé à la main par
     mon grand-père. Y l'a vu, mon p'tit coffre, lui! Mon
     grand-père a gossé ça en 1884, alors c'est précieux!

     Je r'viens du téléphone, mon tarla y a planté
     des clous d'quatre pouces dans le p'tit coffre en bois
110 que mon grand-père m'avait gossé à main! Pis là, y
     dépassaient pis pour pas que j'm'en aperçoive, y essayait
     d'les scier avec mon égoïne. Là moé, j'veux l'tuer! J'y dis:
     «T'EN AURAS PAS D'LINGE NEUF QUI A L'AIR VIEUX!
     VA-T'EN DANS TA CHAMBRE, J'VEUX PUS TE VOIR
115 LA FACE!» Y dit: «WOÉ WOI WOA WÉA AH WA!» Y dit:
     «C'est pas d'ma faute, tu m'laisses rien faire!» J'ai dit: «Flye,
     j'veux pus t'voir, parle-moé pus!» Eille, y était assez fâché, y m'a
     parlé, je l'ai compris! Y dit: «J'ai pas demandé de v'nir au monde!»
     Ben j'ai dit: «Une chance que t'as pas demandé de v'nir au monde parce
120 qu'avec la face que t'as, la réponse aurait été non!»

     T'sais, des fois, les hommes, comment qu'on est inquiets des fois nous autres en
     vieillissant? On a toujours peur qu'un soir en s'berçant sua galerie, la vieille nous dise:
     «Ben t'sais, mon Marcel, le deuxième ou l'troisième, y était pas à toé celui-là…» Ben là,
     je r'garde mon tarla pis toués soirs je prie pour que ma femme me dise qu'y est pas
125 à moé celui-là!

■ Yvon DESCHAMPS, *Tout Deschamps, Trente ans de monologue et de chansons*,
Montréal, Lanctôt éditeur, 1998, p. 481-484.

4. Pour quelles raisons l'auteur a-t-il
employé des caractères majuscules
dans cette page?

■ Des procédés explicatifs, p. 329

■ Les éléments verbaux, p. 275

Plusieurs des transformations qui surviennent à l'adolescence sont déjà inscrites dans nos gènes au moment de notre naissance. Pour en apprendre davantage sur les éléments qui forment le caractère et qui font que chaque individu est un être unique, lisez *La recette de notre caractère* aux pages 226 à 229.

1. Pour faire rire son public, Yvon Deschamps exploite plusieurs préjugés liés à l'adolescence. Expliquez le préjugé véhiculé par l'humoriste dans chacun des extraits ci-dessous.

   a) Est-ce qu'y en a qui ont des adolescents à maison ? Oui ? Vous devez être contents d'être ici ! (Lignes 1 et 2)

   b) Tu parles à ça, c'est pareil comme parler aux murs. Tu sens ta voix qui r'vient, toujours ! Eille, là tu parles à ça, tu serais mieux d'pas parler, chose ! (Lignes 8 et 9)

   c) Les bras trop longs, les culottes trop courtes, on dirait qu'la peau de son visage arrive pas à s'étirer assez pour faire le tour de toutes ses boutons […] (Lignes 12 à 14)

   d) Là, y a 15 ans : y parle pus, y marche pus, y s'lave pus, y pue. (Lignes 17 et 18)

   e) Eille, lui, avant qu'y s'fasse aller queque chose… (Lignes 30 et 31)

   f) Toute son linge sale est su son plancher d'chambre ! (Lignes 66 et 67)

2. Dans ce monologue, on trouve plusieurs séquences explicatives secondaires qui servent, notamment, à expliquer les transformations qui surviennent à l'adolescence. Identifiez les procédés explicatifs présents dans les phrases suivantes.

   a) C'est jusse vers 15 ans, han ? Un moment donné, là… Moé, l'mien, ça y a pogné à 15 ans. (Lignes 6 et 7)

   b) Eille, là tu sais pus quoi faire avec ça ! Tu parles à ça, c'est pareil comme parler aux murs. Tu sens ta voix qui r'vient, toujours ! (Lignes 7 à 9)

   c) Pis c'est comme si son développement moteur avait été inversement proportionnel à son développement physique. Eille, à quatre ans, c't'enfant-là parlait, y marchait, y s'lavait, y s'habillait tout seul ! Là, y a 15 ans : y parle pus, y marche pus, y s'lave pus, y pue. (Lignes 15 à 18)

3. L'humoriste pose souvent des questions au public. Expliquez le rôle joué par ces questions qu'on trouve tout le long du monologue.

   a) Là, y est maigre maigre maigre, han ? (Ligne 12)

   b) Non, y a une couple de semaines, un moment donné j'pensais qu'y était pour se faire aller pas mal, t'sais ? (Lignes 32 et 33)

   c) Tellement désespéré qu'un soir savez-vous qu'est-ce j'ai faite ? (Lignes 44 et 45)

4. a) Dans quelle variété de langue l'humoriste s'adresse-t-il à ses destinataires? Justifiez votre réponse.

b) Le choix de cette variété de langue vous semble-t-il approprié compte tenu de la situation de communication?

■ Les variétés de langue, p. 494

5. Ce monologue comporte de nombreuses marques qui caractérisent un message livré oralement.

a) Relevez un exemple dans le texte pour illustrer chacune des marques de l'oralité ci-dessous.

■ Les marques de l'oralité, p. 276

b) Notez vos réponses dans un tableau semblable à celui ci-dessous.

LES MARQUES DE L'ORALITÉ DANS LE MONOLOGUE	
Marques de l'oralité	**Extraits tirés du monologue**
La présence d'imprécisions lexicales	
La présence de nombreuses répétitions	
Des constructions d'interrogations propres à l'oral	
Des omissions de mots ou de syllabes	
Des ajouts de sons	
La présence de mots de remplissage	
Des marques de pauses et d'hésitations, ou des constructions de phrases inachevées	
L'utilisation fréquente de la négation partielle (*pas* au lieu de *ne… pas*)	
L'utilisation fréquente du futur proche (*je vais faire* au lieu de *je ferai*)	

c) Corrigez les impropriétés présentes dans les phrases suivantes.

1) Moé, des fois, j'rencontre du monde, y m'disent […]

2) Si j'vas répondre, qu'ossé qu'y va faire tout seul dans l'garage, là lui?

3) Tu parles à ça, c'est pareil comme parler aux murs.

4) Alors j'm'ai dit: «Y doit être en train d'faire ses devoirs, t'sais…»

5) Tu fais à semblant d'être là par hasard.

6) Y s'assoyent pis là y écoutent d'la musique.

7) Tellement désespéré qu'un soir savez-vous qu'est-ce j'ai faite?

8) […] ça va être le fun!

PROPOSITIONS DE PROJETS

Voici quelques propositions de projets à réaliser de complexité et de durée variables. Laquelle saura retenir votre attention ?

PREMIÈRE SUGGESTION
UN PROJET D'ÉCRITURE : DEVENEZ RÉDACTEUR OU RÉDACTRICE POUR LA REVUE *ADOLESCIENCES*

Collaborez à la rédaction de la revue scientifique *Adolesciences* en rédigeant un article qui explique un problème pouvant être vécu à l'adolescence et qui propose des pistes de solutions.

Critères d'évaluation retenus pour la compétence

Écrire des textes variés.

RIGUEUR DANS L'UTILISATION DES SOURCES DE RÉFÉRENCE :

- sources et pertinence des citations
- attribution des discours directs et indirects

COHÉRENCE DU TEXTE :

- respecter le plan du texte explicatif
- explorer la structure problèmes et solutions
- s'assurer que les procédés explicatifs employés favorisent la compréhension

DEUXIÈME SUGGESTION
UN PROJET DE COMMUNICATION ORALE : PARTICIPEZ À UN COLLOQUE SUR L'ADOLESCENCE À TITRE DE SPÉCIALISTE

Dans le cadre d'une conférence ayant pour thème l'adolescence, adoptez la position d'un expert ou d'une experte pour expliquer aux élèves de la classe une réalité propre aux adolescents et adolescentes.

Critères d'évaluation retenus pour la compétence

Communiquer oralement.

COHÉRENCE DES PROPOS :

- explications suffisantes et adéquates du sujet traité
- utilisation de procédés explicatifs pertinents
- absence de contradictions
- présence de solutions variées

RESPECT DE LA LANGUE STANDARD ET CORRECTION APPROPRIÉE

TROISIÈME SUGGESTION
UN PROJET DE COMMUNICATION ORALE : COLLABOREZ À LA PRODUCTION D'UNE PUBLICITÉ RADIOPHONIQUE OU TÉLÉVISUELLE

Collaborez à la production d'une publicité radiophonique ou télévisuelle visant à rectifier certaines perceptions négatives dont sont victimes les adolescents et adolescentes.

Critères d'évaluation retenus pour la compétence

Communiquer oralement.

PERTINENCE DU CHOIX DES RESSOURCES VERBALES ET CULTURELLES :

- choix des propos pour sensibiliser les gens aux préjugés dont sont victimes les adolescents et adolescentes

ADAPTATION DE LA DÉMARCHE À LA SITUATION :

- tenir compte des destinataires dans le choix des propos, dans le choix de la variété de langue utilisée, etc.

La compétence transversale *Résoudre des problèmes* est ciblée dans tous ces projets, de même que les critères d'évaluation suivants : *Rigueur dans la prise en compte des données initiales* et *Précision de la définition du problème.*

1. Chaque année depuis 1945, l'Organisation des Nations unies pour l'alimentation et l'agriculture célèbre la Journée mondiale de l'alimentation. À quelle date cette journée se tient-elle ?

  a) Le 16 octobre

  b) Le 1ᵉʳ décembre

  c) Le 3 mars

2. Laquelle de ces phrases est grammaticalement correcte ?

  a) Dominique Demers est un auteure qui a beaucoup de talent.

  b) Dominique Demers est une auteure qui a beaucoup de talent.

  c) Dominique Demers est une autrice qui a beaucoup de talent.

3. Laquelle de ces expressions provient du Québec ?

  a) Manquer les cours

  b) Faire l'école buissonnière

  c) Sécher les cours

  d) Foxer l'école

4. Que signifie l'expression « rester sur son appétit » ?

5. Quelles sont les origines des mots en caractères gras dans la phrase suivante : « Ce **garçon** est un **truand** » ?

  a) Il s'agit respectivement d'un mot allemand et d'un mot gaulois.

  b) Il s'agit respectivement d'un mot francique et d'un mot gaulois.

  c) Il s'agit respectivement d'un mot arabe et d'un mot breton.

6. Laquelle des expressions ci-dessous, liées au sommeil, signifie « être mort » ?

  a) Dormir du sommeil du juste

  b) Dormir de son dernier sommeil

  c) Tomber de sommeil

7. Que signifie l'expression familière « être branché » ?

8. Quelle formulation serait plus appropriée que « pitonne » ou « zappe » pour dire qu'un adolescent utilise une télécommande de téléviseur ?

9. Vrai ou faux : les mots *enfant, adulte* et *vieillard* sont des antonymes du mot *adolescent* ?

10. Que signifie l'expression « Il faut que jeunesse se passe » ?

  a) Il faut excuser les fautes que la légèreté et l'inexpérience font commettre à la jeunesse.

  b) Il est souvent déplacé d'être trop nostalgique au regard des souvenirs de son enfance.

  c) Les enfants vivent en principe la même jeunesse que leurs parents, en l'adaptant à leur époque.

10. **a)** Il faut excuser les fautes que la légèreté et l'inexpérience font commettre à la jeunesse.

9. Vrai

8. Il vaudrait mieux dire qu'il change de chaîne.

7. L'expression familière « être branché » signifie « être au courant, être dans le vent ».

6. **b)** Dormir de son dernier sommeil

5. **b)** Il s'agit respectivement d'un mot francique et d'un mot gaulois.

4. Cette expression signifie « être insatisfait, ne pas avoir obtenu tout ce qu'on voulait ou espérait ».

3. **d)** Foxer l'école

2. **b)** Dominique Demers est une auteure qui a beaucoup de talent.

1. **a)** Le 16 octobre

L'ADOLESCENCE, UNE ÉTAPE-CLÉ

Si nos grands traits de caractère sont là dès l'enfance, c'est à partir de 11-12 ans que les choses se précisent.

Nouvelles rencontres, début d'autonomie, première histoire d'amour… L'adolescence, c'est l'âge des découvertes et des premiers choix de vie. Une période décisive dans la construction de notre identité. Guillaume Bronsard, psychiatre de l'enfant et de l'adolescent, directeur de la Maison départementale de l'adolescent à Marseille, nous explique pourquoi…

SVJ : **Le grand chantier de la personnalité, ça commence quand ?**

Guillaume Bronsard : Dès la naissance et peut-être même avant ! Nos grands traits
5 de caractère sont là dès la petite enfance. On les module ensuite selon les exigences de nos parents, en adoptant leurs valeurs, leur culture, puis en fonction de l'espace que nous laissent nos frères et
10 sœurs…

SVJ : **Mais alors, si tout est joué dès l'enfance…**

G. B. : C'est quand même à l'adolescence qu'on devient «quelqu'un». C'est même
15 l'un des enjeux majeurs de cette période. En quelques années, on doit réussir à l'école, choisir une orientation et s'affirmer en tant qu'individu ! Une vraie course contre la montre après une longue période
20 souvent insouciante au sein du cocon familial. En gros, durant l'enfance, on se forge déjà une identité, mais dans ce milieu réduit qu'est la famille. L'adolescence, en revanche, c'est le moment
25 où l'on se sépare progressivement de ses parents. On fait de plus en plus de choses seul, on choisit ses vêtements, on sort entre copains, on s'engage dans une manifestation, etc. Du coup, c'est un
30 univers beaucoup plus vaste qui s'offre à nous. On y découvre de nouvelles valeurs, de nouvelles traditions, de nouvelles façons de vivre. On est aussi confronté à des personnes très diffé-
35 rentes, pas forcément acquises à notre cause, au milieu desquelles il va falloir

à nouveau s'affirmer et trouver sa place. Et puis on va tenter de grappiller de-ci de-là des qualités chez les gens qui nous

40 fascinent ou nous font rêver, des copains, un grand frère, un prof…

SVJ : **D'où l'importance des modèles que l'on prend à cet âge-là. Être fan de Kurt Cobain, c'est grave docteur ?**

45 G. B. : À 15 ans, on est capable de discernement ! Ce n'est pas parce qu'on admire Kurt Cobain qu'on va devenir un grand consommateur d'alcool ou d'héroïne et finir par se suicider. Plus qu'à la per-

50 sonne, c'est à ce qu'elle représente de force, de puissance et de liberté que l'on va s'identifier. Et c'est souvent positif. En effet, avoir en tête quelqu'un de supérieur, à qui l'on aimerait ressembler, cela

55 nous tire vers l'avant, nous donne la force et l'envie de s'améliorer. Et même si ça ne nous conduit qu'à jouer de la guitare quatre heures par jour ou à nous faire cogiter sur le problème du racisme, c'est

60 déjà ça de gagné.

SVJ : **Et les tribus ? Choisir d'être gothique, skateur ou rasta, ça en dit long sur la personnalité ?**

G. B. : Pas vraiment. Ça peut donner

65 quelques indications sur les goûts musicaux et vestimentaires, sur quelques valeurs peut-être. Mais pas grand-chose sur la personnalité. Il faut arrêter les clichés : les gothiques ne sont pas tristes et

70 révoltés, et les rappeurs, des gars qui ne pensent qu'à l'argent et aux filles. Que l'on soit chez les skateurs ou chez les chaales, on y trouve autant de rigolos, de râleurs, de bons vivants, d'impulsifs et de

Le tri des connexions Jusqu'à 11-12 ans, les connexions se font de plus en plus nombreuses, chaque neurone du cerveau voit de nombreux bras lui pousser en étoile pour se brancher aux autres cellules. Le cerveau a alors un gros potentiel, mais son réseau est tellement compliqué qu'il n'est pas très efficace. À partir de l'adolescence, le cerveau sélectionne les meilleures connexions et élimine celles qui sont inutiles (près de 1 % par an et 15 % au total). Il devient alors plus efficace et plus rapide.

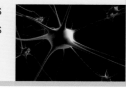

75 timides. Et tant mieux, parce que si le groupe va nous aider à construire notre personnalité, ce n'est pas par son homogénéité, mais par ses différences. Finalement, c'est une société à petite échelle

80 dans laquelle il va falloir nous démener pour trouver notre place. En fonction de notre tempérament et des places laissées libres par les personnalités des uns et des autres, on deviendra plutôt le leader, le

85 tendre, le râleur, le rigolo ou l'intello de la bande. En même temps, à l'âge où l'on ne peut plus se confier à ses parents et surtout où l'on ne

90 veut plus montrer que l'on a besoin

Pour certains, c'est une deuxième naissance. Le groupe devient une deuxième famille.

d'eux, le groupe devient une deuxième famille. Ses codes, ses règles sont des béquilles sur lesquelles on va pouvoir

95 s'appuyer. Et nos amis, des gens sur qui compter.

SVJ : **On tâtonne, on se cherche, d'accord. Mais faut-il pour autant tout essayer ?**

100 G. B. : C'est vrai qu'à l'adolescence on a tendance à prendre facilement des risques : on fait des courses de scooters,

on se rebelle contre l'autorité… En fait, c'est surtout un moyen de tester ses propres limites, physiques ou morales. L'adolescent a un nouveau corps, de nouvelles possibilités de sensations, notamment sexuelles, une nouvelle puissance intellectuelle. Il va vouloir «essayer» ce qu'il est devenu. Hélas, même si cette quête de nouveauté est souvent nécessaire et bénéfique, certaines expériences peuvent être très risquées. Les drogues, par exemple. Elles sont même plus dangereuses à cet âge-là qu'à l'âge adulte. D'abord parce que c'est l'âge où l'on peut devenir facilement accro. Les marchands de tabac en savent quelque chose, qui prennent les ados comme cible privilégiée. Et puis ce n'est pas le moment de s'embrumer le cerveau. Prenons le cannabis. On démarre souvent pour s'intégrer au groupe. On a même l'impression que la consommation améliore les performances : on est moins timide, plus spirituel… En réalité, le cannabis engourdit le raisonnement, ralentit les réflexes et enveloppe le cerveau dans un cocon de plaisir illusoire. On n'a plus le courage ni l'envie de se confronter à la vie réelle. Et ce, au moment même où l'on doit se nourrir à une multitude de sources, s'enrichir pour se fabriquer une identité. Pour d'autres

Niveau de maturation du cerveau En suivant par imagerie cérébrale le développement du cerveau de différents individus, l'équipe de l'Américain Jay Giedd s'est aperçue que de nombreuses aires de notre cerveau — comme le cortex préfrontal qui nous permet de raisonner, gérer notre humeur, notre façon de voir et de réagir au monde extérieur — ne commenceraient leur maturation que vers 12-13 ans.

drogues comme l'ecstasy, la cocaïne ou l'alcool, les effets psychiques se compliquent de conséquences physiques parfois durables.

SVJ : **S'opposer aux parents fait partie du processus ?**

G. B. : Le conflit n'est pas obligatoire, mais il est souvent inévitable. Quand on remet en cause les règles familiales parce qu'on découvre de nouvelles façons d'être et de penser au contact d'amis de son âge ou d'autres adultes, ça ne se passe pas toujours bien. D'autant que c'est une période où l'on est un peu caméléon : rasta altermondialiste un jour, punk anarchiste l'année d'après, classique deux ans plus tard… On s'essaie à différents modèles. Au bout du compte, on se réapproprie presque toujours une partie des valeurs parentales, dont on se rend compte, après les avoir éprouvées et comparées, que finalement il y avait des choses pas si mal que ça.

SVJ : **Le rôle des parents est difficile…**

G. B. : Oui. On fait comme si leur avis n'avait aucune importance, mais ce n'est pas vrai et on a du mal à se l'avouer.

L'idéal serait que les parents soient à
l'écoute et patients. Et qu'ils évitent les
moqueries, en particulier sur le corps, du
style : t'es trop gros, tu n'arriveras jamais
à rien, tu es ridicule avec ton jean en bas
des fesses… Dans cette période où l'on
n'est pas sûr de soi, ces critiques sont
prises au sérieux. Et sur certains ados
qui ont tendance à se construire une
image négative (je suis nul, personne ne
m'aime…), ça peut être destructeur. En
France, près de 10 % des adolescents
vont mal ou très mal. C'est essentiel de
les aider à transformer leur trajectoire et
leur développement. Mais il faut aussi
arrêter de penser que l'adolescence c'est
une période toujours difficile. Les 90 %
restant vont très bien ! C'est quand même
une période bénie : on est en pleine
santé, nos capacités intellectuelles n'ont
jamais été aussi élevées, on a peu d'obli-
gations, tout à découvrir. C'est le temps
des premières fois, celui où l'on vit tout
pleinement… Et finalement, devenir
quelqu'un, c'est quand même l'une des
plus belles aventures de notre vie !

SVJ : **Et si on ne s'aime pas ? Au temps
de la « Star Ac » et de « C'est mon
Choix », on n'arrête pas de nous
assener que l'on peut se transformer,
devenir meilleur… On peut vraiment
changer de personnalité ?**

G. B. : Volontairement, je ne sais pas. En
tout cas, on dit souvent que l'adolescence
est une deuxième chance, une deuxième
naissance. Et c'est en partie vrai. Ainsi,
j'ai vu des enfants extrêmement timides,
renfermés, s'épanouir complètement à
l'adolescence. Devenir très ouverts, sûrs

Des flots d'hormones Autre particularité de l'adolescence :
les hormones sexuelles inondent l'organisme et vont, petit à petit,
métamorphoser notre corps d'enfant en un corps d'adulte. En même
temps, elles vont imbiber le cerveau et y stimuler les différents
centres des émotions. Comme par magie, tout devient soudain plus
beau, plus angoissant, plus drôle ou plus triste. À cet âge, les amou-
rettes sont des passions, les petites disputes, des drames. Tous les
sentiments sont à fleur de peau. Ce surcroît de sensations nous
pousse certainement à multiplier les expériences, si importantes pour
la construction de notre cerveau. Un phénomène encore accentué par
la sécrétion d'une autre substance : la dopamine. À l'adolescence,
cette molécule du plaisir est déversée par pleins tonneaux dans notre
cerveau, faisant naître en nous des envies par milliers. C'est un peu
ce qui va nous pousser à conquérir
Lucie, nous passionner pour la
guitare ou la danse, rencontrer
de nouvelles personnes, quitter le
nid familial, trouver notre voie…
et façonner notre personnalité.

d'eux. L'adolescence n'est pas systémati-
quement une période d'aggravation des
difficultés ou des traumatismes de l'enfance, même si l'enfance influe beaucoup
sur l'adolescence. Reste que si les changements sont encore possibles à l'adolescence, après, c'est beaucoup plus
difficile. Plus lent, plus fastidieux. Mais
n'oublions pas, l'humain a toujours la
possibilité de transformer ce qui lui
arrive. Rien n'est jamais écrit ou figé. Et
même si les piliers qui structurent notre
personnalité sont relativement stables, les
faire évoluer légèrement suffit souvent à
changer la vie.

■ Carine PEYRIÈRES,
« L'adolescence, une étape-clé »,
Science & Vie Junior, nᵒ 195, décembre 2005, p. 2-5.

COMBINAISON GAGNANTE

L'éducation physique améliore la performance scolaire. C'est une étude québécoise qui l'a démontré. Mieux : les effets du sport se font ressentir longtemps après l'école.

Il est passé 18 h. Les élèves ont depuis longtemps quitté les classes. Dans le gymnase du Collège Saint-Hilaire, une vingtaine de jeunes de première et de deuxième secondaire s'esquintent sur le court de badminton. Une mère inquiète interpelle le professeur d'éducation physique. « Mon fils passe des heures à faire du sport. J'ai peur qu'il ait de mauvaises notes. »

Les parents des petits athlètes n'ont pourtant aucune raison de s'inquiéter. Car la pratique d'un sport serait plutôt un gage de réussite. Des chercheurs de l'Université du Québec à Trois-Rivières (UQTR) ont mené une étude s'étalant sur plus de 30 ans pour le prouver. Et les résultats sont éloquents : « Un plus grand nombre d'heures d'activité physique par semaine augmente le rendement scolaire », affirme le docteur François Trudeau, un des principaux auteurs de la recherche et directeur des programmes de premier cycle du département des sciences de l'activité physique à l'UQTR.

L'étude, entreprise à Trois-Rivières en 1970, fait aujourd'hui autorité dans le monde et a donné lieu à des centaines de publications et de conférences. Dès cette époque, les scientifiques s'interrogeaient sur la capacité des programmes d'éducation physique à améliorer la condition générale, sans pour autant affecter le rendement scolaire et le développement physiologique.

Le docteur Hugues Lavallée, de l'UQTR, et le docteur Roy Shephard, de l'université de Toronto, avaient d'abord recruté 546 enfants, de la première à la sixième année, avec un nombre égal de garçons et de filles. La moitié d'entre eux, issus à parts égales de la ville et de la campagne, suivaient un programme de trois heures d'éducation physique par semaine, tandis que l'autre moitié se limitait au programme normal de l'époque, soit 40 minutes par semaine (il est depuis peu de deux heures par semaine).

Chaque année, durant toute la durée du primaire, les enfants se présentaient au Laboratoire des sciences de la santé de l'UQTR pour y subir une série de tests physiologiques, cliniques, anthropométriques et psychomoteurs. Lors des deux premières années, l'accent était mis sur l'acquisition d'habiletés motrices. Par la suite, on a plutôt insisté sur des activités visant à développer l'endurance.

Pour que les élèves puissent participer à cette recherche, il a fallu sabrer 14 % du temps imparti aux autres matières. Et malgré cela, les chercheurs ont observé une augmentation notable du rendement scolaire, en particulier en mathématiques et en anglais, lors des examens ministériels. « On a noté les mêmes améliorations dans des expériences semblables menées en Australie et en Californie », ajoutent les chercheurs.

Par quels mécanismes l'augmentation des heures d'éducation physique influence-t-elle le rendement scolaire ? Sans apporter de réponse complète à cette question, les chercheurs soulignent le meilleur comportement et l'attention plus élevée des élèves du groupe expérimental. On sait que l'activité physique a un effet positif sur le fonctionnement de l'hippocampe, zone du cerveau essentielle à la mémorisation et à l'apprentissage.

57 % des filles et 51 % des garçons âgés de 15 à 19 ans n'atteignent pas le niveau d'activité physique recommandé par les autorités médicales.

La recherche a démontré que l'augmentation du nombre d'heures d'activité physique n'a en rien retardé la croissance ou la maturation osseuse des jeunes, coupant court à l'argument voulant que trop de sport nuise au développement physiologique. De plus, l'étude a révélé une nette amélioration de la condition physique des élèves. « Ces résultats démontrent la capacité de l'école à contribuer à la santé cardiovasculaire. Or, la mauvaise condition physique est un facteur de risque cardiovasculaire aussi important que l'obésité », rappellent les chercheurs.

À ce sujet, des données compilées par le comité scientifique de Kino-Québec sont particulièrement alarmantes. Un sondage réalisé en 1998, en collaboration avec l'Institut national de santé publique (INSPQ) et l'Institut de la statistique du Québec, a démontré que 57 % des filles et 51 % des garçons âgés de 15 à 19 ans n'atteignent pas le niveau d'activité physique recommandé par les autorités médicales. « À l'âge de 12 ans, la majorité des enfants des pays industrialisés présentent au moins un facteur de risque de développer une maladie cardiovasculaire : obésité, tension artérielle élevée, tabagisme, sédentarité ou dyslépidémie », prévenait en 2000 le comité scientifique de Kino-Québec.

Il faut dire que la majorité des enfants passent beaucoup plus de temps

devant la télévision (entre 25 et 26 heures
125 par semaine) que sur les terrains de soccer.
Dommage, car il semble bien que les effets du sport en bas
130 âge se fassent sentir toute la vie.

Entre 1996 et 1999, près des deux tiers des sujets ayant
135 participé à l'étude de l'UQTR, alors dans la mi-trentaine, ont été revus par les chercheurs pour qu'ils puissent vérifier les effets à long terme
140 de leur intervention. Ils ont examiné leurs habitudes de vie, entre autres sur le plan sportif, et leur condition physique. On y a constaté que les femmes ayant participé à l'expérience étaient, 20 ans
145 plus tard, plus actives que les femmes du même âge qui avaient suivi le programme normal d'éducation physique.

De manière générale, affirme le docteur Trudeau, « les sujets maintenant
150 adultes se sentent en meilleure santé, ont moins souvent mal au dos et ont un meilleur équilibre, ce qui laisse croire que le développement des habiletés motrices à l'enfance contribue à préserver la
155 santé du dos à l'âge adulte ».

Les chercheurs mettent également l'accent sur le fait que l'école est un endroit pivot pour le dépistage de l'obésité. Pourquoi? « Parce que l'indice de
160 masse corporelle (kg/m2) à l'âge de 12 ans, rappellent les docteurs Trudeau

et Shephard, est un bon indicateur de l'indice de masse corporelle à 35 ans. »

Le suivi, 20 ans plus tard, a égale-
165 ment confirmé que la participation à des activités sportives organisées pendant l'enfance a un impact positif sur l'activité physique à l'âge adulte. Cela influerait même plus que le fait d'avoir des parents
170 actifs. Conclusion : l'école devrait offrir un large choix d'activités sportives dès le plus jeune âge. « La variété des sports proposés semble importante, puisque l'imposition d'une activité non désirée
175 par l'enfant pourrait au contraire avoir un effet nuisible à long terme sur l'attitude face aux activités physiques », précisent les docteurs Trudeau et Shephard.

Présente à l'école depuis l'Antiquité,
180 l'éducation physique est encore plus justifiée aujourd'hui, estime le docteur Trudeau. L'école, rappelle-t-il, est souvent le seul lieu où les enfants pratiquent une activité physique modérée à intense, la
185 seule qui puisse réellement améliorer la condition physique.

Les 50 heures d'éducation physique au secondaire – pour 180 jours d'école – semblent donc nettement insuffisantes
190 pour les spécialistes. « Il faut augmenter le temps réservé à l'activité physique dans le cadre du programme régulier et faciliter les activités sportives para-scolaires », dit le docteur Trudeau. Les
195 enfants ne s'en porteront que mieux. L'école et le système de santé aussi.

■ Pierre CAYOUETTE,
« Combinaison gagnante », *Québec Science*,
octobre 2005, p. 95-96.

MARIE-TEMPÊTE

Ma mère a les cheveux bleus. Elle n'est pas complètement marteau, ni même un peu Martienne, mais simplement coloriste, au Salon Charmante, rue Principale à Saint-Jovite. La semaine dernière, ses cheveux étaient «or cuivré». Le flacon 57, sur l'étagère du haut.

Derrière les séchoirs, tout au fond du salon, ma mère mélange les couleurs. Mèches,
5 teintures, balayages, reflets… Il y a des peintres en bâtiment, d'autres en chevelure.

Le bleu, normalement, n'est qu'un reflet.
Mais Fernande n'a pas eu le temps de revenir
à sa couleur naturelle – noir corbeau sans
numéro – avant de l'essayer. Elle sait
10 maintenant que le nouveau «bleu nuit 13»
fait un peu psychédélique lorsqu'on
l'applique sur un fond «or cuivré 57».

Moi, je rêve d'une mèche bleu électrique.
Juste une, presque discrète, qui se tiendrait
15 bravement debout sur le dessus de ma tête.
Mais pas question! La petite Marie-Lune de
Fernande et de Léandre n'a pas le droit d'être
punk. Je me contente d'une coupe légèrement
étagée et terriblement ordinaire, signée
20 Gaëtanne, l'amie de ma mère, propriétaire
du Salon Charmante.

Ce n'est pas très sophistiqué, mais c'est
un peu ébouriffé, ce qui me convient. Avant,
j'étais plutôt du genre coupe champignon.
25 Un bol de cheveux renversé sur le crâne.
Une auréole de poils trop sages. Maintenant,
c'est fini. Je m'appelle encore Marie-Lune,
mais attention! Je suis plutôt une
Marie-Éclipse, une Marie-Tonnerre,
30 une Marie-Tremblement de terre.

C'est drôle! Les clients de Fernande lui
réclament les pires extravagances, et elle ne
bronche pas. Maman peint en blond Barbie

ASHTON HINRICHS, *ÉCOUTEZ*, 1998.

Dominique DEMERS

1956-

Docteure en littérature jeunesse, écrivaine, scénariste et éditrice, Dominique Demers est bien connue pour ses livres jeunesse qui lui ont valu de nombreux prix. Elle occupe une place de choix dans le coeur des enfants et son premier roman pour les adultes, le best-seller *Le pari*, lui a permis de conquérir des milliers de lecteurs. Après le succès de *Marie-Tempête*, elle montre ce qu'est devenue Marie-Lune, 15 ans plus tard, dans *Pour rallumer les étoiles*.

Extraits de la biographie de Dominique Demers, Québec/Amérique, [En ligne].

les cheveux roux de Mme Lalonde, étale du jaune carotte sur la
35 tignasse noire de Mme Bélanger, teint en noir charbon les derniers poils blancs de Joséphine Lacasse et jure à ces épouvantails qu'elles sont ravissantes. Ces dames lui demanderaient une mèche vert limette, et ma mère brasserait les couleurs sans dire un mot.

Moi ? Voyons donc ! C'est différent.

40 J'ai déjà été la gloire de Fernande. Sa fille unique. Belle et brillante. Belle, dans la langue de ma mère, ça veut dire propre, bien mise et en bonne santé. Et brillante ? Des «A» partout, en français comme en chimie.

Depuis l'an dernier, ma mère me trouve moins belle et
45 brillante, et beaucoup trop adolescente. Et depuis qu'Antoine est entré dans ma vie, je me suis métamorphosée en cauchemar ambulant. Je fais peur à mes parents. La nuit des vampires, c'est rien à côté de moi.

Fernande a du mal à digérer la nouvelle Marie-Lune. Elle
50 se ronge les sangs et elle s'arracherait aussi les cheveux si elle n'en avait pas déjà perdu autant. Elle fait des drames avec tout, pleure pour rien et souffre toujours de migraines.

Quant à mon père, journaliste sportif au *Clairon des Laurentides*, il lit plus d'articles sur l'adolescence que sur le hockey. Le pauvre a failli faire une syncope en apprenant
55 que 50 % des adolescents ont fait l'amour avant la fin du cours secondaire.

Je suis devenue suspecte.

J'aime Antoine depuis le 27 octobre. Je l'aimais peut-être déjà auparavant, mais j'étais trop poire pour m'en apercevoir. L'année dernière, à la fête d'Halloween de la polyvalente, j'avais dansé avec Sylvie Brisebois.

60 Sylvie est ma meilleure amie. On se connaît depuis la pouponnière. Nos mères étaient enceintes en même temps. Et toutes les deux, on habite au bout du monde. À vingt minutes de Saint-Jovite, en plein bois, au bord du lac Supérieur. Il n'y a que cinq familles assez cinglées pour vivre là douze mois par année. Quand je pense qu'on pourrait avoir un appartement au coeur de Montréal, près des boutiques de la rue
65 Sainte-Catherine, ça me rend complètement folle.

Tout ça pour dire que l'an dernier, au party d'Halloween, pas un traître gars ne nous avait invitées à danser. On buvait sagement nos Coke dans un coin en faisant attention de ne déranger personne et de ne pas trop attirer l'attention. Deux vraies dindes !

Il faut croire que le Coke nous était monté à la tête parce qu'on avait décidé de
70 danser ensemble. Un slow. Quand j'y pense, j'ai tellement honte. Mais Sylvie et moi,
on fait toujours tout ensemble. Sylvie, c'est presque une sœur. On trouvait la musique
belle, on était de bonne humeur et on avait envie de danser. C'est tout. Quand Claude
Dubé et sa bande nous ont vues, ils se sont mis à hurler.

— Hé! Allez-y, embrassez-vous, les lesbiennes! Dérangez-vous surtout pas pour nous.
75 Notre soirée avait fini là. Sylvie et moi, on était rentrées au lac sans parler.

Cette année, Sylvie n'est pas venue au party d'Halloween. Et ça n'avait rien à voir
avec les moqueries de la bande à Dubé. Ses parents descendaient passer la fin de
semaine à Montréal. Pas question de manquer ça.

J'avais enfilé mon plus beau jean et la chemise bleu ciel du père de Sylvie. C'est
80 elle qui me l'avait prêtée. Je n'avais pas osé emprunter celle de mon père : il aurait fait
tout un plat.

Je me sentais drôle, ce soir-là. Triste et heureuse en même temps. Pour rien. Ça
m'arrive parfois. J'ai les émotions de travers. Comme si on les avait passées au malaxeur.

Je regardais Nathalie Gadouas danser avec Antoine Fournier et je les trouvais
85 terriblement romantiques. Antoine est grand et beau. Ses cheveux blonds sautillent
sur son front et courent un peu sur sa nuque. Ses yeux verts sont immenses et ils
brillent comme la forêt autour du lac, les matins d'été.

— Tu danses ?

J'ai changé de galaxie. J'étais loin dans mes songeries. Je ne l'avais pas vu approcher.
90 Antoine était là, devant moi. Gauche et sérieux. Il avait l'air trop grand. Et gêné de l'être.

Je n'ai pas répondu. Je l'ai suivi. Ce n'était pas un nœud que j'avais dans la gorge,
mais un troupeau d'éléphants. En avançant, je lui ai écrasé un pied, le droit, je crois.
Il était aussi gauche que moi. En voulant me prendre le bras, il a failli s'enfuir avec
mon chandail.

95 On n'a rien dit. On était encore un peu à l'écart du peloton de danseurs quand il m'a
enlacée. Ça m'a donné un grand coup au cœur. Il faisait chaud et doux dans ses bras.
Son chandail sentait l'automne, la terre noire et les feuilles mouillées.

J'ai toujours aimé l'automne. À cause des grands vents qui hurlent et qui secouent
tout. L'automne n'est pas une saison morte. C'est plein de vie, de furie. Mais c'est
100 aussi une saison qui nous berce pendant de longs moments. Au ralenti. En silence.
Quand la pluie cesse et que les vents s'apaisent.

Je pensais à tout ça. Et au nom d'Antoine, pas tellement loin d'automne. Du bout
de mon nez, je touchais son cou. Mes lèvres étaient toutes proches. J'aurais voulu

l'embrasser. Tout de suite, j'avais envie de passer les trois prochains siècles enveloppée
105 dans ses bras et portée par la musique.

Peut-être m'a-t-il entendu penser ? Il s'est détaché lentement. J'ai décollé mon nez
de son cou. On s'est regardés. Ses paupières se sont abaissées. La grande forêt verte a
disparu et il m'a embrassée. Sur les lèvres. Tout doucement. Tellement doucement que,
si ses lèvres n'avaient pas été aussi chaudes, je me serais demandé si c'était vraiment arrivé.

110 Les musiciens ont annoncé une pause. J'ai pensé à Cendrillon. Mon père venait
me chercher à vingt-trois heures. Le métro ne passe pas souvent à Saint-Jovite, surtout
à destination du lac Supérieur.

— Il faut que je parte…

J'espérais qu'il comprendrait. Il n'a rien dit. Mais il a attrapé mes mains et les
115 a serrées entre les siennes. Puis il est parti.

À la maison, Fernande m'attendait. Tant mieux ! J'habite à deux heures de Montréal,
au bord d'un lac où il y a plus de canards que de jeunes de mon âge. Ma mère a toujours
été mon amie. Un peu comme Sylvie. L'année dernière, après la danse, j'avais tout
raconté à Fernande. Ma gêne, ma rage, mon désespoir. Cette fois, il m'arrivait quelque
120 chose d'extraordinaire. Et je ne pouvais quand même pas aller le crier aux canards.

Je m'étais assise sur le bord du lit de ma mère. Et je
lui avais encore une fois tout raconté. Depuis l'apparition
d'Antoine jusqu'au baiser.

J'avais oublié qu'elle avait changé depuis quelques
125 mois. Un vrai porc-épic. Je suis tombée de mon nuage.
Une bonne débarque.

— Je n'en reviens pas ! Mon Dieu, que tu es naïve !
Réveille-toi, Marie-Lune ! Tu joues avec le feu. Si tu
continues, tu vas te réveiller enceinte à quinze ans.

130 Ah bon ! Et moi qui croyais que pour faire des bébés,
il fallait faire l'amour, pas juste s'embrasser. Ma mère
gâchait tout. Je n'avais pas envie de faire l'amour
avec Antoine.

Pas tout de suite, en tout cas.

■ Dominique DEMERS,
Marie-Tempête, Montréal,
Éditions Québec/Amérique, 1997, p. 15-20.

TEXTES SUPPLÉMENTAIRES

LES MOTS SECRETS

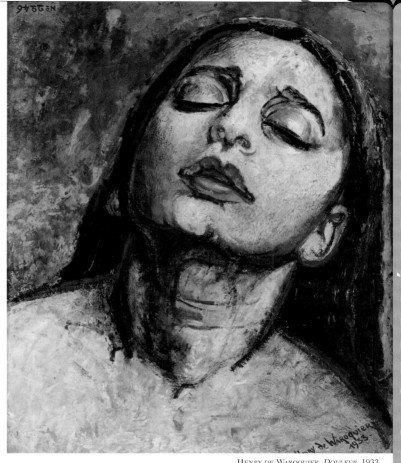

HENRY DE WAROQUIER, *Douleur*, 1933.

Le matin se lève toujours trop tôt
car le cœur ne vibre
que la nuit, dans le noir
recouvrant les rêves
5   un doux velours tendu
à la fenêtre, le verbe aimer
conjugué au futur
le contour d'une silhouette
encore inconnue
10   mais qui viendra un jour
dans ma vie
je la reconnaîtrai à ses lèvres
suspendues à la mer
ou à sa passion
15   pour les langues laissant chanter
leurs voyelles
Il faudra me fier à ces antennes
qu'on sent parfois sous la peau
ces frêles antennes
20   de papillon en éveil

Les mots du cœur
ne sont pas plus beaux que les mots
qui veulent avoir raison
quand la voix enfile
25   et se met à japper
avec les chiens de garde
les mots du cœur ne sont ni moelleux
ni dorés

Louise DUPRÉ

1949-

Poète, dramaturge et romancière, Louise Dupré a étudié à l'Université de Sherbrooke puis à l'Université de Montréal, où elle a obtenu, en 1987, un doctorat en lettres. Elle est actuellement professeure de littérature et directrice du département d'études littéraires à l'Université du Québec à Montréal.

En 1984, Louise Dupré a obtenu le Prix Alfred-Desrochers pour son recueil *La peau familière*. Son recueil *Chambres* a été mis en candidature pour le Prix du Gouverneur général en 1987. Elle recevait, en 1993, le Grand Prix de poésie de la fondation des Forges pour *Noir déjà* et, en 1997, le Prix Ringuet de la Fondation Jean-H-Picard pour son roman *La memoria*. En 1999, elle était reçue dans les rangs de l'Académie des lettres du Québec.

Litterature.org, [En ligne].

mais ils font affluer
30 le sang aux tempes
et je deviens ruisseau
rivière, fleuve débordant
sous ses flots
je suis capitaine
35 d'un navire sans papillon
qui découvre derrière sa paupière
les rubis
d'un trésor volé
[…]

Personne ne me comprend
40 même pas moi
avec ses jambes qui allongent
sans me demander mon avis
et mes pensées
voyageant à la vitesse de la lumière
45 on dirait que je parle
une autre langue, une langue
aux accents étranges
qu'on découvrira
peut-être un jour quand les fusées
50 atteindront la Voie lactée
Pour l'instant, je cherche un visage
ajusté au timbre de ma voix
un de ces visages
lents du matin
55 mais que je pourrais habiter
jusqu'au dernier soir

Je ne peux pas expliquer le désordre
dans mon crâne
mes peines comme des vêtements
60 éparpillés partout
l'amour que je ne sais pas
à qui donner
certaines colères
bouillonnant sous ma peau

65   tous ces sentiments qui s'emmêlent

jusqu'à former un nœud

de chair et de sang

un lacis de cordages

que j'essaie de défaire doucement

70   pour l'observer

sous toutes ses facettes

avec des yeux

enfin ajustés à mes mots

Souvent il me vient un poème

75   avec des vers fragiles

pour dire la boule

qui emplit ma gorge

de son silence mouillé

des vers quand les larmes

80   roulent leur peine jusqu'au fleuve

lourd qui traverse la plaine

des vers pour la soif

de chuchoter, de hurler

de parler vrai

85   Les poèmes accueillent

toutes mes grimaces

même les plus laides

même celles que je fais

derrière la porte close de ma chambre

90   quand personne n'est là

pour me surveiller

■ Louise DUPRÉ,
Les mots secrets, Montréal,
Les éditions de la courte échelle, 2002,
p. 18-19, 25-27.

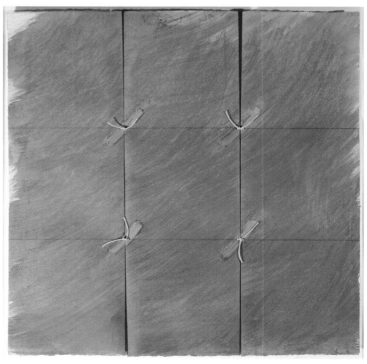

RICHARD SMITH, *QUATRE NŒUDS Nº 6.*

LA RECETTE
DE NOTRE CARACTÈRE

Qu'est-ce qui fait de nous un aventurier ou un grand prudent, un p'tit rigolo ou quelqu'un de plus sérieux ?

Une bonne dose de génétique

Vous vous trouvez trop timide, trop ronchon ou franchement susceptible ? Prenez-vous en à vos gènes ! Car oui, aujourd'hui c'est prouvé, les traits de
5 notre caractère seraient en grande partie inscrits dès la naissance dans nos cellules. Cela vous étonne ? Eh bien observez donc les nourrissons que vous avez autour de vous. Ils n'ont pas encore eu le
10 temps d'être formatés par leurs parents et, pourtant, ils ont déjà leur petit caractère. Rigolard, boudeur, passant des genoux du cousin à ceux de la voisine sans problème ou braillant dès qu'on les
15 arrache des bras de leur mère.

Autres preuves vivantes de l'importance des gènes ? Les vrais jumeaux séparés dès la naissance. Ils n'ont pas été élevés par les mêmes parents, n'ont pas
20 reçu la même éducation ni côtoyé les mêmes amis, ils ont parfois grandi dans des milieux différents. Pourtant, ils se ressemblent énormément, physiquement, bien sûr, mais aussi au niveau du carac-
25 tère. Une fois réunis, la plupart disent avoir la même façon de réagir, de voir les choses… Des ressemblances qui ont été confirmées par des études scientifiques.

Si on leur fait passer des tests psychologiques, ils présentent effectivement beaucoup de similitudes, bien au-delà de la moyenne de la population et presque autant que s'ils avaient été élevés ensemble! Comme la seule chose qu'ils partagent c'est leur patrimoine génétique parfaitement identique, les scientifiques en ont donc conclu que leurs ressemblances ne pouvaient provenir que de leur seul point commun: leurs gènes.

D'ailleurs, depuis dix ans, les scientifiques traquent dans nos cellules ces faiseurs de caractère. Et ils en ont déjà identifié une bonne dizaine. Par exemple, le gène 5-HTT. Dans la population, il existe sous deux formes: l'une «longue», l'autre «courte». Eh bien, on s'est aperçu que ceux qui possédaient la version «courte» étaient un peu plus anxieux que la moyenne. Rien d'étonnant! Ce gène a une influence sur la quantité de sérotonine sécrétée dans notre cerveau. Or, cette molécule est un fabuleux antistress! Ainsi, selon notre équipement en 5-HTT nous ne serions pas tous égaux face à un événement angoissant, un examen par exemple. Ceux qui ont une version «courte» du gène produisent en moyenne un peu moins de sérotonine que les autres et contrôleraient donc moins bien le stress déclenché par l'événement et seraient un peu plus paniqués. Autre gène? Le DRD4. Il influence la production d'une autre molécule, la dopamine. Déversée dans certaines régions du cerveau, elle nous pousse à rechercher la nouveauté et nous procure du plaisir

lors de ces expériences. Là aussi, le gène existe en deux versions. Ceux qui possèdent la version longue éprouvent plus de plaisir à prendre des risques. Au sommet d'un plongeoir de 5 m, ils auront plus tendance à sauter que leurs copains, moins stimulés par la dopamine…

Attention, ce n'est pas parce que l'on possède la version courte du gène 5-HTT que l'on sera forcément très anxieux, ou que l'on deviendra casse-cou si on a la version longue de DRD4. Chacun de ces gènes n'apporte qu'une petite contribution à la fabrication de notre caractère. En réalité, pour chacun des cinq principaux traits de notre personnalité, […] ce serait près de 30 gènes différents qui interviendraient. Et c'est leur combinaison (un même individu peut posséder à la fois des gènes qui le poussent à être plutôt stressé et d'autres qui le poussent à être plutôt cool) qui donnent à chacun d'entre nous un profil particulier, de très extraverti à carrément introverti, de très doux à très agressif…

Mais alors, si la personnalité est inscrite dans nos gènes, cela veut dire que l'on est condamné à rester toute sa vie ce que l'on «naît»? Rassurez-vous, si c'était le cas, les vrais jumeaux, même élevés séparément, auraient exactement la même personnalité. Or, s'ils se ressemblent beaucoup, ils ont au moins autant de différences que de similitudes! En fait, selon les scientifiques, nos gènes ne pourraient expliquer que 50 % des variations entre le caractère des individus. Et c'est normal! Seuls, les gènes ne sont

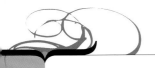

105 rien. Ils définissent seulement la façon dont nous allons réagir au monde extérieur : les gens qui possèdent la version courte de 5-HTT ne sont angoissés que parce qu'il y a eu un examen et 110 que leur organisme n'a pas été capable de gérer la montée de stress. Si les gènes définissent une tendance de notre caractère (on est plutôt timide, sociable ou impulsif), c'est l'environnement et l'expé- 115 rience qui vont le révéler et le moduler. Ainsi, on peut être très angoissé lors de son premier oral, mais au bout du quinzième, même si une partie de notre cerveau nous fait ressentir l'angoisse, une 120 autre nous rappelle que les fois précédentes cela ne s'était pas si mal passé et, éventuellement, fait descendre le niveau de stress. Nous rendant à la longue un peu moins angoissé. Ouf !

Un chouïa d'influence parentale

125 De la naissance à la fin de l'adolescence, nous passons en moyenne une vingtaine d'années de notre vie dans le giron familial. Et ce, au moment même où l'on est en pleine construction psy- 130 chique. Forcément, le mode de vie et le type d'éducation fournis par nos parents doivent bien avoir une influence sur notre personnalité ! Eh bien, pas tant que ça. C'est ce que prouvent différentes 135 études comparant des frères et sœurs élevés ensemble et séparément. Si l'environnement familial était déterminant, les premiers devraient se ressembler beaucoup plus que les seconds. Or, cela ne se 140 vérifie pas. Plus frappant encore : si l'on

compare des enfants adoptés élevés dans une même famille (ils n'ont pas de gènes communs donc toutes leurs similitudes proviennent de leur environnement 145 familial commun) on s'aperçoit qu'à l'âge adulte, ils n'ont pas beaucoup plus de points communs que deux étrangers !

Ainsi, l'éducation parentale n'aurait quasiment aucune influence ? Pour cer- 150 tains psychologues, c'est conclure un peu vite. Selon eux, les études précédentes ne permettent pas de mesurer tous les effets de la famille. Elles négligent notamment le fait que les parents ne traitent pas tous 155 leurs rejetons de la même façon : ils s'adaptent au tempérament et aux goûts de chacun. Donc s'ils ont une influence sur le caractère de leurs enfants, cela n'est pas forcément en rendant frères et 160 sœurs plus semblables. En revanche, leur mode éducatif va sans doute renforcer ou corriger un chouïa les traits de caractère de chacun. Quand ils surprotègent le plus timide, par exemple, ils risquent de 165 le rendre un peu plus peureux. Et quand ils insistent pour qu'un enfant agité se concentre sur un bouquin, peut-être le rendent-ils peu à peu plus patient. Dans quelle mesure ces comportements vont- 170 ils, au final, participer à notre personnalité d'adulte ? Certains disent qu'ils expliqueraient moins de 10 % de la variabilité de nos traits de caractère. Mais cela reste très difficile à évaluer.

Et une louche de hasard

175 Si les parents ne laissent que peu de traces sur notre personnalité d'adulte et

que nos gènes n'expliquent que 50 % des variations de caractère entre individus, qu'est-ce qui, finalement, va fignoler les tours et les détours de notre caractère ? Eh bien, c'est sans doute le hasard ! Un hasard biologique d'abord, qui commence dans le ventre de notre mère. Celui qui fait que, dans notre cerveau en développement, le bras d'un neurone va partir plutôt à droite qu'à gauche, qu'il va se connecter en ce point-ci ou en ce point-là. Car si nos gènes codent pour la fabrication d'un nombre donné de cellules nerveuses et définissent à peu près leur position dans le cerveau, ils ne gèrent pas dans le détail l'architecture des connexions. Les finitions s'y font parfois au petit bonheur la chance, en fonction de paramètres qui varient d'un individu à l'autre (position dans l'utérus, alimentation de la mère…).

Et puis il y a les hasards de la vie. Notre histoire, que nous ne partageons avec personne d'autre, avec ses accrocs, ses grands bonheurs et ses drames. Nul ne sait comment et dans quelle mesure, mais ces expériences, surtout si elles sont chargées d'émotions, influencent forcément notre caractère. Et les rencontres, les copains, ont probablement une place de choix. Certains psychologues croient même qu'ils exerceraient sur nous une influence bien plus importante que celle des parents. Une preuve ? Les enfants d'immigrés. Si, à la maison, leurs parents continuent à parler la langue de leur pays d'origine et en conservent en partie les

traditions, les enfants s'expriment dans la langue du pays d'accueil, et ce, sans accent ! Ils l'ont acquise naturellement, au contact des jeunes de leur âge. Certes, ils connaissent la langue et les codes de la culture d'origine de leurs parents, et les adoptent éventuellement à la maison.

Mais à l'extérieur, dans la vie quotidienne, leurs références sont les mêmes que celles de leurs amis… Et voilà comment, au hasard des rencontres et du cours de notre vie, nous nous fabriquons un cerveau unique, qui contribue à faire de nous quelqu'un d'exceptionnel !

■ Carine PEYRIÈRES,
« La recette de notre caractère »,
Science & Vie Junior, n° 195, décembre 2005, p. 48-51.

■ **CHARLOTTE GINGRAS**, *La liberté ? Connais pas…*, Saint-Laurent, Les éditions de la courte échelle, 2005, 156 p.

« J'ai envie de manger un sac de nachos au grand complet. J'ai envie de partir en auto-stop vers le nord, jusqu'au bout de la route. J'ai envie de couper mes cils. Il y a des jours où, à l'intérieur de mon thorax, je sens que ça va exploser dans toutes les directions. Ça fait mal. Rien n'explose. Alors je n'ai plus envie de rien. Juste de me coucher en travers de mon lit et d'attendre que ça passe. »

■ **TANIA BOULET**, *Envers et contre tous*, Montréal, Québec/Amérique, 2004, 203 p. (Coll. Jeunesse).

Commencer l'année dans une nouvelle école n'est jamais facile. Laisser derrière soi le garçon idéal n'arrange pas les choses… Faisant contre mauvaise fortune bon cœur, Clara refuse de se laisser abattre. Bien sûr, elle s'ennuie de ses amis, et surtout de Simon, son amoureux, mais elle survivra… Fonceuse, décidée, elle s'inscrit au projet de comédie musicale que monte Pascal, un garçon un peu bizarre. En voyant les participants abandonner l'un après l'autre, elle sent sa détermination grimper en flèche. La rage au cœur, elle jure de rester jusqu'à la fin, même si elle devait faire le spectacle seule avec Pascal. Et Simon dans tout ça ?

■ **ALEXANDRE JARDIN**, *Bille en tête,* Paris, Gallimard poche, 1988, 215 p. (Coll. Folio).

Avec ses seize ans en bandoulière, Virgile veut désormais vivre tout haut et non plus chuchoter sa vie dans les couloirs d'une école. Il a une fleur dans le cœur et cette fleur veut voir le soleil. Adolescent charmeur, doué d'une gaieté infernale et enfantine, il séduit une amie de son père : Clara. Seule sa grand-mère, l'Arquebuse, semble le comprendre. Personnage tendre, haut en couleur et authentique, l'Arquebuse est pour Virgile une sorte d'assurance tous risques qui garantit le cœur, avec en prime des pâtés de canard. La clef de ce roman pudique, rapide et cocasse réside sans doute dans cette confidence de l'Arquebuse à Virgile : « Chaque fois que tu vis, que tu écris ou que tu dis avec légèreté quelque chose de grave, tu gagnes en grandeur. »

■ **J.D SALINGER**, *L'attrape-cœurs,* Pocket jeunesse, 2005, 257 p.

Holden Caufield, 16 ans, est renvoyé de la pension où il ne fait pas grand chose. L'adolescent aussi désœuvré que désabusé décide de traîner dans les rues de New-York au lieu de rentrer chez lui. Il nous raconte son histoire tout en refusant de « défiler sa complète autobiographie ». Au cours de son récit, on pressent avec force ce qu'il se contente d'évoquer : la douleur qui a suivi la mort de son frère, le malaise qui sourd en lui, ses difficultés d'adaptation, la grande tendresse qu'il voue à sa petite sœur… Lors de cette déambulation qui peut s'apparenter à une quête, Holden fera de bonnes et de mauvaises rencontres qui vont finalement l'inciter à revenir sur la bonne voie…

■ **ANNE-MARIE THOMAZEAU** et **ODILE AMBLARD**, *160 questions strictement réservées aux ados,* Paris, Éditions De La Martinière Jeunesse, 2004, 254 p.

« Je n'ose pas aller vers les autres et j'en souffre. Comment faire ? L'amitié entre les filles et les garçons existe-t-elle vraiment ? Doit-on dire à ses parents qu'on a un petit copain ? À ces questions de vie, graves, drôles, étonnantes, intimes et parfois dérangeantes, les auteures répondent le plus simplement et le plus justement possible. »

■ **LE THÉÂTRE LE CLOU**, Création de spectacles pour adolescents

« Comment ça se fait que plus je grandis, moins j'ai l'impression d'être vivant ? » « Jacques, dis-moi franchement : est-ce que je possède des différences individuelles favorables ou nuisibles ? » L'adolescence est une période de découvertes, d'expérimentations, de prises de position. C'est ce qui donne à ces jeunes hommes et femmes des allures un peu chaotiques, parfois révoltées, parfois profondes, parfois à fleur de peau, parfois téméraires, à l'image du théâtre que Le Clou leur propose.

■ **LÉA POOL**, *Emporte-moi*, Drame, France Films, Québec/Canada, 1999, 94 min.

Hanna, fille d'un poète inconnu et d'une jeune mère fragile et surmenée, tente de trouver ses repères dans ce monde qui l'entoure. Et elle comprend, comme le dit l'envoûtante Nana, qu'elle est libre mais surtout responsable… responsable de vivre sa vie.

■ **ZEP**, *Les filles électriques*, Bande dessinée, Belgique, Éditions Dupuis, 2005, 48 p.

Vous aviez quinze ans, la vie devant vous, vos parents sur le dos et une seule envie : rencontrer des filles, et surtout l'âme sœur. Celle qui vous aurait fait vraiment battre le cœur et connaître le bonheur (et plus si affinités). Mais voilà, vous aviez quinze ans, et elles n'avaient que faire de votre air gauche et de vos compliments maladroits.

■ **HÉLÈNE BÉLANGER-MARTIN**, *La peau et les os, après…*, documentaire, Christal Films, Canada, 90 min.

On comprend mal l'ampleur stupéfiante et les causes complexes des troubles alimentaires. *La peau et les os, après…* propose une réflexion étoffée sur ce mal-être qui frappe plus que jamais, surtout des filles, mais aussi des garçons. Un « cancer de l'âme » qui tue plus que toute autre maladie mentale. *La peau et les os, après…* met en vedette Annie, Isabelle, Marlène, Hélène et la jeune Charlotte, 17 ans, qui ont accepté de revivre ces périodes de détresse qui ont failli avoir leur peau. Elles témoignent pour rallumer l'espoir au cœur de tant de jeunes hurlant leur mal de vivre.

ROBERT DELAUNAY, *LES COUREURS*, 1924-25.

Aux limites du corps

> LE SPORT VA CHER-CHER LA PEUR POUR LA DOMINER, LA FATIGUE POUR EN TRIOMPHER, LA DIFFICULTÉ POUR LA VAINCRE.
>
> PIERRE DE COUBERTIN, *fondateur des Jeux olympiques modernes*

Robert Delaunay (1885-1941), peintre français contemporain de Picasso, a été l'un des premiers à célébrer dans ses tableaux les différents aspects de la vie moderne, comme la ville, les nouvelles technologies et la popularité grandissante du sport. Il a fait cet éloge de la modernité à travers un art audacieux qui représente la réalité de manière très libre et dynamique, et en misant beaucoup sur le jeu des couleurs.

1. **a)** Décrivez, en quelques mots, la scène représentée dans le tableau de Robert Delaunay.

   b) Selon vous, pourquoi l'artiste a-t-il peint des gradins vides?

2. Comment ce tableau parvient-il à produire un effet de mouvement, à évoquer un certain dynamisme?

3. D'après vous, quel est le lien entre la citation figurant dans cette page et la toile qui y est présentée?

Au programme

Inspirez-vous du thème de ce quatrième épisode pour enrichir votre répertoire personnalisé. Choisissez un roman racontant une histoire liée au thème du sport afin de mieux connaître ce monde de l'intérieur.

 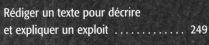

Pré entation

De nos jours, plus que jamais, le corps est utilisé comme un instrument d'épanouissement et de performance. Grâce à lui et à toutes les possibilités qu'il nous offre, nous pouvons connaître des expériences fortes et variées qui nous donnent le sentiment de vivre intensément. Certaines personnes, par pur défi, cherchent à repousser les limites du corps humain pour établir des records qui feront l'admiration de tous. Les athlètes, pour leur part, s'engagent dans une quête du dépassement de soi qui soumet leur corps à une seule exigence, celle qui est résumée par la devise olympique : *plus vite, plus haut, plus fort.* Pour arriver à leurs fins, ces adeptes de la performance physique doivent apprendre à maîtriser leur précieux instrument, leur corps, dans des situations extrêmes. Surtout, il leur faut composer avec un ennemi sournois : le stress, qui peut faire déraper une performance à tout moment. Mais tous les exploits physiques et sportifs, aussi impressionnants et spectaculaires soient-ils, ne doivent pas nous faire oublier que le corps a des limites, limites qu'il faut apprendre à respecter. Ce quatrième épisode vous propose d'explorer les différentes facettes de ce phénomène.

L'organisation du texte

- La séquence descriptive
- Des procédés descriptifs
- La séquence explicative
- Des procédés explicatifs
- Des procédés graphiques
- La séquence narrative
- La chronologie du déroulement
- Le schéma narratif
- L'harmonisation des temps verbaux
- Le rythme du récit
- Les traits caractéristiques des personnages
- Le statut du narrateur
- La vision ou le point de vue du narrateur

La grammaire de la phrase

- Les phrases à construction particulière
- Le groupe adverbial (GAdv)
- Le complément du nom
- L'accord du participe passé employé avec l'auxiliaire *avoir*
- L'accord du participe passé employé avec l'auxiliaire *être*

La grammaire du texte

- La continuité de l'information
- La pertinence de l'information
- La progression de l'information
- Les organisateurs textuels

NOTIONS ET CONCEPTS

La langue orale

- Les éléments verbaux

Le lexique

- Le champ lexical
- Le vocabulaire exprimant la cause et la conséquence
- Le vocabulaire exprimant le temps et le lieu
- Des procédés stylistiques
- Les anglicismes

La situation de communication écrite et orale

- Les marques de modalité exprimant l'attitude de l'énonciateur par rapport au message
- Le discours rapporté

EXPLOITS EN TOUS GENRES

Les textes qui suivent abordent, sous différents angles, l'exploit qui met en valeur le corps humain, sa puissance, sa résistance, ses mille possibilités.

Dans le premier texte, il sera question de records établis par des gens qui, dans des situations extrêmes, ont réussi à repousser les limites de leur corps. Certains l'ont fait par nécessité, d'autres pour le plaisir suprême de se dépasser. Vous resterez bouche bée en découvrant ces exploits réalisés par des personnes qui n'ont vraiment pas froid aux yeux...

Le deuxième texte abordera un problème que les gens doivent souvent affronter dans la société moderne : le stress. Ce problème, les athlètes doivent y faire face plus que quiconque dans les compétitions auxquelles ils et elles prennent part. Vous verrez comment ils et elles arrivent à dompter cet animal pas commode !

Le troisième texte est un court récit mettant en scène un champion d'athlétisme qui prend une décision étonnante, inhabituelle, qui provoquera questions et perplexité.

Cette quête d'exploits et de performances est-elle saine ? Vouloir se dépasser à tout prix est-il bon pour le corps et pour l'esprit ? Le jeu en vaut-il toujours la chandelle ? Ce sera à vous de juger.

1. a) Quel est le titre du célèbre ouvrage qui recense les records établis dans tous les domaines depuis plus de cinquante ans ?

   b) Quels sont les types de records qui vous intéressent le plus ? Donnez quelques exemples en justifiant vos choix.

2. a) Dans quelles situations êtes-vous le plus susceptible d'éprouver du stress ?

   b) Que faites-vous alors pour mieux composer avec ce stress ?

3. a) Pourquoi vous considérez-vous ou non comme un ou une adepte du sport ?

   b) Que pensez-vous des performances des athlètes en général : leurs exploits vous impressionnent-ils ? Selon vous, s'agit-il de modèles à suivre ?

LE TOUR DU MONDE DES RECORDS

20 minutes dans une eau à 0 °C

Normalement, c'est mortel. Pourtant, Lewis Gordon Pugh l'a fait dans ces eaux glaciales de l'Antarctique, établissant le record mondial de la baignade la plus au
5 sud du globe. Son truc ? En s'entraînant 4 fois par semaine dans une piscine à 2 °C, il a acquis des réflexes surprenants. Ainsi, dès qu'il se trouve face à l'eau froide, sa température, sans que l'on sache com-
10 ment, grimpe instantanément à 38 °C au lieu des 37 °C habituels du corps humain. Ensuite, alors que nous ne pouvons nous empêcher de haleter sitôt que l'on est plongé dans une eau glaciale,
15 Lewis Pugh maîtrise sa respiration. Ce qui lui évite de boire la tasse et de se noyer. Enfin, sa technique qui consiste à nager le plus vite possible lui permet de produire un maximum de chaleur dans
20 ses muscles et de maintenir sa température interne juste au-dessus de 35 °C, le seuil critique pour le corps.

14 mois en apesanteur

Le cosmonaute russe Valery Poliakov détient le record du plus long séjour dans
25 l'espace : 437 jours à bord de la station Mir, en 1994 et 1995 ! Entre le mal de l'espace (analogue au mal de mer), le sang qui se concentre dans la tête et l'irradiation nucléaire par le vent solaire,
30 ça n'a pas été une partie de plaisir. Et les difficultés du cosmonaute ont continué à son retour : ses jambes se sont si bien adaptées à l'apesanteur (où elles n'avaient plus à soutenir le poids du
35 corps) qu'elles ne le portaient plus ! Le problème ne vient pas des muscles : pour éviter leur fonte, Valery Poliakov passait 4 à 5 heures par jour à faire de la musculation. Le point faible, ce sont les os :
40 comme les muscles, le squelette se renforce ou s'affaiblit selon les besoins. Chez les haltérophiles, par exemple, il est plus massif que chez une personne ordinaire. Or, dans l'espace, les os des jambes se
45 fragilisent. Ainsi, sur 1,25 kg de calcium contenu dans ses os, un astronaute perd 140 mg par jour. À ce rythme, un séjour de 500 jours dans l'espace est la limite à ne pas dépasser.

1. À l'aide du contexte, expliquez la signification de l'expression « boire la tasse ».

2. En tenant compte du sens du préfixe *a-*, définissez le mot apesanteur.

La station Mir est une station spatiale russe qui a été en orbite autour de la Terre de 1986 à 2001. Important laboratoire scientifique dans l'espace, cette station a accueilli jusqu'en 1999 des astronautes pour des séjours plus ou moins prolongés. Après quinze années en service, elle a été détruite parce qu'elle était devenue trop instable.

2 fois leur poids sur le dos

50 Personne ne vaut les sherpas népalais lorsqu'il s'agit de porter de lourdes charges pendant des journées entières. À plus de 2000 m, sur des terrains accidentés, ils se coltinent des chargements
55 qui peuvent atteindre jusqu'à 2 fois leur poids (120 kg)! Les Occidentaux, eux, n'arrivent à porter qu'un quart de leur propre poids lors d'un effort prolongé. Des scientifiques belges ont tenté de per-
60 cer le secret des Népalais, sans succès. Ils n'ont pas de technique particulière. Tout ce qu'on sait, c'est qu'ils s'économisent : ils marchent lentement, pas à plus de 2 km/h, et multiplient les pauses. Dans
65 les passages un peu raides, ils s'arrêtent 45 secondes toutes les 15 secondes !

Travailler à plus de 800 °C

C'est le lot des pompiers. S'ils n'étaient vêtus d'un équipement adéquat, ce serait une mission impossible,
70 car la chaleur tue plus sûrement que le froid. Que notre température passe le cap des 42 °C et c'est la mort assurée ! Heureusement, pour éviter la cata , le corps a des ressources. Ainsi, des expé-
75 riences ont prouvé que nous pouvons tenir 20 minutes à 127 °C (un four moyen pour cuire des petits choux)! Comment ? Nos vaisseaux de surface se dilatent et concentrent la chaleur au
80 niveau de la peau, qui est ensuite éliminée grâce à la transpiration. Ce qui permet de multiplier par 20 la déperdition de chaleur. Mais tout ça n'est possible qu'à condition que l'air soit très sec.
85 Dans un environnement humide, la

chaleur est beaucoup moins supportable. C'est la raison pour laquelle on supporte 90 °C dans un sauna (sec) et seulement 50 °C dans un hammam (humide).

À 171 m de profondeur en apnée

90 Si le Français Loïc Leferme a pu établir ce record mondial en 2004, c'est que son organisme ne fonctionne plus tout à fait comme le nôtre ! En effet, les apnéistes sont capables de retenir leur respiration
95 bien plus longtemps (7 minutes) que vous et moi (1 à 2 minutes). Grâce à un entraînement intensif, l'organisme de Loïc Leferme supporte un taux d'oxygène sanguin extrêmement faible (moins de
100 50 % de la normale), alors que le nôtre nous pousse à inspirer dès que l'on passe en des-
105 sous de 96 % de la normale. Et puis le plongeur arrive à ralentir le rythme de son cœur, gros consommateur
110 d'oxygène, de 60 à 25 battements par minute ! Mais le plus impressionnant, c'est que son
115 corps résiste à la pression énorme

Le sauna est un bain de vapeur sèche d'origine finlandaise chauffé au bois ou à l'électricité et dans lequel la chaleur atteint en moyenne 80 °C. Véritable institution en Finlande, où l'on compte un sauna pour trois habitants, le sauna a gagné beaucoup d'adeptes en Amérique du Nord récemment, en raison des effets bénéfiques qu'il a sur le corps.

Le hammam est un bain de vapeur humide composé de trois ou quatre pièces dans lesquelles les températures varient. On trouve ce bain au Maroc, entre autres, où il constitue un lieu public très important.

3. a) Le mot cata est une abréviation employée en France. De quel mot s'agit-il ?

b) Selon vous, à quelle variété de langue ce mot appartient-il ?

qui s'exerce à −171 m (18 fois la pression atmosphérique). C'est incroyable :
120 dès 100 m de profondeur, la pression devrait ratatiner ses poumons en comprimant l'air qu'ils contiennent jusqu'à les réduire à la taille de deux mandarines. De quoi tuer le plongeur par asphyxie !
125 Pourtant, Loïc Leferme descend bien plus bas. C'est sans doute que son organisme a mis en place des mécanismes d'adaptation particuliers. Lesquels ? Pour l'instant, les scientifiques n'en ont
130 aucune idée.

2 mois à 6700 mètres d'altitude

Nicolas Jaeger, médecin alpiniste, est l'homme qui a passé le plus de temps à une si haute altitude. À cette hauteur, l'oxygène est si rare (il y en a 2,5 fois

4. À l'aide du contexte, expliquez le sens de l'expression « faire les frais » de quelque chose.

Le livre Guinness des records

Lors d'une partie de chasse, en 1951, sir Hugh Beaver, qui dirigeait alors la brasserie Guinness, se lança avec ses amis dans un vaste débat. Lequel, du pluvier doré ou du tétras, était le gibier le plus rapide d'Europe ? Il se dit qu'un ouvrage qui apporterait la réponse à ce genre de questions aurait sans doute du succès. L'avenir allait lui donner raison !

L'idée de sir Hugh se concrétisa lorsque Norris et Ross McWhirter, qui possédaient une agence de documentation à Londres, furent chargés de rassembler les données qui figureraient dans ce qui allait devenir le premier *Livre Guinness des records*. Celui-ci parut le 27 août 1955 et, à Noël, il se trouvait en tête de la liste des best-sellers du Royaume-Uni.

Livre Guinness des records, [En ligne].

135 moins qu'au niveau de la mer) qu'il est très difficile de respirer. S'il a résisté, c'est que notre corps est capable de s'adapter à cet environnement extrême.
140 Comment ? En augmentant le nombre de globules rouges, les cellules du sang qui stockent l'oxygène, et en utilisant un mode de fonctionnement (dit « anaérobie ») qui utilise un minimum de ce gaz.
145 Toutefois, cette adaptation n'est que temporaire. Elle nous permettrait de survivre quelques semaines à 7000 m, mais à peine quelques heures en haut de l'Everest (à 8500 m), le plus haut
150 sommet terrestre. Au-delà de ce délai et de cette altitude, les bénéfices de l'acclimatation cessent, nos neurones s'asphyxient, commencent à se détruire et c'est la mort assurée. Jaeger en a
155 d'ailleurs fait les frais . En 1980, il voulait séjourner au sommet de l'Himalaya. Il n'est jamais revenu.

■ Jérôme BLANCHART et Carine PEYRIÈRES, « Le tour du monde des records », *Science & Vie Junior*, n° 199, avril 2006, p. 50-54.

1. Pour décrire les différents records rapportés, les auteurs ont utilisé les procédés descriptifs habituels. Associez chacune des phrases ci-dessous à l'un de ces procédés. Notez que certaines phrases peuvent contenir plus d'un procédé descriptif.

- **a)** Pourtant, Lewis Gordon Pugh l'a fait dans ces eaux glaciales de l'Antarctique, établissant le record mondial de la baignade la plus au sud du globe. (Lignes 1 à 5)

- **b)** Entre le mal de l'espace (analogue au mal de mer), le sang qui se concentre dans la tête et l'irradiation nucléaire par le vent solaire, ça n'a pas été une partie de plaisir. (Lignes 26 à 30)

- **c)** Des scientifiques belges ont tenté de percer le secret des Népalais, sans succès. Ils n'ont pas de technique particulière. (Lignes 59 à 61)

- **d)** […] des expériences ont prouvé que nous pouvons tenir 20 minutes à 127 °C (un four moyen pour cuire des petits choux)! (Lignes 74 à 77)

- **e)** Si le Français Loïc Leferme a pu établir ce record mondial en 2004, c'est que son organisme ne fonctionne plus tout à fait comme le nôtre! (Lignes 90 à 93)

> - Des procédés descriptifs, p. 326
> - La continuité de l'information, p. 308

> Rappelez-vous que les différents procédés descriptifs sont:
> - la mention du sujet;
> - la situation du sujet dans le temps et dans l'espace;
> - la caractérisation du sujet.

2. Pour désigner les personnes qui ont réalisé les records, les auteurs ont recours à des formes de reprise de l'information.

- **a)** Relevez deux exemples de chacune des formes de reprise ci-dessous, utilisées pour désigner les personnes ayant réalisé un record :
  - 1) la reprise par un pronom;
  - 2) la reprise par un groupe nominal (GN).

- **b)** Selon vous, pourquoi les auteurs ont-ils cru nécessaire de désigner de différentes façons les personnes qui ont réalisé ces exploits?

- **c)** Dans le deuxième paragraphe, trouvez des groupes de mots qui assurent la continuité de l'information en reprenant le GN «Le cosmonaute russe Valery Poliakov». Ces groupes de mots doivent correspondre aux formes de reprise suivantes :
  - 1) un terme qui reprend partiellement le groupe en assurant une progression;
  - 2) un déterminant possessif;
  - 3) un pronom;
  - 4) un terme reprenant partiellement le groupe;
  - 5) un terme générique.

- Les phrases à construction particulière, p. 383
- Le vocabulaire exprimant la cause et la conséquence, p. 482
- La pertinence de l'information, p. 320
- Des procédés explicatifs, p. 329

3. Le texte est composé de six paragraphes coiffés d'intertitres.

    a) Dans chaque cas, précisez si l'intertitre est une phrase non verbale, une phrase infinitive, une phrase impersonnelle ou une phrase à présentatif.

    b) Relevez deux éléments communs à tous les intertitres.

    c) Récrivez trois des intertitres du texte en utilisant une autre construction de phrase que celle employée. Choisissez des intertitres pertinents et accrocheurs qui annoncent bien l'aspect du sujet qui est traité dans le paragraphe.

4. Le texte fournit des explications sur des phénomènes étonnants concernant le corps et ses limites.

    a) Trouvez, dans le texte, les réponses aux questions suivantes.

        1) Comment Lewis Pugh est-il parvenu à maintenir la température de son corps au-dessus de 35 °C dans l'eau glaciale ? («20 minutes dans une eau à 0 °C»)

        2) Pourquoi les jambes de Valery Poliakov ne le portaient plus au retour de son séjour dans l'espace ? («14 mois en apesanteur»)

        3) Qu'est-ce qui explique que l'organisme de Loïc Leferme a pu supporter un taux d'oxygène sanguin extrêmement faible ? («À 171 m de profondeur en apnée»)

        4) Pourquoi est-il difficile de respirer à 6700 mètres d'altitude ? («2 mois à 6700 mètres d'altitude»)

    b) Présentez chacun des phénomènes ci-dessus sous la forme d'un lien cause-conséquence exprimé dans une phrase complexe. Pour ce faire, exploitez à la fois la question et la réponse révélant le phénomène.

    c) En quoi les explications contenues dans le texte vous semblent-elles ou non pertinentes ?

5. **a)** Nommez les procédés explicatifs utilisés dans les extraits ci-dessous.

    b) Dans chaque cas, indiquez les éléments qui vous ont permis de reconnaître le procédé.

Pour révéler les rapports de cause et de conséquence dans les phrases complexes, employez des subordonnants et des coordonnants exprimant ces valeurs.

Rappelez-vous que les différents procédés explicatifs sont :
- la comparaison ;
- la définition ;
- la reformulation ;
- l'exemple ;
- les procédés graphiques (schémas, illustrations, etc.).

> **PREMIER EXTRAIT**
>
> Entre le mal de l'espace (analogue au mal de mer), le sang qui se concentre dans la tête et l'irradiation nucléaire par le vent solaire, ça n'a pas été une partie de plaisir. (Lignes 26 à 30)

- Le champ lexical, p. 489
- Les marques de modalité exprimant l'attitude de l'énonciateur par rapport au message, p. 294

DEUXIÈME EXTRAIT

Or, dans l'espace, les os des jambes se fragilisent. Ainsi, sur 1,25 kg de calcium contenu dans ses os, un astronaute perd 140 mg par jour. (Lignes 44 à 47)

TROISIÈME EXTRAIT

En effet, les apnéistes sont capables de retenir leur respiration bien plus longtemps (7 minutes) que vous et moi (1 à 2 minutes). (Lignes 93 à 96)

QUATRIÈME EXTRAIT

Comment? En augmentant le nombre de globules rouges, les cellules du sang qui stockent l'oxygène, et en utilisant un mode de fonctionnement (dit «anaérobie») qui utilise un minimum de ce gaz. (Lignes 140 à 144)

6. À l'aide de deux exemples tirés du texte, montrez que certains aspects des exploits qui y sont relatés échappent à toute explication rationnelle ou scientifique.

7. a) Trouvez dans le texte huit mots appartenant au champ lexical de la limite, de l'extrême.

b) Comment ce champ lexical contribue-t-il à donner une unité à ce texte constitué de paragraphes isolés?

8. En général, le point de vue adopté dans ce texte est objectif. Cependant, dans certains passages, un point de vue plutôt subjectif se manifeste.

LA LIMITE, L'EXTRÊME

a) Dans le paragraphe intitulé «À 171 m de profondeur en apnée», relevez les marques de modalité qui expriment le point de vue subjectif de l'énonciateur et de l'énonciatrice par rapport au message :

1) un pronom qui révèle la présence de l'énonciateur et de l'énonciatrice ;

2) deux mots ou groupes de mots associés au vocabulaire connoté ;

3) deux phrases transformées qui servent à exprimer un sentiment, une impression ;

4) un groupe adverbial qui indique une probabilité ;

5) un verbe conjugué à un temps verbal exprimant une hypothèse.

b) Selon vous, qu'est-ce qui peut expliquer la présence de ces marques de modalité dans ce paragraphe ?

■ Le groupe adverbial, p. 411

Les groupes adverbiaux (GAdv)

9. a) Relevez les groupes adverbiaux (GAdv) dans les phrases suivantes.

    1) Le cosmonaute russe Valery Poliakov détient le record du plus long séjour dans l'espace […] (Lignes 23 à 25)

    2) Dans les passages un peu raides, ils s'arrêtent 45 secondes toutes les 15 secondes! (Lignes 64 à 66)

    3) Grâce à un entraînement intensif, l'organisme de Loïc Leferme supporte un taux d'oxygène sanguin extrêmement faible […] (Lignes 96 à 99)

    4) Mais le plus impressionnant, c'est que son corps résiste à la pression énorme qui s'exerce à −171 m […] (Lignes 113 à 118)

b) Quelle fonction ces GAdv exercent-t-ils?

c) Quelle valeur tous ces GAdv expriment-ils: la quantité, la manière ou l'intensité?

d) Cela vous étonne-t-il dans un texte où il est question de records? Expliquez votre réponse.

10. Choisissez les deux records qui vous semblent les plus étonnants et justifiez vos choix en quelques lignes en vous appuyant sur des éléments du texte.

11. Les records décrits et expliqués dans ce texte témoignent de la fascination que nous avons, aujourd'hui, pour les expériences extrêmes mettant à l'épreuve le corps humain. À votre avis, cette fascination est-elle légitime? La quête du dépassement et de la performance est-elle en soi une bonne chose pour le corps et pour l'esprit?

a) Discutez de ces questions avec d'autres élèves. Justifiez vos opinions en vous basant sur le texte que vous venez de lire, de même que sur vos observations personnelles et sur votre expérience.

b) Au cours de la discussion:

    1) limitez le développement et la durée de vos interventions pour permettre aux autres élèves de prendre la parole;

    2) évitez les tics verbaux et les mots de remplissage comme *pis, là, genre, style, comme,* etc.

■ Les éléments verbaux, p. 275

ÉPISODE 4
AUX LIMITES DU CORPS

UN MENTAL À TOUTE ÉPREUVE

Les compétitions sportives se trouvent au premier rang des situations stressantes. « Elles réunissent tous les ingrédients pour faire monter la pression, nous explique Nadine Debois, psychologue du sport à l'Institut national du sport et de l'éducation physique. Le
5 *public qui vous observe, vous juge, les adversaires qui cherchent à vous impressionner, la menace d'une mauvaise performance… Pourtant, il ne s'agit pas d'apprendre aux athlètes à éliminer le stress : il s'agirait plutôt d'en faire leur allié. »*

Le secret des champions ? Un entraînement psychologique

En effet, quand il reste dans des pro-
10 portions raisonnables, le stress est un vrai coup de turbo pour l'organisme, idéal pour battre des records ! Toute la subtilité de l'entraînement mental est donc de maintenir les athlètes dans ce qu'ils
15 appellent « la zone », un état intermédiaire qui leur permet de bénéficier d'un coup de fouet sans basculer sur le versant négatif du stress. Cette fameuse zone varie selon les personnes, et chacun a sa
20 manière de l'atteindre. Pour être au maximum, tel athlète se laissera énerver par le trac, ce qui paralyserait tel autre athlète. « Il n'y a pas de recette miracle, résume Nadine Debois, mais plutôt une
25 panoplie de techniques dans laquelle les sportifs peuvent piocher au besoin, un peu comme dans une boîte à outils ! »

Premiers de ces outils, les exercices de respiration pour contrôler son niveau
30 d'excitation. Sans aller jusqu'au niveau des yogis, qui agissent directement sur certains organes (baissant ou augmentant à volonté leur rythme cardiaque, par exemple), le simple fait de contrôler le
35 rythme de sa respiration agit sur le stress : plus lente, elle réduit l'approvisionnement en oxygène du cerveau et des muscles, ce qui a pour effet de ralentir leur activité. Plus rapide, elle augmente
40 au contraire l'apport en oxygène et donc l'excitation. « J'ai travaillé avec une coureuse de haies, se souvient Nadine Debois, qui, pour se mettre en condition avant la course, se mettait à respirer rapi-
45 dement et imaginait en même temps une cocotte-minute sous pression. Lorsque le pistolet tirait, la cocotte explosait et elle se propulsait en avant comme poussée par la tension accumulée. »

Les yogis sont les adeptes du yoga, une discipline à la fois spirituelle et corporelle qui repose sur des exercices de postures et de respiration. Le yoga, d'origine indienne, est une pratique très répandue dans les pays occidentaux depuis quelques décennies. Il est perçu comme un moyen efficace de lutter contre le stress causé par le rythme de la vie moderne.

Se concentrer avant tout sur l'action

50   Autres outils de contrôle du stress, les méthodes de concentration. L'une d'elles, appelée «focalisation», consiste à se concentrer sur les problèmes techniques sans se préoccuper du reste. Pour 55 être efficace au ping-pong, par exemple, inutile de se soucier du regard de son adversaire ou des huées du public. Le joueur doit 60 apprendre à ne voir que l'essentiel : la table, la position de l'adversaire et la balle. En comparant le parcours de l'œil chez des 65 pongistes de différents niveaux, on a ainsi pu confirmer que les meilleurs étaient aussi ceux dont le regard papillonne le moins à droite et à gauche…

70   La technique de l'imagerie mentale, quant à elle, consiste à imaginer l'action avant de la réaliser. Aux JO de Turin, vous avez dû voir ces skieurs qui, au départ, les deux bras tendus vers l'avant pour 75 représenter leurs skis, répétaient leur descente les yeux fermés. Lors de cette répétition, non seulement les zones motrices du cerveau sont activées comme pendant la vraie descente, mais le rythme 80 cardiaque peut augmenter de 30 % alors que les skieurs restent immobiles ! Une sorte de mini-entraînement qui se révèle très efficace.

    Enfin, les psychologues préconisent[1] 85 aux futurs champions un certain état d'esprit «positif». Il faut, selon eux, apprendre à relativiser la menace que représente, par exemple, la compétition. «Plutôt que d'avoir un but unique comme 90 devenir champion du monde de sprint, mieux vaut se fixer des objectifs intermédiaires qu'on est quasi certain de remporter : grignoter quelques centièmes de secondes au départ, battre son record 95 personnel au prochain meeting …, explique Nadine Debois. Grâce à ces petits succès, la dernière épreuve se présente sous un jour moins menaçant.» Ça n'a l'air de rien, et pourtant ce conseil 100 à deux sous est étayé par de nombreuses recherches. Avoir une vision optimiste dans la vie permettrait de préserver son organisme face aux coups durs. Au point même de vivre plus longtemps : 105 une étude qui a suivi pendant dix ans 900 personnes âgées aux Pays-Bas est arrivée à la conclusion que les plus optimistes avaient un risque de décès diminué de 55 % !

Les **Jeux olympiques** se sont tenus dans la ville italienne de **Turin** en février 2006. Il s'agissait des 20ᵉ Jeux olympiques d'hiver de l'histoire. Les premiers Jeux d'hiver ont eu lieu en France, en 1924, soit près de trente ans après les premiers Jeux olympiques d'été de l'ère moderne.

1. **a)** Expliquez la façon dont ont été formés les mots *pongistes* et *papillonner* .

   b) Donner la signification de ces deux mots.

2. **a)** À quelle langue les mots *sprint* et *meeting* appartiennent-ils ?

   b) Selon vous, pourquoi ces mots sont-ils utilisés dans le texte ?

---

1. Le verbe *préconiser* a pour synonyme le verbe *recommander*.

COMMENT LE STRESS AGIT SUR L'ORGANISME

1 Ignatus se fait un barbecue dans sa caverne. Il est détendu, dans son état normal : il respire lentement, son cœur bat normalement.

2 Soudain, un ours surgit ! Recevant cette information, l'hypothalamus, situé dans le cerveau d'Ignatus, met aussitôt son organisme en alerte. Il provoque la libération de deux hormones : l'adrénaline et le cortisol.

3 L'adrénaline va augmenter le rythme de la respiration et le rythme cardiaque, tandis que le cortisol libère l'énergie stockée dans le foie sous forme de sucres.

4 Cet afflux massif d'oxygène et de sucres charriés par le sang se concentre au niveau du cerveau, des muscles et du cœur qui sont ainsi prêts à fonctionner à plein régime, pour combattre ou pour fuir. Par contre, tous les organes inutiles dans ce genre de situation, comme ceux du système digestif, sont mis en pause, pour ne pas gaspiller d'énergie.

5 Mais voilà qu'un autre ours surgit ! L'intrusion est si inattendue qu'elle dépasse les capacités de traitement du cerveau d'Ignatus. Incapable de trouver une réaction adéquate, il envoie des ordres chaotiques au reste du corps, dont le fonctionnement est chamboulé : difficulté à respirer, cœur qui s'emballe, envie de vomir, tremblements… Ignatus reste hébété et son attention à l'environnement se réduit. Si les ours lui en avaient laissé le temps, il aurait fallu plusieurs heures à son corps pour retrouver un fonctionnement normal.

QUATRE
TECHNIQUES
POUR RENFORCER
SON MENTAL

1 La relaxation

Le ralentissement de la respiration, et donc du débit sanguin vers les muscles et le cerveau, va à l'encontre des effets du stress (palpitation, tension musculaire…). Ces exercices respiratoires permettent à Ignatus de rester sous le seuil fatidique de la panique (encore faut-il avoir le temps de les faire…).

2 La focalisation

Cette technique consiste à se concentrer sur l'action. Ici, Ignatus ne se laisse pas distraire par les dents pointues, les griffes tranchantes et les yeux fous de deux ours. Il analyse la situation d'un point de vue purement technique : « Les ours sont de ce côté, et moi je cours de l'autre côté le plus vite possible pour leur échapper. »

3 La pensée positive

Il s'agit de relativiser la situation. Au cours de sa vie, Ignatus a déjà fui devant des renards, des loups et même des mammouths : il a beaucoup progressé, question débandade ! Alors, se dit-il, il va faire son maximum et puis on verra. Après tout, il a déjà échappé à bien des dangers !

4 L'imagerie mentale

Avant d'agir, Ignatus répète la prise de karaté préhistorique grâce à laquelle il va mettre les deux ours à terre. Un entraînement virtuel qui va lui permettre de réaliser un mouvement impeccable…

■ Jérôme BLANCHART,
« Un mental à toute épreuve », *Science & Vie Junior*,
n° 199, avril 2006, p. 63-65.

1. Le texte *Un mental à toute épreuve* comporte une introduction qui présente le sujet.

■ La progression de l'information, p. 315

■ Des procédés explicatifs, p. 329

  a) Relevez la ou les phrases correspondant au sujet amené et précisez-en le contenu.

  b) Relevez la ou les phrases correspondant au sujet posé.

  c) À l'aide de cette introduction, formulez la question à laquelle le texte veut apporter des réponses. Utilisez le mot interrogatif *comment* dans votre phrase interrogative.

2. a) Selon quelle séquence textuelle dominante ce texte est-il organisé ?

  b) Quelle structure ce texte adopte-t-il ?

    1) Une structure énumérative de causes

    2) Une structure problème-solutions

    3) Une structure cause-conséquence

  c) Présentez brièvement, dans vos mots, les quatre solutions proposées pour résoudre le problème de stress.

  d) Montrez que les éléments suivants de l'organisation du texte permettent de bien repérer ces solutions :

    1) le découpage en paragraphes ;

    2) les marques typographiques ;

    3) les marques d'énumération ;

    4) les marques non linguistiques ;

    5) les organisateurs textuels de séquence.

  e) Expliquez la signification de la métaphore que l'auteur utilise pour désigner ces solutions.

3. L'auteur emploie différents procédés pour expliquer les solutions.

  a) Nommez les procédés explicatifs utilisés dans les phrases suivantes.

    1) […] une panoplie de techniques dans laquelle les sportifs peuvent piocher au besoin, un peu comme dans une boîte à outils ! (Lignes 24 à 27)

    2) L'une d'elles, appelée « focalisation », consiste à se concentrer sur les problèmes techniques sans se préoccuper du reste. (Lignes 51 à 54)

    3) La technique de l'imagerie mentale, quant à elle, consiste à imaginer l'action avant de la réaliser. (Lignes 70 à 72)

    4) Aux JO de Turin, vous avez dû voir ces skieurs qui, au départ, les deux bras tendus vers l'avant pour représenter leurs skis, répétaient leur descente les yeux fermés. (Lignes 72 à 76)

- Le vocabulaire exprimant la cause et la conséquence, p. 482
- Le discours rapporté, p. 298

b) En quoi les bandes dessinées présentes dans ce texte peuvent-elles être considérées comme des procédés explicatifs ?

c) À l'aide du texte, montrez que les solutions proposées font autant appel au corps qu'à l'esprit.

4. Dans la section « Le secret des champions ? Un entraînement psychologique », l'auteur indique le but précis qui est visé par l'application de l'une ou l'autre des solutions présentées.

    a) De quel but s'agit-il ?

    b) Quel procédé explicatif l'auteur emploie-t-il pour exprimer ce but ?

5. La section intitulée « Comment le stress agit sur l'organisme » présente un enchaînement de causes et de conséquences dans une situation donnée. À l'aide du texte, expliquez les phénomènes suivants liés au stress en vous servant de la structure cause-conséquence et du vocabulaire permettant l'expression de la cause et de la conséquence.

    a) Le rôle de l'hypothalamus

    b) Le rôle de l'adrénaline

    c) Le rôle du cortisol

    d) La réaction du cerveau sous l'effet d'un autre grand stress

6. L'auteur du texte cite à quelques reprises les paroles d'un autre énonciateur.

    a) De quel énonciateur s'agit-il ?

    b) D'après vous, pourquoi l'auteur rapporte-t-il des propos de cette personne dans son texte ?

    c) Relevez, dans le texte, trois passages où sont rapportées directement des paroles de cet énonciateur. Dans chaque cas, notez les signes de ponctuation et la phrase incise qui vous ont permis de repérer le passage.

7. L'auteur insère dans sa séquence explicative dominante différents types de séquences.

    a) Identifiez le type de séquence dans le passage suivant :

> Avant d'agir, Ignatus répète la prise de karaté préhistorique grâce à laquelle il va mettre les deux ours à terre. Un entraînement virtuel qui va lui permettre de réaliser un mouvement impeccable…

    b) Quelle est l'utilité de cette séquence ?

c) Montrez que la partie «Comment le stress agit sur l'organisme» est organisée selon la séquence narrative.

d) D'après vous, de quelle façon cette partie rend-elle le texte plus intéressant et plus complet?

■ Le complément du nom, p. 390

8. Le texte ne comporte pas de vraie conclusion. Pour corriger cette lacune, rédigez en quelques lignes une conclusion comportant:

a) une fermeture (rappel du problème de départ et des solutions proposées);

b) une ouverture (formulation d'une opinion, d'un souhait, etc.).

9. En vous appuyant sur ce texte et sur le premier texte décrivant des records, expliquez brièvement comment le stress peut être utilisé comme une force positive pour accomplir des choses exceptionnelles.

10. Dans votre vie de tous les jours, de quelle façon comptez-vous mettre à profit les solutions proposées dans le texte pour mieux composer avec le stress?

11. Qui n'a pas rêvé d'accomplir un exploit personnel pour le simple plaisir de se dépasser et de vivre des émotions intenses? En vous inspirant des textes que vous venez de lire, présentez un exploit physique ou sportif que vous aimeriez réaliser; cela pourrait être, par exemple, un saut en parachute, un marathon ou une excursion en Antarctique!

a) Écrivez un court texte dans lequel vous décrirez l'exploit personnel que vous aimeriez accomplir; expliquez les raisons qui vous inciteraient à réaliser cet exploit.

b) Donnez des précisions sur le lieu et le moment que vous choisiriez pour réaliser votre exploit.

c) Fournissez des explications au sujet de votre préparation physique et mentale (lien avec le stress) et des conditions de réalisation (aspects sécuritaires, techniques, etc.).

d) Pour enrichir votre texte et en préciser le contenu, utilisez dans vos phrases différents groupes de mots exerçant la fonction de complément du nom. Repérez ces groupes de mots et identifiez les éléments qui les composent.

espace **C**ulturel

LES SPORTS BONS POUR LA TÊTE

Sans faire du sport LA solution à tous les maux, il n'en reste pas moins vrai que pratiquer régulièrement une activité physique peut [...] améliorer le quotidien. Timides, nerveux, colériques... découvrez, par type de personnalité, les sports à pratiquer.

Pour les colériques et les impatients et impatientes

La meilleure école pour apprendre à se contrôler et à devenir plus patient reste la confrontation aux éléments naturels. Rien ne sert au véliplanchiste de s'énerver contre le vent qui faiblit et au surfeur de pester contre la vague qui n'arrive pas. Les sports de plein air comme la voile, le surf, l'escalade, l'alpinisme permettent de comprendre que tout n'est pas maîtrisable. Les mouvements d'humeur, la précipitation ne sont d'aucune utilité et s'avèrent préjudiciables dans la pratique de ces sports. Si la mer comme la montagne sont des écoles de vie, il faut cependant éviter toute compétitivité dans la pratique de ces sports.

[...]

Pour les personnes stressées et nerveuses

Vélo, footing , natation, marche rapide favorisent la canalisation et l'élimination d'un surplus d'énergie. Après une heure d'effort intense, même les tempéraments les plus speeds sont calmés. Les sports d'endurance contribuent à diminuer le niveau d'activation du système nerveux. Avec une pratique régulière, le taux moyen des catécholamines, les hormones du stress, baisse. Concrètement, ça se traduit par une plus grande résistance au stress. En outre, les sports d'endurance (en particulier le marathon) favorisent la sécrétion d'endorphines, un dérivé de la morphine connu pour provoquer une agréable sensation de bien-être et d'apaisement.

[...]

Pour les timides et les introvertis et introverties

Pour tous ceux qui ont du mal à aller vers les autres, à se faire de nouveaux amis et à construire des relations amicales, les sports collectifs peuvent donner un formidable coup de main. En jouant au football, au hand-ball, au volley ou au basket, on apprend à fonctionner en équipe, à compter sur les autres, à avoir un rôle actif au sein d'un groupe et à être solidaire aussi bien dans le succès que dans l'échec. Ces sports permettent de développer l'attention à l'autre, qualité hautement appréciable quand il s'agit de s'intégrer et de nouer des relations.

Essayez, vous vous sentirez vraiment mieux dans votre tête et ne pourrez plus vous en passer !

■ Hélène HURET, *Doctissimo*, [En ligne].

1. Après avoir lu ce texte, pouvez-vous nommer les sports qui conviendraient le mieux à votre personnalité ?

2. Trouvez l'équivalent français des anglicismes suivants : footing et speeds .

OLYMPIADES

Le jour où Alberto Toran quitta subitement ses chaussures à pointes, fit un tour d'honneur *avant* la course
5 et rentra directement au vestiaire pour ne plus jamais poser le pied sur un tartan, était un jour comme les autres.

10 Il avait survolé sa série du 400 m haies, gagné en demi-finale dans un grand sourire, s'accordant une fois de plus le luxe de se retour-
15 ner pour voir qui serait son second. Il avait ensuite regardé attentivement la deuxième demi-finale et était rentré à l'hôtel pour rejoindre sa fiancée et son homme d'affaires.

Il s'était fait masser, avait signé quelques chèques et quelques
20 lettres, reçu deux fabricants d'articles de sport japonais et était retourné au stade pour une séance de photos et sa traditionnelle heure d'échauffement-concentration. Il avait franchi le tunnel, était entré dans la lumière du stade, avait recueilli son ovation, rejoint ses adversaires : le petit jeune qui changeait ses chaussettes
25 à la dernière minute pour en mettre des fluo rayées, et les six autres qu'il connaissait par cœur et qui bâtissaient toute leur carrière sur la seconde place derrière lui. Il en avait désespéré des générations. On s'use vite dans la défaite. Il les avait tous jaugés au premier coup d'œil, il les avait tous cloués d'un regard qui les rangeait
30 définitivement parmi ses seconds et il leur avait fait l'honneur de quelques-unes de ces petites farces gentilles qui entretenaient sa célébrité et remplissaient d'échos les journaux et les infos.

Un tartan est un revêtement synthétique utilisé sur les pistes d'athlétisme et les terrains de tennis.

Au pluriel, le mot *olympiades* est un synonyme de « Jeux olympiques ». Ces deux mots dérivent du mot *Olympie*, nom d'un sanctuaire religieux et sportif situé en Grèce où se déroulaient les Jeux durant l'Antiquité grecque. De nos jours, le mot *olympiades* est aussi employé pour désigner des compétitions internationales entre élèves dans différentes matières scientifiques.

VINCENT VAN GOGH, *L'ARÈNE D'ARLES*, 1888.

Il avait jeté son survêtement dans la balle de plastique , s'était rendu sous les ordres
du starter, avait gigoté à trois mètres derrière ses starting-blocks pour se détendre
35 les muscles.

Et c'est là que, d'un seul coup, on l'avait vu quitter ses chaussures et, dans un interminable sourire, entreprendre un tour d'honneur. Il saluait les spectateurs de la main et
riait comme s'il était en train de réussir son ultime grosse farce. Les organisateurs pani-
quèrent un moment, le starter ne savait plus que faire de son pistolet, puis on le laissa
40 aller. Il quitta la piste quelques minutes plus tard sous une clameur mi-enthousiaste,
mi-perplexe.

Ensuite l'orage éclata et la course eut lieu dans un déluge. Le couloir 2 resta vide
et le petit jeune gagna dans un temps catastrophique une épreuve sans entrain que
l'on aurait dû courir avec des parapluies. Sa victoire ne constitua pas l'événement de la
45 journée. Partout, il n'était question que d'Alberto. L'argent ? Les femmes ? Un problème
de santé ?

1. Selon le contexte de ce texte, qu'est-ce qu'une balle de plastique ?

2. a) Dans cette page, trouvez les anglicismes employés pour désigner :
   1) le juge au départ d'une course ;
   2) les blocs de départ.

b) À votre avis, pourquoi l'auteur a-t-il utilisé ces anglicismes plutôt que les termes
équivalents en français ?

Depuis quatorze ans qu'il dominait le 400 m haies, il avait
brassé des millions de dollars et fait des milliers de cadeaux à
des centaines de fiancées. Il n'avait jamais eu le moindre besoin
50 ni le moindre problème. À trente-quatre ans, il était en pleine forme
et il mettait un terme définitif à sa carrière, quatre mois seulement
avant les Jeux olympiques. Pas un journaleux au monde, pas un
entraîneur, pas un supporter n'aurait mis un centime sur ses
risques de défaite. Il allait remporter son quatrième titre olym-
55 pique consécutif. Et il s'arrêtait là.

Symboliquement, il vint à la conférence de presse d'après
meeting en costume-cravate. Il fit le facétieux, annonça officielle-
ment qu'il mettait fin à sa carrière, que cette décision était en
béton et que rien ni personne au monde ne lui referait sauter une
60 haie. À toutes les questions concernant la raison de ce renoncement,
il répondit en plaisantant qu'il avait trop envie de jouer au golf et il
remonta les jambes de son pantalon pour prouver que ses mollets
étaient toujours en état de marche et que sa décision n'avait pas
de motif médical. Au journaliste qui lui demandait si cela ne lui
65 coûtait pas trop de renoncer si près des Jeux, il répondit tranquillement que cela lui coûtait environ deux millions de dollars.
On ne put rien tirer de plus. Il alla embrasser une jeune reporter
stagiaire sur la bouche, il tapa sur le ventre du plus gras des
chroniqueurs, exécuta un pied de nez dans le museau de la caméra
70 et disparut.

Il fit la une de tous les journaux sportifs du monde, on lui
inventa des cancers, des blondes tapageuses. Il ne démentit rien,
ne donna aucune révélation et aucun de ses familiers ne put jamais
percer le mystère. Comment aurait-il pu expliquer que, simplement
75 à lui voir enfiler ses chaussettes fluo, il avait compris que ce jeunot le battrait un jour ?
Certainement pas ce jour-là, sans doute pas aux Jeux, peut-être même pas dans l'année,
mais un jour serait venu où il l'aurait battu. Alberto n'était pas né pour être battu. Il
n'était pas un coureur de 400 m haies, il était un vainqueur de 400 m haies et il ne tolé-
rait pas l'idée d'avoir une seule minute dans sa vie de champion une angoisse de second.

80 Le petit jeune fut champion olympique, il gagna tout pendant cinq ans mais ne put
jamais égaler le record des trois médailles d'or.

■ Paul FOURNEL, *Les athlètes dans leur tête*,
Paris, Éditions du Seuil, 1994, p. 59-62 (Coll. Nouvelles).

Le 400 m haies est une compétition
d'athlétisme prestigieuse. Il s'agit d'une
course où les concurrents et concurrentes
doivent franchir la distance de 400 m
en sautant par-dessus dix haies en
métal et en bois. Cependant, la compétition d'athlétisme la plus populaire est
incontestablement le 100 mètres. Cette
discipline consiste en un sprint qui exige
des coureurs et coureuses un effort aussi
bref que violent. La ou le vainqueur de
cette course aux Jeux olympiques accède
inévitablement à la célébrité.

---

3. Remplacez les anglicismes supporter
et meeting par des termes
équivalents en français.

4. Expliquez la signification du mot
journaleux en tenant compte du mot
de base et du suffixe qui ont servi
à le construire.

5. Le verbe coûter est employé deux fois
dans la même phrase, une fois dans son
sens propre et l'autre fois dans un sens
figuré. Expliquez ces deux sens et associez chacun des sens au bon verbe dans
la phrase.

6. Quel mot québécois est employé à la
place de chaussettes ?

- Le schéma narratif, p. 338
- L'harmonisation des temps verbaux, p. 349

Pour démontrer votre compréhension du récit, ne vous contentez pas de relever les phrases du texte correspondant à chacune des parties du schéma narratif. Résumez chacune des parties **dans vos propres mots.**

1. a) Dégagez le schéma narratif de ce récit en remplissant chacune des parties d'un tableau semblable à celui ci-dessous.

LE SCHÉMA NARRATIF DU RÉCIT *OLYMPIADES*	
Parties	**Résumé**
Situation initiale	
Élément déclencheur	
Déroulement	
Dénouement	
Situation finale	

b) Qu'y a-t-il de particulier concernant la présentation de l'élément déclencheur dans le récit?

c) Quel effet cette manière de présenter l'élément déclencheur produit-elle?

d) Les événements du récit sont-ils racontés dans un ordre chronologique? Expliquez votre réponse.

2. Le déroulement des événements est parfois interrompu par l'insertion dans la séquence narrative d'un autre type de séquence. C'est le cas dans l'extrait suivant:

> À trente-quatre ans, il était en pleine forme et il mettait un terme définitif à sa carrière, quatre mois seulement avant les Jeux olympiques. (Lignes 50 à 52)

a) À quel temps et à quel mode les verbes de cet extrait sont-ils conjugués?

b) À quel type de séquence cet extrait correspond-il?

c) Y a-t-il un lien entre la conjugaison des verbes et ce type de séquence? Expliquez votre réponse.

d) Relevez une autre séquence de ce type dans le texte.

e) À quoi ces séquences servent-elles dans le récit?

3. Le rythme du déroulement du récit varie à quelques reprises.

   a) Lisez les deux extraits ci-dessous.

PREMIER EXTRAIT

Depuis quatorze ans qu'il dominait le 400 m haies, il avait brassé des millions de dollars et fait des milliers de cadeaux à des centaines de fiancées. Il n'avait jamais eu le moindre besoin ni le moindre problème. (Lignes 47 à 50)

DEUXIÈME EXTRAIT

Il fit la une de tous les journaux sportifs du monde, on lui inventa des cancers, des blondes tapageuses. Il ne démentit rien, ne donna aucune révélation et aucun de ses familiers ne put jamais percer le mystère. (Lignes 71 à 74)

---

   b) Quel procédé, parmi les suivants, l'auteur utilise-t-il dans ces deux extraits : la description, le sommaire ou la pause ? Justifiez votre réponse.

   c) Quel effet l'utilisation de ce procédé a-t-il sur le rythme du récit ?

   d) Compte tenu de la longueur du texte et de son genre, l'emploi de ce procédé vous surprend-il ? Expliquez votre réponse.

> - Le rythme du récit, p. 354
> - Le statut du narrateur, p. 340
> - La vision ou le point de vue du narrateur, p. 342
> - Les traits caractéristiques des personnages, p. 346

4. a) Quel type de narrateur raconte les événements de ce récit : un narrateur omniscient, un narrateur témoin ou un narrateur participant ? Expliquez votre réponse.

   b) À l'aide d'exemples tirés du texte, déterminez le point de vue (interne ou externe) que le narrateur adopte par rapport à l'histoire et aux personnages.

5. Un personnage est au cœur des événements racontés.

   a) En quelques lignes, dressez le portrait de ce personnage en présentant les caractéristiques suivantes :

     1) son statut social, son âge, son sexe ;

     2) les relations avec son entourage ;

     3) les événements marquants de sa vie ;

     4) son mode de vie, ses habitudes, etc. ;

     5) sa personnalité (qualités, défauts, attitude générale).

   b) Quelle décision importante prise par ce personnage est relatée dans le récit ?

   c) Pourquoi le personnage agit-il ainsi ?

   d) Comment cette information nous est-elle donnée dans le récit ?

   e) Expliquez les réactions que cette décision a provoquées.

6. Que pensez-vous de l'attitude générale du personnage en ce qui concerne la compétition sportive ? Discutez-en avec d'autres élèves de la classe en considérant les valeurs suivantes :

a) l'esprit sportif ;

b) l'honnêteté ;

c) le bien-être personnel ;

d) l'accomplissement de soi.

7. Dans ce récit, toute l'attention est centrée sur le personnage principal, et nous savons peu de choses sur la façon dont les autres participants à la course ont vécu les événements relatés. Dans un court texte, racontez les événements du récit à travers les yeux du jeune coureur aux chaussettes fluo rayées.

a) Racontez la façon dont ce personnage a vécu la course évoquée dans le récit (avant, pendant et après).

b) Pour ce faire, choisissez un narrateur participant qui adoptera un point de vue interne par rapport à l'histoire. N'oubliez pas de tenir compte des caractéristiques du personnage qui sont présentées dans le récit.

c) Respectez la concordance des temps employés dans le texte original : utilisez des verbes au passé simple pour présenter les actions et des verbes à l'imparfait pour décrire les sentiments et les réactions du personnage, l'atmosphère, etc. Employez le présent de l'indicatif dans les séquences dialogales.

d) Dans votre texte, relevez les participes passés employés avec l'auxiliaire *avoir* et ceux employés avec l'auxiliaire *être*. Dans chaque cas, accordez le participe passé correctement.

- L'accord du participe passé employé avec l'auxiliaire *avoir*, p. 438
- L'accord du participe passé employé avec l'auxiliaire *être*, p. 438

Voici une proposition de tâche à réaliser.

Saurez-vous relever le défi?

SUGGESTION
UNE TÂCHE D'ÉCRITURE : LA MORALE DU SPORT

Le sport est synonyme d'efforts intenses, de dépassement de soi, d'émotions et de sensations fortes. Mais il peut être aussi source d'enseignements intéressants. En effet, le sport, en tant qu'expérience humaine, peut souvent nous donner des leçons de vie irremplaçables. Par le sport, on peut découvrir ses forces et ses faiblesses (autant physiques que morales), le sens de la solidarité, l'humilité, etc.

En vous inspirant des textes lus dans cet épisode et de votre expérience personnelle, écrivez une fable qui mettra en lumière une leçon de vie donnée par le sport. Cette fable sportive sera destinée au plus large public possible (de 7 à 77 ans).

Voici la démarche à suivre pour réaliser cette tâche d'écriture.

Critères d'évaluation retenus pour la compétence

Écrire des textes variés.

COHÉRENCE DU TEXTE :

- insertion adéquate de séquences secondaires ;
- harmonisation des temps verbaux dans les différents types de séquences.

ADAPTATION DE LA DÉMARCHE
À LA SITUATION :

- rédaction d'une fable qui résume bien la morale du proverbe choisi.

DÉMARCHE

1. Choisissez un proverbe qui résumera la morale de votre fable sportive.

2. Choisissez un sport et deux personnages que votre récit mettra en scène. Déterminez les caractéristiques principales de ces personnages : apparence physique, personnalité, etc.

3. Dressez le schéma narratif des événements qui seront racontés dans votre fable.

4. Votre texte devra comporter les éléments suivants :

a) des séquences descriptives et explicatives insérées dans la séquence narrative dominante ;

b) des verbes conjugués selon les règles de la concordance des temps ;

c) divers procédés de reprise de l'information pour éviter des répétitions inutiles ;

d) des procédés stylistiques pour rendre votre récit plus vivant et plus coloré (métaphores, comparaisons, hyperboles, métonymies, etc.) ;

e) un vocabulaire et une syntaxe relevant de la variété de langue standard.

Dans cette tâche, la compétence transversale *Actualiser son potentiel* a été ciblée, de même que les critères suivants : *Capacité de partager clairement ses perceptions et ses valeurs* et *Pertinence des moyens mis en œuvre pour réaliser son potentiel.*

1. *Mens sana in corpore sano :* cette citation est d'un grand poète latin, Juvénal. La traduction française de cette phrase est devenue un adage bien connu qui évoque un aspect essentiel de la santé. Quel est cet adage ?

   a) Celui qui a la santé est riche sans le savoir.

   b) Un esprit sain dans un corps sain.

   c) Mieux vaut prévenir que guérir.

2. En quelle année ont eu lieu les tout premiers Jeux olympiques de l'histoire ?

   a) En 776 av. J.-C.

   b) En 1492

   c) En 1896

3. De nos jours, les Jeux olympiques d'été rassemblent près de 10 000 athlètes. D'après vous, combien y avait-il d'athlètes aux premiers Jeux Olympiques modernes ?

   a) Environ 250

   b) Environ 2500

   c) Environ 8500

4. Complétez la phrase suivante : «Cet athlète est le ▭ du record dans cette discipline olympique. »

5. Les Jeux paralympiques, qui rassemblent des athlètes présentant un handicap, se tiennent toujours à la suite des Jeux olympiques. D'après vous, quelle est la signification du préfixe *para-* dans le mot *paralympique* ?

   a) **Pour** les personnes qui présentent un handicap.

   b) **Différent** des olympiques.

   c) **À côté** des olympiques.

6. Corrigez la phrase suivante en remplaçant l'anglicisme par un mot français approprié : «L'année dernière, cette grande athlète *a brisé* le record mondial du 100 mètres. »

7. Quelle est la distance parcourue dans un marathon ?

   a) Environ 20 km.

   b) 42,195 km exactement.

   c) Il n'y a pas de distance réglementaire.

VASE ÉTRUSQUE REPRÉSENTANT UN COMBAT DE BOXE, VERS 500 AVANT J.-C.

8. Que signifie l'expression «le revers de la médaille»?

9. Lequel des mots ci-dessous ne pourrait être employé dans la phrase suivante : «La compétition a plu ▓▓▓▓ »?

   a) à l'assistance

   b) au public

   c) à l'audience

   d) à la foule

10. Quel athlète canadien s'est vu retiré la médaille d'or qu'il avait remportée aux 100 mètres des Jeux olympiques de Séoul, en 1988, après un contrôle antidopage positif?

   a) Guy Lafleur

   b) Donovan Bailey

   c) Ben Johnson

11. Trouvez trois synonymes du verbe *remporter* dans la phrase suivante : «Elle a remporté cinq médailles aux derniers Jeux.»

12. De quelle origine est le mot *stress* ?

   a) Allemande

   b) Anglaise

   c) Chinoise

13. Lequel des symptômes suivants n'est pas associé au stress?

   a) Les troubles de la vue

   b) La perte d'appétit

   c) Les douleurs d'estomac

   d) L'insomnie

   e) L'irritabilité

14. Vrai ou faux? Le scientifique qui a «inventé» la notion de stress en médecine était un Montréalais.

15. Le plus petit muscle du corps humain, qui en compte plus de 600, ne peut se développer par un entraînement. Où est-il situé?

15. Dans l'oreille.

14. Vrai. Il s'agit de Hans Selye (1907-1982), un endocrinologue canadien d'origine autrichienne qui a été professeur et chercheur à l'Université de Montréal.

13. a) Les troubles de la vue

12. b) Anglaise

11. Récolter, décrocher, gagner.

10. c) Ben Johnson

9. c) à l'audience. Il s'agit d'un anglicisme. En français, le mot *audience* désigne une entrevue accordée par un personnage important ou une séance dans un tribunal.

8. L'aspect désagréable d'une chose, son mauvais côté (par rapport au «bon côté».)

7. b) 42,195 km exactement

6. «L'année dernière, cette grande athlète *a battu* le record mondial du 100 mètres.»

5. c) À côté des olympiques. Le mot *paralympique* est formé par le préfixe *para-*, qui veut dire «à côté de», et de la terminaison du mot «olympique».

4. Le détenteur.

3. a) Environ 250

2. a) En 776 av. J.-C.

1. b) Un esprit sain dans un corps sain.

Vincent Van Gogh, *La lectrice de roman*, 1888.

Guides

Dans les *Guides*, seule la forme masculine des termes *énonciateur, narrateur, auteur, destinataire, locuteur, scripteur, interlocuteur, communicateur* et *lecteur* est employée lorsqu'il est question des fonctions relatives à l'énonciation.

LE GUIDE DE LECTURE

Les stratégies de lecture

Avant la lecture du texte

Analysez la tâche de lecture en tenant compte de ses différents aspects, comme les exigences imposées ou le temps alloué, et du genre de texte que vous devez lire. Précisez ensuite votre intention de lecture.

Par la suite, déterminez la manière dont vous comptez lire le texte. Prévoyez les moyens que vous utiliserez pour prendre des notes au cours de votre lecture (annotation dans les marges, schéma, etc.). Pensez également à laisser des traces de vos lectures dans votre répertoire personnalisé. Enfin, prévoyez une façon de conserver vos références bibliographiques.

Texte courant

Au besoin, indiquez comment cette lecture sera intégrée à votre quête d'information et tentez de voir les liens à établir entre les diverses sources. En tenant compte du genre et du type de texte, des intitulés et de la présentation générale du texte, essayez de prévoir son contenu, son organisation et le point de vue de l'énonciateur sur le sujet abordé.

Ensuite, en vous basant sur vos connaissances personnelles sur ce sujet, réfléchissez aux différents aspects qui pourraient être développés dans le texte.

Avant de commencer à lire le texte, discutez avec vos pairs ou avec votre enseignant ou enseignante des choix que vous avez faits. Au besoin, modifiez votre intention de lecture ou trouvez d'autres éléments du texte à observer au cours de votre lecture.

- Qu'est-ce qui vous aide à planifier votre lecture ?
- Quelles sont les stratégies qui vous permettent de planifier votre lecture ?

Texte littéraire

Essayez de prévoir le contenu, l'organisation et le point de vue adopté par le narrateur en observant les différents éléments de présentation du texte (les illustrations, les intitulés, la quatrième de couverture, etc.) et en vous servant de vos connaissances sur l'énonciateur du texte, sur le genre du récit, etc.

Pendant la lecture du texte

Si vous éprouvez des difficultés à comprendre le texte que vous lisez, attardez-vous aux passages qui posent problème et servez-vous de vos connaissances en lexique et en grammaire : trouvez le sens des mots inconnus à l'aide des différents indices donnés par le texte, analysez la syntaxe des phrases, dégagez la structure des passages en tenant compte des organisateurs textuels, etc. Pour vous aider à clarifier le sens d'un passage, vous pouvez aussi essayer de le reformuler en vos propres mots. Au besoin, consultez des ouvrages de référence (dictionnaires, grammaires, etc.).

Texte courant

Pour bien cerner le contenu du texte, assurez-vous d'abord de le situer dans son contexte de publication (date, lieu, média, etc.). Ensuite, au fil de la lecture, dégagez les différents aspects et sous-aspects du sujet abordé en annotant votre texte de diverses manières : par exemple, en soulignant des mots ou des phrases, en inscrivant des notes dans les marges pour indiquer des mots clés, des données en chiffres, des impressions personnelles, ou en présentant les éléments d'information dans un schéma. Au cours de votre lecture, servez-vous de vos connaissances personnelles sur le sujet abordé pour mieux comprendre le contenu du texte et en déduire certains éléments d'information.

Au cours de votre lecture, n'hésitez pas à changer la ou les stratégies choisies si vous constatez qu'elles ne sont pas efficaces ou utiles.

- Votre planification était-elle adéquate ?
- Comment faites-vous pour comprendre ce texte ?
- Le moyen utilisé vous aide-t-il ? Comment ?
- La tâche de lecture est-elle plus facile ou plus difficile que prévu ? Pourquoi ?
- Au cours de votre lecture, quelles sont les nouvelles stratégies que vous avez développées ? Comment avez-vous fait ?
- Avez-vous pris conscience de l'efficacité de certaines stratégies ?

Texte littéraire

Pour bien cerner le contenu du texte, assurez-vous de situer l'histoire racontée dans son contexte historique, géographique, etc. Ensuite, au fil de la lecture, relevez les éléments importants de l'univers du récit, selon l'intention de lecture (personnages, lieux, époques, etc.), en annotant le texte ou en utilisant un schéma (par exemple, le schéma actantiel pour les personnages).

Dégagez le plan du texte (schéma narratif) en tenant compte, par exemple, des intitulés, du découpage du texte en paragraphes, des organisateurs textuels. Pour ce faire, annotez le texte ou utilisez un schéma.

Dégagez le plan du texte (plan du texte courant) en tenant compte, par exemple, des intitulés, du découpage du texte en paragraphes, des organisateurs textuels. Pour ce faire, annotez le texte ou utilisez un schéma.

Déterminez le statut du narrateur à l'aide des indices fournis par le texte (par exemple, les pronoms personnels). Précisez ensuite le type de vision de ce narrateur (interne ou externe) en observant, entre autres, sa façon de décrire les personnages.

Cernez le point de vue de l'énonciateur sur le sujet abordé et par rapport à ses destinataires en relevant les différentes marques de modalité.

Après la lecture du texte

Réagissez au texte en indiquant ce qu'il vous a appris ou en expliquant les impressions et les émotions qu'il a suscitées en vous. Comparez votre réaction au texte avec celle d'autres lecteurs et lectrices, ou bien avec celle que vous avez eue en lisant des textes du même type.

Évaluez votre capacité d'utiliser correctement les différentes stratégies avant, pendant et après la lecture du texte. Pour ce faire, vous pouvez discuter avec d'autres lecteurs et lectrices ou avec votre enseignant ou enseignante. Sur la base de votre évaluation, donnez-vous de nouveaux défis à relever (par exemple, mieux dégager la structure du texte à l'aide des indices pertinents).

Les traces de lecture dans le répertoire personnalisé

Les œuvres narratives et les œuvres complémentaires

Voici quelques documents qui vous permettront de consigner vos lectures d'œuvres narratives et complémentaires dans votre répertoire personnalisé tout le long de votre parcours scolaire.

À la fin de chacune des trois années du deuxième cycle du secondaire, vous devriez avoir lu au moins cinq œuvres littéraires complètes. Celles-ci peuvent être des classiques de la littérature, des œuvres de la littérature jeunesse (de 15 à 17 ans) ou des œuvres littéraires contemporaines destinées au grand public.

ŒUVRES LITTÉRAIRES NARRATIVES COMPLÈTES

	Titre de l'œuvre	Auteur	Genre	Univers[1]	Du Québec	De la francophonie	Du patrimoine mondial (œuvres traduites)
1	*Fanfan*	Alexandre Jardin	Roman	Récit d'amour		✓	
2	*L'ombre du vent*	Carlos Ruiz Zafón	Roman	Récit fantastique			✓ (traduit de l'espagnol par François Maspero)
3	*Contes du pays incertain*	Jacques Ferron	Recueil de contes	Récit merveilleux	✓		
Total	Au moins cinq œuvres complètes à chaque année du cycle	Au moins trois auteurs à chaque année du cycle	Romans, recueils de nouvelles, de contes, de légendes, de mythes, de fables, etc.	Au moins trois univers différents à chaque année du cycle	Au moins huit œuvres québécoises durant le cycle	Au moins sept œuvres provenant de la francophonie et du patrimoine mondial durant le cycle	

ŒUVRES COMPLÉMENTAIRES

	Titre de l'œuvre	Auteur	Genre	Repère culturel[2]
1	*Les fleurs du mal*	Charles Baudelaire	Recueil de poèmes	› Comparaison d'œuvres du même genre (*Les fleurs du mal* et *Poésies* d'Émile Nelligan)
2	*Les sept jours de Simon Labrosse*	Carole Fréchette	Pièce de théâtre	› Comparaison d'œuvres d'un même auteur (*Les sept jours de Simon Labrosse* et *Jean et Béatrice*)
Total	Au moins cinq œuvres complémentaires à chaque année du cycle			

1. Un récit policier, historique, fantastique, d'amour, d'anticipation, d'apprentissage, d'aventures, de science-fiction.
2. Des transpositions d'œuvres littéraires au cinéma, à la télévision ou à la scène; des comparaisons faites entre des romans et des recueils d'un même auteur, d'un même genre ou d'une même époque; des œuvres diverses y compris des œuvres illustrées.

Les critères d'appréciation des textes courants et littéraires

Les critères d'appréciation s'avèrent fort utiles quand vient le temps d'apprécier des textes variés, qu'il s'agisse de se prononcer sur un texte ou une œuvre ou, encore, de les comparer. Les critères d'appréciation fournissent des assises permettant de dégager l'originalité, la nouveauté et l'intérêt des textes, leur complémentarité, les similitudes qui les unissent ou les différences qui les distinguent. De plus, en favorisant la création de liens, ils permettent de forger de nouveaux réseaux de sens.

Voici des exemples de critères dont vous pouvez vous servir pour apprécier des textes, de type courant ou littéraire. Rappelons qu'un critère d'appréciation compte deux éléments : l'élément sur lequel on veut faire porter l'appréciation (par exemple, le personnage principal, le thème) et l'aspect que l'on souhaite évaluer (par exemple, la vraisemblance du texte, son originalité).

DES EXEMPLES DE CRITÈRES D'APPRÉCIATION D'UN TEXTE COURANT

- Le sujet du texte est-il intéressant ?

- Le sujet est-il traité sous un angle original ?

- Les aspects développés sont-ils tous pertinents ?

- L'organisation générale du texte est-elle claire ?

- Les éléments d'information présentés respectent-ils la règle de non-contradiction ? Dans le cas contraire, cette contradiction est-elle justifiée ?

- La progression du texte est-elle cohérente ?

- Les explications données sont-elles pertinentes ?

- Les arguments utilisés sont-ils convaincants ?

- Les descriptions sont-elles précises ?

- L'insertion de discours rapportés est-elle pertinente ?

- Les personnes ou les organisations citées sont-elles crédibles ?

- Des marqueurs de relation révèlent-ils de façon adéquate les liens logiques dans le texte ?

- Les intitulés sont-ils révélateurs des idées développées dans le texte et favorisent-ils la compréhension ?

- Les éléments graphiques qui accompagnent le texte (schéma, illustration, tableau, etc.) sont-ils pertinents ?

- Le vocabulaire employé est-il juste et précis ?

- Le point de vue adopté est-il maintenu ? Sinon, le changement de point de vue est-il justifié ?

- Le texte est-il bien adapté aux destinataires ciblés ?

- Les procédés typographiques sont-ils exploités convenablement ?

- L'utilisation de divers procédés de reprise de l'information permet-elle d'établir un fil conducteur clair ?

- L'ajout d'information nouvelle permet-il de faire progresser suffisamment le propos ?

- Les phrases du texte sont-elles bien structurées et bien ponctuées ?

- Le texte est-il exempt de fautes d'orthographe ?

DES EXEMPLES DE CRITÈRES D'APPRÉCIATION D'UN TEXTE LITTÉRAIRE

- Le texte respecte-t-il le genre littéraire auquel il appartient ?

- Le texte respecte-t-il les caractéristiques de l'univers choisi ?

- Le thème du texte est-il intéressant et traité de façon novatrice ?

- Les valeurs véhiculées dans ce texte sont-elles acceptables socialement ?

- L'atmosphère qui se dégage du texte est-elle cohérente au regard de l'univers choisi ?

- Les personnages sont-ils vraisemblables ? Attachants ? Stéréotypés ?

- Les caractéristiques des personnages sont-elles cohérentes par rapport aux actions qu'ils mènent et à leur façon de s'exprimer ?

- Le statut du narrateur choisi est-il approprié ?

- Les lieux sont-ils clairement décrits ?

- L'époque est-elle bien illustrée ?

- Les indices de temps et de lieux soutiennent-ils la compréhension du texte ?

- L'élément déclencheur est-il surprenant ?

- Le déroulement est-il cohérent ? Captivant ?

- Le dénouement est-il prévisible ?

- Le déroulement du récit respecte-t-il la chronologie de l'histoire ?

- L'insertion de différents types de séquences est-elle pertinente ?

- Dans son ensemble, le texte est-il cohérent ?

- Les champs lexicaux sont-ils bien exploités ?

- Le vocabulaire employé est-il précis, juste et évocateur ?

- Les variétés de langue utilisées sont-elles justifiées ?

- Les éléments graphiques accompagnant le texte sont-ils représentatifs de ce qui est raconté ?

- Le point de vue du narrateur est-il externe ou interne ? Ce choix est-il approprié ?

- Les procédés stylistiques employés sont-ils diversifiés ? Leur utilisation crée-t-elle un effet positif chez le lecteur ?

Les références bibliographiques

Dans différents contextes, vous devrez vous documenter afin de maîtriser un sujet. Ainsi, vous consulterez diverses sources d'information comme des livres, des articles de revues ou de journaux, des dépliants ou encore des sites Internet. Afin que vous puissiez vous retrouver parmi tous les renseignements que vous aurez recueillis, il importe que vous développiez une méthode pour les organiser en fonction de leur nature et de leur provenance.

Inspirez-vous des différents modèles ci-dessous pour noter vos références bibliographiques.

Une référence tirée d'un livre

NOM, Prénom. *Titre du livre,* lieu de publication, nom de l'éditeur, date de publication, nombre de pages (Collection).

CHEN, Ying. *Les lettres chinoises,* Montréal, Leméac / Actes Sud, 1998, p. 9-17 (Coll. Babel).

Une référence tirée d'un article

NOM, Prénom. «Titre de l'article», *Nom du journal, de la revue ou de l'encyclopédie,* numéro de la revue ou indication du cahier, date de publication, pages de l'article.

MORIN, Stéphanie. «Le Montréal de Jacques Villeneuve», *La Presse,* Cahier des sports, mercredi 8 juin 2005, p. S3.

Une référence tirée d'un site Internet

NOM, Prénom ou Nom de l'organisme. «Titre du texte consulté», [En ligne], année du copyright ou date de consultation.

CHRÉTIEN, Daniel. «Les métiers qui ont de l'avenir», [En ligne], septembre 2005.

Le compte rendu de lecture

Un compte rendu de lecture sert à faire connaître une œuvre et peut s'avérer utile pour se donner des repères culturels ou pour conseiller un lecteur ou une lectrice faisant partie d'un cercle de lecture. On peut également ajouter à ce compte rendu de lecture une note critique personnelle relative à l'œuvre lue. Pour produire un compte rendu de lecture, vous pouvez utiliser l'exemple ci-dessous.

Exemple

COMPTE RENDU DE LECTURE

Référence bibliographique

LECLERC, Félix. « Monsieur Scalzo », *Adagio,* Montréal, Les Éditions Fides, 1991, p. 70-71 (Coll. du Goéland).

Genre : conte

Univers : récit d'apprentissage

Résumé

Monsieur Scalzo est un Italien, musicien et jardinier. Il travaille dans une usine. Chaque après-midi, quand cinq heures arrive, les enfants le regardent sortir du travail et rentrer chez lui pour prendre soin de ses fleurs sur le toit de sa demeure. Ils l'observent et attendent impatiemment, parce qu'ils savent que quelque chose de beau se prépare. Une fois la visite du jardinier terminée, les enfants s'assoient dans l'herbe, l'un près de l'autre, le dos contre la clôture. Que fait Monsieur Scalzo jusqu'au soir ? La lecture de ce conte vous le fera découvrir.

Note critique

J'ai beaucoup aimé lire le conte « Monsieur Scalzo » de Félix Leclerc. Même si le vocabulaire et la longueur des phrases rendent cette œuvre un peu complexe, l'organisation du texte et la narration des événements, tous vraisemblables, sont faciles à saisir. Cela équilibre le tout pour en faire un texte accessible à tous et toutes. Les principaux thèmes de ce conte sont la musique et les fleurs. Ce que j'ai le plus apprécié dans ce texte, ce sont les descriptions, qui m'ont presque permis de sentir et de voir le jardin de Monsieur Scalzo et d'entendre ses airs d'accordéon. Félix Leclerc réussit également à faire ressentir tout le plaisir qu'a cet homme à jouer de son instrument et toute l'admiration et le respect qu'ont les enfants pour lui et sa musique. Je recommande donc la lecture de ce conte de même que la lecture du recueil d'où il est tiré. J'ai préféré cette œuvre au texte poétique « Bozo ». Ce dernier aborde le thème de la solitude, et son personnage, le pauvre Bozo, m'a fait ressentir de la tristesse et de la sympathie. L'atmosphère de ce texte poétique n'est pas gaie comme celle du conte. J'ai tout de même apprécié les rimes et la langue imagée qui est employée.

LE GUIDE D'ÉCRITURE

Les stratégies d'écriture

Avant la rédaction du texte

Analysez la tâche à réaliser en tenant compte des différentes exigences qui y sont liées : par exemple, le type et la longueur du texte, les destinataires ciblés, les objectifs visés (décrire les différents aspects d'un sujet, explorer un univers narratif, etc.), les procédés à utiliser ou le temps alloué pour réaliser la tâche. Pensez aux problèmes que vous risquez de rencontrer et prévoyez des moyens de les résoudre.

Texte courant

Cernez avec précision le sujet qui sera abordé dans votre texte en choisissant les aspects et les sous-aspects que vous voulez développer. Pour ce faire, renseignez-vous sur le sujet à l'aide d'une quête d'informations : recueillez vos informations à la bibliothèque, dans Internet ou dans le cahier de préparation fourni pour cette tâche. Assurez-vous de varier vos sources d'informations. Vous pouvez aussi envisager la possibilité d'intégrer des procédés graphiques (schémas, illustrations, graphiques).

Tout le long de la préparation de votre tâche d'écriture, n'hésitez pas à modifier vos choix s'ils ne conviennent pas aux exigences de la tâche ou si vous manquez de temps. Par exemple, vous pourriez décider d'enlever une partie à votre développement pour que le texte soit plus concis.

- Qu'est-ce qui vous aide à planifier la rédaction de votre texte ?
- Quels sont les moyens que vous utilisez habituellement pour préparer une tâche d'écriture ?

Texte littéraire

Choisissez les éléments qui composeront votre récit, comme l'époque, les lieux et les personnages, en tenant compte des caractéristiques propres à l'univers du récit (historique, merveilleux, etc.) et au genre (conte, fable, etc.). Précisez l'importance que chacun des personnages aura dans l'histoire ; spécifiez les rôles des personnages et les relations qu'ils auront entre eux.

Faites un plan comportant les trois parties habituelles, c'est-à-dire l'introduction, le développement et la conclusion. Adaptez le plan en fonction du type de texte (descriptif, explicatif, etc.). Indiquez dans ce plan comment les aspects et les sous-aspects seront présentés. Choisissez les procédés descriptifs et les structures permettant de développer les aspects traités.

Choisissez l'attitude que vous adopterez dans votre texte par rapport à votre message et à vos destinataires : souhaitez-vous traiter votre sujet de façon objective ou subjective ? Désirez-vous garder une certaine distance par rapport à vos destinataires ? Quel ton souhaitez-vous utiliser ? Le point de vue choisi devra transparaître à travers des marques de modalité précises. Le ton de votre texte découlera en partie de vos choix précédents : une attitude objective entraînera le choix d'un ton neutre ou didactique ; par contre, une attitude subjective pourra aller de pair avec un ton dramatique ou humoristique. Enfin, si nécessaire, sélectionnez les propos d'autres personnes que vous aimeriez intégrer à votre texte sous la forme de discours rapportés.

Dressez un schéma narratif pour organiser les différentes parties de votre récit. Ensuite, précisez le temps auquel votre récit sera raconté (au passé ou au présent) et comment, en fonction de ce choix, vous harmoniserez les temps verbaux dans les différents types de séquences. Déterminez l'ordre dans lequel seront racontés les événements de votre récit (ordre chronologique ou retours en arrière). Décidez aussi du thème que vous voulez développer et des valeurs que vous mettrez de l'avant.

Décidez du statut du narrateur (omniscient, témoin ou participant) et de sa vision (interne ou externe). Prévoyez, au besoin, les moyens par lesquels les paroles des personnages pourront être rapportées dans le récit.

Pendant la rédaction du texte

Rédigez une version provisoire de votre texte en vous basant sur les choix que vous avez faits à l'étape précédente. Recourez, au besoin, au dictionnaire et à la grammaire pour résoudre rapidement des problèmes liés au lexique et à la syntaxe. Pour éviter de perdre trop de temps, annotez votre texte pour indiquer les parties que vous voudriez retravailler et améliorer plus tard.

Texte courant

Employez différentes formes de reprise de l'information pour assurer la continuité dans votre texte. Évitez de présenter des éléments de contenu qui se contredisent. Utilisez un vocabulaire précis et varié, et des procédés appropriés pour développer le sujet.

Organisez votre texte selon la séquence dominante choisie. Divisez votre texte en trois parties : introduction, développement et conclusion. Adaptez votre plan en fonction du type de texte (descriptif, explicatif, etc.). Indiquez les liens entre les éléments de contenu du texte à l'aide d'organisateurs textuels et de marqueurs de relation. Si vous insérez des citations dans votre texte, assurez-vous de les signaler avec les moyens appropriés (verbes introducteurs, phrases incises, signes de ponctuation).

Utilisez les marques de modalité appropriées pour exprimer le point de vue choisi. Assurez-vous de garder le même point de vue tout le long de votre texte.

Votre planification était-elle efficace ?

- La rédaction du texte est-elle plus facile ou plus difficile que prévu ? Pourquoi ?
- Au cours de votre écriture, quelles sont les nouvelles stratégies que vous avez développées ? Comment avez-vous fait ?
- Avez-vous pris conscience de l'efficacité de certaines stratégies pouvant vous aider dans la rédaction de votre texte ?

Texte littéraire

Assurez-vous de respecter les caractéristiques du genre en cause. Employez différentes formes de reprise de l'information pour assurer une continuité dans votre texte. Évitez les contradictions entre les caractéristiques des personnages et leurs actions, par exemple. Assurez-vous de bien harmoniser les temps de vos verbes. Utilisez un vocabulaire précis et varié et des procédés appropriés pour représenter les éléments de l'univers de votre récit (personnages, atmosphère, etc.). Racontez les événements de votre récit en respectant les différentes parties de votre schéma narratif.

Organisez votre texte selon la séquence narrative dominante. Présentez les événements dans l'ordre déterminé au cours de la préparation. Si vous insérez des dialogues dans votre texte, assurez-vous de les signaler avec les moyens appropriés (phrases incises, signes de ponctuation). En plus des séquences dialogales, vous pouvez également insérer des séquences explicatives ou descriptives secondaires.

Assurez-vous de maintenir le statut et la vision du narrateur tout le long de votre texte.

Après la rédaction du texte

Interrogez-vous sur l'efficacité de votre préparation : le sujet a-t-il été bien cerné ? Votre plan était-il bien fait ? Le choix du narrateur était-il approprié ? En comparant la version finale de votre texte avec la ou les versions qui l'ont précédée, évaluez si la correction et la révision du texte ont été efficaces. Au besoin, discutez avec vos pairs ou avec votre enseignant ou enseignante sur les différents moyens qui vous permettraient d'améliorer votre démarche d'écriture.

Évaluez votre texte en vérifiant s'il respecte les consignes de la tâche : par exemple, la description d'une atmosphère, le respect des étapes du schéma narratif, l'harmonisation des temps verbaux, etc. Au besoin, comparez votre propre évaluation du texte avec celle de votre enseignant ou enseignante et avec celles de vos pairs.

Interrogez-vous sur votre capacité de vous adapter aux différents types de situations d'écriture : avez-vous de la facilité à décrire les aspects d'un sujet, à expliquer les causes d'un phénomène ou à raconter une histoire ? Avez-vous de la facilité à maintenir un point de vue particulier ?

Déterminez ce que vous avez acquis ou approfondi dans cette tâche d'écriture : notions, stratégies d'écriture, repères culturels, etc. Demandez-vous si cette tâche vous a permis d'améliorer votre compétence à écrire. Pour ce faire, comparez ce texte avec les textes écrits précédemment sur le plan du développement du contenu, du maintien du point de vue ou de la précision du vocabulaire, par exemple.

Le résumé

Résumer une œuvre narrative ou une expérience culturelle, c'est formuler dans ses mots les éléments essentiels qui ont été lus, vus ou entendus.

Pour résumer une **œuvre narrative,** vous devez vous assurer d'avoir bien compris l'histoire racontée. Une prise de notes efficace faite pendant ou après la lecture, le visionnement ou l'écoute vous permettra de faire un résumé satisfaisant. Voici les étapes à respecter pour produire un bon résumé.

1. Rédigez votre résumé au présent en employant la troisième personne.

2. Relevez les éléments essentiels qui caractérisent l'œuvre narrative.
- **Qui?** Principaux personnages.
- **Quoi?** Intrigue.
- **Où?** Endroit où se déroule cette histoire.
- **Quand?** Époque où se déroule cette histoire.

3. Formulez dans vos propres mots ces éléments essentiels. Respectez l'ordre chronologique des événements résumés.

4. Évitez les répétitions, les imprécisions et les énumérations détaillées. Utilisez plutôt des pronoms, des synonymes, des termes précis et des mots génériques.

5. Conservez les liens logiques qui existent entre les actions ou les événements présentés afin d'assurer la continuité et la progression de votre résumé. Pour mettre ces liens en évidence, utilisez des organisateurs textuels et des marqueurs de relation.

Exemple

Le résumé d'un texte littéraire

> **« Monsieur Scalzo »**
>
> Monsieur Scalzo est un Italien, musicien et jardinier. Il travaille dans une usine. Chaque après-midi, quand cinq heures arrive, les enfants le regardent sortir du travail et rentrer chez lui pour prendre soin de ses fleurs sur le toit de sa demeure. Ils l'observent et attendent impatiemment parce qu'ils savent que quelque chose de beau se prépare. Une fois la visite du jardinier terminée, les enfants s'assoient dans l'herbe, l'un près de l'autre, le dos contre la clôture. Dans le soir, Monsieur Scalzo joue alors différents airs d'accordéon qui font rêver les enfants. Ceux-ci ne voient plus le temps passer. L'Italien emplit le ciel de ses accords. Quand la musique s'arrête, souvent, il fait déjà nuit.

Pour résumer une **expérience culturelle,** assurez-vous de bien noter l'information qui vous a été transmise. Une prise de notes judicieuse vous permettra de faire un bon résumé. Voici comment vous pouvez procéder.

1. Rédigez votre résumé au présent en employant la troisième personne.

2. Relevez les éléments d'information essentiels qui caractérisent votre expérience culturelle.

3. Regroupez ces éléments sous différents aspects et formulez des phrases qui décrivent chacun de ces aspects.

4. Évitez les répétitions, les imprécisions et les énumérations détaillées. Utilisez plutôt des pronoms, des synonymes, des termes précis et des mots génériques.

5. Utilisez des organisateurs textuels et des marqueurs de relation pour assurer la continuité et la progression de votre résumé.

Exemple

Le résumé d'une expérience culturelle

Visite à l'Espace Félix-Leclerc

L'Espace Félix-Leclerc est un endroit magnifique situé sur l'île d'Orléans, dans la région de Québec. Ce lieu permet aux visiteurs et visiteuses de mieux connaître et d'apprécier l'œuvre de Félix Leclerc et la culture québécoise. C'est dans le grenier d'une grange se trouvant à l'entrée de l'île qu'est gardée bien vivante la mémoire de cet homme qui a vécu sur l'île d'Orléans. À l'intérieur du bâtiment, une exposition permanente retrace la vie et l'œuvre de l'artiste. Cette exposition est complétée par des archives sonores, des livres et des films. Entre ces quatre murs, on trouve également la reconstitution du bureau de travail de Félix Leclerc, une boîte à chansons ainsi qu'une exposition sur l'histoire de ce type de salle de spectacle, une exposition sur un ou une artiste francophone d'ici ou d'ailleurs, et une boutique où l'on vend, entre autres, des disques, des livres et des affiches. À l'extérieur, une terre de 50 hectares traversée de nombreux sentiers permet aux visiteurs et visiteuses d'admirer les beautés de l'île et le fleuve Saint-Laurent.

LE GUIDE DE LA COMMUNICATION ORALE

Les stratégies de communication orale

Avant la présentation orale

1. Analysez la tâche en tenant compte des conditions dans lesquelles elle doit se réaliser : par exemple, les caractéristiques des destinataires, les exigences à respecter, le temps que devra durer la présentation orale, l'organisation du travail (en équipe ou individuel).

2. Cernez avec précision le sujet que vous aborderez dans votre présentation orale en choisissant les aspects à développer. Pour ce faire, renseignez-vous sur le sujet à l'aide d'une quête d'information plus ou moins longue (selon le temps alloué à la préparation) ; assurez-vous de varier vos sources d'information. Vous pouvez aussi prévoir l'intégration d'éléments visuels à votre présentation, comme des photographies ou des schémas. S'il s'agit de la lecture expressive d'un texte narratif, tenez compte des consignes de la tâche au moment de choisir le texte.

3. Faites un plan de votre présentation qui comportera une introduction, un développement et une conclusion. Si vous travaillez en équipe, déterminez la durée et l'ordre des interventions de chaque membre. Prévoyez les moments, au cours de la présentation, où vous utiliserez les éléments visuels. S'il s'agit d'un texte narratif, dégagez le plan du texte à l'aide du schéma narratif afin d'en avoir une bonne compréhension.

4. Choisissez l'attitude que vous adopterez durant votre présentation : vous exprimerez-vous de façon objective ou subjective, sur un ton neutre ou sur un ton engagé ? Assurez-vous que le choix du point de vue est cohérent par rapport au propos de votre présentation.

Pendant la présentation orale

1. Le contact visuel permet de maintenir l'attention de l'auditoire et de percevoir ses réactions. Par exemple, pendant votre présentation, promenez votre regard et arrêtez-le sur une personne à la fois pendant quelques secondes pour voir comment elle réagit.

2. Au cours de votre présentation, employez des mots simples et clairs pour faciliter la communication. Pour assurer une continuité dans votre exposé, utilisez différentes formes de reprise de l'information, en prenant soin d'éviter les répétitions inutiles et les redondances. Évitez aussi les contradictions entre les éléments de votre présentation. S'il s'agit de la lecture expressive d'un texte narratif, assurez-vous d'utiliser les éléments para-verbaux, verbaux et non verbaux appropriés pour mettre en valeur le texte.

3. Prenez soin d'introduire et de conclure votre présentation, par souci de clarté et de précision. Au cours de votre exposé, n'hésitez pas à rappeler les éléments importants ou à résumer votre propos à la fin de chacune des parties de votre présentation. Assurez-vous de bien enchaîner vos propos en évitant les coq-à-l'âne.

4. Assurez-vous de varier votre intonation, de parler assez fort, de bien prononcer et de maintenir un débit approprié. Surveillez votre maintien et évitez les tics.

Après la présentation orale

1. Posez des questions à votre auditoire, sollicitez des commentaires pour vérifier si le contenu de votre présentation a été bien reçu et bien compris.

2. Sur la base des commentaires reçus, réfléchissez aux moyens d'améliorer vos présentations orales sur le plan du contenu, de l'organisation et des relations avec l'auditoire.
   - Votre planification était-elle efficace ?
   - Votre présentation orale a-t-elle été plus facile ou plus difficile que prévu ? Pourquoi ?
   - Quelles sont les stratégies que vous avez utilisées lors de votre présentation orale ?
   - Quelles sont celles que vous réutiliserez dans une prochaine présentation ?

La situation de communication orale

La communication orale

Une situation de communication orale peut prendre diverses **formes.** D'abord, il peut s'agir d'une communication à distance : les interlocuteurs ne se voient pas, seule la voix est utilisée comme support de communication, comme dans le cas d'une conversation téléphonique. Un message peut aussi être transmis en direct et, enfin, il peut être communiqué en différé : les personnes ne se parlent pas en même temps lorsque, par exemple, un message est laissé dans une boîte vocale.

Peu importe la forme de la situation de communication, certaines marques verbales, paraverbales et non verbales sont utilisées pour **signaler une volonté d'établir ou d'interrompre une communication** : saluer son interlocuteur, employer des interjections pour lui indiquer qu'on désire l'aborder, faire des gestes de la main, etc. Lorsque la communication est entamée, il importe de **maintenir ou d'accroître l'attention et l'intérêt de l'interlocuteur** en utilisant l'interrogation partielle, en variant son intonation, en utilisant des illustrations ou tout autre support visuel. Enfin, tous les acteurs de la situation de communication doivent montrer qu'ils sont à l'**écoute** par la reprise des propos de leur interlocuteur, par des signes d'approbation non verbaux et verbaux, par l'orientation du regard, etc.

Certaines **règles de convenance** doivent être établies et respectées entre l'énonciateur et le destinataire du message dans une situation de communication, notamment en ce qui a trait à la durée des interventions lorsque le temps de parole doit être partagé entre plusieurs personnes. Pour ce faire, les interlocuteurs doivent être conscients des diverses modalités d'une interaction, qui se traduisent par des prises de parole croisées, imbriquées ou enchaînées les unes aux autres.

L'énonciation et l'énoncé

Les **paramètres de la situation de communication,** lorsqu'ils sont bien ciblés, peuvent contribuer à la réussite de l'échange. Le **choix de la variété de langue** a aussi une grande influence sur la qualité de l'échange. En effet, on ne s'adresse pas à des amis comme on s'adresse à un patron au cours d'une entrevue. Le type du rapport entre l'énonciateur et le destinataire (selon le degré de familiarité, le statut professionnel, la disposition des interlocuteurs, etc.) doit donc être clairement établi, de façon verbale ou non verbale.

Certaines **marques de déférence** doivent aussi être respectées. Par exemple, lorsque la situation se présente, le locuteur doit toujours parler de lui-même en dernier lieu dans une énumération : *Mon meilleur ami et moi avons interprété cette pièce de Molière.* Enfin, dans le cas d'un discours rapporté, les interlocuteurs peuvent utiliser des éléments paraverbaux et non verbaux pour le signaler ; on imitera alors l'intonation ou l'accent d'une tierce personne, on tracera des guillemets imaginaires ou on fera des pauses.

Les éléments verbaux

Les marques de l'oralité se trouvent dans le choix des mots ou des expressions qui permettent de traduire un message.

Divers éléments caractérisent la langue orale. On utilise fréquemment des marqueurs spécifiques tels que *bon, pis, faque, genre,* etc., ainsi que le futur proche, c'est-à-dire le remplacement des auxiliaires *avoir* et *être* par le verbe *aller* au présent suivi d'un verbe à l'infinitif (*Je prendrai / Je vais prendre*). Il y a aussi l'emploi de locutions adverbiales de négation tronquées : dans la langue orale, le *ne* tend à disparaître (*J'irai pas / Je veux pas*). Les répétitions partielles avec correction, l'inachèvement d'idées et le fait qu'un locuteur termine une idée à la place de son interlocuteur sont des éléments verbaux souvent observés dans la langue orale. Pour rendre son message plus clair, le locuteur peut parfois répondre lui-même à ses questions dites rhétoriques. Par exemple, lorsqu'un aspect est abordé, son contenu peut être entrecoupé de questions du type « Comment dire ? ». Ainsi, la personne qui parle reformule ou réorganise ses idées.

Habituellement, un exposé oral commande l'utilisation d'une **langue standard.** Donc, les **impropriétés de la langue** doivent être évitées. Par exemple, l'utilisation de mauvaises prépositions et l'emploi d'anglicismes et d'expressions familières ou populaires diminuent la qualité de l'énoncé et la crédibilité de l'énonciateur. Il faut également prêter attention aux différentes façons d'énoncer son propos. Ainsi, il faut éviter les fausses liaisons : on remarque souvent, entre autres, qu'il y a ajout d'une consonne entre deux voyelles (*cent-z-abeilles, vingt-z-enfants, ça-l-aide, ça va-t-être,* etc.)

La **redondance** est la répétition d'informations. Bien employée, elle permet d'accentuer la valeur de son propos ou d'informer indirectement le destinataire de l'importance du message ou d'une partie de celui-ci. Par contre, la répétition abusive d'informations provoque un effet de désintéressement et démontre des lacunes dans l'organisation du discours. Il n'y a pas que les informations qui peuvent être redondantes. Certains locuteurs développent des tics verbaux qui nuisent à la transmission du message : blasphémer, utiliser des expressions familières telles que *genre, regarde,* etc.

Les marques de l'oralité

De nombreux éléments caractérisent un message livré oralement. On peut souvent constater que dans le discours oral il y a :

- moins de précision lexicale (*ça, chose, affaire,* etc.) ;
  > Je comprends **ça**. Ces **affaires**-là arrivent souvent.

- des répétitions ;
  > **J'y pense, j'y pense** tout le temps.

- des erreurs dans le choix des marqueurs de relation ou des pronoms relatifs ;
  > ⊘ La fille **que** je te parle était avec sa sœur.

- des constructions d'interrogation propres à l'oral ;
  > ⊘ C'est-**tu** celui-là ? (particule *tu*) Tu l'as vu ? (intonation)

- des hésitations ;
  > **Euh…,** je ne suis pas certain de bien comprendre.

- des omissions de mots ou de syllabes ;
  > ⊘ **J'**trouve pas (*j'* au lieu de *je* et absence du *ne* de négation) mon chandail bleu.

- des ajouts de son ;
  > ⊘ Il y a du monde ici**tte** (*ici*).

- des mots de remplissage ;
  > **T'sais,** je le trouve un peu bizarre.

- des erreurs liées au genre et au nombre ;
  > ⊘ la trampoline → le trampoline
  > ⊘ Le monde disent qu'elle ne réussira pas. → Le monde dit qu'elle ne réussira pas.

- des liaisons incorrectes ;
  > ⊘ Vingt z'enfants participeront à l'événement.

- des erreurs dans la construction d'une hypothèse débutant par *si* de même que dans la conjugaison des verbes ;
  > ⊘ Si j'**aurais** (*avais*) eu un peu plus de temps, j'aurais été mieux préparé.

- des anglicismes lexicaux et sémantiques.
  > ⊘ Il a **cancellé** (*annulé*) à la dernière minute.
  > ⊘ Vous avez une **balance** (un *solde*) de 42,25 $ à payer.

La cohérence du message verbal

La cohérence du message verbal repose sur la continuité, la progression, la non-contradiction et la pertinence du message.

La reprise de l'information et la reformulation contribuent à assurer la **continuité** du message. Plusieurs moyens permettent d'assurer cette continuité, notamment les diverses formes de **reprise de l'information,** les organisateurs textuels et les marqueurs de relation qui permettent d'établir des liens entre les idées émises. De plus, des éléments paraverbaux ou non verbaux, comme un changement d'intonation, des gestes de la main et différentes positions du corps, peuvent être utilisés à cette fin. La **reformulation** assure également la continuité du message en exerçant diverses fonctions. Elle peut servir à manifester ou à valider la compréhension du message, à condenser, à expliquer ou à nuancer un propos. Elle permet également à l'énonciateur qui émet une idée erronée de la rectifier.

Par ailleurs, des informations nouvelles sont transmises au fur et à mesure que le discours est tenu. C'est ce que l'on nomme la **progression.** Cette progression dépend de l'interaction entre l'émetteur et le destinataire. Par exemple, l'émetteur peut utiliser l'interrogation partielle pour vérifier la compréhension du destinataire et, ainsi, décider s'il doit reprendre ou reformuler certains propos, ou poursuivre son exposé. L'interrogation partielle est une question à laquelle le destinataire ne peut répondre par oui ou par non. Par exemple, le locuteur demandera à son auditoire : « À la lumière des propos tenus précédemment, dites-moi quelles sont les conséquences d'une mauvaise alimentation sur la concentration. »

Il faut aussi savoir que l'organisation d'un exposé influence la qualité du message transmis. La **non-contradiction** dans les idées exprimées est primordiale si l'émetteur désire conserver sa crédibilité. Les propos tenus doivent faire progresser le message, sans jamais entrer en contradiction avec les propos tenus précédemment.

Enfin, un message doit évidemment être pertinent. La **pertinence** renvoie au choix du destinataire, à l'adaptation du message à ce dernier, aux moyens choisis pour livrer le message et, finalement, au choix de l'information transmise. L'attention du destinataire dépend, en grande partie, de la pertinence du message.

Dans un exposé, les **interventions,** tout comme le contenu du message, doivent être pertinentes. L'énonciateur a la tâche de suspendre une discussion qui s'éternise ou qui prend un sens autre que celui désiré, de recentrer une discussion ou de rétablir des propos mal compris. Ces diverses situations montrent la pertinence de ce type d'interventions, qui se distinguent de l'interruption inappropriée, comme couper la parole.

Des règles peuvent être établies entre l'énonciateur et le destinataire en ce qui a trait aux **signaux** qui indiquent les moments **propices aux changements d'interlocuteurs.** Par exemple, des marques explicites de conclusion peuvent être émises dans la transmission du message. Le ralentissement du débit et des changements dans le regard et la posture sont aussi des signes qui indiquent que le locuteur a terminé son exposé.

Les éléments paraverbaux : les éléments prosodiques et vocaux

Il faut utiliser des **éléments prosodiques et vocaux qui permettent à l'interlocuteur de comprendre le message transmis.** Au cours d'un exposé, il importe d'ajuster ces éléments aux caractéristiques du destinataire. Par exemple, le débit sera plus lent lorsqu'on s'adresse à un individu dont la langue usuelle n'est pas la même que celle utilisée par l'énonciateur, et la prononciation sera plus claire quand on s'adresse à un enfant qui apprend à parler. Le locuteur doit utiliser tous les aspects prosodiques qui lui permettront de se faire comprendre. La prosodie permet aussi de reconnaître les marques de l'oralité qui distinguent la prise de parole spontanée de la récitation ou du «par cœur».

• L'intonation, l'intensité et le volume

L'**intonation,** c'est le ton de la voix que l'on prend en parlant ou en lisant.

Ainsi, on peut **accentuer certaines syllabes, certains groupes de mots ou certaines phrases pour attirer l'attention du destinataire sur des informations importantes,** et on y parvient **en modifiant l'intensité de la voix ou en faisant des pauses.** Ce procédé permet de regrouper et de délimiter les idées émises. Le **volume** marque et souligne une interrogation, et les sentiments exprimés au cours d'un exposé sont rendus par l'**intensité** de la voix : la colère, le rire, le doute, etc. Dans une prise de parole, toutes les informations émises n'ont pas la même importance : les modulations dans la voix de la personne qui transmet le message permettront au destinataire de mesurer leur importance. Enfin, lorsque vient le temps de clore une discussion ou, au contraire, de poursuivre sur la même lancée ou sur un autre sujet, l'**intonation** indiquera les intentions de l'émetteur et du destinataire.

• Le rythme, le débit et la pause

Le **rythme** résulte de l'agencement des mots, des pauses et des accents toniques. Il s'agit du mouvement général de la phrase. Le **rythme** est régi par la pertinence et l'importance des informations véhiculées dans le message. Le **débit** concerne la vitesse d'élocution, c'est-à-dire la vitesse à laquelle le locuteur parle. Il indique l'attitude du locuteur : nervosité, admiration pour son destinataire, fierté pour les propos qu'il tient, etc. Avec le rythme, le débit est l'élément qui favorise le maintien de l'intérêt du destinataire pour le discours tenu. La **pause** permet au destinataire de réfléchir aux propos tenus et à l'émetteur d'organiser ses idées à venir. On ne doit pas la confondre avec l'hésitation, qui apparaît souvent dans un exposé appris par cœur. Les pauses et les hésitations offrent généralement une ouverture aux interruptions du destinataire.

• La prononciation

La **prononciation** a trait à la manière dont les mots sont prononcés : il est important d'**articuler les mots dans un français sans diphtongues et escamotage.** Un débit et un volume adaptés à la situation de communication permettent au destinataire de comprendre la prononciation du message. Un débit trop rapide se traduit parfois par l'omission de certaines syllabes, et un volume qui varie trop du début à la fin d'une idée nuit à la compréhension du discours.

Les **liaisons** sont évidemment très importantes. Plusieurs règles s'appliquent en ce qui a trait au respect des liens entre les mots. Une attention particulière doit donc être prêtée aux mots qui commencent par une voyelle ou par un *h* aspiré.

- La voix

La voix est le **support dans une situation de communication orale.** Il importe donc,
au cours d'un exposé, de tenir compte de la voix, plus particulièrement de sa **hauteur,** de
son **timbre** et de sa **portée.** La voix est un indice qui permet au destinataire de reconnaître
l'énonciateur du message et son **appartenance géographique** : l'accent d'un Montréalais
ou d'une Montréalaise est différent de celui d'un Acadien ou d'une Acadienne. Les variations
dans la voix ou une voix trop aiguë ou trop grave peuvent détourner l'attention de l'auditoire
ou nuire à cette attention.

Les éléments non verbaux

Il importe de tenir compte du message non verbal véhiculé par le locuteur. La position
de l'énonciateur, son maintien, son attitude, son regard doivent soutenir l'attention
du destinataire, mais ils doivent aussi être cohérents par rapport au discours. Des éléments
non verbaux adéquats favorisent une diversité dans les interactions avec l'interlocuteur
et une expressivité qui ajoute de la personnalité au message transmis.

- La position et la distance

L'énonciateur gagne à mettre son discours en valeur en créant des conditions physiques
propices à l'échange. Pour ce faire, il doit **orienter son corps de façon à ce que les
éléments prosodiques et verbaux soient clairs.** La voix doit être bien projetée, selon
le nombre d'interlocuteurs présents. La distance physique avec l'auditoire doit être propice
à la transmission du message : le locuteur doit s'assurer qu'en plus d'être entendu, il doit
être vu par ses interlocuteurs ; c'est pourquoi les déplacements ou les mouvements
du corps sont importants lorsqu'on prend la parole.

- Attitude : geste, regard, mimique

L'attitude renvoie à la **façon dont le locuteur veut transmettre son message** et à la **portée
qu'il désire lui attribuer.** Souvent, le recours à des outils tels que des cartes, des maquettes,
des images ou des graphiques offre la possibilité de briser l'effet statique qui se produit
dans un discours où l'énonciateur est seul, droit comme un piquet face à un groupe. Son
exposé sera donc parsemé de **gestes** qui permettront de tirer profit du support visuel utilisé.
Les gestes doivent être cohérents par rapport au discours et ne pas être utilisés à outrance.
Ce ne sont pas les mains qui «parlent»! Il importe aussi d'éliminer tout geste qui pourrait
nuire à l'écoute attentive du destinataire (remettre en place une mèche de cheveux,
se tortiller les doigts, se gratter, etc.).

Le **regard** permet aussi de conserver l'attention de l'auditoire et, surtout, de savoir si le
message véhiculé est clair. Lorsque le destinataire montre des signes d'impatience, plisse
le front en guise d'interrogation ou regarde ailleurs, cela signifie que l'énonciateur doit
reprendre l'information, modifier son message ou changer sa stratégie de communication.
Le regard et la conscience de ce qu'il se passe autour de soi au cours d'un exposé
devraient, en principe, aider à établir un contact approprié avec l'interlocuteur.

Bien utilisées, les **mimiques** peuvent être un facteur signifiant dans un exposé.
Elles permettent de personnaliser le message. Par contre, utilisées à mauvais escient,
elles menacent la diffusion du message puisque l'attention du destinataire sera davantage
portée sur le non-dit que sur l'énoncé.

LE GUIDE CULTUREL

Les étapes de la réalisation d'une expérience culturelle

Avant la réalisation d'une expérience culturelle

1. Orientez votre lecture, votre visite, votre participation ou votre rencontre en fonction d'intentions et de besoins liés au développement culturel.

2. Écrivez ce que vous savez à propos de l'œuvre, de la personne, du lieu ou de l'événement qui sera exploré (caractéristiques, contexte socioculturel, contexte historique, etc.).

3. Notez vos interrogations sur l'œuvre, la personne rencontrée, le lieu visité ou l'événement qui aura lieu. Prévoyez une façon d'obtenir les réponses souhaitées et une manière pour les noter.

Pendant la réalisation d'une expérience culturelle

1. Prenez des notes tout le long de la phase de réalisation afin de garder des traces de ce que vous aurez lu, vu ou entendu.

2. Tentez de trouver les réponses à vos interrogations en posant les questions pertinentes ou en effectuant les recherches appropriées.

3. Cernez les informations importantes concernant l'œuvre, la personne rencontrée, le lieu visité ou l'événement organisé. Comparez ensuite ces éléments avec d'autres du même genre et faites ressortir les différences et les similitudes révélées par cette comparaison.

4. Prêtez attention aux commentaires des gens qui vous entourent afin de comparer vos perceptions avec les leurs.

Après la réalisation d'une expérience culturelle

1. Vérifiez si cette expérience culturelle s'est déroulée selon vos intentions et a répondu à vos besoins.

2. Écrivez vos réactions et faites-en part à d'autres personnes.

3. Produisez une fiche critique, un compte rendu de votre expérience culturelle ou tout autre document pertinent que vous pourrez consigner dans votre « Répertoire personnalisé ».

Le compte rendu d'une expérience culturelle

Le compte rendu d'une expérience culturelle sert à faire connaître une expérience culturelle vécue et la critique personnelle qui en est faite. Il peut vous être utile pour vous donner des repères culturels ou pour conseiller une personne.

Utilisez une fiche semblable à celle ci-dessous pour faire le compte rendu d'une expérience culturelle.

Exemple

COMPTE RENDU D'UNE EXPÉRIENCE CULTURELLE
Présentation de l'expérience culturelle
En juin dernier, j'ai visité, avec les autres élèves de ma classe, l'Espace Félix-Leclerc à l'île d'Orléans. Ce lieu m'a permis de découvrir la vie et l'œuvre du poète, chansonnier et conteur Félix Leclerc.
Résumé
C'est dans le grenier d'une grange se trouvant à l'entrée de l'île qu'est gardée bien vivante la mémoire de cet homme qui a vécu sur l'île d'Orléans. À l'intérieur du bâtiment, une exposition permanente retrace la vie et l'œuvre de l'artiste. Cette exposition est complétée par des archives sonores, des livres et des films. Entre ces quatre murs, on trouve également la reconstitution du bureau de travail de Félix Leclerc, une boîte à chansons ainsi qu'une exposition sur l'histoire de ce type de salle de spectacle, une exposition sur un ou une artiste francophone d'ici ou d'ailleurs, et une boutique où l'on vend, entre autres, des disques, des livres et des affiches. À l'extérieur, une terre de 50 hectares traversée de nombreux sentiers permet aux visiteurs et visiteuses d'admirer les beautés de l'île et le fleuve Saint-Laurent.
Note critique
Cette visite a été très intéressante. Elle m'a permis de mieux connaître un grand artiste québécois, qui a apporté beaucoup à notre culture. J'ai bien aimé la présentation d'extraits sonores et visuels et la reconstitution de son bureau de travail, qui m'ont permis de mieux m'imaginer l'époque à laquelle il a écrit une grande part de son œuvre. Tout le long de cette visite, j'ai eu du plaisir à connaître davantage et à apprécier l'œuvre de Félix Leclerc. J'ai ressenti beaucoup d'admiration pour cet homme. Ce qui m'a paru le plus marquant au cours de cette expérience culturelle, c'est le bâtiment qui abrite l'Espace Félix-Leclerc. Il est à l'image de l'homme à qui on rend hommage: modeste, noble et poétique. Outre des renseignements sur la vie et l'œuvre de cet artiste, j'ai pu découvrir une peintre québécoise grâce à une exposition. Je recommande cette visite à tous et toutes.

La grille d'analyse d'une chanson

La grille d'analyse d'une chanson peut vous être utile pour analyser des chansons après un spectacle, une écoute ou la lecture de leurs paroles.

Après quelques écoutes d'une chanson...

Renseignements : Titre : *L'un avec l'autre*
Interprètes : une vingtaine : Garou, Lââm, Isabelle Boulay, Luck Merville, etc. / Auteur des paroles : Luc Plamondon / Musique : Romano Musarra / Type de musique : pop, rap / Instruments : violon, guitare, batterie, clavier, etc. / Nombre de voix : parfois une seule, parfois des duos, des trios et des harmonies / Nombre de couplets : 10, de longueur irrégulière / Répétitions du refrain : 3.

Mots clés (mots marquants) : *l'un avec l'autre, mots d'amour, lire, partager, communiquer, d'où que tu viennes, chanson, mots.*

Réactions (premières impressions) : La chanson de Luc Plamondon transmet un message clair quant à la place du français dans le monde. Les rythmes sont variés. Les harmonies et enchaînements des voix féminines et masculines sont mélodieux.

Après une écoute approfondie d'une chanson...

Refrain : Message véhiculé : peu importe la région ou le pays, les francophones font partie d'une même famille. / Mots clés : *l'un avec l'autre, espace, temps, frontières, océans, chante, langue.*

Couplets : Message véhiculé :

(1-2) La langue française est un outil de communication orale : *dire, mots.*

(3-4) Présentation d'auteurs et de paroliers de la francophonie : *lire, vers, Prévert, Rimbaud, Senghor, Césaire, Cendrars, Trenet, Brel, Vigneault.*

(5) Énumération de différents rythmes du monde : *rap, raï, rock, pop, reggae, techno, hip hop, rock'n roll.*

(6) Énumération des régions et accents des pays de la francophonie : *joual, provençal, argot, parigot, cajun, créole.*

(7) Les différences entre francophones : *chacun, racines, musique, Océanie, Europe, Amérique, Asie, Afrique.*

(8) Le partage des cultures francophones : *bonne entente, apôtre, échangerais.*

(9) Entraide entre les pays de la francophonie : *regarde, douleur, misère, donner, partager, communiquer.*

(10) Le rôle des francophones : *prends-moi la main, chaîne, ensemble, changer le monde.*

Éléments culturels : Événements mentionnés : aucun / Lieux mentionnés : Océanie, Europe, Amérique, Asie, Afrique, déserts, Nord, Sud / Personnes mentionnées : Prévert, Rimbaud, Senghor, Cendrars, Césaire, Trenet, Brel, Vigneault / Coutumes mentionnées : différents rythmes musicaux propres à certaines régions : rap, raï, pop, rock, reggae, techno, hip hop, rock n'roll / Éléments culturels similaires à ma culture ou différents de ma culture d'origine : parler en joual, en provençal, en argot, en parigot, en cajun, en créole.

Opinion : J'apprécie que la chanson de Luc Plamondon témoigne de la diversité dans la francophonie par les mots employés et les rythmes évoqués et entendus lors de l'écoute. Les exemples cités m'ont permis d'augmenter mes connaissances personnelles sur les écrivains, paroliers et rythmes du monde. La chanson engagée de Plamondon m'a fait réfléchir sur la place qu'occupe la langue française dans ma vie. J'aime les textes qui me font réfléchir de la sorte.

Selon Anne-Marie Boucher, « Guide du passeur culturel »,
La culture en classe de français, Québec, Publications Québec français, 2006, p. 95.

La fiche de la critique d'un film

Rédiger la critique d'un film consiste à présenter ce film et à donner son opinion sur celui-ci. Ainsi, une critique de film relève à la fois de la **description** et de l'**appréciation.** D'une part, il s'agit de décrire les différents aspects du film pour que le lecteur ou la lectrice de la critique puisse se faire une idée du film dont il est question. D'autre part, il s'agit d'élaborer et de justifier un point de vue personnel sur le film en s'appuyant sur des critères d'appréciation bien précis. L'exemple ci-dessous présente les éléments qui composent généralement une critique de film.

Exemple

CRITIQUE DE FILM

Présentation générale

Titre du film, pays et année de réalisation
Le Survenant, Québec, 2005

Nom du réalisateur ou de la réalisatrice
Érik Canuel

Noms des actrices et acteurs principaux

Jean-Nicolas Verrault

Anick Lemay

Gilles Renaud

Genre

☐ Comédie   ☐ Historique   ☐ Suspense   ☐ Action

☑ Drame   ☐ Comédie romantique   ☐ Horreur   ☐ Science-fiction

Scénario

☐ Écrit spécifiquement pour le film   ☑ Adapté d'une œuvre littéraire

Description et appréciation du film

Critique positive

Le film d'Érik Canuel m'a littéralement enchantée. J'ai été d'abord séduite par la splendeur des images, surtout celles qui montrent les paysages de forêts, de champs et de la rivière au fil des saisons. La reconstitution historique m'a aussi beaucoup impressionnée : les décors et les costumes des personnages évoquent de manière très convaincante le Québec rural d'autrefois, où se situe l'action du film. Ces qualités sont d'autant plus précieuses qu'elles sont mises au service d'un récit que j'ai trouvé captivant. C'est avec beaucoup d'intérêt et d'émotion que j'ai suivi le déroulement de cette histoire d'un étranger qui vient bouleverser la vie tranquille et monotone des habitants et des habitantes d'un village. À mon avis, le cinéaste a réussi à décrire les relations complexes entre le Survenant et les autres personnages avec finesse et sensibilité. Le personnage de l'étranger sauvage et énigmatique m'a charmée : c'est un héros comme on en voit peu au cinéma de nos jours ! Les personnages secondaires (le père Didace, Alphonsine, Amable et Angélina) sont intéressants parce qu'ils représentent bien la société québécoise du passé. Le jeu des acteurs et des actrices n'est, bien sûr, pas étranger à la forte impression que nous laissent les personnages : Jean-Nicolas Verreault (le Survenant), Anick Lemay (Angélina) et Gilles Renaud (le père Didace), entre autres, jouent leur rôle respectif avec beaucoup d'intensité et de conviction. Par-dessus tout, j'ai bien aimé le message de tolérance et d'ouverture qui transparaît dans cette histoire. Bref, ce film porté par une musique envoûtante est non seulement un bon divertissement, mais aussi une œuvre inspirante et stimulante à cause du beau message qu'il véhicule. C'est donc un film que je recommande vivement à tous et à toutes.

PABLO PICASSO, *L'ACROBATE ET L'ENFANT*, 1906.

Coffret

Dans le *Coffret*, seule la forme masculine des termes *énonciateur, narrateur, auteur, destinataire, locuteur, scripteur, interlocuteur, communicateur* et *lecteur* est employée lorsqu'il est question des fonctions relatives à l'énonciation.

LA SITUATION DE COMMUNICATION ÉCRITE ET ORALE

LA COMMUNICATION

La communication et ses paramètres

Communiquer, c'est entrer en relation avec une ou plusieurs personnes.

Il y a communication lorsqu'un **émetteur** (destinateur) transmet un **message** à un **récepteur** (destinataire) à un **moment** donné et dans un **lieu** donné à l'aide d'un **langage commun,** qui jouit d'un **support,** et dans une **intention** précise.

L'**émetteur** ou le **destinateur** est la personne qui produit un message à l'intention d'un ou de plusieurs récepteurs.

Le **récepteur** ou le **destinataire** est la personne qui reçoit et interprète le message, qu'il lui soit spécifiquement adressé ou non. Dans toutes les situations de communication, il importe d'adapter le message aux caractéristiques du récepteur (➔ p. 290).

Pour se comprendre, l'émetteur et le récepteur doivent utiliser un **langage commun,** autrement dit un système de signes qui leur est compréhensible et qui peut prendre la forme d'une langue, d'un code informatique, d'un langage gestuel, etc.

N'oublie pas ton cours de conduite aujourd'hui à 16 heures

Le **message** est le propos tenu, c'est ce qui est affirmé à propos d'un **référent,** c'est-à-dire un sujet ou un thème. Qu'il soit écrit ou oral, le message peut être transmis **en direct** (au moment où il est produit) ou **en différé** (transmis après un intervalle de temps plus ou moins long).

Pour transmettre son message, l'émetteur emploie un ou des **supports** qui peuvent être visuels, sonores ou audiovisuels. À l'oral, le support peut être la voix, un téléphone, une radio, un disque numérique, etc. À l'écrit, il peut s'agir d'un livre, d'un journal, d'un écran, etc.

Le **moment** et le **lieu** peuvent être les mêmes pour l'émetteur et le récepteur. C'est le cas quand deux personnes assises à une même table conversent. Le **moment** peut être le même, mais le **lieu,** différent, comme dans le cas d'une conversation téléphonique. Le **moment** peut être différent mais le **lieu** peut être le même lorsque, par exemple, une annonce est laissée sur un tableau d'affichage pour offrir un bien ou un service. Le **moment** et le **lieu** peuvent être différents, comme c'est le cas lorsqu'une personne lit un roman ou un journal.

L'**intention de communication** est le but que vise l'émetteur lorsqu'il produit son message. L'intention peut être d'émouvoir, d'informer, de critiquer, d'expliquer, de décrire, de convaincre, de raconter une histoire, etc. Selon son intention de communication, l'émetteur peut énoncer son message de différentes manières en employant différents tons (➡ p. 296).

Un schéma de la communication

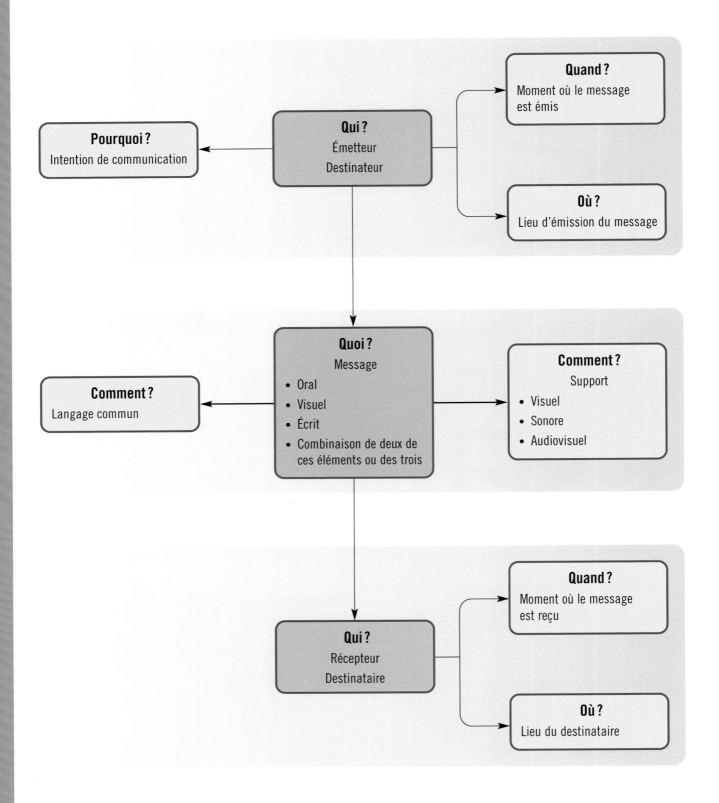

Un exemple d'une situation de communication

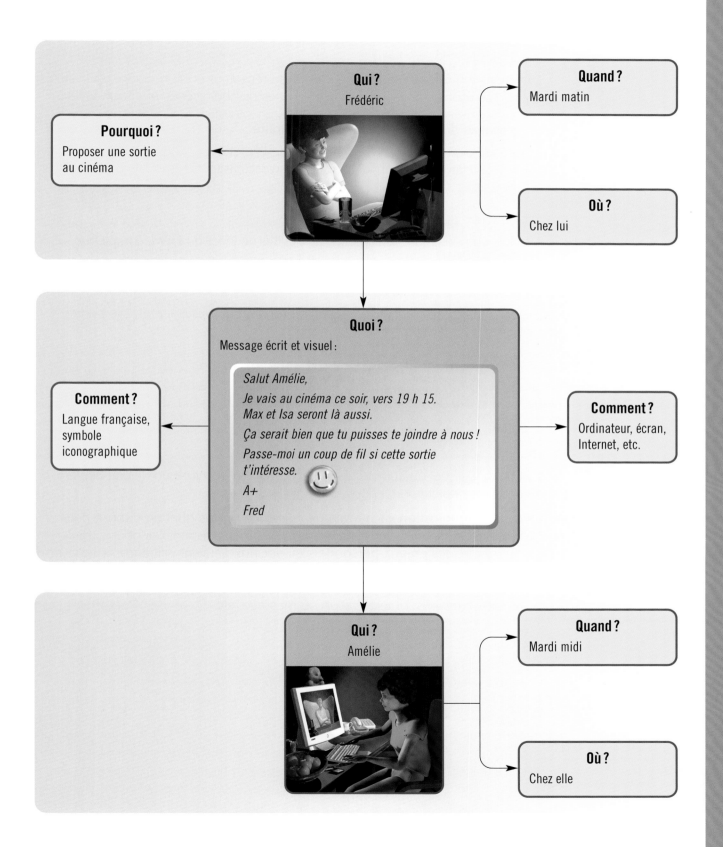

Qui ?
Frédéric

Pourquoi ?
Proposer une sortie au cinéma

Quand ?
Mardi matin

Où ?
Chez lui

Quoi ?
Message écrit et visuel :

Salut Amélie,

Je vais au cinéma ce soir, vers 19 h 15.
Max et Isa seront là aussi.

Ça serait bien que tu puisses te joindre à nous !

Passe-moi un coup de fil si cette sortie t'intéresse.

A+

Fred

Comment ?
Langue française, symbole iconographique

Comment ?
Ordinateur, écran, Internet, etc.

Qui ?
Amélie

Quand ?
Mardi midi

Où ?
Chez elle

Les facteurs influençant la communication

Différents facteurs peuvent influencer la communication. En effet, une **situation de communication varie** selon :

1. les caractéristiques de l'**émetteur** :
- son intention, son rôle, son attitude à l'égard du récepteur et du message, ses valeurs, sa culture, ses connaissances, ses caractéristiques psychologiques et affectives, etc. ;

2. les caractéristiques du **récepteur** ou du **destinataire** :
- son intention, son rôle, son attitude à l'égard de l'émetteur et du message, ses valeurs, sa culture, ses connaissances, ses caractéristiques psychologiques et affectives, etc. ;

3. les caractéristiques du **référent** :
- sujet connu ou peu connu des interlocuteurs, thème léger ou lourd, complexité du sujet abordé, etc. ;

4. les caractéristiques du **message** :
- message d'intérêt public ou privé, message explicite ou implicite, message neutre ou controversé, message pertinent ou non, etc. ;

5. les caractéristiques du **code** ou du **langage commun** :
- langue orale ou écrite, langue première ou seconde, variété de la langue employée, traduction ou non, degré de connaissance de l'image, du geste, du mot, du symbole, du son, etc. ;

6. les caractéristiques du **support** :
- support sonore, visuel ou audiovisuel, transmission en direct ou en différé, degré de connaissance du support, etc.

La **situation de communication** varie également selon le **temps** dont on dispose pour communiquer, le **lieu** où se déroule l'échange, les **ressources** disponibles pour formuler le message. De même, des **enjeux personnels** ou **sociaux** peuvent influencer la situation de communication. Ces éléments peuvent donc avoir une influence sur le rythme de la communication (rapide ou normal), le degré de précision du message (détaillé ou non), la présence de sous-entendus, l'interprétation du message, etc.

L'ÉNONCIATION

L'énoncé

L'acte de parler ou d'écrire dans une situation de communication particulière s'appelle l'**énonciation**. L'**énonciateur** est la personne qui parle ou qui écrit. Chaque fois que l'énonciateur parle ou écrit quelque chose, il produit un **énoncé**.

L'énoncé et la situation de communication

L'énoncé s'intègre dans une situation de communication qui n'est jamais exactement la même. L'énoncé peut rendre compte de la situation de communication par l'intermédiaire des indices suivants.

- L'emploi de **pronoms** de la première et de la deuxième personne qui désignent l'énonciateur et le destinataire.

  ❯ Hé ! **Vous,** là-bas ! **Je vous** parle.

- L'emploi de certains **pronoms** de la troisième personne qui ne remplacent aucun groupe dans le texte.

  ❯ **Il** est évident que cette personne n'est pas intéressée.

- L'emploi de **déterminants** ou de **pronoms démonstratifs** qui accompagnent un nom ou qui reprennent un groupe nominal en le montrant dans la situation où il se trouve.

  ❯ **Cette** personne n'est pas intéressée, mais **celle-ci** l'est.

- L'emploi de **temps verbaux** ou d'**adverbes** qui indiquent le lieu et le temps.

  ❯ Je reviendr**ai ici demain.**

L'énonciateur, le destinataire et le message

Dans un énoncé, certains éléments sont parfois privilégiés : ils sont alors mis en évidence à l'aide d'indices révélateurs.

- L'**énonciateur** peut s'impliquer dans son message. Sa présence est alors marquée par diverses formes : pronoms et déterminants de la première personne (*je, moi, nous*), nom propre, nom commun qui l'identifie.

  ❯ **Moi, Krystel Delacroix, j'**accepte le poste de présidente de la classe.

- Le **destinataire** peut également être mis en évidence dans le message. La présence du destinataire est alors marquée par diverses formes : pronoms et déterminants de la deuxième personne (*tu, vous, votre*), nom propre, nom commun l'identifiant, phrases impératives, phrases interrogatives.

  ❯ **Chères électrices,** puis-je compter sur **votre** collaboration ?

- Le **message** peut s'imposer de lui-même. L'énoncé apparaît alors sous la forme impersonnelle (pronoms de la troisième personne qui ne remplacent aucun groupe dans le texte).

  ❯ **Il est certain que** l'atmosphère de la classe est amicale.

L'auteur du texte et l'énonciateur du message

L'énonciateur n'est pas nécessairement l'auteur d'un texte. Le lien de parenté qui existe entre l'auteur et l'énonciateur est très variable.

- Par exemple, un lien étroit lie l'auteur d'un journal intime et l'énonciateur (le narrateur), qui est désigné dans le texte par des pronoms de la première personne.
  Exemple :

> Jeudi 9 avril 1992
>
> Dear Mimmy,
>
> **Je** ne vais pas à l'école. Aucune des écoles de Sarajevo n'est ouverte. Le danger plane au-dessus des collines qui **nous** entourent. **J'**ai pourtant l'impression que le calme revient lentement. On n'entend plus les fortes explosions d'obus ni les détonations. Juste une rafale, puis le silence se refait très vite.
>
> Zlata
>
> Zlata FILIPOVOC, *Le journal de Zlata,* Paris, Fixot et Robert Laffont, 1993, p. 42.

- Dans un article d'encyclopédie, le lien entre l'auteur du texte et l'énonciateur est peu visible.
  Exemple :

> Beaucoup de guerres civiles sont provoquées par des différends politiques et idéologiques. Elles opposent alors le régime en place à un parti qui cherche à prendre le pouvoir. L'histoire en fournit de nombreux exemples.
>
> *La grande encyclopédie du monde,* Éditions Rouge & Or, 2005, p. 229.

- Dans un roman, l'énonciateur (le narrateur) se substitue à l'auteur. Nous verrons, dans une autre section, qu'il existe différents types de narrateurs (➔ p. 340).
  Exemple :

> Tout le monde dit qu'Erica a de l'intuition. **Je** suppose que c'est comme ça qu'elle a vu que **je m'**intéressais à Michael avant que **je** l'avoue à qui que ce soit, **moi** comprise. C'est vrai que **j'**y vais à fond dans le côté sarcastique, des fois, mais seulement quand un garçon **m'**intéresse. Autrement **je** peux être toute gentillesse et toute douceur.
>
> Judy BLUME, *Pour toujours,* Paris, L'école des loisirs, 1986, p. 14.

Parfois, dans des poèmes et des chansons, l'énonciateur se substitue à l'auteur.

Exemple :

La chanson du rayon de lune

Sais-tu qui **je** suis ? – Le rayon de lune.
Sais-tu d'où **je** viens ? – Regarde là-haut.
Ma mère est brillante, et la nuit est brune ;
Je rampe sur l'arbre et glisse sous l'eau ;
Je m'étends sur l'herbe et cours sur la dune ;
Je grimpe au mur noir, au tronc du bouleau,
Comme un maraudeur qui cherche fortune.
Je n'ai jamais froid, **je** n'ai jamais chaud.

Guy de MAUPASSANT

L'énonciateur et l'intention de communication

L'énonciateur peut produire un énoncé de différentes manières, selon son **intention de communication** (➲ p. 287).

Par exemple, pour satisfaire son intention de *s'informer,* l'énonciateur pourrait *poser une question* en recourant à diverses formes d'énoncés.

Intention de communication	Énoncé Phrase interrogative directe	Énoncé Phrase interrogative indirecte	Énoncé Phrase impérative
S'informer : l'énonciateur demande au destinataire de dire ce qu'il sait.	Qu'est-ce que tu mijotes ?	Je me demande ce que tu mijotes.	Dis-moi ce que tu mijotes.

À l'inverse, l'énonciateur peut utiliser un même énoncé pour traduire différentes intentions de communication. Selon le contexte et l'intonation employée pour exprimer cet énoncé, l'intention révélée sera différente.

Énoncé	Intention de communication
Il fait tellement chaud !	• Émettre une plainte, exprimer un inconfort. • Inciter quelqu'un à se lever et à ouvrir une fenêtre dans la salle de classe. • Établir un contact avec l'emballeur à l'épicerie, etc.

LE POINT DE VUE

Le point de vue d'énonciation est l'**attitude de l'énonciateur** par rapport au **destinataire** et par rapport au **message;** cette attitude révèle également son degré d'engagement.

- L'**énonciateur** peut avoir différentes attitudes par rapport au **destinataire.** Il peut avoir une attitude d'autorité, de respect, de familiarité, de complicité, etc.

  ❯ Que dirais-tu d'aller skier, **fiston?** (Attitude qui marque un rapport affectif)

- L'**énonciateur** peut avoir différentes attitudes par rapport à son **message.** Ainsi, son attitude peut en être une de **distanciation** ou témoigner d'un **engagement** à divers degrés par rapport au message qu'il livre.

  ❯ Je suis **entièrement** d'accord avec toi. (Attitude d'engagement)

Il ne faut pas confondre le point de vue d'énonciation et le **point de vue de narration** (❯ p. 342).

Les marques de modalité exprimant l'attitude de l'énonciateur par rapport au message

À l'oral, l'intonation peut exprimer l'attitude de l'énonciateur par rapport au message. À l'écrit, différentes marques peuvent manifester le point de vue de l'énonciateur par rapport au message.

Marque de modalité	Attitude de l'énonciateur par rapport au message	*Exemple*
Vocabulaire connoté	Engagement	Ce cuisinier **hors pair** est **reconnu** comme **l'un des meilleurs cordons-bleus du monde.**
Temps verbaux évaluant une probabilité ou une possibilité.	Distanciation	Les mets servis dans cette cafétéria **favoriseraient** la santé. (Conditionnel)
Des groupes adverbiaux	Engagement	Les responsables ont défendu **énergiquement** le menu de leur cafétéria.
Des groupes incidents	Engagement	Ce menu, **à mon avis,** est équilibré.
Des phrases incidentes	Engagement	Ce phénomène, **il est vrai,** se manifeste aussi chez les petits.
Des procédés stylistiques liés à l'emphase et à l'atténuation	Engagement (emphase)	Ce gourmand pourrait se nourrir quotidiennement **de milliers de desserts!** (Hyperbole)
	Engagement (atténuation)	Les plats cuisinés par ta **mère ne sont pas mauvais!** (Litote)
Des interjections	Engagement	**Bravo!** Ce repas est exquis!
La ponctuation	Engagement (retenu, réserve)	J'ai mon idée, mais**...**
Le choix typographique	Engagement	Elle a **QUARANTE** ans d'expérience en restauration!

Les marques de modalité exprimant l'attitude de l'énonciateur par rapport au destinataire

À l'oral, l'intonation peut exprimer l'attitude de l'énonciateur par rapport au destinataire. À l'écrit, diverses marques de modalité permettent d'exprimer l'attitude de l'énonciateur par rapport au destinataire.

Marque de modalité	Attitude de l'énonciateur par rapport au destinataire	*Exemple*
Vocabulaire connoté	Arrogance, autorité	Je te conseille de changer de ton, **mon petit bonhomme.**
Vouvoiement	Respect, politesse	**Vous** avez été d'une loyauté exemplaire !
Formule de convenance	Respect, politesse	**Je vous remercie grandement** pour l'accueil que vous nous avez réservé.
Tutoiement	Familiarité	Je **t'**apprécie pour **ta** droiture.
Pronom de la troisième personne	Distanciation	**On** s'amuse bien jusqu'à maintenant ?
L'utilisation de différents procédés comme l'interpellation, l'aparté, l'ironie, la reformulation, etc.	Familiarité	**Mathilde,** c'est l'heure de rentrer. (Interpellation)
	Distanciation	**Madame,** c'est l'heure de rentrer. (Interpellation)
	Autorité	Je trouve ton comportement cynique, **c'est-à-dire choquant et provocateur.** (Reformulation)
Choix d'une variété de langue particulière	Complicité	Je suis super contente de t'voir ! (Langue familière)
	Distanciation	Veuillez prendre place, je vous prie. (Langue soutenue)

LE TON

Le ton adopté par l'énonciateur dépend de son **intention de communication** (● p. 287), du destinataire, du moment, du lieu, etc. Le ton indique la manière dont l'énonciateur transmet son message, ce qui révèle son **point de vue** (● p. 294). Le destinataire doit donc tenir compte du ton de l'énonciateur pour interpréter son message. Voici quelques tons fréquemment employés.

Le ton humoristique

Le ton humoristique est employé avec l'intention de faire rire ou sourire. Il peut reposer sur un contenu comique et saugrenu, sur la déformation volontaire de mots ou d'expressions, sur le recours à des jeux de mots, sur l'emploi de néologismes (● p. 468) et de certains procédés stylistiques comme l'accumulation (● p. 480), l'hyperbole (● p. 481), et l'antithèse (● p. 479), qui peuvent contribuer à créer un ton fantaisiste.

Ce ton peut être employé, notamment, dans des pièces de théâtre, des monologues, des nouvelles littéraires et des articles journalistiques.

Le ton ironique

L'énonciateur emploie souvent le ton ironique dans l'intention de créer une complicité avec son destinataire, dans le but d'en faire son allié. La personne qui fait de l'ironie se moque de quelqu'un ou de quelque chose en disant, avec exagération, le contraire de ce qu'elle veut faire entendre. Le ton ironique révèle que l'énonciateur ne pense pas sérieusement ce qu'il dit. Ce dernier pourra recourir à des procédés stylistiques comme l'hyperbole (● p. 481) pour exagérer ses propos, la litote (● p. 481) pour utiliser ironiquement l'atténuation et l'antiphrase pour dire le contraire de ce qu'il pense.

Ce ton peut être employé dans des nouvelles littéraires, des poèmes, des pièces de théâtre, des éditoriaux, des lettres et des articles d'opinion.

Le ton dramatique

Le ton dramatique est employé avec l'intention de susciter des émotions comme la douleur, la terreur, la pitié, la colère. L'énonciateur a alors recours à un vocabulaire fortement connoté. L'accumulation de mots liés à un même thème suffit souvent à donner à un texte son ton dramatique. La gradation (● p. 480 et 481) et l'hyperbole (● p. 481), qui ont la valeur d'une exagération, pourront créer une effet dramatique ou tragique.

Ce ton peut être employé dans des pièces de théâtre, des contes, des légendes, des poèmes et des romans.

Le ton didactique

Le ton didactique est utilisé dans le but d'instruire, d'informer et d'expliquer. Il se reconnaît par le fait que l'énonciateur maîtrise le sujet qu'il expose, le décrit et l'explique. L'emploi de procédés explicatifs comme la reformulation (● p. 329), qui permet de préciser le sens d'un mot ou d'une expression, et la comparaison (● p. 329), qui permet le rapprochement entre un élément abstrait et d'un élément concret, peuvent être employés pour faciliter l'explication.

Ce ton peut être employé dans des manuels scolaires, des articles scientifiques, des articles d'encyclopédie, des conférences, etc.

Le ton critique

Le ton critique est employé dans l'intention de présenter une opinion sur un sujet. L'énonciateur qui adopte un ton critique vise à amener une discussion sur un sujet controversé. Son message est souvent polémique, c'est-à-dire propre à susciter un débat sur le sujet traité.

L'allégorie qui met en scène des personnages ou des animaux pour présenter une idée de façon imagée peut être utilisée pour faire la critique de la société. On l'utilise pour élargir le débat, pour minimiser les risques pour l'auteur du texte, pour rendre le texte moins blessant pour les personnes en situation de pouvoir qui pourraient se reconnaître. Plusieurs fables de La Fontaine sont des allégories critiques, notamment *Le lièvre et la tortue*.

Le ton critique peut être employé dans certaines lettres ou articles d'opinion, dans des articles critiques, dans des articles scientifiques ou, encore, dans certaines fables ou certains contes.

Le ton poétique

Le ton poétique est employé dans l'intention d'exprimer ou de suggérer l'harmonie et d'évoquer une image. L'énonciateur qui emploie un ton poétique exprime des sentiments intimes et de la sensibilité au moyen de rythmes et d'images. Pour créer ces images et frapper l'imagination, l'énonciateur pourra employer des comparaisons (● p. 477), des métaphores (● p. 478), des périphrases (● p. 312) et des hyperboles (● p. 481).

Ce ton peut notamment être adopté dans des poèmes, des chansons et des pièces de théâtre, et dans certains romans.

Le ton neutre

Le ton neutre vise à présenter des événements de façon objective. L'énonciateur qui utilise un ton neutre n'emploie aucun mot, aucune expression, aucun procédé qui ajouteraient de l'expression ou des effets à un texte. Ce ton où domine le vocabulaire dénoté convient bien aux nouvelles journalistiques ou télédiffusées, à l'article encyclopédique, aux lettres commerciales, etc.

LE DISCOURS RAPPORTÉ

Un énoncé produit par une personne peut être rapporté par une autre personne. C'est le cas lorsqu'un énonciateur rapporte des paroles entendues ou lues : il s'agit alors d'un discours rapporté.

Un discours rapporté ; deux actes d'énonciation

Un discours rapporté implique habituellement deux actes d'énonciation réalisés dans des situations différentes, généralement à des moments différents.

Par exemple, Annick Duchatel, journaliste dans une revue de vulgarisation scientifique, pourrait écrire un article portant sur l'obésité qui s'adresse aux lecteurs de cette revue. Afin d'appuyer ses propos, elle peut rapporter les propos d'un spécialiste dans ce domaine. Si elle a recueilli elle-même ces propos lors d'un entretien avec ce spécialiste, elle était alors la destinataire de ces propos.

Énonciateur		Destinataire
Paul Boisvert (spécialiste) Annick Duchatel (auteure de l'article)	Julien n'est pas un cas isolé. « Le taux d'obésité a triplé chez les jeunes en seulement une vingtaine d'années ! » dit le docteur Paul Boisvert, kinésiologue, coordonnateur de l'information à la Chaire de recherche sur l'obésité de l'Université Laval. Annick DUCHATEL, « Génération XL », *Québec Science*, n° 1, vol. 45, septembre 2006, p. 25.	Annick Duchatel Lecteurs de la revue *Québec Science*

- L'auteur d'un récit crée un **narrateur** qui sera l'**énonciateur** de son histoire. Lorsque le narrateur rapportera les paroles d'un personnage, ce dernier deviendra énonciateur à son tour.

Énonciateur		Destinataires
Narratrice Discours rapporté : Personnage (mère) Personnage (fille, narratrice) Personnage (mère) Auteure du récit	Un soir, comme j'assouvissais une crise de potomanie par l'absorption d'un énième litre d'eau, ma mère, qui assistait en silence à ce spectacle récurrent, arrêta mon geste : – Ça suffit. – J'ai soif ! – Non, tu viens d'avaler quinze verres d'eau en quatre minutes. Amélie NOTHOMB, *Biographie de la faim,* Paris, Éditions Albin Michel, 2004, p. 165-166.	Lecteurs du roman *Biographie de la faim.* La fille (narratrice) La mère La fille (narratrice) Lecteurs du roman

Le rôle du discours rapporté

Le rôle dévolu au discours rapporté varie selon la situation de communication.

- Une **citation** peut être utilisée dans un texte pour accréditer un propos, illustrer un exemple, soutenir une opinion, caractériser une personne, etc.

  Exemple :

  « C'est un problème aussi sérieux que les ravages de la cigarette », estime Lyne Mongeau, conseillère scientifique à l'Institut national de santé publique du Québec (INSPQ).

  Annick DUCHATEL, « Génération XL », *Québec Science,* n° 1, vol. 45, septembre 2006, p. 25.

- Des **passages dialogués** peuvent être insérés dans des récits.

  Exemple :

  Nous nous assîmes sur une pierre.

  — Tu veux voir les lépreux ? demandai-je à Juliette.

  — Tu rigoles !

  — On va faire quoi ?

  — Bonne question.

  Amélie NOTHOMB, *Biographie de la faim,* Paris, Éditions Albin Michel, 2004, p. 183.

- On trouve des **dialogues** dans les pièces de théâtre et les bandes dessinées, ainsi que dans des entrevues.

  Exemple :

JACQUES GOLDSTYN, « J. A. BOMBARDIER », *LES GRANDS DÉBROUILLARDS, 14 AVENTURES SCIENTIFIQUES EN B.D.*, MONTRÉAL, ÉDITIONS HÉRITAGE, 1991, P. 5-8 (COLL. DES PETITS DÉBROUILLARDS).

Le discours rapporté directement ou indirectement

Un énoncé peut être rapporté de plusieurs façons. On distingue le discours rapporté direct, dans lequel les énoncés sont rapportées directement, c'est-à-dire **textuellement,** et le discours rapporté indirect, dans lequel les énoncés sont rapportés indirectement ; ils sont alors **reformulés.**

Le discours rapporté direct

Le discours rapporté direct permet de rapporter intégralement les paroles d'une personne et a valeur de vérité. Ces paroles sont alors introduites par un verbe de parole (*dire, affirmer, déclarer, répliquer,* etc.) et encadrées par des guillemets ou introduites par des tirets dans le dialogue. Dans le discours rapporté directement, on note aussi la présence d'une phrase incise et de certains signes de ponctuation.

- Dans le discours rapporté direct, les pronoms et les déterminants de la première personne (*je, mon*) renvoient à l'énonciateur dont l'énoncé est rapporté.

  ❯ «**Je** passe **mon** temps à avoir faim», dit **Justin.**

- Le **verbe de parole** peut être placé **avant** l'énoncé rapporté. Il est alors suivi des **deux-points** et l'énoncé rapporté est encadré par des **guillemets.** L'énoncé rapporté a sa propre ponctuation : majuscule initiale, point final, point d'interrogation, point d'exclamation.

  ❯ Quelqu'un leur demanda : « Ce plat vous plaît-il ? »

- Le **verbe de parole** peut également être placé **à l'intérieur** de l'énoncé rapporté ou **après** cet énoncé à l'aide d'une **phrase incise.** La phrase incise signale alors le discours rapporté direct au moyen de ce verbe de parole et désigne habituellement l'énonciateur. Dans la phrase incise, le sujet est inversé.

  - La <u>phrase incise</u> peut être placée à l'intérieur de l'énoncé rapporté et être encadrée par des virgules.

    ❯ « Moi, <u>répondit ma mère,</u> je n'ai pas faim. »

  - Lorsque <u>la phrase incise</u> suit l'énoncé rapporté, elle est précédée d'une virgule, sauf si les paroles rapportées se terminent par un point d'interrogation, un point d'exclamation ou des points de suspension. Le point d'interrogation, le point d'exclamation ou les points de suspension se placent alors avant la phrase incise, à l'intérieur des guillemets.

    ❯ « Moi, je n'ai pas faim », <u>répondit ma mère.</u>

    ❯ « Moi, je n'ai pas faim <u>!</u> » <u>répondit ma mère.</u>

Le discours rapporté direct peut aussi être inséré sans verbe de parole ni phrase incise. Dans un dialogue suivi, il est marqué par des tirets.

Exemple :

> Nishio-san ne daignait pas souvent me donner de l'*umeshû*.
>
> — Ce n'est pas pour les enfants.
>
> — Pourquoi ?
>
> — Ça rend ivre. C'est pour les adultes.
>
> Amélie NOTHOMB, *Biographie de la faim*, Paris, Éditions Albin Michel, 2004, p. 53.

Les marques de modalité et le discours rapporté direct

Dans les différentes formes de discours rapportés directs, et dans les phrases incises et les didascalies qui les accompagnent, des marques de modalité peuvent indiquer l'attitude de l'énonciateur par rapport au message ou par rapport au destinataire.

- Dans la **phrase incise** (● p. 303) qui accompagne les paroles rapportées, des groupes adverbiaux ou des groupes prépositionnels indiquent souvent la manière dont l'énonciateur transmet son message.

  ❯ Nous allons trouver un moyen de vous protéger, <u>lança le shérif</u> **d'une voix rassurante.**

- Le verbe de parole de la **phrase incise** (● p. 303) peut également servir à cette fin.

  ❯ On aura tout entendu, **s'esclaffa** <u>Jackson</u>.

- Dans les dialogues des textes dramatiques, des didascalies (indications scéniques) signalent le ton sur lequel l'énonciateur transmet son énoncé.

  ❯ RICHARD (**hautain**). — Je suis scandalisé par votre conduite, maman.

  ANNIE (**avec irritation**). — C'est pas le moment de faire ton arrogant, mon garçon. Mange !

- Dans les passages dialogués, des marques typographiques (gros caractères, italique, ponctuation) indiquent un changement de ton à l'intérieur même du discours direct.

  Exemple :

> — Il y a de la crème, si vous voulez.
>
> — Mais puisque je ne veux pas de *gâteau,* comment bon dieu pouvez-vous imaginer que je voudrais DE LA CRÈME ?
>
> Alessandro BARICCO, *City,* Paris, Éditions Albin Michel, 2000, p. 119.
> Avec l'aimable autorisation de l'éditeur.

Le discours rapporté indirect

Le discours rapporté indirect permet de rapporter les paroles ou les pensées de quelqu'un en les reformulant plutôt qu'en les rapportant textuellement.

• Le discours rapporté indirect se construit souvent à l'aide d'un **verbe de parole** qui précède l'énoncé rapporté. L'**énonciateur** est généralement le sujet du verbe de parole. L'énoncé rapporté prend le plus souvent la forme d'une subordonnée complément du verbe de parole qui est introduite par un subordonnant (*que, si, comment, pourquoi, où,* etc.).

Énonciateur	Verbe de parole	Subordonnant	Énoncé rapporté
Justin	affirme	qu'	il est toujours affamé.

• L'énoncé rapporté peut parfois prendre la forme d'un **groupe infinitif** (➔ p. 408) ou d'un **groupe nominal** (➔ p. 405).

> ❯ Justin affirme **être toujours affamé.** (Groupe infinitif)

> ❯ Il bredouilla **quelques paroles de remerciement.** (Groupe nominal)

Les marques de modalité dans le discours rapporté indirect

Dans le discours indirect, certaines **marques de modalité** (➔ p. 294) révèlent l'attitude de l'énonciateur à l'égard du propos qu'il rapporte.

• Les verbes introducteurs du discours indirect ne sont pas toujours des verbes de parole. Ils peuvent indiquer une **appréciation** de l'énonciateur au regard du message rapporté. C'est notamment le cas de verbes comme *prétendre, supposer, apprendre, démontrer* et *se figurer.*

> ❯ Ce chef cuisinier **a prétendu** qu'il pourrait nous préparer des plats étonnants.

• Le verbe introducteur peut être accompagné d'un adverbe, d'un groupe incident ou d'une phrase incidente qui servira à introduire un **commentaire affectif ou évaluatif** au regard du propos rapporté.

> ❯ Elle a affirmé **vigoureusement** que ce chef cuisinier n'était pas à la hauteur de sa réputation. (Adverbe)

> ❯ Elle pense, **à vrai dire,** que ce chef cuisinier n'est pas à la hauteur de sa réputation. (Groupe incident)

> ❯ Elle a affirmé, **vous savez,** que ce chef cuisinier n'était pas à la hauteur de sa réputation. (Phrase incidente)

- Il ne faut pas confondre les **phrases incises** et les **phrases incidentes**.

Phrase incise	– signale un discours rapporté – comprend un verbe de parole – présente un sujet qui est inversé – désigne souvent l'énonciateur ❯ «Les invités sont tous partis!» **s'exclama le majordome.**
Phrase incidente	– sert à insérer un commentaire révélant le point de vue de l'énonciateur sur le propos rapporté – présente un sujet qui est rarement inversé – peut être détachée par des tirets ❯ Les invités, **j'en suis étonné**, sont tous partis. ❯ Les invités – **j'en suis étonné** – sont tous partis.

La transposition du discours direct en discours indirect

La transposition du discours direct en discours indirect peut provoquer des changements de **personne du verbe.**

- Il n'y a aucun changement de personne quand :
  - l'énonciateur **rapporte son propre discours** ;
    - ❯ Je les inviterai, lui dis-je. → Je lui dis que je les inviterai.
  - l'énonciateur rapporte à son destinataire les **propos d'une troisième personne.**
    - ❯ Elle vous invitera, m'a-t-elle dit. → Elle m'a dit qu'elle vous inviterait.

- Si le destinataire est concerné dans le discours rapporté, il y aura des changements de **pronoms personnels,** de **pronoms possessifs** et de **déterminants.**
  - ❯ On ne **m'**a pas demandé **ma** carte d'invitation à l'entrée, prétend-il.
    - → Il prétend qu'on ne **lui** a pas demandé **sa** carte d'invitation à l'entrée.

La transposition du discours direct en discours indirect peut provoquer des changements de **temps.**

- Il n'y a aucun changement quand le verbe de parole est à un temps du **présent** ou du **futur.**
  - ❯ Elle m'<u>a invité</u> à son lancement, **affirme**-t-il. (Verbe de parole au présent)
    - → Il **affirme** qu'elle l'<u>a invité</u> à son lancement.

  - ❯ Elle <u>a été séduite</u> par mon livre, **dira**-t-il. (Verbe de parole au futur)
    - → Il **dira** qu'elle <u>a été séduite</u> par son livre.

- Quand le <u>verbe de parole</u> est au passé, le verbe de la subordonnée suit des règles de concordance.
  - Si le verbe de l'énoncé rapporté a un rapport d'**antériorité** avec le verbe de parole, le plus-que-parfait se substitue au passé composé.
    - ❯ Il <u>a répondu</u> : «Je suis venu.» (Passé composé)
      - → Il <u>a répondu</u> qu'il était venu. (Plus-que-parfait)
  - Si le verbe de l'énoncé rapporté a un rapport de **simultanéité** avec le verbe de parole, l'imparfait se substitue au présent.
    - ❯ Il <u>a répondu</u> : «Je viens.» (Présent)
      - → Il <u>a répondu</u> qu'il venait. (Imparfait)
  - Si le verbe de l'énoncé rapporté a un rapport de **postériorité** avec le verbe de parole, le conditionnel se substitue au futur.
    - ❯ Il <u>a répondu</u> : «Je viendrai.» (Futur)
      - → Il <u>a répondu</u> qu'il viendrait. (Conditionnel)

La transposition du discours direct en discours indirect peut provoquer des changements qui affectent les **types de phrases.**

- Une **phrase interrogative directe** perd son intonation lorsqu'elle est transposée en discours indirect.
  - ❯ Qui remplacera ce chef ? demanda-t-elle.
    - → Elle demanda qui remplacerait ce chef**.**

- La **phrase impérative** est plus difficile à transposer en discours indirect. Des verbes injonctifs tels que *ordonner, vouloir, sommer,* peuvent être employés comme verbe introducteur, et l'énoncé rapporté prendra la forme d'un groupe infinitif.
  - ❯ Venez !
    - → Elle a **ordonné** de <u>venir</u>.

- La **phrase exclamative** ne peut être transposée d'une manière déterminée à l'avance. La phrase exclamative perd de son expressivité.
  - ❯ Comme c'est bon !
    - → Elle s'exclame que c'est bon.

- Les changements de types de phrases provoquent souvent des modifications dans la **ponctuation.** Contrairement à ce qu'on voit dans le discours direct, il y a absence de ponctuation entre le verbe introducteur et le discours rapporté dans le discours indirect.

La transposition du discours direct en discours indirect peut provoquer des changements qui affectent des indices de **temps** (*maintenant, aujourd'hui, en ce moment*) et de **lieu** (*ici, là, loin*).

- Indice de temps

  ❭ Il lui répondit : «Je reviendrai **demain** matin.»

    → Il lui répondit qu'il reviendrait le **lendemain** matin.

- Indice de lieu

  ❭ Je vous ai vu **ici** hier, affirma-t-elle.

  ❭ Elle affirma qu'elle l'avait vu **là** hier.

La transposition du discours direct en discours indirect peut également provoquer des changements dans les **groupes incidents** ou les **phrases incidentes**.

❭ «**À mon avis,** elle est dans l'erreur», précisa Louis.

  → Louis précisa qu'**à son avis,** elle était dans l'erreur.

LA GRAMMAIRE DU TEXTE

LA COHÉRENCE TEXTUELLE

La structuration d'un texte obéit à des règles de cohérence, tout comme la phrase obéit à des règles de syntaxe. Un texte cohérent est un texte qui est bien formé du point de vue des règles de **cohérence textuelle** qui concernent les éléments suivants.

1. La **continuité** thématique du texte demande de reprendre des éléments introduits antérieurement dans le texte pour tisser un fil conducteur.

2. La **progression** textuelle consiste à introduire des éléments apportant une information nouvelle qui doit satisfaire aux exigences de la continuité du texte.

3. La règle de **non-contradiction** exige d'éviter d'introduire dans le texte des éléments qui entreraient en contradiction avec d'autres éléments du texte.

4. La règle de **pertinence** demande de tenir compte du contexte dans lequel le texte est produit, c'est-à-dire de considérer l'intention de communication et le destinataire.

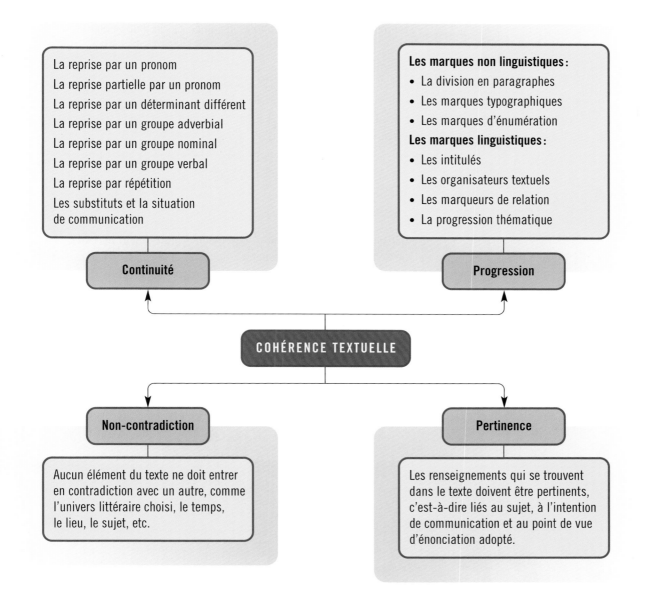

La reprise par un pronom
La reprise partielle par un pronom
La reprise par un déterminant différent
La reprise par un groupe adverbial
La reprise par un groupe nominal
La reprise par un groupe verbal
La reprise par répétition
Les substituts et la situation de communication

Continuité

Les marques non linguistiques :
- La division en paragraphes
- Les marques typographiques
- Les marques d'énumération

Les marques linguistiques :
- Les intitulés
- Les organisateurs textuels
- Les marqueurs de relation
- La progression thématique

Progression

COHÉRENCE TEXTUELLE

Non-contradiction

Aucun élément du texte ne doit entrer en contradiction avec un autre, comme l'univers littéraire choisi, le temps, le lieu, le sujet, etc.

Pertinence

Les renseignements qui se trouvent dans le texte doivent être pertinents, c'est-à-dire liés au sujet, à l'intention de communication et au point de vue d'énonciation adopté.

La continuité de l'information

Pour assurer la **continuité** dans un texte, il faut faire en sorte que des éléments mentionnés antérieurement soient rappelés pour constituer un fil conducteur et, ainsi, procurer au lecteur ou à la lectrice une bonne compréhension du texte. C'est donc cette **reprise de l'information** qui assure la continuité du texte.

- Le mot qui en remplace un autre dans un énoncé est appelé **substitut**. Le mot qui est repris se nomme, quant à lui, l'**antécédent**.

Antécédent   **Substitut**

❯ **Samara** se distingue par son style et son élégance : <u>elle</u> est l'une des meilleures danseuses de la troupe.

LA REPRISE PAR LES PRONOMS

Le pronom personnel (➡ p. 396)	Les pronoms personnels de la troisième personne, autres que *en*, reprennent en totalité la réalité désignée par le groupe nominal.

La banquise fond

C'était encore une hypothèse il y a vingt ans. C'est désormais une certitude : **la banquise de l'Arctique** fond. Et pas qu'un peu ! <u>Elle</u> a perdu de 30 à 40 % de son épaisseur moyenne depuis une trentaine d'années.

Pierre LEFÈVRE, « Réchauffement : dossier brûlant ! »,
Science & Vie Junior, Hors série, n° 64, avril 2006, p. 52.

Certains pronoms démonstratifs (➡ p. 396)	Certains pronoms démonstratifs reprennent totalement la réalité désignée par le groupe nominal : *ce, cela, ça, ceci, celui-ci, celle-ci, ceux-ci, celles-ci, celui-là, celle-là, ceux-là, celles-là.*

Réfugiés climatiques

La plupart des très grandes villes se trouvent près des côtes et seront menacées directement **par la montée des eaux.** <u>Celle-ci</u> aura une conséquence indirecte qui fera également fuir les populations : les terres agricoles et les nappes phréatiques vont devenir salées, par contact avec l'eau des mers.

Pierre LEFÈVRE, « Réchauffement : dossier brûlant ! »,
Science & Vie Junior, Hors série, n° 64, avril 2006, p. 54.

LA REPRISE PARTIELLE DU GN PAR UN PRONOM

Les pronoms indéfinis
(➡ p. 397)

Généralement, les pronoms indéfinis reprennent partiellement la réalité désignée par le groupe nominal.

Les piafs changent de routes

Depuis une trentaine d'années, les hivers plus doux et plus tardifs et les printemps plus précoces ont bouleversé les comportements migratoires **des oiseaux.** <u>Certains</u> d'entre eux, comme les sternes et les hirondelles, lambinent jusqu'en novembre dans les régions tempérées avant de s'embarquer pour leur grand périple annuel vers l'Afrique. <u>D'autres</u> ont carrément renoncé à changer de continent.

Pierre LEFÈVRE, «Réchauffement : dossier brûlant !»,
Science & Vie Junior, Hors série, n° 64, avril 2006, p. 52-53.

Les pronoms numéraux
(➡ p. 397)

Les pronoms numéraux reprennent partiellement la réalité désignée par le groupe nominal.

Le thermomètre s'affole

Pas de doute, la Terre prend un sacré coup de chaud. Le thermomètre a grimpé de 0,75 °C en moyenne depuis le début du XXe siècle. Pire : la fièvre s'est emballée durant ses **dix dernières années.** <u>Neuf</u> d'entre elles affichent des températures records. Ce sont les plus chaudes depuis 145 ans.

Pierre LEFÈVRE, «Réchauffement : dossier brûlant !»,
Science & Vie Junior, Hors série, n° 64, avril 2006, p. 52.

Le pronom personnel
(➡ p. 396)

Le pronom personnel *en* reprend partiellement la réalité désignée par le groupe nominal.

Coupable : l'augmentation de l'effet de serre

Pourquoi la Terre a-t-elle la fièvre ? La majorité des scientifiques pensent que l'homme **en** est largement responsable. Premier accusé : le dioxyde de carbone (CO_2). En brûlant trop de **combustibles fossiles** (gaz, pétrole, charbon) depuis plus d'un siècle pour nous chauffer, nous éclairer et faire tourner nos usines, nous **en** avons injecté des quantités dans l'atmosphère.

Pierre LEFÈVRE, «Réchauffement : dossier brûlant !»,
Science & Vie Junior, Hors série, n° 64, avril 2006, p. 56.

| **Le pronom possessif** ( p. 396) | Le pronom possessif reprend partiellement la réalité désignée par le groupe nominal puisqu'il ne reprend que le sens de l'antécédent et désigne une réalité différente. |

Des gestes simples

Pour réduire les gaz à effet de serre, on peut faire des gestes quotidiens tout simples. **Ces gestes écologiques** sont souvent une affaire de bon sens. Quels sont <u>les tiens</u> ?

| **Certains pronoms démonstratifs** (p. 396) | Certains pronoms démonstratifs reprennent partiellement la réalité désignée par le groupe nominal puisqu'ils ne reprennent que le sens de l'antécédent et désignent une réalité différente : *ceux, celle, ceux, celles.* |

Parasites et virus

Et en France ? Le paludisme y a disparu au milieu du XIXᵉ siècle après l'assainissement des zones humides ; et il ne devrait pas revenir. Mais d'autres types de moustiques existent en Europe, qui pourraient transmettre des maladies virales comme la dengue, **la fièvre de la vallée du Rift, la fièvre jaune** ou bien encore <u>celle</u> due au virus du Nil occidental.

Pierre LEFÈVRE, «Réchauffement : dossier brûlant !»,
Science & Vie Junior, Hors série, nº 64, avril 2006, p. 54.

LA REPRISE PAR DES TERMES AUTRES QUE LES PRONOMS

| **Le déterminant défini** (p. 392) | Le nom du groupe nominal reste le même, mais le déterminant change. |

Réchauffement de la planète

Un changement climatique important est en cours. Dans la nature, des signes avant-coureurs nous convainquent de la réalité de <u>ce</u> changement climatique.

LA REPRISE TOTALE DU GN PAR UN GROUPE ADVERBIAL

L'adverbe (➡ p. 402)

Certains adverbes, comme *ainsi, pareillement, également,* peuvent reprendre globalement un fragment du texte antérieur. D'autres adverbes de lieu, comme *là* et *ici,* peuvent renvoyer à un lieu déjà mentionné dans le texte.

Coupable : l'augmentation de l'effet de serre

L'énergie solaire chauffe la terre et est convertie en chaleur, c'est-à-dire en rayonnement infrarouge. Ce rayonnement prend la direction de **l'espace** et c'est **là** qu'interviennent les gaz à effet de serre.

Pierre LEFÈVRE, « Réchauffement : dossier brûlant ! »,
Science & Vie Junior, Hors série, nº 64, avril 2006, p. 56.

LA REPRISE TOTALE DU GN PAR UN GROUPE NOMINAL

La synonymie (➡ p. 487)

La réalité désignée est reprise par un synonyme, qui est un mot qui a un sens proche du groupe nominal repris.

Éclairage : moins et mieux

Pourquoi vouloir éclairer les villes comme des vitrines de Noël ? Aucune étude n'a jamais démontré les vertus d'une telle orgie de **lumière** pour la sécurité routière et celle des individus. On pourrait donc baisser l'intensité de l'**éclairage** des villes, voire éteindre tout ou une partie des luminaires à partir d'une certaine heure de la nuit.

Pierre LEFÈVRE, « Réchauffement : dossier brûlant ! »,
Science & Vie Junior, Hors série, nº 64, avril 2006, p. 61.

Le terme générique ou spécifique (➡ p. 490)

La réalité désignée est reprise par un terme générique ou spécifique. Le terme **générique** désigne une catégorie dans laquelle sont regroupés des êtres et des choses alors que le terme **spécifique** désigne un être ou une chose faisant partie de cette catégorie.

Les arbres sont atteints de gigantisme

Depuis un siècle, la croissance des **arbres** dans l'hémisphère Nord atteint des sommets. Ils poussent toujours plus haut et toujours plus vite. Dans le centre de la France, par exemple, les **chênes** adultes sont 8 à 10 mètres plus grands qu'il y a 100 ans.

Pierre LEFÈVRE, « Réchauffement : dossier brûlant ! »,
Science & Vie Junior, Hors série, nº 64, avril 2006, p. 53.

Un terme indiquant une relation de « tout à partie »	La réalité évoquée est reprise par un groupe nominal qui désigne les parties ou l'ensemble de cette réalité. Cette relation de « tout à partie » doit reposer sur une connaissance partagée par l'énonciateur et le destinataire.

Les océans s'étalent

Tout comme l'atmosphère, **les océans** se réchauffent, mais plus lentement. **Leur température** a augmenté de 0,6 ^{0}C depuis le début du siècle passé. Conséquence : **les eaux** se dilatent ; elles prennent plus de volume, comme tout objet que l'on chauffe.

Pierre LEFÈVRE, «Réchauffement : dossier brûlant !»,
Science & Vie Junior, Hors série, n° 64, avril 2006, p. 53.

Le terme synthétique	Un terme synthétique résume la partie du texte repris. Le plus souvent, il est introduit par un déterminant défini ou démonstratif.

Les océans s'étalent

Mais **comme les bassins océaniques, eux, ne s'accroissent pas, le niveau des mers ne cesse de s'élever. Les océans ont ainsi «pris» 20 cm en un siècle !** Et **ce phénomène** s'est nettement accéléré durant les dix dernières années.

Pierre LEFÈVRE, «Réchauffement : dossier brûlant !»,
Science & Vie Junior, Hors série, n° 64, avril 2006, p. 53.

La périphrase	La réalité désignée est reprise par une périphrase qui remplace un mot au sens propre par une suite de mots, imagée ou descriptive.

Habitat : soigner l'**isolation**

Bien sûr, il faut désormais mettre **une petite laine** aux nouveaux bâtiments.
Une bonne isolation permet de réduire les besoins de chaleur à rien ou si peu. Une pièce de 20 m^2 peut ainsi être chauffée avec seulement deux ampoules de 100 W !
Voilà pour préparer l'avenir.

Pierre LEFÈVRE, «Réchauffement : dossier brûlant !»,
Science & Vie Junior, Hors série, n° 64, avril 2006, p. 61.

| **La nominalisation du groupe verbal** | La réalité désignée est reprise par la nominalisation du groupe verbal, procédé qui consiste à transformer un groupe verbal en un nom de la même famille. Le nom de reprise est le plus souvent introduit par un déterminant défini ou démonstratif. |

Lutte pour la vie

Lutter contre le réchauffement ce n'est pas seulement l'affaire des autres. <u>Cette lutte</u> concerne tous les habitants de la planète. Des gestes quotidiens peuvent préserver la nature tout en permettant aux gens de vivre aussi bien, voire mieux.

| **La nominalisation d'un adjectif** | La réalité désignée est reprise par la nominalisation d'un adjectif, procédé qui consiste à transformer un adjectif en un nom de la même famille. |

Mesures d'urgence

Il est plus que jamais **urgent** de revenir à un mode de vie qui est davantage lié aux richesses que nous offre la nature. Il y a effectivement <u>une urgence</u> à prendre les mesures qui s'imposent pour ne plus mettre en péril la survie de notre planète et l'avenir des générations futures.

| **Un terme qui reprend partiellement un groupe** | La réalité désignée est reprise partiellement par un nom introduit par un déterminant. |

Coupable : l'augmentation de l'effet de serre

La terre reçoit **l'énergie du soleil** essentiellement sous forme de lumière. <u>Un tiers de l'énergie</u> repart vers l'espace, réfléchi par les nuages, les poussières que contiennent l'atmosphère et le sol.

Pierre LEFÈVRE, «Réchauffement : dossier brûlant !»,
Science & Vie Junior, Hors série, n° 64, avril 2006, p. 56.

| **Un terme qui reprend l'information en assurant une progression** | La réalité désignée est reprise par un groupe nominal qui apporte une information nouvelle sur le terme repris. |

Les changements climatiques inquiètent

Lors d'une conférence qui s'est tenue aujourd'hui à Montréal, **Steven Guilbault** a réitéré l'importance de s'attaquer aux changements climatiques. <u>Le porte-parole de Greenpeace au Québec</u> a proposé un plan d'action aux différents intervenants présents.

LA REPRISE DU GV PAR LE GROUPE VERBAL *FAIRE*

Un groupe verbal (➡ p. 406)	La réalité désignée est reprise par un groupe verbal. Cette reprise s'effectue au moyen du verbe *faire* associé à un pronom complément.

Et vous?

Et vous? Votre mode de vie est-il beaucoup, modérément, un peu ou pas du tout écologique? Pour ma part, je **recycle** et je <u>le fais</u> de plus en plus.

LA REPRISE PAR RÉPÉTITION

La répétition	La reprise par la répétition est parfois souhaitable, notamment dans les textes scientifiques, où c'est la constance et la précision qui sont recherchées et non la variété du vocabulaire.

L'art de gérer une plantation

Tant que les eucalyptus de la plantation de Kioulou sont jeunes, ils absorbent plus du **carbone** qu'ils n'en relâchent dans l'atmosphère. Lorsque ces arbres atteignent l'âge de 7 ans, cette capacité s'atténue. Les eucalyptus représentent alors 5,7 t de <u>**carbone**</u> par hectare. Ils sont alors abattus. Environ 0,5 t de <u>**carbone**</u> par hectare est piégé dans le sol […]

Pierre LEFÈVRE, «Réchauffement: dossier brûlant!», *Science & Vie Junior,* Hors série, nº 64, avril 2006, p. 62.

LES SUBSTITUTS ET LA SITUATION DE COMMUNICATION

Certains substituts désignent des éléments extérieurs au texte et renvoient à la situation de communication (➡ p. 286).

• Des pronoms personnels qui désignent l'énonciateur ou le destinataire.

  ❭ <u>Madame,</u> j'aimerais que **vous** me donniez un marteau, s'il vous plaît.

• Des pronoms ou des déterminants démonstratifs.

  ❭ Madame, j'aimerais que vous me donniez <u>ce marteau</u>.
    C'est bien **celui-là**!

• Des adverbes.

La progression de l'information

La **progression de l'information** consiste à introduire dans un texte des éléments apportant une information nouvelle qui doit satisfaire aux exigences de la continuité du texte. Le contenu du texte doit être organisé de façon que des faits ou des renseignements nouveaux contribuent à faire progresser l'information.

Pour hiérarchiser les différentes parties du texte et leurs éléments, on se sert de **marques d'organisation,** qui peuvent être des marques non linguistiques et des marques linguistiques.

LES MARQUES NON LINGUISTIQUES

- Le **paragraphe** est une marque graphique qui permet de diviser le texte pour en faciliter la compréhension. Chaque paragraphe présente habituellement une certaine unité de sens en décrivant une idée principale, une action, un événement, etc. Certaines phrases d'un paragraphe peuvent présenter des idées secondaires, des sous-aspects, des exemples ou des détails relatifs à l'idée principale. Le premier mot du paragraphe est souvent disposé en retrait, ce qu'on nomme un **alinéa.** Lorsqu'il n'y a pas d'alinéa, le changement de paragraphe est signalé par un **espace blanc** (saut de ligne).

  > Le texte de la page 54 de votre manuel compte quatre paragraphes qui sont marqués par des alinéas.

- Les **marques typographiques** permettent aussi de reconnaître et de hiérarchiser les différentes parties du texte et leurs éléments.

  - La **taille des caractères** et la **police des caractères** peuvent servir à distinguer les différents intitulés ou à attirer l'attention du lecteur.

    > Dans le texte de la page 170.

    Cette période mouvementée qu'est l'**adolescence** n'a pas toujours été synonyme de crise.

  - Le **caractère gras** met en relief un intitulé, un mot ou un groupe de mots pour attirer l'attention du lecteur.

    > Dans le texte de la page 46.

    La nymphe Calypso

  - Le **caractère italique** peut indiquer un mot emprunté à une autre langue, une information importante, un terme technique, les pensées d'un personnage, le titre d'une œuvre, etc.

    > Dans le texte de la page 30.

    Allons gai, compèr' lutin !
    Allons gai, mon cher voisin !
    Allons gai, compèr' qui fouille,
    Compère crétin la grenouille !
    Des chrétiens, des chrétiens,
    J'en frons un bon festin.

– Les **capitales** peuvent être utilisées dans les intitulés pour attirer l'attention du lecteur.

❭ Dans le texte de la page 61.

LA CHASSE-GALERIE

- Les **marques d'énumération** servent à organiser le contenu d'un texte au moyen de tirets, de puces, de lettres et de chiffres.

❭ Dans le texte de la page 200.

- se divertir ;
- rechercher le soutien de ses amis ;

LES MARQUES LINGUISTIQUES

- Les **intitulés** d'un texte renseignent souvent sur son contenu en annonçant les différents aspects ou parties abordés. Les intitulés sont souvent des phrases à construction particulière (➲ p. 383).

  – Le **titre** informe généralement le lecteur sur le sujet du texte.

  ❭ À la page 199 de ton manuel, le titre du texte est *La peine d'amour et le mal d'amour.*

  – Le **surtitre,** placé au-dessus du titre, renvoie généralement au thème abordé.

  ❭ À la page 87 de ton manuel, le surtitre du texte est *Dossier Everest.*

  – Le **sous-titre,** placé sous le titre, présente une idée qui complète celle du titre.

  ❭ À la page 204 de ton manuel, le sous-titre du texte est *(Le grand tarla).*

  – Les **intertitres** découpent le texte en parties et annoncent habituellement les aspects qui sont traités dans les paragraphes qui suivent.

  ❭ À la page 237 de ton manuel, un des intertitres du texte est *2 fois leur poids sur le dos.*

- L'ajout de nouveaux éléments d'information dans un texte ou dans un paragraphe peut se faire à l'aide des **organisateurs textuels.** Ce sont des mots, des groupes de mots ou des phrases qui contribuent à mettre en évidence l'organisation du texte. Les organisateurs textuels servent à marquer une transition entre le contenu du texte et de nouvelles informations qui font progresser le texte.

Exemple :

La porte principale de la clinique s'ouvrait sur la salle d'attente et le bureau de réception, d'où partait un grand corridor. **Du côté gauche,** trois portes : le bureau du patron, celui des vétérinaires subalternes et la pharmacie. **À droite** : la salle d'examen, la salle de chirurgie, la salle de radiographie et la chambre noire. **À l'autre bout du** corridor se trouvaient la salle de traitement et le chenil.

Jean-Pierre DUBÉ, *Salut doc, ma vache a mal aux pattes !,*
Waterloo, Éditions Michel Quintin, 2000, tome 1, p. 327-328.

LES PRINCIPAUX ORGANISATEURS TEXTUELS	
Sens	**Organisateurs textuels**
Explication	*en fait, ainsi, en effet, c'est pourquoi, or, cela s'explique par, car, c'est-à-dire que, en d'autres termes, plus précisément, puisque, etc.*
Lieu	*ici, là-bas, à l'intérieur, près de cette route de terre, de l'autre côté, derrière, à l'ouest, à gauche, devant, à la limite de cette contrée, au loin, en face de chez moi, en haut, tout près, etc.*
Séquence	*d'abord, le premier aspect, premièrement, pour commencer, pour débuter, en d'autres termes, ensuite, en second lieu, puis, pour poursuivre, d'une part… d'autre part, finalement, en conclusion, enfin, en terminant, pour conclure, etc.*
Temps	*à la fin de son discours, alors, aujourd'hui, auparavant, après bientôt, depuis ce temps, ce matin, en 1956, hier, il était une fois, jusqu'à 18 heures, le lendemain, lorsque, pendant deux minutes, quand, tantôt, etc.*
Argumentation	*au contraire, cependant, d'ailleurs, donc, en revanche, mais, or, par ailleurs, par contre, pourtant, à l'opposé, au contraire, etc.*

- Certains **marqueurs de relation** servent à **coordonner** et à **subordonner** des éléments, permettant ainsi l'ajout de nouvelles informations et, ainsi, contribuent à la progression textuelle.

- Pour ajouter de nouveaux éléments d'information dans une phrase, on peut employer la **coordination** (➲ p. 412) qui se fait à l'aide de coordonnants.
  Exemple :

> Coincé entre l'eau et la forêt, il avait déboisé une bande de terre juste assez large pour laisser passer le soleil du matin, **car,** en hiver, rien ne réchauffe mieux le cœur d'un trappeur qu'un rayon de soleil.
>
> André VACHER, *Entre chiens et loups,* Waterloo, Éditions Michel Quintin, 1999, p. 9.

- Pour ajouter de nouveaux éléments d'information dans une phrase, on peut utiliser la **subordination** (➲ p. 412) qui se fait à l'aide de subordonnants.
  Exemple :

> Au couchant, il profitait à longueur d'année des somptueux flamboiements réfléchis par le lac, **que** sa surface fût d'eau ou de glace.
>
> André VACHER, *Entre chiens et loups,* Waterloo, Éditions Michel Quintin, 1999, p. 9.

LES PRINCIPAUX COORDONNANTS ET LEUR SENS	
Sens	**Coordonnants**
Addition	*aussi, d'ailleurs, de plus, également, en plus, et, par ailleurs,* etc.
Alternative	*ou, ou bien, parfois… parfois, soit… soit,* etc.
Cause	*car, de ce fait, en effet,* etc.
Conséquence	*ainsi, alors, donc, en conséquence, par conséquent,* etc.
Justification	*mais, car,* etc.
Opposition	*au contraire, cependant, d'autre part, en revanche, mais, néanmoins, par contre, toutefois,* etc.
Succession	*enfin, ensuite, et, puis,* etc.
Explication	*c'est pourquoi, c'est-à-dire,* etc.

LES PRINCIPAUX SUBORDONNANTS ET LEUR SENS	
Sens	**Subordonnants**
But	*afin que, de crainte que, de façon que, de manière que, de peur que, pour que, de sorte que,* etc.
Cause	*puisque, parce que, vu que, étant donné que,* etc.
Comparaison	*autant que, plus que, moins que, ainsi que, comme, de même que,* etc.
Condition	*à condition que, à supposé que, en admettant que, pourvu que,* etc.
Conséquence	*à tel point que, de sorte que, si bien que, tellement que,* etc.
Lieu	*où*
Opposition	*lorsque, pendant que, quand, si,* etc.
Temps	*à l'instant où, alors que, au moment où, à présent que, aussitôt que, avant que, après que, chaque fois que, comme, depuis que, dès que, d'ici à ce que, en attendant que, en même temps que, jusqu'à ce que, juste avant que, lorsque, pendant que, quand, sitôt que, tandis que, toutes les fois que, une fois que,* etc.

- La **juxtaposition** ( p. 412), qui se fait à l'aide de signes de ponctuation, permet aussi d'introduire de nouveaux éléments dans le texte.

Exemple :

> Un jour de décembre, l'an passé, en cherchant un cadeau original pour un ami amateur d'objets rares, je me souvins de mon vieil ami, Jean Lacasse.
>
> Gilles VIGNEAULT, *L'armoire des jours,* Montréal, Nouvelles Éditions de l'arc, 1998, p. 107.

COFFRET
LA GRAMMAIRE DU TEXTE

Les nouveaux éléments d'information insérés au fil des phrases consistent le plus souvent en l'ajout d'un nouveau sujet, d'un nouveau prédicat ou d'un nouveau complément de phrase ; ils peuvent aussi provenir de l'emploi de certains procédés de reprise.

- Pour faire progresser les éléments d'information, **le sujet d'une phrase peut être tiré du propos tenu dans le prédicat de la phrase précédente.** Le propos de la phrase précédente n'est pas toujours repris mot à mot dans le nouveau sujet ; des substituts peuvent être employés.

Exemple :

> La porte d'entrée, située au milieu du bâtiment rectangulaire, donnait sur un genre de **vestibule assez large.** Sur **les murs du vestibule,** quatre portes ouvraient sur quatre « **chambres** ». **C'**étaient de grandes pièces traversées d'un long corridor avec, de chaque côté, dix à douze compartiments où logeaient les porcelets.
>
> Jean-Pierre DUBÉ, *Salut doc, ma vache a mal aux pattes !,*
> Waterloo, Éditions Michel Quintin, tome 2, 2000, p. 36.

- D'une phrase à l'autre, le sujet est répété ou divers substituts sont employés. **C'est dans le prédicat que le propos est différent,** ajoutant ainsi de nouveaux éléments d'information.

Exemple :

> Sur le bord du lac Atlin, aux confins du Yukon et de la Colombie-Britannique, <u>un homme</u> **habitait une cabane en rondins bâtie tout au bout du village.** Coincé entre l'eau et la forêt, <u>il</u> **avait déboisé une bande de terre juste assez large pour laisser passer le soleil du matin,** car, en hiver, rien ne réchauffe mieux le cœur d'un trappeur qu'un rayon de soleil. Au couchant, <u>il</u> **profitait à longueur d'année des sompteux flamboiements réfléchis par le lac,** que sa surface fût d'eau ou de glace.
>
> André VACHER, *Entre chiens et loups,* Waterloo, Éditions Michel Quintin, 1999, p. 9.

- **L'ajout d'un complément de phrase** peut faire progresser les éléments d'information en donnant, notamment, des indications de temps ou de lieu.

Exemple :

> **Sur le bord du lac Atlin, aux confins du Yukon et de la Colombie-Britannique,** un homme habitait une cabane en rondins bâtie tout au bout du village. **Coincé entre l'eau et la forêt,** il avait déboisé une bande de terre juste assez large pour laisser passer le soleil du matin, car, **en hiver,** rien ne réchauffe mieux le cœur d'un trappeur qu'un rayon de soleil. **Au couchant,** il profitait à longueur d'année des sompteux flamboiements réfléchis par le lac, que sa surface fût d'eau ou de glace.
>
> André VACHER, *Entre chiens et loups,* Waterloo, Éditions Michel Quintin, 1999, p. 9.

- Certains **procédés de reprise,** notamment la synonymie et la périphrase, peuvent servir à ajouter de l'information.

Exemple :

> Au cœur de notre immense parc des Laurentides – créé, en 1897, pour protéger les caribous – se cache un plateau de 1000 kilomètres carrés que ces animaux fréquentaient autrefois en grand nombre et que les vieux de la région ont baptisé **les Grands Jardins. Ce merveilleux petit îlot, vestige des forêts du siècle dernier,** offre un paysage unique qu'on ne peut manquer de remarquer.
>
> Benjamin SIMARD, *Expédition caribou*, Waterloo, Éditions Michel Quintin, 1998, p. 23.

La non-contradiction de l'information

Pour qu'un texte soit cohérent, aucun élément ne doit entrer en contradiction avec un autre. La transgression de cette règle de cohérence conduit à des absurdités. Cette règle de non-contradiction exige, entre autres, que :

- aucune partie du texte ne soit en contradiction avec l'univers littéraire qui a été créé ;

- les indices de temps qui précisent le moment et la durée d'un événement concordent pour assurer la cohérence du message ;

- le lien entre les idées soit toujours perceptible ;

- la désignation et les caractéristiques attribuées à un personnage ou à une personne soient harmonieuses ;

- dans un dialogue, les paroles soient attribuées aux personnages ou aux personnes appropriés.

La pertinence de l'information

Pour qu'un texte soit cohérent, les renseignements qui s'y trouvent doivent être pertinents. Cette règle de pertinence exige, entre autres, que :

- le point de vue d'énonciation, par rapport au message et par rapport au destinataire, soit maintenu du début à la fin ou que le changement de point de vue soit justifié ;

- l'énonciateur tienne compte des caractéristiques de son destinataire ;

- le contenu du texte soit conforme à l'intention de communication de l'énonciateur, qui est d'informer, de convaincre, de créer une émotion, etc. ;

- le contenu du texte soit lié au sujet du texte de près ou de loin.

L'ORGANISATION DU TEXTE

LES TEXTES ÉCRITS ET ORAUX, COURANTS ET LITTÉRAIRES

L'hypertexte et les hyperliens

L'**hypertexte** est un **texte informatique** qui comporte des liens qu'on active en cliquant sur une zone sensible de l'écran. Ces zones sensibles se nomment des **hyperliens**. Ces derniers permettent de parcourir les textes au gré des associations d'idées qui surgissent en cours de lecture.

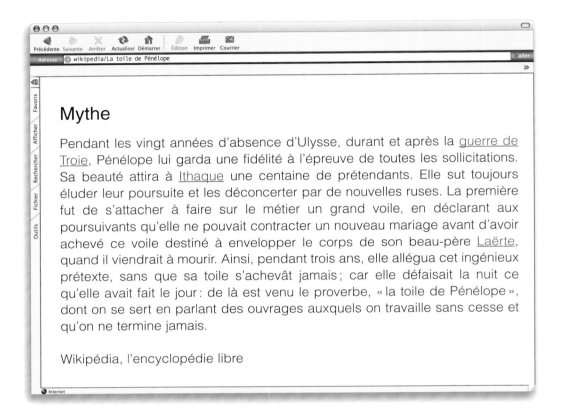

Les séquences, les genres et les types de textes

Une **séquence textuelle** est une suite de phrases formant un tout cohérent et significatif, et organisées dans un but précis. Bien que les textes soient généralement associés à un **type** dominant (narratif, descriptif, dialogal, explicatif ou argumentatif), ils sont rarement constitués d'une seule séquence : différentes sortes de séquences sont habituellement enchâssées dans la séquence dominante.

Le **genre** est un ensemble de textes oraux ou écrits, courants ou littéraires, qui ont en commun des traits caractéristiques. Par exemple, à l'écrit, le roman, la fable, la nouvelle littéraire sont des genres de textes où la séquence narrative domine. À l'oral, la pièce de théâtre et le téléroman sont des genres de textes où la séquence dialogale domine.

LES SÉQUENCES, LES GENRES ET LES TYPES DE TEXTES		
Type de texte	**But**	**Genre de texte**
Texte à séquence descriptive dominante	Sert à présenter le *quoi* et le *comment* d'une réalité.	Nouvelle journalistique, guide touristique, fait divers, rapport d'observation, notice biographique, etc.
Texte à séquence explicative dominante	Sert à présenter le *pourquoi* d'une réalité.	Article d'encyclopédie, article de revue scientifique, ouvrage documentaire, manuel scolaire, etc.
Texte à séquence argumentative dominante	Sert à présenter des opinions et des arguments pour persuader quelqu'un de quelque chose.	Lettre d'opinion, article critique, éditorial, annonce publicitaire, écrit satirique, billet journalistique, essai, manifeste artistique, etc.
Texte à séquence narrative dominante	Sert à raconter une histoire réelle ou fictive.	Roman, nouvelle littéraire, conte, légende, fable, mythe, biographie, autobiographie, etc.
Texte à séquence dialogale dominante	Sert à présenter un dialogue entre deux ou plusieurs personnes.	Textes dramatiques (pièce de théâtre, sketch, scénario de film, téléroman, fiction radiophonique), bande dessinée, entrevue, etc.

Le **texte poétique** peut être structuré à l'aide de différentes sortes de séquences. Peu importe sa séquence dominante, le texte poétique exprime des émotions et des sentiments au moyen du rythme et de l'image, ce qui le distingue nettement des autres textes. (➲ p. 360)

Les textes courants et littéraires

Le **texte courant** est un texte qui vise à informer, à décrire, à expliquer, à convaincre, à rapporter une conversation. Il existe différents genres de textes courants.

- **La nouvelle journalistique** présente le *quoi* et le *comment* d'une réalité. Elle vise à décrire, à présenter, à montrer. C'est la séquence descriptive qui est dominante dans ce genre de texte (➲ p. 325).

- **L'article de revue scientifique** présente le *pourquoi* d'une réalité ou d'un phénomène. Il vise à expliquer, à faire connaître, à faire comprendre. C'est la séquence explicative qui est dominante dans ce genre de texte (➲ p. 328).

- **Le message publicitaire** présente des arguments pour convaincre quelqu'un d'acheter un produit. C'est la séquence argumentative qui est dominante dans ce genre de texte (➲ p. 331).

- **L'entrevue** est un dialogue entre deux ou plusieurs personnes. Elle vise à rapporter ce qui est dit. C'est la séquence dialogale qui est dominante dans ce genre de texte (➲ p. 356).

Le **texte littéraire** est un texte qui répond à des exigences esthétiques (style, image, émotion, rythme, sonorité, etc.) et qui donne une image subjective du réel.

L'auteur du texte littéraire exploite toutes les ressources de la langue : la syntaxe, le vocabulaire, les images, les jeux de sonorité, le rythme, etc. Il existe plusieurs **genres** littéraires : le roman, la nouvelle littéraire, le texte dramatique, le conte, la légende, la fable, la biographie, la poésie, etc.

- Le **roman,** qu'il soit fantastique, policier, de science-fiction, d'amour, d'espionnage ou d'aventures, est un récit généralement assez long qui fait vivre dans un milieu donné des personnages présentés comme réels ; il souligne ainsi les traits caractéristiques de la nature humaine.

- La **nouvelle littéraire** est un récit généralement bref, à l'intrigue simple où n'interviennent que peu de personnages. Elle est davantage centrée sur la psychologie des personnages que sur les événements, qui se déroulent souvent dans un temps assez restreint et dans un lieu unique.

- Le **texte dramatique,** contrairement aux autres genres, n'est pas écrit d'abord et avant tout pour être lu, mais pour être joué par des comédiens et des comédiennes devant un public. Il est destiné à devenir une pièce de théâtre, un sketch, un téléroman, etc. Ce texte met en scène des événements et des situations qui révèlent différents aspects de la condition humaine pour émouvoir, faire réfléchir et intéresser les spectateurs et les spectatrices.

- Le **conte** est un récit de fiction qui raconte les actions, les épreuves et les péripéties d'un ou de plusieurs personnages imaginaires stéréotypés. Ce texte narratif, issu de la tradition orale, a rarement un cadre spatiotemporel précis. Il réfère le plus souvent à des lieux types (la forêt, le palais, la montagne, etc.) ou à un passé indéterminé (« Il était une fois »). Le conte peut explorer, entre autres, les univers merveilleux, fantastique, d'apprentissage, etc.

- La **légende** est un récit populaire traditionnel, plus ou moins fabuleux et merveilleux, qui s'appuie sur des croyances ou des valeurs morales. Ce genre met à l'avant-plan des faits historiques qui ont été déformés par l'imagination des gens qui les ont transmis oralement. Ainsi, on y trouve des personnages ayant réellement vécu, des lieux qu'il est possible d'identifier, des événements qui se sont réellement produits.

- La **fable** est un bref récit articulé autour d'une morale. Il a pour but d'inciter à la réflexion en vue de corriger et d'améliorer les comportements humains. Les personnages de ce texte narratif sont des animaux, des plantes ou même des objets qui adoptent les attitudes et les comportements de l'être humain pour représenter ses faiblesses. Ce récit peut être écrit en vers ou en prose.

- Le **mythe** est un récit fictif qui raconte les origines du monde. Ce texte narratif compte parmi ses personnages des dieux et d'autres êtres extraordinaires qui côtoient les humains pour vivre des aventures extraordinaires. Le mythe est souvent considéré comme un récit sacré.

- La **biographie** est un texte qui raconte la vie d'une personne. Lorsqu'un auteur raconte lui-même sa vie, il s'agit d'une **autobiographie.** Si ce texte répond aux exigences esthétiques mentionnées à la page 324, on le classe dans les œuvres littéraires ; sinon, il s'agit d'un texte courant plutôt descriptif comportant plusieurs séquences narratives.

- La **poésie** est une forme d'écriture où le rythme, l'harmonie, la sonorité et les images jouent un grand rôle pour traduire des sensations, des sentiments et des émotions.

LES TYPES DE TEXTES

La séquence descriptive

La **séquence descriptive** sert à présenter le *quoi* ou le *comment* d'une réalité. Elle présente les traits caractéristiques d'une personne, d'un objet, d'un animal, d'un phénomène ou d'une réalité.

Habituellement, le **sujet** est mentionné dès le début de la séquence descriptive. Si l'énonciateur veut piquer la curiosité du destinataire, le sujet peut apparaître ailleurs qu'au début de la séquence. À la fin de celle-ci, le sujet est généralement reformulé et souvent mis en relation avec un autre élément à l'aide d'un procédé stylistique (comparaison, métaphore, métonymie, etc.).

La **description** se fait habituellement par l'**énumération ordonnée** des aspects et des sous-aspects du sujet décrit (propriétés ou parties, composantes, qualités, phases ou étapes). Cet ordre contribue pour beaucoup à donner un fil conducteur à la description. Les **organisateurs textuels** qui marquent la séquence (➔ p. 316) sont employés dans la séquence descriptive pour assurer la progression de l'information.

DES PROCÉDÉS GRAPHIQUES

Des **procédés graphiques** tels qu'une illustration, un schéma, une constellation, un tableau ou un diagramme peuvent accompagner la séquence descriptive pour accroître la lisibilité de la description.

La séquence descriptive peut être insérée dans différents textes courants et littéraires.

Différents procédés descriptifs sont employés pour décrire les aspects et les sous-aspects d'un sujet. Dans une même phrase, on trouve fréquemment plusieurs procédés descriptifs.

DES PROCÉDÉS DESCRIPTIFS

DES PROCÉDÉS DESCRIPTIFS		
Procédé descriptif	**Explication**	*Exemple*
Nommer le sujet	Le sujet peut être nommé dès le début de la séquence descriptive et être reformulé en fin de séquence, lorsqu'une relation est établie avec un autre élément à l'aide de la comparaison, de la métaphore, de la métonymie, etc.	Le plus grand désert chaud du monde ne s'est pas toujours appelé « **Sahara** ».
Situer le sujet dans l'espace et le temps	Le sujet est situé dans un cadre spatiotemporel précis.	Ce grand désert qui s'étend **sur 8 millions de km²** a probablement connu plusieurs périodes humides **pendant le quaternaire.**
Caractériser le sujet	Certains aspects et sous-aspects du sujet sont décrits. Les informations présentées sont habituellement regroupées autour de ceux-ci.	Le Sahara est caractérisé par des **contrastes thermiques accentués,** une **sécheresse extrême de l'air,** la **grande irrégularité** et **rareté des pluies.**

LE PLAN DU TEXTE DESCRIPTIF

La séquence descriptive est souvent une séquence secondaire dans l'organisation d'un texte. Lorsque la séquence descriptive est dominante dans un texte, il s'agit d'un texte courant de type descriptif décrivant une réalité selon le plan suivant.

LE PLAN DU TEXTE DESCRIPTIF	
Introduction	Un paragraphe de quelques lignes pour présenter le sujet du texte • **Sujet amené :** mise en contexte du sujet • **Sujet posé :** annonce du sujet • **Sujet divisé :** aspects dont il sera question dans le développement (facultatif)
Développement	La division du sujet en aspects ordonnés qui feront l'objet d'un paragraphe ou d'un bloc de paragraphes souvent précédé d'un intertitre. Les aspects traités peuvent être divisés en sous-aspects. • **Premier aspect décrivant** le sujet et pouvant être divisé en sous-aspects • **Deuxième aspect décrivant** le sujet et pouvant être divisé en sous-aspects • **Troisième aspect décrivant** le sujet et pouvant être divisé en sous-aspects, etc.
Conclusion	La conclusion* pour rappeler le sujet et les principaux aspects traités • **Reformulation** finale du sujet • **Relation** avec un autre élément (comparaison, métaphore, métonymie) * La conclusion est parfois omise (elliptique).

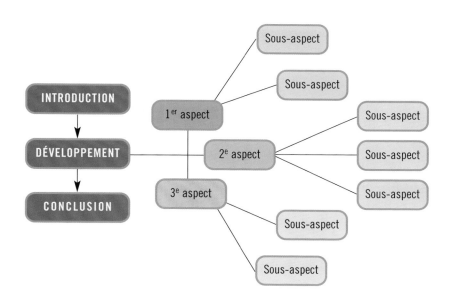

La séquence explicative

La **séquence explicative** sert à présenter le *pourquoi* d'une réalité. Elle fournit des explications à propos d'un sujet qui mérite d'être éclairci.

Le **sujet** de la séquence explicative est une problématique, un fait, un phénomène ou une affirmation à éclaircir. Habituellement, la séquence est introduite par un questionnement sur le fait, le phénomène ou l'affirmation à expliquer, qui peut se présenter sous la forme d'un «Pourquoi?». Ce questionnement se trouve habituellement dans l'introduction du texte, qui correspond à la **phase de questionnement.**

Les **éléments d'explication** sont présentés dans la **phase explicative** sous la forme de *parce que* formulés de façon explicite ou implicite. Les explications sont organisées selon diverses structures (voir le tableau des structures pour développer l'explication) (❯ p. 331) et visent à répondre à la question formulée dans la phase de questionnement.

La séquence peut se terminer par une conclusion qui **met fin à l'explication.** Il s'agit de la **phase conclusive,** qui présente une conclusion pour l'ensemble de la séquence explicative. La conclusion peut tantôt être déplacée à la tête de la séquence explicative, tantôt être complètement omise. Des conclusions partielles peuvent également se trouver à la fin de chacune des explications fournies dans la phase explicative.

La séquence explicative peut être insérée dans différents textes courants et littéraires.

DES PROCÉDÉS EXPLICATIFS

Pour rendre les explications plus claires, des procédés explicatifs peuvent être employés.

DES PROCÉDÉS EXPLICATIFS		
Procédé explicatif	**Explication**	***Exemple***
La définition	La définition est un procédé qui permet de donner un sens au fait ou au concept présenté. Des expressions telles que *il s'agit de...*, *ce qui signifie que...*, peuvent introduire des définitions, ainsi que des groupes de mots détachés placés entre tirets ou mis entre parenthèses.	L'ADN **est l'abréviation d'acide désoxyribonucléique. Il s'agit d'une longue molécule présente dans tous les organismes vivants et contenant de l'information génétique.**
La reformulation	La reformulation permet de dire en d'autres mots, généralement de façon plus claire, les explications énoncées ; on emploie alors des synonymes ainsi que des organisateurs textuels d'explication tels que *autrement dit, c'est-à-dire, en d'autres termes*, etc. (● p. 317)	La fonction de l'ADN est de fabriquer les protéines dont l'organisme a besoin pour être autonome, **c'est-à-dire pour grandir et se défendre.**
L'exemple	Un exemple permet de rendre une explication concrète aux yeux du destinataire. Des adverbes ou locutions adverbiales comme *notamment* et *par exemple* peuvent introduire des exemples.	Les organismes vivants les plus simples, **par exemple, les virus,** possèdent un ADN.
La comparaison	La comparaison permet de faire ressortir les ressemblances et les différences entre deux éléments à l'aide de termes tels que *comme, de même que, pareil à, c'est comme, semblable à, contrairement à*, etc. (● p. 318).	L'ADN est **comme le livre de recettes d'une cellule vivante.**
Les procédés graphiques (illustration, schéma, dessin, diagramme, etc.)	Les procédés graphiques permettent de présenter les explications en un coup d'œil, de les rendre plus claires. Ils offrent aussi la possibilité d'intégrer de l'information complémentaire.	

LE PLAN DU TEXTE EXPLICATIF

La séquence explicative est souvent une séquence secondaire dans l'organisation d'un texte. Lorsque la séquence explicative est dominante dans un texte, il s'agit d'un texte courant de type explicatif expliquant une réalité selon le plan suivant.

LE PLAN DU TEXTE EXPLICATIF	
Introduction **Phase de questionnement** (Pourquoi?)	L'introduction, qui correspond à la phase de questionnement, sert à introduire le fait, le phénomène ou l'affirmation qui suscite un questionnement. La question à laquelle le texte répond peut être formulée de manière implicite ou explicite. • **Sujet amené :** mise en contexte du sujet (La séquence descriptive est souvent utilisée pour amener le sujet.) • **Sujet posé :** annonce du sujet (question implicite ou explicite) • **Sujet divisé :** les aspects servant d'explication dans le développement (facultatif)
Développement **Phase explicative** (Parce que…)	Le développement, qui correspond à la phase explicative, présente les éléments d'explication et répond à la question formulée dans la phase de questionnement. Cette phase explicative peut être organisée de différentes façons (voir le tableau de la page suivante). Chacune des explications peut se terminer par une conclusion partielle. • **Première explication** correspondant à la structure explicative choisie • **Deuxième explication** correspondant à la structure explicative choisie • **Troisième explication** correspondant à la structure explicative choisie, etc.
Conclusion **Phase conclusive**	La conclusion* présente une phase conclusive qui clôture l'ensemble des explications énoncées. • **Fermeture :** rappel du fait, du phénomène ou de l'affirmation de départ et des aspects qui l'expliquent. • **Ouverture :** formulation d'une opinion, d'un souhait, d'un conseil, d'une recommandation, d'une projection, d'un besoin nouveau d'explication, etc. * La conclusion est parfois omise (elliptique) ou, encore, placée au début de la séquence pour créer un effet.

DES STRUCTURES POUR DÉVELOPPER L'EXPLICATION

Le développement du texte explicatif peut être organisé à l'aide de diverses structures.

Structure	Explication
DES STRUCTURES POUR DÉVELOPPER L'EXPLICATION	
La structure énumérative de causes	Cette structure consiste à présenter les unes à la suite des autres les causes d'un phénomène.
La structure comparative	Cette structure consiste à faire ressortir les ressemblances et les différences entre deux ou plusieurs éléments pour expliquer un phénomène.
La structure cause / conséquence	Cette structure présente successivement les causes et les conséquences d'un phénomène.
La structure problème / solutions	Cette structure consiste à expliquer un problème et à soumettre une ou plusieurs solutions pour y remédier.

La séquence argumentative

La **séquence argumentative** vise à influencer, à convaincre ou à persuader une personne en recourant, notamment, à des arguments. Les **arguments** sont des raisonnements destinés à prouver ou à réfuter une position par rapport à un **sujet**. Le sujet, qui se trouve souvent au début de la séquence argumentative, est généralement un phénomène social, un dilemme ou une controverse.

Cette position ou cette opinion par rapport au **sujet** se nomme la **thèse.** La thèse inverse est appelée **contre-thèse** et les arguments qui la soutiennent se nomment des **contre-arguments.**

Exemple :

Thèse	Contre-thèse
On devrait autoriser le clonage humain.	On devrait interdire le clonage humain.
Argument	**Contre-argument**
Si un enfant décède, à la suite d'un accident ou d'une maladie, on pourrait créer un jumeau sur commande, à peine décalé dans le temps.	Sur le plan moral, il y a un obstacle [au clonage humain] : un principe fondamental d'éthique, énoncé par Emmanuel Kant il y a 250 ans. Ce principe dit qu'une personne ne devrait jamais être utilisée uniquement comme un moyen, mais qu'elle devrait toujours être sa propre fin. En somme, nul ne doit être l'instrument d'un autre.

Extraits de *Science et conscience*, « Découverte », Radio-Canada, [En ligne].

La séquence argumentative peut être insérée dans différents textes courants ou littéraires.

Dans la séquence argumentative, l'énonciateur prend parti, c'est-à-dire qu'il exprime sa position et défend sa thèse à l'aide d'arguments variés provenant principalement de l'expérience ou de la logique. Des arguments de différents types peuvent être utilisés pour convaincre le destinataire et obtenir son adhésion.

DES TYPES D'ARGUMENTS

- La **référence à une autorité** permet d'appuyer l'argument et de confirmer sa crédibilité. L'énonciateur cite alors une personne qui fait autorité en la matière, une recherche scientifique, une institution reconnue ou des statistiques qui confirment son propos.

Exemple :

« Il y a 200 ans, **le philosophe John Stuart Mill** (1806-1873) a fondé, au Royaume-Uni, un courant de pensée qu'on appelle l'« utilitarisme ». Cette doctrine dit qu'on doit juger un acte en fonction de ses conséquences. Si elles sont bonnes, si l'acte est utile, alors il est justifié.

C'est cette doctrine qui guide la réflexion de **John Harris, un bioéthicien de réputation internationale,** sur le clonage humain. « Il ne faut pas restreindre la liberté si nous n'avons pas de bonne raison pour le faire. Pour ma part, je n'ai jamais entendu d'argument convainquant contre le clonage reproductif. Je l'attends encore… », lance **ce chercheur du Centre d'éthique sociale de l'Université de Manchester, au Royaume-Uni.**

Extraits de *Science et conscience*, « Découverte », Radio-Canada, [En ligne].

Exemple :

À cause de ces risques, et au nom de principes d'éthique, plusieurs institutions comme **l'Organisation mondiale pour la santé** et **l'UNESCO** se sont prononcées contre le clonage reproductif.

Extraits de *Science et conscience*, « Découverte », Radio-Canada, [En ligne].

Exemple :

Par ailleurs – et c'est plus grave – près de **40 %** des animaux clonés présentent des malformations congénitales ou développent des maladies mortelles.

Extraits de *Science et conscience*, « Découverte », Radio-Canada, [En ligne].

- **L'invocation d'un fait** consiste à citer un fait reconnu ou un phénomène constaté par l'observation. Pour être efficaces, les faits présentés doivent, en plus de soutenir adéquatement l'argumentation, être reconnus par le destinataire.

Exemple :

> Depuis la brebis Dolly, les chercheurs ont réussi à cloner six autres espèces de mammifères selon cette méthode (bœuf, rat, souris, lapin, chat, porc). Non sans mal. Les taux de succès sont très faibles.
>
> Extraits de *Science et conscience*, «Découverte», Radio-Canada, [En ligne].

- **L'appel aux valeurs morales** consiste à évoquer des valeurs auxquelles l'adversaire peut difficilement ne pas adhérer. Ce type d'argument peut présenter une grande force de persuasion puisqu'il place le destinataire devant un dilemme. Ce type d'argument fait souvent appel aux sentiments du destinataire et vise à recueillir l'adhésion du cœur.

Exemple :

> À l'heure actuelle, les raisons de ces échecs ne sont pas connues, mais elles dictent une extrême prudence. Si on sacrifie parfois un animal, **on ne tue pas un être humain.**
>
> Extraits de *Science et conscience,* «Découverte», Radio-Canada, [En ligne].

Exemple :

> «Il y aura des crimes de clonage qui attenteront **aux droits de l'homme,** qui devront être poursuivis», lance Axel Khan.
>
> Extraits de *Science et conscience,* «Découverte», Radio-Canada, [En ligne].

- L'**évocation de principes logiques** forme des arguments percutants pour soutenir un raisonnement, car elle permet de placer le destinataire devant une logique implacable. L'énonciateur peut également employer des proverbes pour confirmer qu'il s'agit d'une croyance populaire généralement acceptée, d'une opinion qui fait consensus.

Exemple :

> […] ce n'est pas parce que j'étais incapable d'éviter le crime que je devrais le légitimer.
>
> Extraits de *Science et conscience,* «Découverte», Radio-Canada, [En ligne].

Exemple :

> Il n'y a point de fumée sans feu : les résultats désastreux de ces expériences commandent qu'on cesse cette pratique dangereuse.
>
> Extraits de *Science et conscience,* «Découverte», Radio-Canada, [En ligne].

LE PLAN DU TEXTE ARGUMENTATIF

LE PLAN DU TEXTE ARGUMENTATIF	
Introduction	L'introduction est généralement un paragraphe de quelques lignes qui présente le sujet du texte et l'opinion de l'énonciateur (la thèse) par rapport à ce sujet. • **Sujet amené :** mise en contexte du sujet • **Sujet posé :** – annonce du sujet – présentation de la thèse soutenue • **Sujet divisé :** aspects dont il sera question dans le développement (facultatif)
Développement	Dans cette partie, on présente habituellement un raisonnement pour soutenir la thèse à l'aide d'arguments. Chacun des aspects traités peut se terminer par une conclusion partielle. • **Premier aspect soutenant** la thèse et pouvant être divisé en sous-aspects • **Deuxième aspect soutenant** la thèse et pouvant être divisé en sous-aspects • **Troisième aspect soutenant** la thèse et pouvant être divisé en sous-aspects, etc.
Conclusion	La conclusion présente une conclusion générale au texte, l'aboutissement du raisonnement proposé. • **Fermeture :** – rappel du sujet traité et reformulation de la thèse soutenue – rappel possible des principaux aspects traités • **Ouverture :** formulation d'un souhait, d'un conseil, d'une recommandation ou d'une projection, présentation d'une nouvelle thèse, etc.

LA STRATÉGIE ARGUMENTATIVE ET LES PROCÉDÉS ARGUMENTATIFS

Pour structurer son raisonnement de manière à convaincre ou à persuader le destinataire, l'énonciateur recourra à une **stratégie argumentative.** Il élaborera cette stratégie en exploitant différents moyens langagiers et graphiques, et en l'organisant autour d'un **procédé argumentatif** dominant comme :

– la **démonstration,** qui consiste à démontrer une thèse à l'aide d'arguments articulés autour d'un raisonnement déductif. Lorsqu'il emploie cette stratégie argumentative, l'énonciateur tente généralement de conserver une distance par rapport au sujet en employant des arguments comme des faits, en employant un vocabulaire dénotatif et en adoptant un ton neutre ;

– la **réfutation** consiste à répondre à la thèse adverse, la contre-thèse, par divers moyens, comme déclarer la thèse adverse dépassée, opposer une exception à la thèse adverse, qualifier l'argumentation adverse de contradictoire ou d'insoutenable, retourner un argument contre la personne qui s'en est servie, concéder quelque chose pour mieux s'opposer, susciter le doute en employant des arguments appropriés, etc. ;

– l'**explication argumentative** vise à faire comprendre au destinataire un phénomène ou une réalité dans le but de l'influencer, de lui faire adopter un point de vue, de l'inciter à agir. L'énonciateur peut alors conserver une distance relative par rapport au sujet.

• Des **marques de modalité** (❯ p. 294 et 295) peuvent être employées pour faire valoir le point de vue de l'énonciateur.

Exemple : **L'emploi de l'indicatif conditionnel pour marquer une probabilité**

> Dans le cas des clones que prétendent avoir réussis les Raéliens, il y **aurait eu** une simplification de la méthode. Le noyau initial **aurait été prélevé** sur une cellule du corps d'une femme. Cette femme **aurait** également **donné** un de ses ovules.
>
> Extraits de *Science et conscience,* «Découverte», Radio-Canada, [En ligne].

• Des **organisateurs textuels** (❯ p. 316) peuvent être employés pour organiser et ordonner l'argumentation.

Exemple :

> «Et que devrais-je faire ? Je devrais faire trois choses. **La première** : ce n'est pas parce que j'étais incapable d'éviter le crime que je devrais le légitimer. **Deuxièmement,** il faut sans relâche poursuivre les criminels. **Troisièmement,** il faut aider, autant que possible, les victimes.»
>
> Extraits de *Science et conscience,* «Découverte», Radio-Canada, [En ligne].

- Des **marqueurs de relation** (➤ p. 317) peuvent être employés pour établir des relations de sens entre des groupes de mots ou des phrases.

Exemple :

> Quelles seraient les bonnes raisons pour cloner des humains ? Y a t-il, **au contraire,** des raisons impérieuses de ne pas le faire ?
>
> Extraits de Science et conscience, «Découverte», Radio-Canada, [En ligne].

- Le **discours rapporté** (➤ p. 298) pour rapporter les paroles d'experts et d'expertes ou de personnes qui jouent un rôle important par rapport au sujet de l'argumentation.

Exemple :

> Ceux qui proposent le clonage reproducteur évoquent tout d'abord les cas extrêmes de lutte à la stérilité. Des cas qu'on n'arrive pas à traiter par la panoplie actuelle des techniques de reproduction assistée. En voici un exemple typique. Un cas fictif, mais qui pourrait être réel…
>
> ELLE : Nous deux, on s'aime profondément. C'est fait pour durer, on sera ensemble toute notre vie…
>
> LUI : Nous voulons vraiment un enfant, mais pour moi, c'est impossible. Je ne produis pas de sperme, c'est de naissance. Les médecins ne peuvent rien pour moi.
>
> ELLE : Nous y avons beaucoup réfléchi. Nous voulons un enfant qui nous soit génétiquement relié. Alors, je suis prête à porter l'embryon qui sera fécondé à partir d'une de ses cellules. Ce sera son clone, et notre bébé à nous.
>
> LUI : Mettez-vous à notre place un instant : pour nous, le clonage, c'est la seule solution ! Et rassurez-vous, nous l'aimerons, notre enfant.
>
> Extraits de Science et conscience, «Découverte», Radio-Canada, [En ligne].

- Des **procédés stylistiques** (→ p. 477) comme l'**ironie**, qui consiste à dire le contraire de ce qu'on veut dire pour faire ressortir l'absurdité du propos, et la **répétition**, qui fait ressortir une idée ou un argument.

Exemple : **La répétition**

> Pour le neuropsychologue et philosophe britannique Kenan Malik, le destin des clones est loin d'être prédéterminé : «La plupart des jumeaux grandissent dans le même environnement. Les clones grandiront dans des environnements **différents,** ils auront des parents **différents,** regarderont la télé ou iront à l'école à des époques **différentes.** Les **différences** entre eux seront plus marquées que celles qu'on voit habituellement entre de vrais jumeaux. »
>
> Extraits de *Science et conscience,* «Découverte», Radio-Canada, [En ligne].

- Des **marques typographiques** (→ p. 315) qui servent à mettre en relief des éléments importants de l'argumentation.

Exemple :

> Le clonage humain est une **CATASTROPHE.**
>
> Extraits de *Science et conscience,* «Découverte», Radio-Canada, [En ligne].

La séquence narrative

La **séquence narrative** sert à raconter une **histoire réelle** (vraie) ou **fictive** (inventée) par l'entremise d'un narrateur. L'histoire racontée, qui est **vraisemblable** (possible) ou **invraisemblable** (impossible), présente un ou plusieurs lieux, une époque, des personnages et une intrigue qui, ensemble, forment un univers particulier.

La séquence narrative peut être insérée dans différents textes courants et littéraires. Elle peut également servir à organiser un texte dans son ensemble. Dans ce dernier cas, il s'agira d'un texte narratif organisé selon un **schéma narratif.**

La séquence narrative comporte habituellement **cinq étapes :** une situation initiale, un élément déclencheur, un déroulement, un dénouement et une situation finale.

LE SCHÉMA NARRATIF

LE SCHÉMA NARRATIF		
Situation initiale (État initial d'équilibre)	Cette situation de départ présente l'état initial d'équilibre avant que l'élément perturbateur survienne. On y présente habituellement les lieux (où?), les personnages (qui?), ce qu'ils font (quoi?) et l'époque où l'action se déroule (quand?).	• **Qui?** • **Quoi?** • **Où?** • **Quand?**
Élément déclencheur (État de déséquilibre)	Cet événement perturbe la situation initiale et provoque un déséquilibre en changeant les choses. L'élément déclencheur qui déstabilise le personnage peut prendre la forme d'un problème à résoudre, d'un projet à réaliser ou d'un désir à combler.	• *Tout à coup* • *Soudain* • *Un jour*, etc.
Déroulement (Quête d'équilibre)	Le déroulement correspond à une quête d'équilibre, souvent accomplie par le personnage principal, qui peut se traduire par des réactions, des actions ou des événements qui font progresser le récit. On y raconte la façon dont le personnage s'y prend pour résoudre son problème, réaliser son projet ou combler son désir.	• **Actions** • **Réactions** • **Événements**
Dénouement (Fin du déséquilibre)	Le dénouement est l'événement qui vient régler la situation de déséquilibre provoquée par l'élément déclencheur. On y raconte comment le personnage a réussi ou non à résoudre son problème, à réaliser son projet ou à combler son désir.	• **Réussite** • **Échec**
Situation finale	Parfois absente, cette partie décrit l'état dans lequel se trouve le personnage principal après les événements qui se sont produits tout le long du récit, une fois sa quête d'équilibre terminée. On y raconte ce qu'est devenu le personnage principal à la suite des événements qu'il a vécus.	• *Depuis ce jour-là* • *Aujourd'hui* • *À partir de ce moment*

Parfois, le récit commence par l'élément déclencheur, le dénouement ou la situation finale. Dans ce cas, la séquence des événements racontés ne correspond pas à l'ordre chronologique. Le récit peut aussi ne pas contenir de situation finale, ou il peut se terminer par une morale.

COFFRET
L'ORGANISATION DU TEXTE

L'UNIVERS NARRATIF

L'univers narratif est l'ensemble des aspects qui déterminent l'**époque** et le **lieu** où les personnages d'un récit évoluent, c'est-à-dire le contexte politique, culturel, social, économique, etc. Connaître l'univers narratif permet au lecteur de mieux comprendre les attitudes, la conduite et les actions des personnages, ainsi que les enjeux débattus dans le récit.

L'univers narratif peut être plus ou moins défini. Il peut exister antérieurement au texte, comme dans le récit historique, ou être une pure création de l'écrivain, comme dans le récit d'anticipation.

Voici les caractéristiques des principaux univers.

- Le **récit policier** raconte une histoire fictive construite autour d'un crime et d'une enquête. Il met en scène un personnage qui enquête, de même que le coupable du crime, que les lecteurs ne découvrent qu'à la fin.

- Le **récit historique** raconte une histoire fictive basée sur des faits historiques. Il met en scène des personnages vivant à une époque antérieure dans un lieu donné.

- Le **récit fantastique** raconte une histoire fictive qui met en scène des personnages victimes de phénomènes surnaturels ou irrationnels. À l'exception de ces phénomènes, les autres éléments de ce récit sont vraisemblables.

- Le **récit biographique** raconte une histoire vraie qui relate des événements vécus par une personne. L'auteur du récit n'est pas la personne qui a vécu les événements racontés. Si c'est le cas, on dira alors qu'il s'agit d'un récit autobiographique.

- Le **récit sociologique** raconte une histoire fictive basée sur le mode de vie des gens d'une ville, d'une région ou d'un pays à une époque donnée. Il met en scène des personnages typiques de la société et de l'époque choisies qui, par leurs agissements et leurs réactions, font découvrir aux lecteurs ce qu'est ou ce qu'était la vie dans ce cadre spatiotemporel.

- Le **récit psychologique** raconte une histoire fictive qui présente les réflexions d'un ou de plusieurs personnages qui cherchent à comprendre le cœur et la nature humaine. Ce récit contient généralement peu d'action.

- Le **récit d'amour** raconte une histoire d'amour fictive à l'intérieur de laquelle les personnages vivent des joies et des peines liées au couple ou à la quête du couple.

- Le **récit d'anticipation** raconte une histoire fictive inspirée de faits réels. Pour créer cet univers, l'auteur imagine l'avenir d'une personne, d'une population ou du monde à la suite d'un événement réel. Les événements racontés paraissent vraisemblables aux yeux des lecteurs.

- Le **récit d'apprentissage** raconte une histoire fictive dans laquelle le personnage principal doit affronter, au cours d'une période donnée, différentes situations qui vont le faire évoluer socialement, moralement, intellectuellement, de même que dans sa vie affective. La plupart du temps, ce personnage est jeune et fait son entrée dans la vie.

- Le **récit d'aventures** raconte une histoire fictive qui relate les péripéties vécues par un personnage au moment où il tente de réaliser un projet.

- Le **récit de voyage** raconte généralement une histoire vraie qui relate le périple d'une ou de plusieurs personnes.

- Le **récit de science-fiction** raconte une histoire fictive dans laquelle la science et la technologie sont mises à contribution. Plusieurs éléments du récit peuvent être invraisemblables : l'intrigue, les personnages, les lieux, les objets utilisés, l'époque.

LE STATUT DU NARRATEUR

Dans un texte narratif, le **narrateur** est une personne créée par l'auteur pour raconter l'histoire. Il ne s'agit pas de l'auteur du récit, mais bien de sa voix.

Le narrateur raconte une histoire à laquelle il participe ou ne participe pas. Son rôle dans le récit influencera la vision qu'il a des personnages. Sa vision pourra se limiter à ce qu'il voit et entend lorsqu'il observe le ou les personnages, c'est-à-dire à leur apparence physique, à leurs dires, à leurs gestes, à leurs expressions faciales, etc. Sa vision pourra également lui permettre d'observer ce qui se passe à l'intérieur du ou des personnages, c'est-à-dire leurs sentiments, leurs pensées, leurs motivations, leurs valeurs, etc.

Le **narrateur participant** est souvent le personnage principal et il participe aux événements qu'il raconte à la première personne (*je, nous*). Cela ne l'empêche pas d'insérer dans l'histoire principale d'autres histoires qui concernent d'autres personnages du récit. Sa vision lui permet d'observer et de raconter ce qu'il voit et ce qu'il entend, de même que ce qui se passe à l'intérieur de lui-même.

Exemple :

En un instant, **nous** étions face à face, cet être fragile et **moi**. Il s'avança sans hésiter et se mit à **me** rire au nez. L'absence de tout signe de crainte dans sa contenance **me** frappa tout à coup. Puis il se tourna vers les deux autres qui le suivaient et leur parla dans une langue étrange, harmonieuse et très douce.

D'autres encore arrivèrent et **j'**eus bientôt autour de **moi** un groupe d'environ huit ou dix de ces être exquis. L'un deux **m'**adressa la parole.

Herbert George WELLS, *La machine à explorer le temps*,
Paris, Mercure de France, 1959, p. 47.

Le narrateur peut être un personnage de l'histoire qui participe aux événements, mais qui est aussi le porte-parole de l'auteur du récit. C'est le cas de l'autobiographie, qui est la plupart du temps annoncée dans le titre : mémoires, roman autobiographique, souvenirs, etc. Le personnage qui est le narrateur est désigné dans le récit par des pronoms de la **première personne.**

Exemple :

Petit incident banal, au demeurant, car telles étaient les méthodes du temps. Plus flatteuse, si **j'**ose dire, fut une trouvaille sans précédent que l'on inventa spécialement pour **moi.** Sur le bulletin de vote où l'on n'était autorisé qu'à inscrire son seul métier après son nom, **j'**étais « René Lévesque, journaliste ». Quelle ne fut pas **ma** stupéfaction en découvrant qu'à l'impression on avait placé tout de suite après un « René Lévesque, artiste » !

René LÉVESQUE, *Attendez que je me rappelle…*,
Montréal, Éditions Québec / Amérique, 1986, p. 213.

Le **narrateur témoin** n'est pas le personnage principal de l'histoire, il est souvent un simple figurant qui est témoin des événements survenant à l'intérieur de l'histoire racontée. Ce narrateur est présent dans l'histoire, mais il ne raconte pas sa propre histoire. Il est là comme simple observateur des événements que vivent d'autres personnages. Les personnages sont désignés par le narrateur par des **noms propres**, des **groupes nominaux** ou des pronoms de la **troisième personne.** À certains moments, le narrateur témoin peut s'exprimer au *je* (ou *nous*) lorsqu'il participe aux événements, mais ce *je* ne désigne pas le personnage principal de l'histoire.

Exemple :

L'une des rares choses que <u>je</u> reproche à **Sherlock Holmes,** c'est sa manie des coups de théâtre. **Holmes** aime surprendre son entourage. C'est généralement fort réussi, <u>j'</u>en conviens, mais c'est également très éprouvant pour ses collaborateurs. **Il** ne dévoile qu'au tout dernier moment son plan d'action. Il est possible cependant que ce plaisir un peu pervers soit dû en partie à la prudence professionnelle. <u>Je</u> connaissais ce travers, mais <u>j'</u>en souffris rarement autant que ce soir-là, pendant nos randonnées sur la lande obscure. <u>Nous</u> touchions au but, nos efforts allaient être couronnés de succès, affirmait **Holmes,** et **il** ne nous avait pas encore dit un mot de ce que <u>nous</u> allions faire !

Arthur Conan DOYLE, *Le chien des Baskerville,*
Paris, Éditions Nathan, 1996, p. 158 (Coll. Bibliothèque Rouge et Or).

Le **narrateur omniscient** ne joue aucun rôle dans l'histoire : il ne participe pas aux événements racontés. En plus de ce qu'il voit et de ce qu'il entend, sa vision lui permet d'observer et de raconter ce qui se passe à l'intérieur des personnages. Il sait tout et connaît tout des personnages qu'il désigne par des **noms propres,** des **groupes nominaux** ou par des pronoms de la **troisième personne.**

Exemple :

> **Edwards,** sardonique, trouvait tout à fait inutile cette présence tangible ; **il** aurait voulu être à des kilomètres de là, flottant dans l'air au-dessus d'un paysage sauvage, au lieu d'être ici, à surveiller tout signe de désordre. Sa présence n'avait d'autre intérêt ici que pour le mythe de la valeur du «bain de foule».
>
> **Edwards** n'était pas **un admirateur du président** – Hugo Allen Winkler, **le cinquante-septième détenteur du titre.**
>
> Selon **Edwards, le président Winkler** était **un homme vide, un charmeur, un collecteur de votes, un homme à promesses.**
>
> Isaac ASIMOV, *L'homme bicentenaire,* Paris, Denoël, 1978, p. 259.
> © Isaac Asimov, 1976 et © Éditions Denoël, 1978 pour la traduction.

LA VISION OU LE POINT DE VUE DU NARRATEUR

La vision ou le point de vue du narrateur correspond à sa **perception de l'histoire.** La place qu'il occupe dans le récit lui fournit un angle d'observation précis à partir duquel il raconte l'histoire. Le narrateur peut choisir de rapporter à ses lecteurs certaines informations et d'en omettre d'autres. La vision du narrateur peut porter sur l'extériorité du personnage (apparence physique, travail, actions, paroles, etc.), ou sur l'intériorité du personnage (sentiments, pensées, motivations, etc.).

Le narrateur peut raconter l'histoire comme s'il était dans la tête d'un personnage. Sa narration sera alors influencée par les perceptions de ce personnage, ce qui donnera un caractère subjectif à ses propos. La vision proposée sera alors **interne.**

Exemple :

> Il me vint à l'esprit, assez bizarrement, que ma voix était trop rude et trop profonde pour eux. Aussi **je** hochai la tête et, lui montrant mes oreilles, **je** la hochai de nouveau. Il fit un pas en avant, hésita et puis toucha ma main. **Je** sentis alors d'autres petits et tendres tentacules sur mon dos et mes épaules. Ils voulaient se rendre compte si **j'**étais bien réel. Il n'y avait rien d'alarmant à tout cela. De fait, il y avait dans les manières de ces jolis petits êtres quelque chose qui inspirait la confiance, une gracieuse gentillesse, une certaine aisance puérile.
>
> Herbert George WELLS, *La machine à explorer le temps,* Paris, Mercure de France, 1959, p. 47-48.

À l'opposé, le narrateur peut raconter son histoire sans passer par la conscience d'un personnage. Il s'agit d'une vision **externe.** Sa narration n'est alors sous aucune influence : ses propos sont donc plutôt objectifs.

Exemple :

> **Il** était fort peu communicatif, parlait aussi peu que possible. Sa vie s'étalait au grand jour, mais cette transparence de vie même **le** rendait plus mystérieux, car, mécontente, l'imagination cherchait quelque chose au-delà de ce qu'elle voyait.
>
> Avait-**il** voyagé ? C'était fort probable : **il** semblait en effet connaître parfaitement la carte du monde et posséder une connaissance spéciale des endroits les plus reculés de la terre. Quelquefois, en peu de mots, mais clairs et précis, **il** redressait les mille opinions qui circulaient dans le club au sujet des voyageurs perdus ou égarés, et, souvent, ses prévisions ou ses hypothèses s'étaient révélées d'une justesse qui touchait à la prophétie.
>
> Jules VERNE, *Le tour du monde en 80 jours,*
> Paris, Éditions Nathan/VUEF, 2002, p. 6.

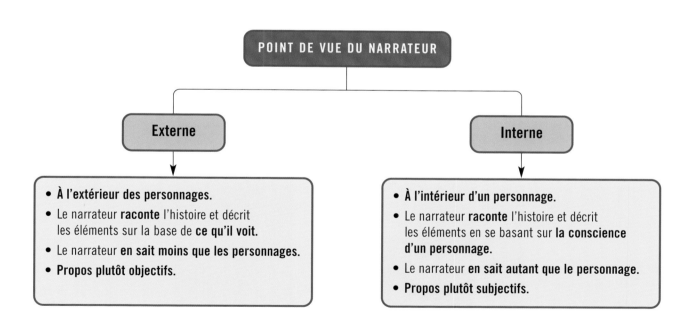

POINT DE VUE DU NARRATEUR

Externe

- À l'extérieur des personnages.
- Le narrateur **raconte** l'histoire et décrit les éléments sur la base de **ce qu'il voit.**
- Le narrateur **en sait moins que les personnages.**
- **Propos plutôt objectifs.**

Interne

- À l'intérieur d'un personnage.
- Le narrateur **raconte** l'histoire et décrit les éléments en se basant sur **la conscience d'un personnage.**
- Le narrateur **en sait autant que le personnage.**
- **Propos plutôt subjectifs.**

LES PERSONNAGES

Le personnage est au centre de tout récit. Pour rendre le personnage vraisemblable et vivant dans l'imagination des lecteurs, on peut emprunter plusieurs avenues. En effet, l'auteur d'un récit utilise une combinaison de moyens pour révéler les caractéristiques d'un personnage : la description physique et psychologique, la narration, le dialogue, etc.

- La **description physique** porte sur l'apparence extérieure du personnage : ses traits, son sexe, ses manies, etc. La **description psychologique** porte sur le caractère du personnage : son comportement, ses qualités, ses défauts. Comme le personnage franchit des obstacles et des étapes dans sa quête, son identité psychologique évolue au fil du récit. Ce portrait physique et psychologique du personnage permet au lecteur de s'en faire une image mentale, de deviner sa personnalité, son caractère, ses sentiments.

Exemple :

> Ce Phileas Fogg était un personnage énigmatique. On ne savait rien de lui, sinon que c'était un fort galant homme et l'un des plus beaux gentlemen de la haute société anglaise.
>
> Peut-être n'était-il pas londonien. On ne l'avait jamais vu en tout cas ni à la bourse ni à la banque. Il n'était pas armateur, ni avocat, ne figurait dans aucun comité d'administration, n'était ni industriel, ni négociant, ni marchand, ni agriculteur. […]
>
> En tout cas, depuis de longues années, il n'avait pas quitté Londres. Son seul passe-temps connu était de lire les journaux et de jouer au whist. Le whist, ce jeu silencieux, allait parfaitement à son personnage. Il gagnait souvent, mais ses gains n'entraient jamais dans sa bourse et ils les distribuaient régulièrement aux pauvres. Il jouait évidemment pour jouer, par goût du combat figuré, de la lutte sans fatigue, et cela convenait admirablement à son caractère.
>
> Jules VERNE, *Le tour du monde en 80 jours*,
> Paris, Éditions Nathan/VUEF, 2002, p. 5-7.

- À travers les actions du personnage, des indices en révèlent la nature, la personnalité, l'identité. Par exemple, si un personnage mène une vie organisée, rangée, le lecteur pourra en déduire que c'est un personnage sérieux, discipliné.

Exemple :

> Demeuré seul, donc, dans la maison de Saville Row, Passepartout en commença l'inspection. Il la parcourut de la cave au grenier. Cette maison sévère, propre, rangée parfaitement, organisée pour le service, lui plut aussitôt. Elle lui fit l'effet d'une superbe coquille d'escargot soigneusement peinte et éclairée au gaz. Il trouva sans peine au deuxième étage la chambre qui lui était destinée. Elle lui convint.
>
> Jules VERNE, *Le tour du monde en 80 jours,*
> Paris, Éditions Nathan/VUEF, 2002, p. 11.

- Le **dialogue** peut révéler des renseignements sur un personnage : une caractéristique, un comportement, une qualité, un défaut, une manie, etc.

Exemple :

> — Jean, n'en déplaise à Monsieur, répondit le nouveau venu. Jean Passepartout, un surnom qui m'est resté en raison de mon aptitude à me tirer d'affaire. […]
>
> — Passepartout me convient très bien, répondit le gentleman. Vous m'êtes recommandé, j'ai de bons renseignements sur vous. Vous connaissez mes conditions ?
>
> — Oui, monsieur.
>
> — Bien, quelle heure avez-vous ?
>
> — Onze heures vingt-deux, répondit Passepartout en tirant des profondeurs de son gousset une énorme montre en argent.
>
> — Vous retardez, dit M. Fogg.
>
> — Que monsieur me pardonne, mais c'est impossible.
>
> — Vous retardez de quatre minutes. N'importe. Il suffit de constater l'écart. Donc, à partir de ce moment, onze heures vingt-neuf du matin, ce mercredi 2 octobre 1872, vous êtes à mon service.
>
> Jules VERNE, *Le tour du monde en 80 jours,*
> Paris, Éditions Nathan/VUEF, 2002, p. 8-9.

LES TRAITS CARACTÉRISTIQUES DES PERSONNAGES

La connaissance du personnage, de ses différents traits caractéristiques et de ses actions permet aux lecteurs de mieux saisir l'ensemble du récit, mais aussi de mieux progresser à travers les péripéties que vit le personnage. Voici une manière de dresser une fiche signalétique des principaux traits caractéristiques d'un personnage.

Exemple : **La fiche signalétique du personnage**

LA FICHE SIGNALÉTIQUE DU PERSONNAGE		
Aspect social et culturel	Nom ou surnom	Maria Tavares
	Nationalité	Canadienne
	Statut social	Mère, épouse, chef d'entreprise, etc.
	Situation familiale	Aînée d'une famille de trois enfants (un frère et une sœur), mère de jumeaux, épouse de Samuel Bélanger, etc.
	Milieu socio-économique	Revenu élevé (classe favorisée)
	Cultures	Québécoise et chilienne (mère québécoise, père chilien)
	Langues	Français, anglais, espagnol
Aspect physique	Âge	33
	Sexe	Féminin
	Apparence générale	Jolie et petite
	Particularités	Voix rauque, port fréquent de vêtements noirs
Aspect psychologique	Qualités	Déterminée, créatrice, organisée, etc.
	Défauts	Timide, désordonnée, anxieuse, etc.
	Habiletés et talents	Excelle dans la création de costumes de scène et au tennis.
	Loisirs et passe-temps	Sorties à la plage avec les enfants, lecture, tennis et planche à neige
	Particularités (habitudes, goûts, etc.)	A la mauvaise habitude de se ronger les ongles, adore le chocolat.

L'IMPORTANCE DES PERSONNAGES

L'importance des personnages dans un récit peut varier.

- Le **personnage principal** donne un sens aux événements d'un récit. Par rapport aux autres personnages, il est décrit et mentionné plus souvent dans le récit, il fait plus d'actions et participe à plus de dialogues. Il joue un **rôle actif** en tant que héros qui poursuit une quête précise.

- Les **personnages secondaires** interviennent souvent de façon accessoire dans le déroulement des événements en aidant le personnage principal ou en lui nuisant dans sa quête. Ils jouent alors un **rôle actif** en tant qu'adjuvant (allié) ou opposant (adversaire).

- Les **personnages figurants** ajoutent de la **vraisemblance** au récit. Ils jouent un **rôle passif** puisqu'ils n'interviennent pas directement dans le déroulement des événements.

LE SCHÉMA DES RÔLES DES PERSONNAGES (LE SCHÉMA ACTANTIEL)

Le **schéma actantiel** précise les différents rôles des actants d'un récit. Ces **actants** sont des animaux, des êtres, des sentiments ou des choses qui occupent des rôles complémentaires :

destinateur → destinataire ;
sujet → objet ;
adjuvant → opposant.

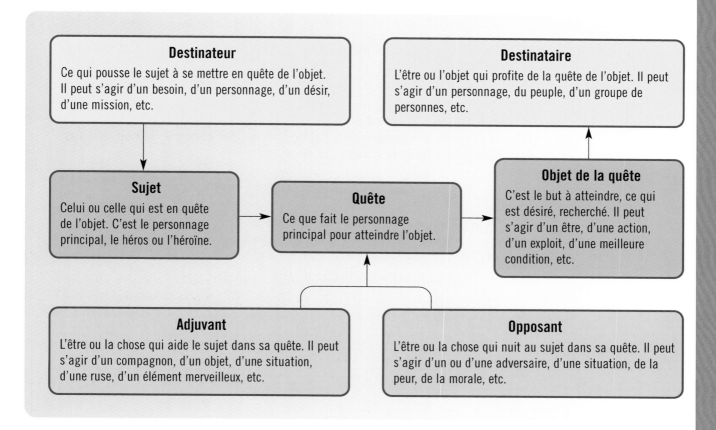

LA SITUATION SPATIOTEMPORELLE

- L'**espace** d'un récit est habituellement précisé dans une **séquence descriptive,** mais peut parfois apparaître dans un dialogue. Dans un récit, l'espace contribue à **créer une atmosphère.** Ainsi, des espaces clos peuvent produire une ambiance d'horreur, de suspense, de forces obscures, de danger, d'isolement, etc. Par contre, des espaces ouverts pourront créer une ambiance de grandeur, d'étendue, de liberté, etc.

  Les éléments de l'espace sont, en général, un **lieu** (un pays, une ville, une rue, une maison, etc.), un **objet** (un meuble, un véhicule, etc.), la **nature** (le désert, la forêt, etc.). Au cours du récit, des changements de l'espace peuvent se produire. Dans certains récits, il existe un rapport entre l'espace et les personnages.

  Exemple :

  > Chaque jour aussi il acquérait plus d'assurance, il marchait plus facilement, il affrontait la forêt avec plus d'aisance. Si, les premières heures, il s'était senti petit, écrasé, au bout d'une semaine, la seule immensité de cette forêt lui pesait sur les épaules comme un fardeau ; en revanche, lorsqu'ils arrivèrent au lac Ashamits, leur destination, il s'était délivré de ses complexes, et vivait maintenant en gestes souples, respirant sans se sentir opprimé, se découvrant, avec la forêt et ses bêtes, des affinités qu'il n'aurait pu exprimer, mais qui le portaient à se sentir relâché, libre, heureux.
  >
  > Yves THÉRIAULT, *Kuanuten (Vent d'est),* Montréal, Éditions Paulines, 1981, p. 82.

- Le **temps,** dans le récit, peut être indiqué de façon précise : l'époque où se passe l'histoire (l'époque féodale, 1872, l'an 6321), la saison, le moment de la journée. Le temps peut aussi être suggéré par des indices dans le texte : un événement historique (guerre, révolution) ou un objet (outil, moyen de communication) qui révèle l'époque. Le temps peut être volontairement indéfini, comme dans les contes (« Il était une fois… »). Le temps peut aussi parfois contribuer à l'atmosphère : par exemple, la nuit est plus propice à la création d'une atmosphère de peur.

  Exemple :

  > Le 6 janvier 1482, toutes les cloches de la Cité, de l'Université et de la ville avaient, à grande volée, éveillées les Parisiens, les conviant à la double solennité du jour des Rois et de la fête des Fous.
  >
  > Victor HUGO, *Notre-Dame de Paris,* Paris, Éditions Nathan/VUEF, 2002, p. 5
  > (Coll. Bibliothèque des Grands Classiques).

L'HARMONISATION DES TEMPS VERBAUX

Dans un récit, les verbes sont conjugués au présent ou au passé.

Un récit dans lequel les actions sont situées dans le passé ou dans le futur produit un effet de fiction. Les principaux temps utilisés dans un **récit au passé** sont l'imparfait, le plus-que-parfait, le passé antérieur, le passé simple, le conditionnel présent et le conditionnel passé.

- Le **passé simple** est souvent employé dans la **séquence narrative** pour raconter une succession d'actions qui peuvent avoir duré longtemps et qui ont eu un début et une fin. Ainsi, le passé simple situe une action dans le passé en donnant l'impression qu'elle est accomplie.

Exemple :

> Une musique de hauts et bas instruments se **fit** entendre de l'intérieur de l'échafaudage, la tapisserie se **souleva** : quatre personnages bariolés et fardés sortirent…
>
> Victor HUGO, *Notre-Dame de Paris,* Paris, Éditions Nathan/VUEF, 2002, p. 8
> (Coll. Bibliothèque des Grands Classiques).

- L'**imparfait** est employé fréquemment dans la séquence descriptive pour décrire un personnage, un lieu, un objet ou un sentiment, ou pour informer le lecteur sur l'état d'un personnage sans accorder d'importance aux moments qui ont marqué le début ou la fin de l'action. Ainsi, l'imparfait situe une action dans le passé en donnant l'impression qu'elle est en train de se continuer.

Exemple :

> Le mystère **commençait,** déversant sur la foule des flots de métaphores, de maximes, de sentences par la bouche des quatre personnages allégoriques : l'un portant une bêche et habillé de toiles **se nommait** Labour, l'autre, habillé de brocart, **se nommait** Noblesse.
>
> Victor HUGO, *Notre-Dame de Paris,* Paris, Éditions Nathan/VUEF, 2002, p. 8
> (Coll. Bibliothèque des Grands Classiques).

- Dans un récit au passé, le **présent** est habituellement employé dans les séquences dialogales pour rapporter les paroles d'un personnage.

Exemple :

> Elles étaient curieuses, s'intéressaient aux acteurs et voulaient des détails sur la pièce.
>
> — Vous nous **promettez** que ce mystère sera beau ?
>
> — Sans doute, Mesdemoiselles, répondit-il, c'est moi qui en **suis** l'auteur…
> Je **m'appelle** Pierre Gringoire.
>
> Victor HUGO, *Notre-Dame de Paris,* Paris, Éditions Nathan/VUEF, 2002, p. 8
> (Coll. Bibliothèque des Grands Classiques).

- Pour situer les événements antérieurs à ceux exprimés au passé simple, on emploie l'imparfait, le **plus-que-parfait** et, à l'occasion, le **passé antérieur.**

Exemple :

> Ce fut un battement de mains assourdissant, et le personnage inconnu dont l'intervention **avait opéré** (plus-que-parfait) ce revirement de la foule **avait regagné** (plus-que-parfait) la pénombre de son pilier… Deux jeunes femmes l'y rejoignirent.
>
> Victor HUGO, *Notre-Dame de Paris,* Paris, Éditions Nathan/VUEF, 2002, p. 7-8
> (Coll. Bibliothèque des Grands Classiques).

- Pour situer des événements à venir ou anticiper des circonstances futures, on emploie le **conditionnel présent** ou le **conditionnel passé.**

Exemple :

> Les personnages en scène reprirent donc leur glose et Gringoire espéra que, du moins, le reste de son œuvre **serait écouté.** (Conditionnel passé)
>
> Victor HUGO, *Notre-Dame de Paris,* Paris, Éditions Nathan/VUEF, 2002, p. 12
> (Coll. Bibliothèque des Grands Classiques).

LE RÉCIT AU PASSÉ

Actions antérieures	Temps principal	Actions à venir
• Imparfait • Plus-que-parfait • Passé antérieur	**Narration** Passé simple **Description** Imparfait	• Conditionnel présent • Conditionnel passé

> En un clin d'œil tout **fut** (passé simple) prêt pour exécuter l'idée de Coppenole. La petite chapelle située en face de la table de marbre **fut choisie** (passé antérieur) pour le théâtre des grimaces. Une vitre brisée, à la jolie rosace au-dessus de la porte, **laissa** (passé simple) libre un cercle de pierre par lequel il **fut convenu** (passé antérieur) que les concurrents **passeraient** (conditionnel présent) la tête. Coppenole, de sa place, **ordonnait** tout, **dirigeait** tout, **arrangeaient** tout (imparfait). Pendant le brouhaha, le Cardinal **s'était,** sous un prétexte d'affaires et de vêpres, **retiré** (plus-que-parfait) avec toute sa suite […]
>
> Victor HUGO, *Notre-Dame de Paris,* Paris, Éditions Nathan/VUEF, 2002, p. 15
> (Coll. Bibliothèque des Grands Classiques).

Un récit dans lequel les actions sont situées dans le présent produit un effet d'actualisation : on a l'impression que l'événement passé qui est raconté se déroule au moment de la lecture.

Le présent de l'indicatif permet souvent de raconter les événements et les actions de façon plus vivante et plus réelle que le passé simple.

- Dans un **récit au présent**, le **présent de l'indicatif** est habituellement employé dans la séquence descriptive.

  Exemple :

  > Mai 97 : voilà un mois que nous **naviguons**. Certains jours, la mer **s'étire** à l'infini, infiniment calme, presque muette. En ce moment, elle **tempête**. Ce vent qui lui **rabat** sur le visage sa chevelure verte : ça l'**énerve**.
  >
  > Marie-Danielle CROTEAU, *Les carnets du mouton noir,* tome 1, Waterloo, Éditions Michel Quintin, 1999, p. 23.

- Pour situer les événements antérieurs à ceux exprimés au présent, on emploie surtout le **passé composé** et, à l'occasion, l'**imparfait** ou le **plus-que-parfait**.

  Exemple :

  > En petit garçon curieux qu'il est, il masse le ventre du poisson et bientôt, un troisième et dernier requin naît sous nos yeux. […] C'est ainsi que nous **avons appris** (passé composé) que les aiguillats et certains autres requins sont ovovivipares : leurs œufs se développent à l'intérieur de leur corps plutôt qu'à l'extérieur, comme chez la plupart des poissons.
  >
  > Marie-Danielle CROTEAU, *Les carnets du mouton noir,* tome 1, Waterloo, Éditions Michel Quintin, 1999, p. 31.

- Pour situer des événements à venir, on emploie le **futur simple** ou le **conditionnel présent**.

  Exemple :

  > Belle leçon de biologie donnée par la nature elle-même, et qui **restera** (futur simple) à jamais gravée dans notre mémoire.
  >
  > Marie-Danielle CROTEAU, *Les carnets du mouton noir,* tome 1, Waterloo, Éditions Michel Quintin, 1999, p. 31.

<table>
<tr><th colspan="3" align="center">LE RÉCIT AU PRÉSENT</th></tr>
</table>

Actions antérieures	Temps principal	Actions à venir
• Passé composé • Imparfait • Plus-que-parfait	**Narration** Présent de l'indicatif **Description** Présent de l'indicatif	• Futur simple • Conditionnel présent • Conditionnel passé

Nous **savons** (présent de l'indicatif) d'après les instructions nautiques qu'il n'y **a** (présent de l'indicatif) que deux places au quai de Bishop. En approchant, nous **constatons** (présent de l'indicatif) qu'elles **sont** (présent de l'indicatif) occupées toutes les deux.

Gabrielle et Arnaud **s'étaient mis** (plus-que-parfait) en tête que le *Mouton noir* **serait amarré** (conditionnel passé) à quai, ce qui, pour tout l'équipage, **présente** (présent de l'indicatif) un gros avantage. Pas besoin d'attendre les autres pour aller à terre, pas besoin de ramer ni d'utiliser le hors-bord.

Marie-Danielle CROTEAU, Les carnets du mouton noir, tome 1,
Waterloo, Éditions Michel Quintin, 1999, p. 39.

LA CHRONOLOGIE DU DÉROULEMENT

Dans tout récit, il y a une **succession d'événements,** lesquels doivent être organisés les uns par rapport aux autres.

• Les événements d'une histoire peuvent être racontés dans l'ordre où ils se sont produits, c'est-à-dire selon leur **chronologie,** ou être ponctués de **retours en arrière** utiles à la progression et à la compréhension de l'histoire.

Exemple :

Puis, faisant signe aux assistants de prendre place autour de son bureau, lui-même s'assit et s'expliqua de la sorte, en un préambule articulé nettement et lentement :

— La convocation que j'ai adressée à chacun de vous, messieurs, a dû vous paraître quelque peu mystérieuse… […]

Il ouvrit devant lui le dossier préparé par son secrétaire, et, tout en consultant les notes, il reprit :

— **Quelques années avant la guerre de 1870,** trois sœurs, trois orphelines âgées de vingt-deux, de vingt et de dix-huit ans, Ermeline, Élizabeth et Armande Roussel, habitaient Saint-Étienne avec un cousin germain du nom de Victor, plus jeune de quelques années.

Maurice LEBLANC, Arsène Lupin, Les dents du tigre,
Paris, Éditions Robert Laffont, 1986, p. 9.

- La **fin de l'histoire** peut être présentée **au début** du récit. Ainsi, le déroulement constituera une remontée dans le temps pour permettre au lecteur de comprendre les causes qui ont entraîné ce résultat. C'est souvent le cas des récits policiers qui débutent par un crime : la suite du récit consiste à remonter la chaîne des causes pour élucider ce crime.

Exemple :

Il pleuvait lorsque le juge Charles Sylvain quitta ses partenaires de bridge pour rentrer chez lui. [...]

— Minuit vingt, murmura-t-il en prenant place dans la New Beetle que sa femme Joëlle venait de s'acheter.

[...]

Ce lundi 6 juillet 1998, Charles était perdu dans ses pensées. C'est ce que lui avait raconté son ami, le docteur Jean Couture, qui le dérangeait. Sans répliquer, Charles avait encaissé chacune des remarques de son ancien camarade de collège et les avait classées dans sa mémoire comme il le faisait si souvent au tribunal avec les témoignages et les arguments des avocats.

— Tu parles d'une bagnole, on ne voit rien à travers ce petit pare-brise-là !

[...]

Il roulait un peu trop vite sur cette route étroite : en lisant 72 kilomètres sur l'odomètre, il eut le réflexe de lever un peu le pied, d'autant plus qu'il arrivait à cette portion de la route où il n'y a plus de trottoir.

[...]

Il aborda la petite courbe vers la droite, juste avant l'Auberge, en frôlant presque la haute haie qui borde le terrain du chalet La Marée douce, lorsque soudain :

— Dis-donc !... Elle est folle !

Au bout de la haie, une femme se lançait sur la route, juste devant lui ; il freina brusquement en se rabattant vers la gauche, la main sur le klaxon, mais en vain. Le choc fut brutal et Charles vit les yeux hagards de la victime au moment où son visage vint frapper le pare-brise.

— Bon Dieu de bon Dieu, se dit-il, mais c'est, c'est... ! Il se demanda s'il avait la berlue ou s'il avait reconnu, dans ce visage figé, des traits qui lui étaient familiers.

Laurent LEBEL, *Meurtres au portage,* Laval, Éditions HRW, 1999, p. 1-3 (Coll. Action liaison).

LE RYTHME DU RÉCIT

Dans un récit, le rythme du déroulement peut varier. L'auteur a le pouvoir de ralentir ou d'accélérer le récit pour le rendre plus efficace.

Pour comprendre les variations dans le rythme du récit, il faut comparer le **temps** que le narrateur consacre à la **narration d'un événement (TN)** avec le **temps de réalisation de cet événement dans l'histoire racontée (TH).** Par exemple, un événement qui s'est déroulé sur une période de cinq jours (TH) peut être raconté en 5 pages ou en 250 pages (TN).

La pause permet de ralentir le rythme du récit (TN > TH).

La **pause** consiste en une suspension temporaire du récit. Le déroulement du récit est alors interrompu pour faire place à une accumulation de détails qui entourent un événement. Il peut s'agir de descriptions, de commentaires ou, encore, d'explications. Dans ce cas, le temps de la narration est plus long que le temps du récit.

Exemple :

> Mais il était également évident qu'on ne pouvait se haler sur une ligne tendue à se rompre. Stubb inclina donc vers la seule solution qui restât : attaquer la baleine au javelot. **Le javelot est une sorte de harpon, léger mais très long, atteignant près de quatre mètres. Plus long aussi que la lance, le javelot doit sa légèreté à la minceur de son fer et à son fût en bois de pin. Une ligne fine le relie au lanceur. Son lancer est l'un des plus extraordinaires exercices à l'arme blanche que l'on puisse admirer, tant pour la précision remarquable qu'il nécessite que pour les conditions dans lesquelles il est pratiqué.** À l'avant de la baleinière, Stubb dégage le javelot de la fourche sur laquelle il repose en même temps que les harpons.
>
> Herman MELVILLE, *Moby Dick,* Paris, Éditions Nathan, 1999, p. 126.

Le sommaire et l'ellipse permettent d'accélérer le rythme du récit (TN < TH).

- Le **sommaire** est un condensé ou un résumé de différents événements qui sont de moindre importance. Une succession d'événements est alors présentée brièvement, de façon ramassée. Cette condensation du récit peut parfois ne produire qu'une seule phrase.

Exemple :

> Bientôt, nous passâmes la longue péninsule de Malacca qui s'étire au sud-ouest de la Birmanie, et nous arrivâmes devant Sumatra.
>
> Herman MELVILLE, *Moby Dick,* Paris, Éditions Nathan, 1999, p. 127.

- La condensation du récit peut même aller jusqu'à l'**ellipse** quand, dans un récit, il y a l'omission de certains événements se déroulant au cours d'une période donnée. Cette omission peut être marquée par des indicateurs de temps tels que *Cinq ans plus tard, l'hiver suivant,* etc.

Exemple :

> Quelques jours après, les vigies signalèrent d'autres souffles et l'on mit de nouveau à la mer.
>
> Herman MELVILLE, *Moby Dick,* Paris, Éditions Nathan, 1999, p. 134.

Dans ces deux cas, le temps de la narration est plus court que le temps de l'histoire.

La scène présente un état d'équilibre entre le temps de narration et le temps de l'histoire (TN = TH).

Dans la **scène,** la séquence dialogale est à l'honneur. La scène sert à reproduire en détail un événement auquel l'auteur souhaite accorder de l'importance. Lorsqu'il y a dialogue, le temps de narration correspond au temps de l'histoire.

Exemple :

> — Vous peignez un bien noir tableau d'un pays ami du Canada.
>
> — Quand on est un petit pays, monsieur Lamarre, on a les amis qu'on peut.
>
> — Je reconnais là le cynisme typique des journalistes tiers-mondistes.
>
> Gil COURTEMANCHE, *Un dimanche à la piscine à Kigali*, Montréal, Éditions Boréal, 2000, p. 136.

La séquence dialogale

La séquence dialogale sert à rapporter les propos d'interlocuteurs sous la forme d'un discours direct ( p. 300). Cette séquence se construit de manière interactive : il y a un échange de propos entre des interlocuteurs et les réponses de l'un influencent les réponses de l'autre.

LE PASSAGE DIALOGUÉ

La séquence dialogale est très souvent **insérée dans un récit** et est organisée selon la structure suivante : ouverture du dialogue ; échange de propos ; fermeture du dialogue.

Exemple :

	J'ai téléphoné à Midge pour lui dire que je ne serais pas à l'arrêt du bus à cause d'un rendez-vous important.
Ouverture du dialogue	— Une autre agence ? demanda-t-elle.
	— Non, j'ai rendez-vous chez le docteur.
Échange de propos	— Pourquoi ? Qu'est-ce qui ne va pas ?
	— Je ne sais pas… Tu te souviens de cette affaire à propos de mon maintien ?
	— Oui.
	— Eh bien, le docteur que je vais voir est un orthopédiste.
	— C'est un spécialiste des os.
	— Comment tu le sais ?
	— Parce que l'année dernière, quand je me suis cassé un bras, je suis allée voir un orthopédiste.
	— Le Dr Griffith ? demandai-je.
	— Non, le Dr Littel. Il a été gentil.
	— J'aurais préféré le voir lui, au moins tu aurais pu me dire comment il est.
	— Ne t'en fais pas, ça ne fera probablement pas mal.
	— J'espère. Je te le dirai vendredi.
Fermeture du dialogue	— D'accord, salut.
	Ce qui m'a étonnée jeudi matin, c'est que Papa ne soit pas allé à sa station-service. Au lieu de tante Rae, c'est papa qui nous accompagnerait et ça m'a plutôt inquiétée.

Judy BLUME, *Tiens-toi droite !*, Paris, L'école des loisirs, 1985, p. 54-55.

La séquence dialogale peut organiser le texte dans son ensemble.

C'est notamment le cas lorsqu'il s'agit d'une **entrevue**.

Exemple :

> **BEDEKA (BDK) :** *Paul à la pêche* va sortir cet automne : pourriez-vous nous en parler ?
>
> **Michel Rabagliati :** Cette nouvelle histoire est ma plus longue jusqu'à maintenant. *Paul à la pêche* a demandé deux années de travail (187 planches). Le ton général est celui de mes livres précédents, c'est-à-dire une histoire de faits réels et mettant en scène des personnages forgés à partir de gens de mon entourage. En gros, l'histoire se passe au début des années 90 dans une pourvoirie de Lanaudière où Paul et Lucie vont passer deux semaines de vacances avec Clément et Monique, la sœur de Lucie. Cependant, le récit n'est pas rectiligne et bien d'autres sujets sont greffés à l'histoire, outre la pêche. D'ailleurs, il est assez peu question de pêche dans ce livre. […]
>
> *Bedeka,* [En ligne].

La séquence dialogale occupe une place importante dans la bande dessinée.

Exemple :

MICHEL RABAGLIATI, *PAUL À LA CAMPAGNE*, MONTRÉAL, ÉDITIONS DE LA PASTÈQUE, 1999, P. 35.

Les textes destinés à être joués par des comédiens devant un public sont appelés **textes dramatiques.** Ce sont des pièces de théâtre, des saynètes, des scénarios de film, des téléromans, etc. Le texte dramatique est habituellement organisé selon le schéma narratif (➔ p. 338) : situation initiale, élément déclencheur, déroulement (péripéties), dénouement et situation finale. L'histoire est racontée par les personnages à l'aide du dialogue. Le texte dramatique peut prendre différentes formes.

L'ORGANISATION D'UN TEXTE DRAMATIQUE

La division en actes et en scènes ou en tableaux

- Le texte dramatique peut être organisé en **actes**. Traditionnellement, une pièce est divisée en trois ou cinq actes, eux-mêmes découpés en **scènes**. Les **actes constituent les étapes importantes de l'action.** Dans le théâtre classique, par exemple, les pièces comptent cinq actes. Le premier acte présente la situation initiale. Le deuxième, l'élément déclencheur qui fait démarrer l'action. Le troisième acte constitue le développement de l'action, composé d'une série de péripéties. Le suspense atteint son paroxysme dans le quatrième acte. Enfin, au cinquième acte, c'est le dénouement : l'action se termine et le sort de chaque personnage est exposé. Chaque acte est subdivisé en **scènes** qui sont **délimitées par des changements de personnages.** On assiste alors à l'arrivée ou au départ d'un ou de plusieurs personnages.

Exemple :

ACTE I

SCÈNE 1 : OCTAVE, SILVESTRE

OCTAVE : Ah ! fâcheuses nouvelles pour un cœur amoureux ! Dures extrémités où je me vois réduit ! Tu viens, Silvestre, d'apprendre au port que mon père revient ?

SILVESTRE : Oui.

OCTAVE : Qu'il arrive ce matin même ?

SILVESTRE : Ce matin même.

OCTAVE : Et qu'il revient dans la résolution de me marier ?

SILVESTRE : Oui.

[…]

SCÈNE 2 : SCAPIN, OCTAVE SILVESTRE

SCAPIN : Qu'est-ce, seigneur Octave, qu'avez-vous ? Qu'y a-t-il ? Quel désordre est-ce là ? Je vous vois tout troublé.

OCTAVE : Ah ! mon pauvre Scapin, je suis perdu, je suis désespéré, je suis le plus infortuné de tous les hommes.

SCAPIN : Comment ?

OCTAVE : N'as-tu rien appris de ce qui me regarde ?

SCAPIN : Non.

MOLIÈRE, *Les fourberies de Scapin,* Laval, Groupe Beauchemin, 1999, p. 11, 14.

- Un texte dramatique peut également être divisé en **tableaux**. Les tableaux présentent alors des événements regroupés autour d'un même thème, et chaque tableau correspond à un **changement** de **lieu** qui implique habituellement un changement de décor ou un changement de **temps**.

LES DIDASCALIES ET LES DIALOGUES

Le texte dramatique est composé des indications scéniques, appelées **didascalies**, et des paroles échangées par les personnages, le **dialogue.**

- Les **didascalies** sont des indications scéniques qui fournissent des données pour la mise en scène éventuelle de la pièce. Les didascalies peuvent servir à préciser les éléments suivants.

  – Les conditions d'énonciation du discours des personnages : leur mimique, leur mouvement, leur geste, le volume et le ton de leur voix, etc.

  – Des renseignements sur les personnages : leur nom, leur caractéristique physique et psychologique, leur profession, leur costume, leur allure, etc.

  – Des renseignements sur l'environnement : les lieux, les éléments de décor, la présence ou l'usage d'un accessoire, les bruitages, les effets d'éclairage, etc.

  – Des indications sur l'action engagée par les personnages.

Exemple :

	ACTE III
Description de l'environnement (les lieux et les éléments de décor)	*Le théâtre représente une salle du château appelée salle du trône et servant de salle d'audience, ayant sur le côté une impériale en dais, et dessous, le portrait du Roi.*
Renseignements sur un personnage	Scène I : **le Comte, Pédrille,** *en veste et botté, tenant un paquet cacheté.*
Conditions d'énonciation du discours	Le Comte, *vite* : M'as-tu bien entendu
	Pédrille : Excellence, oui. (***Il sort.***)
	BEAUMARCHAIS, *Le mariage de Figaro,* Laval, Groupe Beauchemin, 2001, p. 87.

LE CADRE SPATIOTEMPOREL

- L'**espace dramatique** est l'espace fictif, le **lieu** où l'histoire se déroule : une ville ou un quartier, un espace intérieur ou extérieur, une pièce vide ou encombrée, etc. Sur scène, plusieurs lieux peuvent être représentés.

- Le **temps dramatique** concerne la durée et l'époque de l'histoire. Le plus souvent, le spectacle de théâtre dure une heure et demie ou deux heures, mais l'histoire peut s'étaler sur plusieurs jours. La **durée du texte dramatique** est donc habituellement plus longue que la durée du spectacle. Les sauts dans le temps se font grâce au passage d'un acte à l'autre ou d'un tableau à l'autre. L'**époque du texte dramatique** peut être le passé, le présent ou le futur. Le spectateur doit s'ajuster à l'époque où se déroule l'histoire pour mieux la comprendre. Sur scène, les **décors** et les **costumes** représentent le lieu et l'époque de l'histoire. Un metteur en scène peut choisir de monter un texte dramatique en reconstituant fidèlement les lieux et l'époque évoqués par l'auteur, ou il peut décider de moderniser le texte en y intégrant des références contemporaines.

LES PERSONNAGES

Le texte dramatique, comme toute œuvre littéraire, transmet les valeurs, les croyances, les idées, les rêves et les peurs de son auteur. **Les personnages sont porteurs de ces valeurs et de ces croyances.** Le personnage se révèle d'abord par son costume, son langage gestuel et son rôle dans l'action. Mais, pour bien saisir ce qu'il représente, on doit aller au-delà des descriptions physiques et psychologiques, et examiner ses liens avec les autres, ce qu'il dit, ce que les autres lui disent et disent de lui, les réactions des autres à ses paroles et à ses actions. Il faut tenter de saisir ses motivations, ses pensées, ses opinions, ses valeurs.

Exemple :

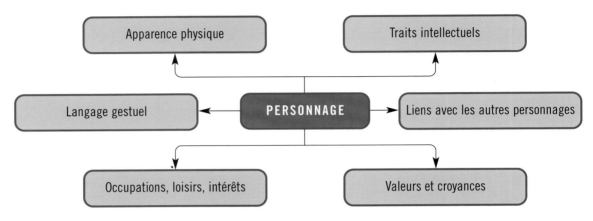

LES AUTRES TYPES DE SÉQUENCES DANS UNE SÉQUENCE DIALOGALE DOMINANTE

D'autres types de séquences peuvent être insérés dans un texte dont la séquence dialogale est dominante. Les séquences descriptives, explicatives, argumentatives et narratives viennent souvent compléter la séquence dialogale dominante.

Le texte poétique

Le **texte poétique** peut être structuré à l'aide de divers types de séquences textuelles (❍ p. 322). Peu importe sa séquence dominante, le texte poétique exprime des émotions et des sentiments au moyen du rythme, de l'harmonie et de l'image, ce qui le distingue nettement des autres textes. Il est porteur d'évocations en raison du fait que son auteur utilise des images et des mots évocateurs. Le pouvoir d'**évocation** d'un mot repose sur son **sens connoté,** qui renvoie à tout ce que ce mot peut suggérer en dehors de sa signification objective, c'est-à-dire son sens propre, celui du dictionnaire.

L'expression *bon appétit,* qui signifie, dans son sens habituel, *souhait qu'on adresse à quelqu'un qui s'apprête à manger,* évoquera quelque chose d'autre dans un texte poétique.

Exemple :

> **Bon appétit**
>
> Quel plaisir
>
> de déguster les mots
>
> les avoir bien en bouche
>
> les mâcher mâchonner mâchouiller
>
> les mordiller les mastiquer
>
> avec une extrême gourmandise
>
> en savourant
>
> les jus de mots.
>
> François DAVID et Dominique MAES, *Les croqueurs de mots,*
> Monaco, Éditions du Rocher, 2004, p. 72 (Coll. Lo Païs d'Enfance).

- Le texte poétique écrit en vers est un poème et le texte poétique chanté est une chanson. Voici les caractéristiques de quelques textes poétiques.

  – Le **sonnet** est un texte poétique écrit en vers (poème) de forme fixe composé de quatorze vers répartis en quatre strophes : deux strophes de quatre vers, des quatrains, et deux strophes de trois vers, des tercets. Les deux quatrains sont composés de deux rimes. Les deux tercets sont composés de trois rimes.

  – La **ballade** est un texte poétique écrit en vers (poème) de forme fixe composé de trois strophes ayant le même nombre de vers et d'un couplet plus court de moitié. Le dernier vers de chacune des strophes est répété pour former un refrain. Le nombre de vers de chaque strophe est égal au nombre de syllabes des vers. Les rimes de la première strophe sont reprises dans les deux suivantes, alors que le couplet reprend les rimes de la seconde moitié des strophes.

  – Le **haïku** est un texte poétique écrit en vers (poème) de forme fixe composé de trois vers qui contiennent dix-sept syllabes. Le premier vers contient cinq syllabes, le deuxième, sept syllabes et le troisième, cinq syllabes. Aucune rime n'est nécessaire dans le haïku.

  – Le **calligramme** est un texte poétique écrit en vers (poème) de forme libre dont la disposition des mots représente une forme généralement liée au thème du poème.

  – La **chanson** est un texte poétique chanté et rimé, exécuté avec accompagnement de musique.

  – Le **texte poétique** écrit en **prose** est un texte qui n'est soumis à aucune des règles d'organisation propre à la poésie. On le distingue par son contenu, qui est porteur d'évocations grâce à une utilisation imagée de la langue.

LE POÈME

Les poèmes de **formes fixes,** comme le sonnet, la ballade et le haïku, sont considérés comme anciens.

• Ces poèmes sont assujettis à des règles d'organisation préétablies et sont à peu près tous moulés de la même manière. Ils sont écrits en **vers,** qui sont des lignes plus ou moins longues, et sont regroupés en **strophes,** les paragraphes du poème. La structure des **rimes** est également préétablie.

– Les rimes **plates** alternent deux par deux.

Exemple :

Ainsi l'hôtel de ville illumine son **faîte.**	A
Le prince et les flambeaux, tout y brille, et la **fête**	A
Ce soir va resplendir sur ce comble éclai**ré,**	B
Comme l'idée au front du poète sac**ré.**	B
[…]	

> Victor HUGO, «Sur le bal de l'hôtel de ville», *Poètes romantiques du XIXe siècle,* Laval, Groupe Beauchemin, 2001, p. 62 (Coll. Parcours d'une œuvre).

– Les rimes **croisées** apparaissent en alternance.

Exemple :

Salut, bois couronnés d'un reste de verd**ure,**	A
Feuillages jaunissants sur les gazons ép**ars** !	B
Salut, derniers beaux jours ! Le deuil de la nat**ure**	A
Convient à la douleur et plaît à mes reg**ards.**	B
[…]	

> Alphonse de LAMARTINE, «L'automne», *Poètes romantiques du XIXe siècle,* Laval, Groupe Beauchemin, 2001, p. 22 (Coll. Parcours d'une œuvre).

– Les rimes **embrassées** sont encastrées dans deux autres rimes.

Exemple :

J'ai perdu ma force et ma **vie,**	A
Et mes amis et ma gaie**té,**	B
J'ai perdu jusqu'à la fier**té**	B
Qui faisait croire à mon gén**ie.**	A
[…]	

Alfred de MUSSET, «Tristesse», *Poètes romantiques du XIXe siècle,* Laval, Groupe Beauchemin, 2001, p. 143 (Coll. Parcours d'une oeuvre).

• Aujourd'hui, les poètes créent leurs propres formes, ce qui conduit à des variations. Les espaces blancs, les découpages et les choix typographiques qui caractérisent l'organisation des poèmes sont désormais plus variés. Les poèmes de **forme libre** sont écrits en vers de différentes longueurs.

Exemple :

Qui il hait ?

Il hait les poètes

il hait les poèmes

il hait les vers

il hait les rimes

et l'absence de rimes

il hait

il hait

il est

mal dans sa po-

évie.

François DAVID et Dominique MAES, *Les croqueurs de mots,* Monaco, Éditions du Rocher, 2004, p. 74 (Coll. Lo Païs d'Enfance).

- Comme la poésie explore les possibilités infinies d'une langue, les poèmes se présentent sous une **infinité de formes visuelles**.

Exemple : le calligramme (➡ p. 361)

(Transcription)
Reconnais-toi
Cette adorable personne c'est toi
Sous le grand chapeau canotier
Œil
Nez
La bouche
Voici l'ovale de ta figure
Ton cou exquis
Voici enfin l'imparfaite image de ton buste adoré
Vu comme à travers un nuage
Un peu plus bas c'est ton cœur qui bat

Guillaume APOLLINAIRE, *Reconnais-toi.*

LA CHANSON

Les différentes structures des chansons ont évolué avec les époques.

- La **structure couplet et refrain** caractérise plusieurs chansons traditionnelles. Le **refrain** occupe un place dominante : il contient l'idée principale ou le thème de la chanson. Les **couplets** servent à développer l'idée principale ou le thème annoncé dans le refrain. Dans la plupart des cas, le refrain est repris, inchangé, entre chaque couplet. Mais, il existe des variantes : la séquence de deux couplets avant le premier refrain ou la séquence refrain et couplet.

Exemple :

Cadet Rousselle

Cadet Rousselle a trois maisons (bis)

Qui n'ont ni poutres ni chevrons (bis).

C'est pour loger les hirondelles ;

Que direz-vous d'Cadet Rousselle ?

Refrain

Ah ! Ah ! Ah ! Oui, vraiment,

Cadet Rousselle est bon enfant.

Cadet rousselle a trois habits (bis)

Deux jaunes, l'autre en papier gris (bis).

Il met celui-ci quand il gèle,

Ou quand il pleut ou quand il grêle

[…]

Paroles.net [En ligne].

- La **structure sans refrain** se caractérise par la répétition d'un seul élément, une phrase ou un mot placé stratégiquement.

Exemple :

> Y flottait dans son pantalon
>
> De là lui venait son surnom
>
> **Bozo-les-culottes**
>
> Y'avait qu'une cinquième année
>
> Y savait à peine compter
>
> **Bozo-les-culottes**
>
> Comme il baragouinait l'anglais
>
> Comme gardien de nuit il travaillait
>
> **Bozo-les-culottes**
>
> Même s'il était un peu dingue
>
> Y'avait compris qu'faut être bilingue
>
> **Bozo-les-culottes**
>
> […]
>
> Extrait de *Bozo-les-culottes,*
> Paroles et musique : Raymond Lévesque, 1967.
> © Productions Laya.

- La **structure sans répétition** n'est pas basée sur la répétition symétrique d'un même élément.

Exemple :

> J'ai roulé 400 milles
>
> Sous un ciel fâché.
>
> Aux limites de la ville
>
> Mon cœur a clenché.
>
> Les gros flashes apparaissent
>
> Dans mon âme égarée,
>
> Les fantômes se dressent
>
> À chaque pouce carré.
>
> Revenir d'exil
>
> Comporte des risques
>
> Comme rentrer une aiguille
>
> Dans un vieux disque.
>
> […]
>
> Extrait de … *Et j'ai couché dans mon char,*
> Paroles et musique : Richard Desjardins, 1990.
> © Éditorial Avenue.

L'UNIVERS POÉTIQUE

Le texte poétique crée un univers autour d'un **thème** qui peut être dévoilé par le champ lexical, les analogies et divers procédés stylistiques.

- Un **champ lexical** est un ensemble de mots qui forme un réseau de sens et qui est lié à un thème. Plusieurs champs lexicaux peuvent coexister dans un même texte. Par exemple, dans le poème *La musique* de Charles Baudelaire, un ensemble de mots est lié au thème de la navigation.

> La musique souvent me prend comme une **mer** !
> Vers ma pâle **étoile,**
> Sous un plafond de **brume** ou dans un vaste éther,
> Je mets à la **voile** ;
>
> La poitrine en avant et les poumons **gonflés**
> Comme de la **toile,**
> J'escalade le dos des **flots** amoncelés
> Que la nuit me **voile** ;
>
> Je sens vibrer en moi toutes les passions
> D'un **vaisseau** qui souffre ;
> Le bon **vent**, la **tempête** et ses convulsions
>
> Sur l'immense gouffre
> Me **bercent.** D'autres fois, **calme plat, grand miroir**
> De mon désespoir !
>
> Charles BAUDELAIRE, «La musique», *Les fleurs du mal,*
> Laval, Groupe Beauchemin, 2000, p. 64
> (Coll. Parcours d'une œuvre).

- Pour établir des associations entre deux ou plusieurs objets, le poète recherche les **analogies.**

  – Dans le poème *La musique* de Charles Baudelaire, des analogies rapprochent le narrateur d'un navire : *J'escalade le dos des flots amoncelés.*

- Des **procédés stylistiques** sont employés pour rendre significatif l'univers poétique. Il en existe plusieurs, mais le caractère de nouveauté est essentiel pour que le procédé crée une image inattendue et originale.

  – La comparaison (➔ p. 477) : … Les **poumons gonflés** <u>comme</u> **la toile** (Charles Baudelaire)

  – La métaphore (➔ p. 478) : Qu'est devenu **mon cœur, navire déserté.** (Émile Nelligan)

  – La métonymie (➔ p. 479) : Grâce à vous **une robe** a passé dans ma vie (Edmond Rostand)

  – L'hyperbole (➔ p. 481) : Depuis cinq jours que la pluie coulait sans trêve sur Alger, **elle avait fini par mouiller la mer elle-même.** (Albert Camus)

  – L'antithèse (➔ p. 479) : C'est toujours le combat du **jour** et de la **nuit.** (Hugo)

  – La gradation (➔ p. 480 et 481) : **Va, cours, vole** et nous venge ! (Corneille)

  – L'allitération : L'insec**t**e ne**t** gra**tt**e la sécheresse.

  – L'assonance : Je fais souv**ent** ce rêve ét**ran**ge et pénét**rant.** (Paul Verlaine)

  – La rime : Je suis une cage d'ois**eau**
  Une cage d'**os**
  Avec un ois**eau**
  (Hector de Saint-Denys Garneau)

LE RYTHME ET LA MUSICALITÉ DU TEXTE POÉTIQUE

- Le **rythme** anime le texte poétique. Il dépend de la longueur des vers, des strophes, des lignes, des couplets ou des refrains, de leur agencement et de la présence ou de l'absence de ponctuation. L'accent rythmique tombe à la fin d'une phrase, d'un vers ou d'un groupe de mots. La ponctuation peut indiquer ou non une pause. Pour mesurer le rythme d'un texte poétique, on compte les syllabes de chaque vers. Le *e* muet à la fin d'un vers peut se prononcer ou non.

Soir d'hiver

Ah ! Comme la neige a neigé !

Ma vitre est un jardin de givre.

Ah ! Comme la neige a neigé !

Qu'est-ce que le spasme de vivre

À la douleur que j'ai, que j'ai !

[…]

Émile NELLIGAN, «Soir d'hiver»,
Anthologie critique, Littérature canadienne-française et québécoise, Paris,
Éditions Beauchemin, 1992, p. 33.

- La **musicalité** du texte poétique vient de la sonorité des mots. La présence de rimes et de jeux de sonorités contribue à la musicalité du texte. Par exemple, la répétition d'une voyelle ou d'un même son final (l'assonance), d'une consonne (l'allitération) ou la répétition d'un même mot ou d'une même structure peut créer un effet d'harmonie musicale.

  – Le rythme de la première strophe de *Soir d'hiver* est marqué par la longueur identique des vers, qui contiennent huit syllabes chacun. La répétition de la consonne ainsi que la répétition d'un même vers contribuent à la musicalité du poème.

LA GRAMMAIRE DE LA PHRASE

LES MANIPULATIONS SYNTAXIQUES

Les manipulations syntaxiques sont des outils qui servent à analyser des mots, des groupes de mots et des phrases. Les principales manipulations syntaxiques sont l'addition, l'effacement, le déplacement, le remplacement, le détachement et le dédoublement. Elles servent particulièrement à :

1) reconnaître la classe d'un mot ;

2) repérer le noyau des groupes syntaxiques ;

3) déterminer la fonction d'un groupe de mots ;

4) transformer le type ou la forme d'une phrase ;

5) enrichir des groupes de mots ou une phrase.

L'addition

Cette manipulation consiste à **ajouter un mot ou un groupe de mots** dans une phrase. On l'utilise pour :

- enrichir différents groupes de mots ou toute une phrase ;
  - ❯ Élisabeth adore lire.

    Élisabeth, **ma meilleure amie,** adore lire.

    Élisabeth adore lire **des romans fantastiques.**

    Depuis son tout jeune âge, Élisabeth adore lire.

- transformer le type ou la forme d'une phrase ;
  - ❯ Jade déteste faire ses devoirs.

    Est-ce que Jade déteste faire ses devoirs ?

    Jade déteste**-t-elle** faire ses devoirs ?

    Jade **ne** déteste **pas** faire ses devoirs.

- déterminer si un adjectif est qualifiant ou classifiant.
  - ❯ Ce parc provincial est achalandé.

    Ce parc provincial est **très** achalandé.
    <u>qualifiant</u>

  - ⊘ Ce parc **très** provincial est achalandé.
    <u>classifiant</u>

LA GRAMMAIRE DE LA PHRASE

⚒ L'effacement

L'effacement consiste à **supprimer un mot ou un groupe de mots.** Cette manipulation permet :

- de distinguer les groupes obligatoires des groupes facultatifs dans la phrase de base ;

  > ⊘ ~~Nous~~ avons visité la France l'année dernière.
  >
  > <u>obligatoire</u>

  ⊘ Nous ~~avons visité la France~~ l'année dernière.

  <u>obligatoire</u>

  Nous avons visité la France ~~l'année dernière~~.

  <u>facultatif</u>

- de repérer le noyau du groupe nominal (GN) pour déterminer l'accord du verbe avec son sujet (GS).

  GS   **GP**
  > ⊘ | ~~Les passagers~~ de cet autobus | **ont manifesté** bruyamment.

  | Les passagers ~~de cet autobus~~ | **ont manifesté** bruyamment.

  L'effacement du groupe *de cet autobus* est possible. L'accord doit donc être fait avec le noyau du GS, soit le nom commun *passagers,* qui n'est pas effaçable.

⚒ Le déplacement

Le déplacement consiste à **changer la position d'un mot ou d'un groupe de mots** dans une phrase. Cette manipulation syntaxique est utilisée pour :

- différencier un groupe complément de phrase (GCP) d'un complément du verbe en tentant de déplacer le complément au début, au milieu ou à la fin d'une phrase ;

  > Alexandra rêve de son voyage chaque soir.

  GCP
  Chaque soir, Alexandra rêve de son voyage.

  compl. indirect
  ⊘ **De son voyage** Alexandra rêve chaque soir.

- transformer une phrase déclarative en une phrase interrogative en déplaçant le groupe sujet (GS) après le verbe ;

  > Tu pars en train demain matin.

  Pars-tu en train demain matin ?

- donner de l'importance à un élément en le déplaçant au début d'une phrase.

  > Aïcha présenta son billet d'avion, toute souriante et avec un regard serein.

  Toute souriante et avec un regard serein, Aïcha présenta son billet d'avion.

✒ Le remplacement

Cette manipulation consiste à **remplacer,** dans une phrase, **un mot, un groupe de mots ou un signe de ponctuation** par un autre mot, un autre groupe de mots ou un autre signe de ponctuation. Le remplacement sert à :

- déterminer la fonction d'un mot ou d'un groupe de mots en le remplaçant par un pronom ;

  ❯ **Les filles de ma classe** organisent un voyage.

  GS

  Elles organisent un voyage. (*il/elle, ils/elles* → GS)

  ❯ Mon enseignante accompagnera **ces voyageuses.**

  CD

  Mon enseignante **les** accompagnera.

  (*le, la, l', les* pronoms → toujours CD)

  ❯ Avant leur départ, la directrice parlera **à ces élèves.**

  CI

  Avant leur départ, la directrice **leur** parlera.

  (*lui/leur, en* → toujours CI)

- déterminer la personne et le nombre d'un groupe sujet (GS) formé de plusieurs groupes du nom (GN) en le remplaçant par les pronoms *il, elle, nous, vous, ils* ou *elles* ;

  ❯ **Audrey, Catherine et eux** sont allés en Asie.

  Ils sont allés en Asie.
  (*Ils* → 3e personne du pluriel)

- transformer le type d'une phrase en remplaçant un mot exclamatif ou interrogatif et le signe de ponctuation.

  ❯ **Est-ce que** ce garçon est un bon guide touristique **?**

  Comme ce garçon est un bon guide touristique **!**

⚒ Le détachement

Cette manipulation consiste à **détacher un groupe de mots** à l'aide d'une des expressions suivantes : *c'est… qui, ce sont… qui* ou *c'est… que, ce sont… que*. Elle peut être utilisée pour :

- repérer le groupe sujet (GS) : un groupe qui peut être détaché grâce à l'expression *c'est… qui* ou *ce sont… qui* remplit la fonction de sujet ;

  > Ces visiteurs adorent le Vieux-Québec.

  GS

  Ce sont ces visiteurs **qui** adorent le Vieux-Québec.

- repérer un groupe complément du verbe : un groupe qui peut être détaché grâce à l'expression *c'est… que* ou *ce sont… que* remplit la fonction de complément du verbe.

  > Marie-Andrée a visité le Château Frontenac hier.

  C'est le Château Frontenac **que** Marie-Andrée a visité hier.

  Le GN *le Château Frontenac* remplit donc la fonction de complément du verbe.

⚒ Le dédoublement

Cette manipulation consiste à **insérer devant un groupe de mots** l'expression *et cela se passe* ou *et cela se fait*. Cette manipulation permet de reconnaître les groupes compléments de phrase (GCP) puisque ces expressions les introduisent.

> Nous avons marché sous un beau ciel étoilé.

GCP

Nous avons marché **et cela s'est fait** sous un beau ciel étoilé.

LA CONSTRUCTION DE LA PHRASE

La phrase de base

La phrase de base sert de **modèle** dans l'analyse de toutes les phrases possibles.

- La phrase de base est de type **déclaratif** ( p. 376) et de forme **positive, active, neutre et personnelle** (➤ p. 379).

  ❯ Chaque peuple a créé sa propre mythologie.

- La phrase de base est formée d'un groupe nominal (GN) qui exerce la fonction de sujet (➤ p. 384) et d'un groupe verbal (GV) qui exerce la fonction de prédicat (➤ p. 385). Ces deux groupes sont des **constituants obligatoires** : ils ne peuvent être effacés sans nuire au sens ou à la construction de la phrase.

Sujet	Prédicat
❯ Chaque peuple	a créé sa propre mythologie.
GN	GV

- La phrase de base peut aussi contenir un ou plusieurs groupes qui exercent la fonction de complément de phrase (➤ p. 872) et qui sont des **constituants facultatifs**. Dans la phrase de base, les constituants obligatoires et facultatifs sont placés dans l'ordre suivant.

Constituants obligatoires		Constituant facultatif
Sujet	Prédicat	Complément de phrase
❯ Chaque peuple	a créé sa propre mythologie	à l'aube de son histoire.
GN	GV	GPrép

- Une phrase composée selon le modèle de la phrase de base est une **phrase grammaticale**, c'est-à-dire une phrase bien construite dont la syntaxe est correcte. Une **phrase agrammaticale**, c'est-à-dire une phrase mal construite dont la syntaxe est incorrecte, sera signalée par le symbole ⊘.

  – La phrase grammaticale

  ❯ Chaque peuple a créé sa propre mythologie à l'aube de son histoire.

  – La phrase agrammaticale

  ❯ ⊘ a créé sa propre mythologie chaque peuple à l'aube de son histoire.

Les types de phrases

Une phrase a toujours un seul type et quatre formes.

❯ Le poète est un allumeur d'étincelles. (Type déclaratif)
  → Formes : **positive**, **active**, **neutre** et **personnelle**.

Il existe quatre types de phrases.

La phrase de type déclaratif →	❯ Les légendes font partie de la mythologie.
La phrase de type interrogatif →	❯ Les légendes **font-elles** partie de la mythologie ?
La phrase de type exclamatif →	❯ **Quel** fabuleux héros figure dans cette légende !
La phrase de type impératif →	❯ **Parlez**-moi de vos héroïnes mythiques.

LA PHRASE DE TYPE DÉCLARATIF

La phrase de type déclaratif sert souvent à donner une information ou à exprimer une idée. La phrase déclarative se termine généralement par un point.

- La phrase déclarative est la plus courante. Pour la reconnaître, on s'appuie surtout sur sa **structure** et non sur sa ponctuation. Elle contient les constituants obligatoires de la phrase de base : le groupe sujet (GS) et le groupe du verbe prédicat (GP). Elle est construite **sans marque interrogative** (*est-ce que*), **sans marque exclamative** (*comme*) et **sans marque impérative** (absence du sujet).

- La phrase de base (qui est déclarative, positive, active, neutre et personnelle) sert à construire les autres types de phrases.

Phrase de base (type déclaratif)

❯ Ce conteur nous narre ce mythe avec vivacité.

Phrases transformées :

– type interrogatif

  ❯ **Est-ce que** cette conteuse nous narre ce mythe avec vivacité ?

– type exclamatif

  ❯ **Comme** cette conteuse nous narre ce mythe avec vivacité !

– type impératif

  ❯ **Narrez**-nous ce mythe avec vivacité.

LA PHRASE DE TYPE INTERROGATIF

La phrase de type interrogatif sert à poser une question. Elle se termine par un point d'interrogation. Il existe deux types d'interrogations : l'interrogation totale et l'interrogation partielle.

- **L'interrogation totale** porte sur toute la phrase. La réponses est *oui* ou *non.*

  ❯ As-tu déjà assisté à un festival du conte ? Oui / Non.

- **L'interrogation partielle** porte sur une partie de la phrase seulement. La réponse n'est ni *oui* ni *non,* mais un groupe de mots ou une phrase.

  ❯ Où ce festival s'est-il tenu ? Ce festival s'est tenu à Trois-Rivières.

L'interrogation totale peut être construite de différentes façons.

- L'addition de l'expression *est-ce que* au début de la phrase de base. L'ordre habituel des constituants, groupe sujet (GS) suivi du groupe prédicat (GP), est respecté.

  ❯ Tu connais les contes de Perrault.

  Est-ce que tu connais les contes de Perrault ?

- Le déplacement du groupe sujet après le verbe si le noyau est un pronom.

  ❯ Tu connais les contes de Perrault.

  Connais-**tu** les contes de Perrault ?

- L'addition du pronom de reprise après le verbe si le groupe sujet n'est pas un pronom.

  ❯ Ta copine connaît les contes de Perrault.

  Ta copine connaît-**elle** les contes de Perrault ?

L'interrogation partielle peut être construite de différentes façons.

- Le remplacement du groupe sujet (GS) par une expression ou un mot interrogatif (*qui, qui est-ce qui*).

  ❯ Votre enseignante a lu des contes fantastiques à voix haute.

  Qui a lu des contes fantastiques à voix haute ?

- Le remplacement du complément direct par l'expression *qu'est-ce que* placée au début de la phrase.

  ❯ Tu aimes le monde terrifiant des contes fantastiques d'Edgar Allan Poe.

  Qu'est-ce que tu aimes des contes fantastiques d'Edgar Allan Poe ?

- Le remplacement d'un groupe complément de phrase par un mot interrogatif et l'ajout d'un pronom de reprise du sujet après le verbe (si le sujet n'est pas déjà un pronom). Un *t* euphonique est ajouté lorsque le verbe se termine par une voyelle et que le pronom de reprise débute par une voyelle.

  ❯ Votre enseignante lira la suite de ce conte au prochain cours.

  Quand votre enseignante lira-**t-elle** la suite de ce conte ?

LA PHRASE DE TYPE IMPÉRATIF

La phrase impérative est généralement utilisée pour inciter quelqu'un à faire quelque chose. Elle sert à donner un ordre, un conseil ou une consigne. Elle se termine généralement par un point ou un point d'exclamation. La phrase impérative se construit de différentes façons.

- L'effacement du pronom sujet *tu, nous* ou *vous* dans la phrase de base. Le verbe passe de l'indicatif à l'impératif.

  ❯ Tu racontes ce combat final où les dieux sont vaincus par le géant Surt.

    Raconte ce combat final où les dieux sont vaincus par le géant Surt.

  Attention ! Les verbes en *er* à la 2e personne du singulier de l'impératif ne se terminent pas par un *s*. Cependant, s'ils sont suivis du pronom *en* ou *y*, on ajoute un *s* pour faire la liaison.

  ❯ Tu demandes une autre histoire.

    Demande une autre histoire.

    Demandes-en une autre.

- L'effacement du pronom sujet *tu, nous* ou *vous* dans la phrase déclarative et le déplacement du pronom complément du verbe. Le verbe passe de l'indicatif à l'impératif.

  ❯ Vous l'écoutez avec attention.

    Écoutez-**le** avec attention.

  Attention ! Un trait d'union est inséré entre le verbe et le ou les pronoms personnels qui le suivent.

  ❯ Dis-lui.

    Dis-le-lui.

- L'addition de *que* devant le sujet. Le verbe passe de l'indicatif au subjonctif.

  ❯ Cette histoire finit bien.

    Que cette histoire finisse bien !

LA PHRASE DE TYPE EXCLAMATIF

La phrase exclamative sert à exprimer l'intensité d'un sentiment, d'une émotion ou d'un jugement. Elle se termine par un point d'exclamation. La phrase exclamative peut se construire de différentes façons.

- L'addition d'un marqueur exclamatif (*combien, comme, qu'est-ce que, ce que*) au début de la phrase de base.

  ❯ Les héros mythiques me captivent.

    Qu'est-ce que les héros mythiques me captivent !

- Le remplacement du déterminant du groupe nominal sujet par un déterminant exclamatif (*quel, quelle, quels, quelles, que de,* etc.).

  ❯ Une histoire fabuleuse nous a été contée.

    Quelle histoire fabuleuse nous a été contée !

- Le déplacement du groupe nominal complément du verbe au début de la phrase et le remplacement du déterminant de ce groupe par un déterminant exclamatif.

  ❯ Ces statues en terre cuite représentent de <u>féroces dieux guerriers</u>.

    Quels <u>féroces dieux guerriers</u> ces statues en terre cuites représentent !

Les formes de phrases

Il existe huit formes de phrases. Elles se présentent par paire et elles s'opposent. Les phrases de formes positive, active, neutre et personnelle peuvent subir des transformations et, de cette façon, prendre d'autres formes. Ainsi, la phrase de forme positive peut être transformée en une phrase de forme négative, une phrase de forme active, en une phrase de forme passive, une phrase de forme neutre, en une phrase de forme emphatique et une phrase de forme personnelle, en une phrase de forme impersonnelle. Les phrases de formes négative, passive, emphatique et impersonnelle sont donc des phrases transformées.

LES FORMES DE PHRASES	
Forme positive	Forme négative
Forme active	Forme passive
Forme neutre	Forme emphatique
Forme personnelle	Forme impersonnelle

LA PHRASE DE FORME POSITIVE OU NÉGATIVE

La phrase de forme positive ne contient aucune marque de négation. La phrase de forme négative s'oppose à la phrase de forme positive par la présence de marques de négation. La phrase négative peut se construire de différentes façons.

- L'addition de l'adverbe *ne* avant le verbe à un temps simple et d'un autre adverbe de négation (*pas, aucunement, nullement, point*) après le verbe.

  ❯ La poésie repose sur des règles très strictes. (Phrase positive)

  La poésie **ne** repose **pas** sur des règles très strictes. (Phrase négative)

- L'addition de l'adverbe *ne* avant l'auxiliaire et d'un autre adverbe de négation (*pas, aucunement, nullement, point*) avant le participe passé dans le cas des temps composés.

  ❯ La poésie a reposé sur des règles très strictes. (Phrase positive)

  La poésie **n'**a **pas** reposé sur des règles très strictes. (Phrase négative)

- L'addition de l'adverbe *ne* avant le verbe conjugué et le remplacement d'un mot par un autre exprimant la négation (*aucun / aucune, personne, jamais, rien,* etc.).

  ❯ Le rythme des vers favorise **toujours** la mémorisation du poème. (Phrase positive)

  Le rythme des vers **ne** favorise **aucunement** la mémorisation du poème. (Phrase négative)

- L'adverbe de négation *n'* ne doit pas être oublié lorsqu'on utilise les pronoms *on* et *en* devant un mot commençant par une voyelle ou un *h* muet.

  ❯ On a écrit un poème collectif. (Phrase positive)

  On **n'**a **pas** écrit un poème collectif. (Phrase négative)

- Dans les phrases négatives, les déterminants *un / des* et *du / de la* sont remplacés par *de* dans le groupe nominal complément direct du verbe.

  ❯ Mon amie m'a offert **un** recueil de poésie. (Phrase positive)

  Mon amie ne m'a pas offert **de** recueil de poésie. (Phrase négative)

  J'ai éprouvé **de la** joie en recevant ce livre. (Phrase positive)

  Je n'ai pas éprouvé **de** joie en recevant ce livre. (Phrase négative)

- L'emploi de *ne... que* exprime la restriction, non la négation.

  ❯ Je **n'**aime **pas** lire à voix haute. (Exprime la négation.)

  Je **n'**aime **que** lire à voix haute. (Exprime la restriction.)

- Les phrases comportant une double négation peuvent être difficiles à comprendre.

  ❯ Vous n'êtes pas sans comprendre que ces poèmes sont hermétiques.

  Vous comprenez que ces poèmes sont hermétiques.

- En langue familière, particulièrement à l'oral, le *ne* est souvent omis. Il ne faut pas l'oublier en langue standard.

  ❯ ⊘ J'veux pas y aller. (Langue familière)

  Je **ne** veux pas y aller. (Langue standard)

LA PHRASE DE FORME ACTIVE OU PASSIVE

La phrase de forme active contient un groupe sujet qui fait l'action exprimée par le verbe. La phrase de forme passive s'oppose à la phrase active.

- Dans la phrase passive, le groupe sujet subit l'action exprimée par le verbe.

  ❯ La comtesse de Ségur a écrit *Les malheurs de Sophie.*

   → Phrase active dans laquelle le groupe sujet *La comtesse de Ségur* fait l'action.

  ❯ *Les malheurs de Sophie* ont été écrits par la comtesse de Ségur.

   → Phrase passive dans laquelle le groupe sujet *Les malheurs de Sophie* subit l'action.

- On passe de la forme active à la forme passive en effectuant les opérations suivantes.

  – **Deux déplacements**

   Le groupe sujet et le complément direct de la phrase active échangent leur place pour créer la forme passive.

   GS   **CD**

   ❯ Cette auteure écrit **des contes pour enfants.** (Phrase active)

   Des contes pour enfants sont écrits par **cette auteure.** (Phrase passive)

   déplacement   **déplacement**

  – **Un remplacement**

   Le verbe de la phrase active est remplacé par l'auxiliaire *être,* qui se met au mode et au temps de ce verbe, suivi du participe passé.

   ❯ Cette auteure **écrit** des contes pour enfants. (Phrase active)

   Des contes pour enfants **sont écrits** par cette auteure. (Phrase passive)

  – **Une addition**

   La préposition *par* est ajoutée dans la phrase passive.

   ❯ Cette auteure écrit des contes pour enfants. (Phrase active)

   Des contes pour enfants sont écrits **par** cette auteure. (Phrase passive)

- Le verbe de la phrase passive n'a pas toujours un complément.

  ❯ On a lu ce conte amérindien. (Phrase active)

  Ce conte amérindien a été lu. (Par une personne qu'on ne veut pas nommer ou dont on ignore l'identité.) (Phrase passive)

LA PHRASE DE FORME NEUTRE OU EMPHATIQUE

La phrase de forme neutre ne contient aucun groupe syntaxiquement mis en relief, c'est-à-dire aucun groupe sur lequel on insiste. La phrase de forme emphatique s'oppose à la phrase neutre, car elle contient au moins un groupe de mots mis en relief, généralement le sujet ou un complément. La phrase emphatique peut être construite de différentes façons.

- Le détachement à l'aide des marqueurs *c'est... qui* et *c'est... que, ce sont... qui* et *ce sont… que* avec ou sans déplacement.

  – Dans la phrase emphatique ci-dessous, le groupe mis en relief est le **sujet** et il n'y a pas de déplacement.

  > Cette auteure écrit des textes dramatique. (Phrase neutre)

  <u>C'est</u> **cette auteure** <u>qui</u> écrit des textes dramatiques. (Phrase emphatique)

  – Dans la phrase emphatique ci-dessous, le groupe mis en relief est le **complément** et il y a déplacement.

  > Cette auteure écrit des textes dramatique. (Phrase neutre)

  <u>Ce sont</u> **des textes dramatiques** <u>que</u> cette auteure écrit. (Phrase emphatique)

- Le détachement à l'aide des marqueurs *ce que... c'est, ce qui... c'est, ce dont... c'est, ce à quoi... c'est,* etc., avec ou sans déplacement.

  – Dans la phrase emphatique ci-dessous, le groupe mis en relief est le **complément** et il n'y a pas de déplacement.

  > Elle souhaite devenir auteure de téléromans. (Phrase neutre)

  <u>Ce qu'</u>elle souhaite, <u>c'est</u> **devenir auteure de téléromans.** (Phrase emphatique)

  – Dans la phrase emphatique ci-dessous, le groupe mis en relief est le **sujet** et il y a déplacement.

  > Les situations comiques la séduisent. (Phrase neutre)

  <u>Ce qui</u> la séduit, <u>ce sont</u> **les situations comiques.** (Phrase emphatique)

- Le détachement avec reprise par un pronom, avec ou sans déplacement.

  – Dans la phrase emphatique ci-dessous, le groupe mis en relief est le **sujet** et il y n'a pas de déplacement.

  > Le théâtre moderne est né en Italie et en Angleterre. (Phrase neutre)

  Le théâtre moderne, <u>lui</u>, est né en Italie et en Angleterre. (Phrase emphatique)

  – Dans la phrase emphatique ci-dessous, le groupe mis en relief est le **sujet** et il y a déplacement.

  > Le théâtre moderne est né en Italie et en Angleterre. (Phrase neutre)

  <u>Il</u> est né en Italie et en Angleterre, **le théâtre moderne.** (Phrase emphatique)

LA PHRASE DE FORME PERSONNELLE OU IMPERSONNELLE

La phrase de forme personnelle se caractérise par un sujet qui représente une personne, une idée ou une chose. La phrase de forme impersonnelle s'oppose à la phrase de forme personnelle. Elle se reconnaît grâce au sujet impersonnel *il*. On dit que le *il* est impersonnel parce qu'il ne représente rien ni personne et qu'il n'a pas de référent.
La phrase impersonnelle peut traduire deux réalités différentes. Elle peut être une phrase à construction particulière si sa construction ne peut être qu'impersonnelle (voir ci-dessous) ou s'opposer à la phrase personnelle en se transformant à l'aide des opérations suivantes.

- Le déplacement du sujet de la phrase personnelle dans le groupe verbal.
- L'addition du sujet impersonnel *il* au début de la phrase.

    > **Cette personne** manque de savoir-vivre. (Phrase personnelle)

    Il manque de savoir-vivre à **cette personne.** (Phrase impersonnelle)

Les phrases à construction particulière

Les phrases à construction particulière sont des phrases qui ne sont pas construites comme des phrases de base. Elles ne contiennent pas les deux constituants obligatoires de la phrase de base, soit un groupe nominal exerçant la fonction de sujet et un groupe verbal exerçant la fonction de prédicat. On trouve quatre sortes de phrases à construction particulière : la phrase non verbale, la phrase infinitive, la phrase à présentatif et la phrase impersonnelle.

- La **phrase non verbale** est une phrase à construction particulière construite **sans groupe verbal.** Elle peut être formée :

    – d'un groupe nominal ;

    > Bonne lecture !

    – d'un groupe adjectival ;

    > Extraordinaire !

    – d'un groupe prépositionnel ;

    > Sans conteste.

    – d'un groupe adverbial ;

    > Invariablement !

    – d'une interjection.

    > Zut !

- La **phrase infinitive** est une phrase à construction particulière formée autour d'un **verbe à l'infinitif.** Elle n'a pas de groupe sujet.

    > **Suivre** les indications.

- La **phrase à présentatif** est une phrase à construction particulière formée à l'aide des expressions suivantes : *voici, voilà, c'est* et *il y a.* On appelle ces expressions des **présentatifs.**

    > **Voici** mon dialogue.

    Voilà tes répliques.

    C'est une histoire vraie.

    Il y a de quoi être satisfaite !

- La **phrase impersonnelle** est une phrase à construction particulière quand sa construction ne peut être qu'**impersonnelle,** c'est-à-dire quand elle ne peut être transformée en phrase personnelle.

    > Il **pleut** des cordes. Il **faut** se mettre à l'abri.

LES FONCTIONS SYNTAXIQUES

Les fonctions syntaxiques

«On appelle fonction syntaxique la relation grammaticale qu'un groupe entretient avec d'autres groupes de la phrase. Chaque fonction a des caractéristiques qu'on peut mettre en évidence par des manipulations.»

Source : Suzanne G. CHARTRAND et collectif, *Grammaire du français d'aujourd'hui,* Montréal, Graficor, 1999, p. 102.

LE SUJET

Dans une phrase, le **sujet** est le groupe qui précise de qui ou de quoi l'on parle.

- La fonction de sujet peut être exercée par :
  - un groupe nominal ;

    Sujet
    > Le jeune garçon a mis seulement cinq heures pour lire son livre.
    ‾‾‾‾‾‾‾‾‾‾‾‾‾
    GN

  - un pronom ;

    Sujet
    > Il a dévoré les deux cent cinquante pages de son livre en cinq heures seulement.
    ‾
    Pronom

  - un groupe infinitif ;

    Sujet
    > Lire un récit d'aventures est son passe-temps favori.
    ‾‾‾‾‾‾‾‾‾‾‾‾‾‾‾‾
    GVinf

  - une subordonnée complétive.

    Sujet
    > Que tu parviennes à lire ce livre en quelques heures est un exploit.
    ‾‾‾‾‾‾‾‾‾‾‾‾‾‾‾‾‾‾‾‾‾‾‾‾‾‾‾‾‾‾‾‾‾‾‾‾‾
    Subordonnée complétive

- Les caractéristiques du sujet de la phrase de base

Obligatoire (ineffaçable).	Généralement à gauche du prédicat.
Peut être détaché par *c'est… qui* ou *ce sont… qui.*	Peut être remplacé par un pronom.

- Parfois, le sujet peut être inversé.

  Complément de phrase　　**Prédicat**　　　　　**Sujet**
  > Dans cette forêt enchantée vivait une princesse fort malheureuse.
  ‾‾‾
  GPrép　　　　　　　　　GV　　　　　　GN

LE PRÉDICAT

Le prédicat précise ce qui est dit à propos du sujet de la phrase.

- La fonction de prédicat est toujours exercée par un groupe verbal (GV) qui contient un verbe conjugué, noyau du GV, qui peut être seul ou accompagné d'une ou de plusieurs expansions.

> Les jeux d'ordinateur **n'intéressent plus Lucie.**

                       Prédicat

                       GV

- Les caractéristiques du prédicat

  Habituellement à droite du sujet.

  Obligatoire (ineffaçable).

Le groupe verbal exerçant la fonction de prédicat peut se présenter sous plusieurs formes.

LES DIVERSES CONSTRUCTIONS DU GV EXERÇANT LA FONCTION DE PRÉDICAT	
Construction	*Exemple*
Verbe seul	Geneviève **réfléchit.**
Verbe + complément direct (CD)	Tristan **rencontre** son meilleur ami.
Verbe + complément indirect (CI)	Ces deux amis **vont** à la cinémathèque.
Verbe + CD + CI	Le préposé **remet** un laissez-passer aux personnes présentes.
Verbe + CI + CI	Anne-Marie et Léa leur **ont parlé** de cet endroit.
Verbe attributif + attribut	Les cinéphiles **semblent** satisfaits de la programmation.

LE COMPLÉMENT DE PHRASE

Dans une phrase, le complément de phrase apporte une précision facultative de temps, de lieu, de but, de cause, de conséquence, etc.

- La fonction de complément de phrase peut être exercée par :

  – un groupe nominal (GN) ;

  Complément de phrase

  ❯ Il a écrit le dernier chapitre de son livre **le lendemain.**
  GN

  – un groupe prépositionnel (GPrép) ;

  Complément de phrase

  ❯ Maryse a écrit son premier roman **en 2006.**
  GPrép

  – un groupe adverbial (GAdv) ;

  Complément de phrase

  ❯ **Actuellement,** elle n'a pas de projet d'écriture.
  GAdv

  – une subordonnée.

  Complément de phrase

  ❯ **Quand elle a reçu son prix,** elle a prononcé un discours émouvant.
  Subordonnée

- Les caractéristiques du complément de phrase

Effaçable.	Peut être introduit par l'expression *et cela se passe* ou *et cela se fait.* (Dédoublement)	Déplaçable.

Le complément de phrase qui est déplacé au début de la phrase est isolé par une virgule alors que celui qui se trouve au milieu de la phrase est encadré de virgules.

LE COMPLÉMENT DU VERBE

Dans le groupe verbal, les expansions du verbe exercent la fonction de complément direct, de complément indirect, de complément du verbe impersonnel, d'attribut ou de modificateur.

- La fonction de **complément direct du verbe** peut être exercée par :
  - un groupe nominal (GN) ;
    > Cette ville <u>possède</u> **un immense réseau autoroutier.**
  - un pronom ;
    > Nadine prend le métro ; elle **le** <u>préfère</u> à l'autobus.
  - un groupe infinitif ;
    > Jacinthe <u>aime</u> **se promener à vélo** dans les rues de la ville.
  - une subordonnée complétive.
    > Nicolas <u>croyait</u> **que tu préférerais le covoiturage.**

- Les caractéristiques du complément direct du verbe

  Remplacement possible par les pronoms *le, la, l', les* et *en.*

  Remplacement possible par les mots *quelqu'un, quelque chose, cela, ça.*

- La fonction de **complément indirect du verbe** peut être exercée par :
  - un groupe prépositionnel ;
    > Pour conseiller les entreprises, des écologistes s'<u>installèrent</u> **dans la région.**
  - un pronom ;
    > Des écologistes s'**y** <u>installèrent.</u>
  - un groupe adverbial ;
    > Des écologistes s'<u>installèrent</u> **ici.**
  - une subordonnée complétive.
    > Les écologistes <u>ont convenu</u> **qu'ils conseilleraient les entreprises.**

- Les caractéristiques du complément indirect du verbe

  Remplacement possible par les pronoms *lui, leur, y, en.*

  Remplacement possible par une préposition accompagnée des pronoms *lui, elle, eux, elles, cela, ça.*

- La fonction de **complément du verbe impersonnel** peut être exercée par :
  - un groupe nominal ;
    > Il <u>faut</u> **une réponse** avant demain.

  - un groupe prépositionnel ;
    > Il <u>s'agit</u> **de sensibiliser les gens à la protection de leur environnement immédiat.**

  - une subordonnée complétive ;
    > Il <u>faut</u> **que vous participiez à cette campagne de sensibilisation.**

  - un groupe adverbial.
    > Il <u>pleut</u> **fort.**

- Les caractéristiques du complément du verbe impersonnel

  Ineffaçable, sauf dans le cas de certains verbes principalement liés aux conditions météorologiques.

L'ATTRIBUT DU SUJET

Dans une phrase, un groupe de mots qui apporte une précision sur le sujet au moyen d'un verbe attributif exerce la fonction d'attribut du sujet.

- La fonction d'attribut du sujet peut être exercée par :
  - un groupe adjectival ;
    > <u>Votre roman</u> est **excellent.**

  - un groupe nominal ;
    > <u>Cette jeune fille</u> est devenue **une écrivaine reconnue.**

  - un pronom ;
    > <u>Elle</u> l'est devenue.

  - un groupe prépositionnel ;
    > <u>La jeune fille</u> semble **en confiance.**

  - un groupe adverbial.
    > <u>Nous</u> étions **là** quand elle a fait sa session de signature.

- Les caractéristiques de l'attribut du sujet

  Ineffaçable.

  Ne peut être déplacé.

L'ATTRIBUT DU COMPLÉMENT DIRECT DU VERBE

Dans le groupe verbal, l'expansion du complément direct du verbe exerce la fonction d'attribut du complément direct du verbe. Cette expansion apporte une précision au complément direct.

- La fonction d'attribut du complément direct du verbe peut être exercée par :
  - un groupe adjectival ;
    > Le public a déclaré <u>ce chanteur</u> **gagnant.**
  - un groupe nominal ;
    > Les jury ont nommé <u>ce musicien</u> **compositeur de l'année.**
  - un groupe prépositionnel ;
    > Ses amis prennent <u>cette chanteuse</u> **pour une star.**
  - un groupe verbal participe.
    > Ils ont aperçu <u>la célébrité</u> **chantant sous la pluie.**

Lorsque l'attribut du complément direct est un GN, un GAdj ou un participe passé employé comme un adjectif, il s'accorde en genre et en nombre avec le complément direct.

> Les jury ont nommé cette <u>musicienne</u> **compositrice** de l'année.

fém. sing.	fém. sing.
CD	attribut du CD (GN)

- Les caractéristiques de l'attribut du complément direct du verbe

Se construit avec quelques verbes transitifs comme *croire, déclarer, nommer, trouver, tenir, savoir*, etc.	Ineffaçable sans changer le sens de la phrase.
Ne peut être déplacé hors du groupe verbal et se place presque toujours à la droite du verbe.	Ne peut être pronominalisé.

LE COMPLÉMENT DU NOM

Dans un groupe nominal, les expansions du nom exercent la fonction de complément du nom.

- La fonction de complément du nom peut être exercée par :

  – un groupe adjectival ;

    ❯ Cet écrivain possède <u>des ouvrages</u> **anciens** dans sa bibliothèque.

  – un groupe prépositionnel ;

    ❯ Il collectionne aussi <u>les livres</u> **d'art.**

  – un groupe nominal ;

    ❯ <u>Ce livre</u>, **la perle de sa collection,** est gardé sous clé.

  – un groupe verbal à l'infinitif ;

    ❯ <u>La tâche</u> – **relire tous les manuscrits** – est colossale.

  – un groupe verbal participe ;

    ❯ <u>Ses amis</u>, **connaissant sa passion,** lui offrent souvent des livres.

  – une subordonnée relative ;

    ❯ <u>Le livre</u> **que je lui ai offert** date des années cinquante.

  – une subordonnée complétive.

    ❯ <u>L'idée</u> **que ce roman soit publié en novembre** me plaît.

- Les caractéristiques du complément du nom

  | Généralement effaçable. | Généralement, il se place après le nom. |

LE COMPLÉMENT DU PRONOM

Dans un groupe nominal, les expansions du pronom exercent la fonction de complément du pronom.

- La fonction de complément du pronom peut être exercée par :

  – un groupe prépositionnel ;

    ❯ <u>Certains</u> **de ces collectionneurs** ne vivent que pour leurs objets.

  – une subordonnée relative.

    ❯ <u>Vous</u>, **qui possédez une riche collection de médailles,** faites beaucoup d'échanges.

- Les caractéristiques du complément du pronom

  | Généralement effaçable. | Généralement, il se place après le pronom. |

LE COMPLÉMENT DE L'ADJECTIF

Dans le groupe adjectival, les expansions placées à droite de l'adjectif exercent la fonction de complément de l'adjectif. Lorsqu'un pronom remplace l'expansion qui est complément de l'adjectif, il se trouve plutôt à gauche de l'adjectif.

- La fonction de complément de l'adjectif peut être exercée par :
  - un groupe prépositionnel ;
    ❯ Ces adolescents sont <u>fiers</u> **de leur prise de conscience environnementale.**
  - un pronom remplaçant un groupe prépositionnel ;
    ❯ Ils **en** sont <u>fiers</u>.
  - une subordonnée complétive.
    ❯ Ces jeunes sont <u>heureux</u> **que leurs gestes écologiques aient un impact positif sur la protection de leur environnement immédiat.**

- Les caractéristiques du complément de l'adjectif

Généralement effaçable.	Ne peut être déplacé : il est placé après l'adjectif.

LE MODIFICATEUR

Un groupe adverbial ou un groupe prépositionnel peut exercer la fonction de modificateur. Le plus souvent, ces groupes modifient un adjectif, un adverbe, ou un verbe.

- La fonction de modificateur peut être exercée par :
  - un groupe adverbial ;
    ❯ Les jeunes de mon quartier sont **très** <u>bien</u> engagés dans ce mouvement pour la paix. (*très* est modificateur de l'adverbe *bien,* et *bien* est modificateur de l'adjectif *engagés.*)
  - un groupe prépositionnel.
    ❯ Les organisateurs <u>planifient</u> **avec soin** leur marche pour la paix. (Modificateur du verbe *planifient*)

- La caractéristique du modificateur   Effaçable.

LES CLASSES DE MOTS

Les mots sont regroupés dans différentes classes de mots selon leurs caractéristiques et leurs rôles dans la phrase. On divise ces classes de mots en deux grandes catégories : les classes de mots variables et les classes de mots invariables.

Les **classes de mots variables** regroupent des mots qui peuvent changer de forme.	
Nom	❯ art
Déterminant	❯ un
Adjectif	❯ artistique
Pronom	❯ elle
Verbe	❯ collectionner

Les **classes de mots invariables** regroupent des mots qui ne changent jamais de forme.	
Conjonction	❯ mais
Préposition	❯ sur
Adverbe	❯ très

Le déterminant

Le déterminant forme, avec le nom, la base du groupe nominal. Le déterminant précède le nom et il peut être simple (*ex.:* le, ce, ton) ou complexe (*ex.:* pas une, plus d'un). Il est parfois séparé du nom par un adjectif. Il existe différentes catégories de déterminants.

LES DÉTERMINANTS				
Catégorie	**Singulier**		**Pluriel**	
	Masculin	**Féminin**	**Masculin**	**Féminin**
Défini	*le*	*la*	*les*	
	l'			
❯ **le** musée, **la** société, **les** arts, **l'**artiste				
(Contracté)	*au* (*a* + *le*) *du* (*de* + *le*)		*aux* (*à* + *les*) *des* (*de* + *les*)	
❯ **au** bois, **du** Portugal, **des** Amériques				
Indéfini	*un*	*une*	*des, de, d'*	
❯ **un** chef d'œuvre, **une** curiosité, **de** simples curiosités, **des** œuvres d'art				
Possessif	1ʳᵉ **pers.** – mon, notre 2ᵉ **pers.** – ton, votre 3ᵉ **pers.** – son, leur	1ʳᵉ **pers.** – ma, notre 2ᵉ **pers.** – ta, votre 3ᵉ **pers.** – sa, leur	1ʳᵉ **pers.** – mes, nos 2ᵉ **pers.** – tes, vos 3ᵉ **pers.** – ses, leurs	1ʳᵉ **pers.** – mes, nos 2ᵉ **pers.** – tes, vos 3ᵉ **pers.** – ses, leurs
❯ **mon** peuple, **votre** découverte, **leurs** artisans				
Démonstratif	*ce, cet*	*cette*	*ces*	
❯ **ces** ormenents, **cette** figurine, **ce** tableau				
Numéral	*un*	*une*	*deux, trois, quatre… dix, onze douze… vingt et un, trente-trois…*	
❯ **deux** sculptures, **seize** masques, **trois** toiles				
Partitif	*du*	*de la*		
	de l'			
❯ **du** talent, **de la** bonne encre, **du** Picasso				
Quantitatif	*aucun, pas un, certain, plus d'un, nul,* etc.	*aucune, pas une, certaine, plus d'une, nulle,* etc.	*divers, certains, différents, tous les,* etc.	*diverses, certaines, différentes, toutes les,* etc.
	chaque, quelque		*plusieurs, quelques, beaucoup de*	
❯ **aucun** sculpteur, **plusieurs** dessinateurs, **tous les** dessinateurs				
Interrogatif	*quel*	*quelle*	*quels*	*quelles*
	combien de			
❯ **Quelle** époque? **Quel** courant artistique? **Quels** tableaux?				
Exclamatif	*quel*	*quelle*	*quels*	*quelles*
	que de			
❯ **Quelle** réussite! **Que de** créativité! **Quels** trésors d'ingéniosité!				

Le nom

Noyau du groupe nominal
> Quelques **artistes** entreprennent de porter la révolution dans l'art.

Désigne différentes réalités.
> art, guerre, joie, enfant, papier

Possède un genre et un nombre.
> **masc. plur.** **masc. sing.** **fém. sing.**
> des enfants, un graveur, une dessinatrice

Peut être remplacé par un pronom de la 3e personne.
> **Les artistes** se retrouvent souvent au Cabaret Voltaire.

> **Ils** se retrouvent souvent au Cabaret Voltaire.

Est un donneur d'accord.
> **Les artistes** se retrouv**ent** souvent au Cabaret Voltaire.

LA FORMATION DU FÉMININ DES NOMS

Règle générale : on ajoute un *e* au nom masculin : > *un client* (masc.) → *une cliente* (fém.)

La formation du féminin des noms suit des règles particulières.

Masculin	Féminin	*Exemple*	Exception
-*e*	-*e*	un artist**e**, une artist**e**	
-*e*	-*esse*	un maîtr**e**, une maîtr**esse**	
-*an*	-*anne*	un pays**an**, une pays**anne**	
-*en*	-*enne*	un musici**en**, une musici**enne**	
-*on*	-*onne*	un poliss**on**, une poliss**onne**	
-*el*	-*elle*	un professionn**el**, une professionn**elle**	
-*eau*	-*elle*	un jum**eau**, une jum**elle**	
-*at*	-*atte*	un ch**at**, une ch**atte**	
-*et*	-*ette*	un cad**et**, une cad**ette**	
-*et*	-*ète*	un indiscr**et**, une indiscr**ète**	
-*ot*	-*otte*	un s**ot**, une s**otte**	
-*er*	-*ère*	un polici**er**, une polici**ère**	
-*eur*	-*euse*	un camp**eur**, une camp**euse**	un pécheur, une pécherresse un ambassadeur, une ambassadrice
-*teur*	-*trice*	un administra**teur**, une administra**trice**	un chanteur, une chanteuse un serviteur, une servante
-*c*	-*que*	un Tur**c**, une Tur**que**	un Grec, une Grecque un duc, une duchesse
-*f*	-*ve*	un fugiti**f**, une fugiti**ve**	
-*x*	-*se*	un amoureu**x**, une amoureu**se**	un roux, une rousse un vieux, une vieille

LA FORMATION DU PLURIEL DES NOMS

Règle générale : on ajoute un *s* au nom singulier : ❯ *une histoire* (sing.) → *des histoires* (plur.)
La formation du pluriel de plusieurs noms suit des règles particulières.

LA FORMATION DU PLURIEL DES NOMS		
Terminaisons au singulier	**Terminaisons au pluriel**	***Exemple***
-s, -x, -z	*-s, -x, -z*	un autobu**s**, des autobu**s** ; une voi**x**, des voi**x** ; un ne**z**, des ne**z**
-eau, -au, -eu	*-eaux, -aux, -eux*	un jum**eau**, des jum**eaux** ; un boy**au**, des boy**aux** ; un li**eu**, des li**eux**
	Exceptions : *-aus, -eus*	un land**au**, des land**aus** ; un sarr**au**, des sarr**aus** ; un pn**eu**, des pn**eus**
-al	*-aux*	un chev**al**, des chev**aux** ; un anim**al**, des anim**aux**
	Exceptions : *-als*	un b**al**, des b**als** ; un festiv**al**, des festiv**als** ; un carnav**al**, des carnav**als**
-ail	*-ails*	un chand**ail**, des chand**ails** ; un épouvant**ail**, des épouvant**ails**
	Exceptions : *-aux*	un bail, des b**aux** ; un chenail, des chen**aux** ; un corail, des cor**aux** ; un soupirail, des soupir**aux** ; un vitrail, des vitr**aux** ; un émail, des ém**aux** ; un travail, des trav**aux**
-ou	*-ous*	un s**ou**, des s**ous** ; un tr**ou**, des tr**ous**
	Exceptions : *-oux*	un bij**ou**, des bij**oux** ; un caill**ou**, des caill**oux** ; un ch**ou**, des ch**oux** ; un gen**ou**, des gen**oux** ; un hib**ou**, des hib**oux** ; un jouj**ou**, des jouj**oux** ; un p**ou**, des p**oux**

LA FORMATION DU PLURIEL DES NOMS COMPOSÉS

Le pluriel des noms composés se forme de différentes façons selon la classe à laquelle appartiennent les mots qui les composent.

LA FORMATION DU PLURIEL DES NOMS COMPOSÉS		
Formation du nom composé	**Règle d'accord**	***Exemple***
Nom + nom Nom + adjectif Adjectif + nom	Les noms et les adjectifs s'accordent.	des homme**s**-grenouille**s** des coffre**s**-fort**s** des petit**s**-déjeuner**s**
Verbe + nom* Verbe + verbe Verbe + adverbe Adverbe + nom Préposition + nom	Le verbe, la préposition et l'adverbe sont invariables. Le nom se met au pluriel.	des tire-clou**s** des pousse-pousse des couche-tard des haut-parleur**s** des sans-grade**s**
Nom + préposition + nom	Le premier nom seulement prend la marque du pluriel	des pomme**s** de terre des arc**s**-en-ciel
Demi, mi, semi et *nu* + nom	*Demi, mi, semi* et *nu* sont invariables quand ils précèdent un nom.	des demi-cercle**s** des mi-carême**s** des semi-auxiliaire**s** des nu-pied**s**

* Verbe + nom : Si le nom évoque une idée de singulier, le nom reste au singulier.
❯ des réveille-matin, des brise-glace, des on-dit, etc.

LE PLURIEL DES NOMS PROPRES

Les noms propres sont **invariables** s'ils désignent :

→ une marque de commerce.
> Les **Chrysler** roulent depuis longtemps sur les routes québécoises.

→ des personnes ou des familles.
> Les deux **Isabelle** de mon quartier sont mes amies.
> Les Lapointe et les Coursol sont nombreux à Saint-Janvier.

→ une revue, un journal ou un livre.
> Les *Dada* sont des revues d'art d'excellente qualité.

→ une personne citée en exemple.
> Les **Picasso** et les **Dali** ont frappé l'imaginaire par leur peinture.

Les noms propres prennent la **marque du pluriel** s'ils désignent :

→ les habitants et habitantes d'un continent, d'un pays, d'une région ou d'une ville.
> Beaucoup de Montréalai**s** et Montréalais**es** se promènent dans la nature sur le mont Royal.

→ certaines familles célèbres.
> Les Plouffe**s**, cette famille québécoise typique des années 30 et 40, sont nés sous la plume de l'écrivain Roger Lemelin.

→ des personnages devenus des types humains.
> Cesse de jouer les don**s** Juan**s**.

Le pronom

On distingue deux sortes de pronoms, soit le pronom substitut et le pronom de communication. Le **pronom substitut**, aussi appelé pronom de reprise, remplace un être ou une chose exprimé dans le texte. Le mot ou le groupe de mots repris est appelé antécédent.

Le **pronom de communication**, aussi appelé pronom nominal, désigne un être ou une chose non exprimé dans le texte. Il s'agit souvent de pronoms de la 1re et de la 2e personne, et parfois, de certains pronoms de la 3e personne qui ne remplacent aucun groupe dans le texte. Ces pronoms qui présentent la situation de communication n'ont donc pas d'antécédent. Le pronom varie généralement selon la personne, le nombre, le genre et la fonction qu'il remplit. Sur le plan syntaxique, il est donneur de genre, de nombre et de personne.

LES PRONOMS				
Catégorie	**Singulier**		**Pluriel**	
	Masculin	**Féminin**	**Masculin**	**Féminin**
Personnel				
1re personne	*je, me, moi, m'*	*je, me, moi, m'*	*nous*	*nous*
2e personne	*tu, te, toi, t'*	*tu, te, toi, t'*	*vous*	*vous*
3e personne	*il, on*	*elle, on*	*ils,*	*elles,*
	se, soi, s',	*se, soi, s',*	*se, s', leur*	*se, s', leur*
	le, l', lui, en, y	*la, l', lui, en, y*	*eux, en, y, les*	*en, y, les*

> **Tu** es un adepte des arts visuels. Alors **je t'**offre cette revue sur le mouvement cubiste.

Possessif				
1re personne	*le mien*	*la mienne*	*les miens*	*les miennes*
	le nôtre	*la nôtre*	*les nôtres*	*les nôtres*
2e personne	*le tien*	*la tienne*	*les tiens*	*les tiennes*
	le vôtre	*la vôtre*	*les vôtres*	*les vôtres*
3e personne	*le sien*	*la sienne*	*les siens*	*les siennes*
	le leur	*la leur*	*les leurs*	*les leurs*

> Vos livres d'art sont largement illustrés alors que **les miens** contiennent beaucoup de textes.

Démonstratif				
Simple	*ce, ç'*	*ce, ç'*		
	cela, ça, ceci	*cela, ça, ceci*		
	celui	*celle*	*ceux*	*celles*
Complexe	*celui-ci*	*celle-ci*	*ceux-ci*	*celles-ci*
	celui-là	*celle-là*	*ceux-là*	*celles-là*

> Cette reproduction de Matisse est très connue, **celle-ci** l'est un peu moins.

	Singulier		Pluriel	
Catégorie	**Masculin**	**Féminin**	**Masculin**	**Féminin**
Indéfini	*aucun*	*aucune*	*d'autres*	*d'autres*
	chacun	*chacune*	*différents*	*différentes*
	nul	*nulle*	—	—
	pas un	*pas une*	—	—
	un autre	*une autre*	*certains*	*certaines*
	tout	*toute*	*tous*	*toutes*
	quelqu'un	*quelqu'une*	*quelques-uns*	*quelques-unes*

> ❯ Au moment où Matisse produisit ses premières gouaches, **certains** ont prétendu qu'il était un veillard délirant, **d'autres** ont reconnu qu'il était un génie.

Interrogatif				
Simple	*qui, que, quoi*	*qui, que, quoi*	—	—
Complexe	*lequel*	*laquelle*	*lesquels*	*lesquelles*
	auquel	*à laquelle*	*auxquels*	*auxquelles*
	duquel	*de laquelle*	*desquels*	*desquelles*

> ❯ **Laquelle** de ces œuvres préférez-vous ?

Numéral				
Simple	*un*	*une*	*deux, trois, vingt, cent, mille*, etc.	
Complexe	—	—	*dix-neuf, quatre-vingts*, etc.	

> ❯ Parmi les tableaux de cette exposition, **deux** proviennent de ma collection personnelle.

Relatif				
Simple	*qui, que, qu',* *quoi dont, où*	*qui, que, qu',* *quoi, dont, où*	*qui, que, qu',* *quoi, dont, où*	*qui, que, qu',* *quoi, dont, où*
Complexe	*lequel*	*laquelle*	*lesquels*	*lesquelles*
	auquel	*à laquelle*	*auxquels*	*auxquelles*
	duquel	*de laquelle*	*desquels*	*desquelles*

> ❯ Ces artistes de même style ont choisi un nom **qui** les réunissait.

L'adjectif

Est le noyau du groupe adjectival.

❯ Ces touristes furent **heureux** de visiter ce musée d'art ancien.

Décrit ou précise une réalité désignée par un nom ou un pronom.

❯ Dans les années 1960, l'art **primitif** conquiert un public de plus en plus large.

Peut être qualifiant ou classifiant.

L'**adjectif qualifiant** donne une valeur à un être ou une chose. Il peut être placé avant ou après le nom et peut être précédé d'un adverbe modificateur.

❯ Cet artiste [très] **célèbre** a marqué son époque.

L'**adjectif classifiant** attribue une caractéristique à un être ou une chose. Il ne peut être précédé d'un adverbe modificateur et est toujours placé après le nom.

❯ C'est dans l'art **abstrait** que le rejet du réalisme trouve son aboutissement.

Est receveur d'accord : reçoit le genre et le nombre du nom qu'il accompagne.

❯ Les **jeunes** générations exploitent des voies totalement **nouvelles.**

LA FORMATION DU FÉMININ DES ADJECTIFS

Règle générale : on ajoute un *e* à l'adjectif masculin : ❯ *clair* (masc.) → *claire* (fém.)

La formation du féminin des adjectifs suit des règles particulières.

LA FORMATION DU FÉMININ DES ADJECTIFS			
Masculin	**Féminin**	*Exemple*	**Exception**
-e	*-e*	absurd**e**, absurd**e**	
-eau	*-elle*	nouv**eau**, nouv**elle**	
-eil	*-eille*	verm**eil**, verm**eille**	
-el	*-elle*	actu**el**, actu**elle**	
-en	*-enne*	aéri**en**, aéri**enne**	
-et	*-ette*	rondel**et**, rondel**ette**	
-et	*-ète*	disc**ret**, discr**ète**	
-on	*-onne*	fanfar**on**, fanfar**onne**	
-ot	*-otte*	vieill**ot**, vieill**otte**	
-ul	*-ulle*	n**ul**, n**ulle**	
-er	*-ère*	boursi**er**, boursi**ère**	
-eur	*-euse*	fonc**eur**, fonc**euse**	veng**eur**, veng**eresse** Les adjectifs en *-eur* ci-dessous suivent plutôt la règle générale : antéri**eur**, antéri**eure** maj**eur**, maj**eure** extéri**eur**, extéri**eure** meill**eur**, meill**eure** inféri**eur**, inféri**eure** min**eur**, min**eure** intéri**eur**, intéri**eure** ultéri**eur**, ultéri**eure**
-teur	*-trice*	exporta**teur**, exporta**trice**	enchan**teur**, enchan**teresse**
-c	*-que*	publi**c**, publi**que**	blan**c**, blan**che** fran**c**, fran**che** gre**c**, gre**cque** se**c**, sè**che**
-f	*-ve*	abusi**f**, abusi**ve**	
-s	*-se*	ba**s**, ba**sse**	exprè**s**, expre**sse** frai**s**, fraî**che** tier**s**, tier**ce**
-u	*-uë*	ambig**u**, ambig**uë**	
-x	*-se*	curieu**x**, curieu**se**	dou**x**, dou**ce** fau**x**, fau**sse** rou**x**, rou**sse** vieu**x**, vie**ille**

LA FORMATION DU PLURIEL DES ADJECTIFS

Règle générale : on ajoute un *s* à l'adjectif au singulier : ❯ *minuscule* → *minuscule***s**

La formation du pluriel des adjectifs suit des règles particulières.

LA FORMATION DU PLURIEL DES ADJECTIFS			
Singulier	**Pluriel**	*Exemple*	**Exception**
-s	*-s*	gri**s**, gri**s**	
-x	*-x*	boiteu**x**, boiteu**x**	
-al	*-aux*	agrammatic**al**, agrammatic**aux**	ban**al**, ban**als** banc**al**, banc**als** fat**al**, fat**als** nat**al**, nat**als** nav**al**, nav**als**
-eau	*-eaux*	boul**eau**, boul**eaux**	
Les mots *esquimau* et *hébreu* deviennent *esquimau***x** et *hébreu***x** au pluriel.			

LA FORMATION DU PLURIEL DES ADJECTIFS COMPOSÉS

Le pluriel des adjectifs composés se forme de différentes façons selon la classe à laquelle appartiennent les mots qui les composent.

LA FORMATION DU PLURIEL DES ADJECTIFS COMPOSÉS		
Formation de l'adjectif composé	**Règle d'accord**	*Exemple*
Adjectif + adjectif	Souvent, les adjectifs s'accordent.	des soupes aigre**s**-douce**s**
Adjectif qui se termine par *a, i* ou par *o* + adjectif	Le premier adjectif est invariable, le deuxième s'accorde.	des techniques ultr**a**-spécialisée**s** des histoires trag**i**-comique**s** des ententes ital**o**-québécoise**s**
Adverbe + adjectif	L'adverbe est invariable, l'adjectif prend généralement la marque du pluriel.	les avant-dernière**s** journées

Le verbe

Est le noyau du groupe verbal lorsqu'il est conjugué.

> Les premières créations artistiques **remontent** à 40 000 ans.

Est le noyau du groupe verbal infinitif lorsqu'il est à l'infinitif.

> **Exprimer** sa sensibilité est vital pour un artiste.

Est le noyau du groupe verbal participe lorsqu'il est au participe présent.

> **Échappant** aux modes, ce tableau reste un chef-d'œuvre.

Est receveur d'accord.

> Autrefois, on attribu**ait** des pouvoirs magiques à l'art.

Se conjugue. (➜ p. 442)

> Je peins, tu peins, il peint, nous peignons, vous peinez, ils peignent

LES CATÉGORIES DE VERBES

Les **verbes intransitifs** s'emploient sans complément direct ou indirect.

> Dans l'exercice de son art, ce tisserand **brille.**

Les **verbes transitifs** s'emploient avec un complément direct ou indirect. Les **verbes transitifs directs** s'emploient avec un complément direct et **les verbes transitifs indirects** s'emploient avec un complément indirect.

> Dans toutes les sociétés traditionnelles, le textile **appartient** au rituel (transitif indirect) et **offre** un moyen (transitif direct) de raconter les mythes.

Les **verbes attributifs** se construisent avec un attribut du sujet ou du complément direct. Les principaux verbes attributifs sont *être, sembler, devenir, paraître, rester, demeurer, devenir,* etc.

> Transformées par les artisans, les fibres **deviennent** de véritables trésors.

Les **verbes pronominaux** sont des verbes précédés d'un pronom personnel, *me* (*m'*), *te* (*t'*), *se* (*s'*), *nous, vous,* de la même personne que le groupe sujet.

> L'usage des fibres ne **se limite** pas à la création de vêtements.

Les **verbes impersonnels** s'emploient seulement à la troisième personne du singulier. Ils sont précédés du pronom *il* impersonnel.

> Il **faut** savoir déchiffrer le langage non verbal.

L'adverbe

Est le noyau du groupe adverbial.
> La peinture à l'huile sèche <u>très</u> **lentement**.

Est toujours invariable.
> Ces toiles sont **mal** disposées.

Peut être complexe ou simple.
> **En effet**, elles sont **plutôt** défraîchies.

Se termine souvent par -*ment*.
> Manipulez-les **doucement**.

Exprime différents rapports de sens (temps, lieu, négation, doute, etc.).
> Ces toiles-ci sont **certes** en meilleur état.

Peut joindre des phrases.
> Je retouche cette toile, **puis** je la retourne dans la salle d'exposition.

Peut marquer la transition entre les parties d'un texte.
> Le musée est fermé cette semaine. **Alors,** tu peux prendre ton temps.

Peut marquer le point de vue dans un texte.
> J'aurai **probablement** terminé demain.

LE SENS DES ADVERBES

LE SENS DES ADVERBES	
Lieu	*alentour, autour, aujourd'hui, autre part, côte à côte, dedans, dehors, en bas, en dehors, ici, là, là-haut, loin, près*
Temps	*alors, antérieurement, après, aujourd'hui, auparavant, aussitôt, autrefois, bientôt, demain, déjà, ensuite, hier, jadis, jamais, parfois, soudain, tard, tôt, tout à coup*
Manière	*ainsi, bien, bon, calmement, doucement, fort, gentiment, jamais, mal, rapidement, incognito, sagement, soudain, volontiers*
Quantité ou intensité	*assez, autant, beaucoup, davantage, encore, entièrement, environ, le moins, le plus, presque, tant, tellement, tout, trop, très*

La préposition

Est le noyau du groupe prépositionnel.
> Le pastel était très apprécié **par** les impressionnistes.

A toujours une expansion à sa droite.
> La douceur **de** ses tons caractérise cette œuvre.

Est toujours invariable.
> **Afin de** lier les pigments colorés, le peintre utilise souvent l'huile de lin.

Peut être simple ou complexe.
> **À défaut de** pinceaux, cet enfant a peint **avec** ses doigts.

Peut être commandée par le mot qui la précède.
> Ce tableau appartient **à** une collection privée.

Peut être commandée par le mot qui la suit.
> Peint **avec** les doigts; **jusqu'à** vingt heures.

Peut changer le sens de la phrase.
> Cette exposition profite **à** bien des artistes. (Avoir un enrichissement surtout moral)

> Cet artiste en a profité **pour** se faire connaître. (Saisir l'occasion)

LE SENS DES PRÉPOSITIONS

LE SENS DES PRÉPOSITIONS	
Lieu	*à, chez, contre, dans, de, derrière, devant, en, entre, hors, par, parmi, pour, sous, sur, vers, via, loin de, près de, au-delà de, par-delà*
Temps	*à, avant, après, dans, de, depuis, dès, durant, en, entre, pendant, pour, sous*
Privation	*sans*
Opposition	*malgré, à l'encontre de*
Addition	*outre*
But	*à, pour, afin de, dans le but de, de façon à, de manière à*
Cause	*à cause de*
Conformité	*selon*
Exclusion	*sauf*
Manière	*à, dans, de, par, avec, sans, selon*
Matière	*en, de*
Moyen	*à, avec, par*

La conjonction

Joint des groupes de mots ou des phrases.

> Au fusain, au crayon **ou** à l'encre, l'artiste peut décrire avec infiniment de nuance le jeu des ombres et des lumières.

Est toujours invariable.

> Les bâtonnets de sanguine sont fabriquées à l'aide d'hématite rouge, **tandis que** les fusains sont faits avec du bois brûlé.

Peut être simple ou complexe.

> Le peintre pose ses couleurs sur la toile avec des brosses, des pinceaux **et** les doigts **pendant que** le sculpteur utilise un marteau, une gouge **et** des ciseaux pour tailler la matière.

Exprime différents rapports de sens.

> La technique de sculpture la plus ancienne est la taille de blocs de pierre, **mais** d'autres techniques sont nées : le modelage, le moulage, le soudage, etc. (Opposition)

Peut exercer le rôle de **coordonnant** ou de **subordonnant**.

> Ce sculpteur a modelé une statue en terre glaise **et** une en plâtre. (Coordonnant)
>
> La statue s'est cassée **bien qu'**elle ait été sculptée dans une pierre dure. (Subordonnant)

DES CONJONCTIONS	
Coordonnant	**Subordonnant**
mais	lorsque
ou	comme
et	aussitôt que
donc	quand
car	afin que
ni	bien que
or	parce que
soit… soit	puisque

LES GROUPES DE MOTS ET LES FONCTIONS DANS LES GROUPES

Le groupe nominal

Le groupe nominal a pour noyau un nom commun ou un nom propre. Un pronom peut remplacer le nom. Le noyau du groupe nominal ne peut être effacé.

LES CONSTRUCTIONS DU GROUPE NOMINAL	
Groupe du nom	*Exemple*
Nom ou pronom	**Fabrice** collectionne les masques. **Il** en possède plusieurs.
Déterminant + nom	**Ce musée** expose des masques africains.
Déterminant + nom + GAdj	**Ce musée virtuel** expose des masques africains.
Déterminant + nom + GPrép	**Ce musée de Montréal** expose des masques africains.
Déterminant + nom + Subordonnée relative	**Ce musée qui offre un aperçu de la culture africaine** expose des masques africains.
Déterminant + nom + GN	**Ce musée, coffre-fort de la tradition populaire,** expose des masques africains.
Déterminant + nom + GVpart	**Ce musée, préservant les œuvres des civilisations anciennes,** expose des masques africains.

Les fonctions du groupe nominal

→ Sujet de phrase
❯ **Émilie** <u>a visité</u> le musée virtuel.

→ Complément direct du verbe
❯ Émilie <u>a visité</u> **le musée virtuel**.

→ Complément de phrase
❯ <u>Émilie a visité le musée virtuel</u> **lundi**.

→ Complément du nom
❯ Émilie a visité le <u>musée virtuel</u>, **un site dynamique**.

→ Attribut du sujet
❯ <u>Émilie</u> est **une amatrice d'art rupestre**.

→ Attribut du complément direct
❯ Émilie a nommé <u>ce site</u> **le musée imaginaire**.

→ Complément du verbe impersonnel
❯ Il <u>manque</u> **cette œuvre incontournable**.

Le groupe verbal

Le groupe verbal est un groupe obligatoire de la phrase de base. Il est habituellement placé à la droite du groupe sujet et ne peut être effacé. Le groupe verbal a pour noyau un verbe conjugué.

LES CONSTRUCTIONS DU GROUPE VERBAL	
Construction	*Exemple*
Verbe seul	La visite **commence.**
Verbe + GN	L'homme de Cro-Magnon **invente la peinture.**
Verbe attributif + GN	L'homme de Cro-Magnon **est un artiste.**
Verbe + GPrép	Cet art **s'adresse à tous.**
Verbe attributif + Gprép	Ces grottes **sont en constante évolution.**
Pronom + verbe	De mystérieuses formes géométriques tapissent ces grottes. Ces formes **me fascinent.**
Pronom + verbe attributif	Des formes géographiques sont peintes sur les parois des grottes. Des empreintes de mains **le sont** aussi.
Verbe + GVinf	Nous **aimerions visiter ces grottes.**
Verbe + sub. complétive	Tous **croient que ces dessins ont une signification précise.**
Verbe + GAdv	**Venez ici,** lance le guide du musée.
Verbe attributif + GAdv	Tout le groupe **est là.**
Verbe attributif + GAdj	Tous **sont satisfaits** de cette visite.

LES FONCTIONS EXERCÉES PAR LES EXPANSIONS DU GROUPE VERBAL	
Fonction des expansions	*Exemple*
CD	Cet art rupestre représente **des animaux.**
CI	Les visiteurs ont pensé **au matériel nécessaire.**
CD + CI	Le musée offre **des reproductions fascinantes aux visiteurs.**
CI + CI	Le guide parle **aux visiteurs des âges de la préhistoire.**
Attribut	Les mimiques des visiteurs sont **éloquentes.**

La fonction du groupe verbal	→	Prédicat ❯ Cet art rupestre **représente des animaux.**

LE GROUPE VERBAL PARTICIPE

Le groupe verbal participe a pour noyau un verbe conjugué au participe présent.
Le participe présent est la forme du verbe qui se termine en -*ant*.

LES CONSTRUCTIONS DU GROUPE VERBAL PARTICIPE	
Construction	***Exemple***
Participe seul	L'imagination **aidant,** il est possible de se représenter les artisans du Moyen-Âge peindre les murs des églises.
Participe + GN	**Possédant un esprit inventif,** ces artisans habillent l'enfer et le paradis de dragons et de personnages fabuleux.
Participe + GAdj	Les artisans, **vivant libres d'entraves,** se promènent de ville en ville.
Participe + GPrép	Ces peintres **voyageant de chantier en chantier** étaient des artisans anonymes.
Pronom + participe	**L'ayant rencontré,** je peux dire que ce peintre est fort sympathique.
Participe + GVinf	Le professeur, **voulant aider ses élèves** à comprendre cet art religieux, a fourni une liste de sites Internet à visiter.
Participe + subordonnée complétive	Tous les élèves, **sachant qu'ils y trouveraient des images originales,** ont consulté les sites Internet.

La fonction du groupe verbal participe → Complément du nom

❭ L'art du Moyen-Âge, **étant surtout religieux,** se trouve princialement dans les églises.

LE GROUPE VERBAL INFINITIF

Le groupe verbal infinitif a pour noyau un verbe à l'infinitif.

LES CONSTRUCTIONS DU GROUPE INFINITIF	
Construction	*Exemple*
Infinitif seul	**Peindre** est une activité passionnante.
Infinitif + GN	**Découvrir l'art de la Renaissance** est un plaisir pour les yeux.
Infinitif + GAdj	Ce jeune homme aimerait **paraître cultivé.**
Infinitif + GPrép	Les peintres de la Renaissance ont relevé tout un défi : **restituer sur la toile** ce que voit l'œil du peintre.
Pronom + infinitif	Certains peintres de la Renaissance sont des artistes reconnus. Sauriez-vous **les nommer** ?
Infinitif + subordonnée complétive	Il est parvenu à **reconnaître que Léonard de Vinci était un génie.**

Les fonctions du groupe verbal infinitif

→ Sujet
> **Peindre** <u>est</u> une activité passionnante.

→ Complément du nom
> Les peintres de la Renaissance ont relevé tout <u>un défi</u> : **restituer sur la toile** ce que voit l'œil du peintre.

→ Complément direct du verbe
> Ce jeune homme <u>aimerait</u> **paraître cultivé.**

→ Complément du verbe impersonnel
> Il <u>faut</u> **dormir.**

Le groupe adjectival

Le groupe adjectival a pour noyau un adjectif. L'adjectif qualifiant peut avoir une expansion à sa droite ou à sa gauche. L'adjectif classifiant n'a jamais d'expansion.

LES CONSTRUCTIONS DU GROUPE ADJECTIVAL	
Construction	*Exemple*
Adjectif seul	Les peintres **baroques** puisent leur inspiration dans la vie **quotidienne.**
GAdv + adjectif	Les jeux d'ombre et de lumière résultent d'un travail **très approfondi.**
Adjectif + GPrép	Les peintres sont **encouragés à opposer ombre et lumière.**
Adjectif + subordonnée complétive	Nous sommes **fiers que vous vous intéressiez à cette période artistique.**
Pronom + adjectif	Nous **en** sommes **enchantés.**

Les fonctions du groupe adjectival

→ Complément du nom
> ❯ Les jeux d'ombre et de lumière résultent d'un <u>travail</u> **minutieux.**

→ Attribut du sujet
> ❯ <u>Les peintres</u> sont **encouragés à opposer ombre et lumière.**

→ Attribut du complément direct
> ❯ Je trouve <u>cette période artistique</u> **fascinante.**

Le groupe prépositionnel

Le groupe prépositionnel a pour noyau une préposition.

| LES CONSTRUCTIONS DU GROUPE PRÉPOSITIONNEL ||
Construction	*Exemple*
Préposition + GN	**En Europe,** le romantisme touche tous les arts.
Préposition + GVinf	Les peintres n'hésitent pas **à utiliser des formes hardies et torturées.**
Préposition + GAdv	Les romantiques se préoccupent de la place de l'être humain dans l'univers. **De là** l'importance d'exprimer ses émotions et de célébrer la puissance de la nature.
Préposition + pronom	**Chez eux,** l'exotisme, le fantastique et la nature sont les thèmes privilégiés.
Préposition + GPrép	**Derrière chez moi,** un voisin connaît de long en large ce mouvement artistique.

Les fonctions du groupe prépositionnel

→ Complément de phrase
❯ **En Europe,** <u>le romantisme touche tous les arts</u>.

→ Complément indirect du verbe
❯ Les peintres n'<u>hésitent</u> pas **à utiliser des formes hardies et torturées.**

→ Complément du nom
❯ Delacroix est un <u>peintre</u> **de la période romantique.**

→ Complément du pronom
❯ <u>Certains</u> **de ces tableaux** évoquent un mysticisme émouvant.

→ Complément de l'adjectif
❯ Plusieurs toiles n'ont pas été <u>faciles</u> **à restaurer.**

→ Attribut du sujet
❯ Il faudra visiter un musée dans lequel <u>ces tableaux</u> sont **en exposition.**

→ Attribut du complément direct
❯ Certains collectionneurs tiennent <u>ces toiles</u> **pour des chefs d'œuvre.**

→ Complément du verbe impersonnel
❯ <u>Il y va</u> **de la réputation de cette artiste.**

→ Modificateur
❯ Les visiteurs <u>regardent</u> **avec admiration.**

Le groupe adverbial

Le groupe adverbial a pour noyau un adverbe. La plupart du temps, le groupe adverbial n'est formé que de son noyau.

- L'expansion du groupe adverbial est toujours un autre adverbe qui est invariablement placé à la gauche du noyau.

LES CONSTRUCTIONS DU GROUPE ADVERBIAL	
Construction	*Exemple*
Adverbe seul	Les impressionnistes ont **particulièrement** influencé l'évolution des arts.
Adverbe + adverbe	L'art abstrait joue <u>admirablement</u> **bien** avec les couleurs et les formes pour exprimer des émotions.

- Le groupe adverbial, parfois, joue différents rôles textuels :
  - **marqueur de modalité ;**
    > **Sincèrement,** je ne comprends rien à l'art abstrait.

  - **organisateur textuel ;**
    > Un conservateur de musée remplit trois fonctions. **D'abord,** il est responsable des acquisitions. **Puis,** il doit étudier les collections qu'il présente. **Enfin,** il doit voir à conserver les collections et, au besoin, à restaurer des toiles.

  - **coordonnant.**
    > Certaines œuvres doivent être <u>restaurées</u>, **c'est-à-dire** <u>retouchées aux endroits où la peinture a disparu.</u>

Les fonctions du groupe adverbial	→	Complément de phrase > **Autrefois,** <u>les peintres étaient des artisans.</u>
	→	Modificateur du verbe > Les impressionnistes <u>ont</u> **particulièrement** <u>influencé</u> l'évolution des arts.
	→	Modificateur de l'adverbe > L'art abstrait joue **admirablement** <u>bien</u> avec les couleurs et les formes pour exprimer des émotions.
	→	Modificateur de l'adjectif > Les impressionnistes sont **très** <u>attentifs</u> aux impressions visuelles qu'ils éprouvent.
	→	Complément indirect du verbe > Je <u>reste</u> **ici,** et vous ?
	→	Modificateur du verbe impersonnel > Même s'<u>il neigeait</u> **abondamment,** ils se sont rendus à destination.

LES LIENS DANS LA PHRASE ET ENTRE LES PHRASES

La jonction de phrases

La jonction de phrases est l'union de deux ou de plusieurs phrases simples pour former une phrase complexe. Il existe trois procédés de jonctions de phrases : la coordination, la juxtaposition et la subordination.

La coordination	→ La coordination est employée pour joindre des phrases simples, liées par le sens, à l'aide de coordonnants (*et, mais, car, puis, donc,* etc.) ; les phrases jointes restent indépendantes l'une de l'autre. ❯ La pratique du sport est un bon remède, **car** il fait retomber la tension.
La juxtaposition	→ La juxtaposition est employée pour joindre des phrases simples, liées par le sens, sans l'aide d'un coordonnant ; les phrases jointes restent indépendantes l'une de l'autre. Des signes de ponctuation (, ; :) remplacent les coordonnants. ❯ Tu te sens épuisé : tu ne sais pas comment rebondir.
La subordination	→ La subordination est employée pour insérer une phrase dans une autre phrase à l'aide de subordonnants (*qui, que, dont, comme, quand, si,* etc.). La phrase débutant par un subordonnant est subordonnée à la phrase dans laquelle elle est insérée, c'est-à-dire qu'elle est dépendante de l'autre. ❯ Le sommeil profond, **qui diffère du sommeil de fin de nuit,** s'attaque à la fatigue physique.

La subordination

Les propriétés de la subordination sont les suivantes.

La subordination	→	L'insertion d'une phrase subordonnée (P_2) dans une autre (P_1) à l'aide d'un subordonnant.

P_1   **Subordonnant**   **P_2**

> La fatigue avert**it** **que** l'organisme a consommé beaucoup d'énergie.

→ La phrase subordonnée ne peut fonctionner seule.

> ⊘ **que** l'organisme a consommé beaucoup d'énergie.

→ La phrase subordonnée exerce les fonctions de complément du nom, de complément du pronom, de complément du verbe (impersonnel ou non), de complément de l'adjectif, de complément du présentatif et de complément de phrase. Elle peut également exercer la fonction de sujet.

> La fatigue avertit **que** l'organisme a consommé beaucoup d'énergie. (Subordonnée complétive complément indirect du verbe *avertir*)

LA SUBORDONNÉE RELATIVE ET SES FONCTIONS

La subordonnée relative est une phrase introduite dans un groupe nominal (GN). Elle est introduite par les pronoms relatifs *qui, dont, où, que, lequel, auquel, duquel, pour laquelle,* etc.

Combinaison de deux phrases	→	> P_1 : Le sommeil favorise la libération d'hormones.

> P_2 : Des hormones aident à résister au stress de la vie courante.

> **P_1 + P_2** → Le sommeil favorise la libération d'hormones qui aident à résister au stress de la vie courante.

Introduite par les pronoms relatifs *qui, dont, où, que, lequel,* etc.

→ > Le sommeil favorise la libération d'hormones **qui** aident à résister au stress de la vie courante.

Exerce la fonction de complément du nom ou du pronom. →	❯ Le sommeil favorise la libération d'hormones **qui aident à résister au stress de la vie courante.** (La subordonnée relative en caractères gras est complément du nom *hormones*.) ❯ Ces dernières, **qui aident à résister au stress de la vie courante,** jouent un rôle important dans le bon fonctionnement de l'organisme.
Peut exprimer différentes valeurs : temps, lieu, cause, explication, détermination, etc. →	❯ Le sommeil favorise la libération d'hormones **qui aident à résister au stress de la vie courante.** (Explication)

LE CHOIX DU PRONOM RELATIF DANS LA SUBORDONNÉE RELATIVE

La subordonnée relative est introduite par un **pronom relatif** qui peut prendre différentes formes : *qui, que, dont, où, lequel, auquel, duquel,* etc.

Le pronom relatif fait référence à un groupe déjà exprimé dans la phrase où la subordonnée relative est insérée. Il s'agit de l'**antécédent du pronom relatif.**

Le choix du pronom relatif dépend de la **fonction** qu'il exerce dans la subordonnée relative. Le choix du pronom relatif dépend également du **trait animé ou non animé de son antécédent.**

LE CHOIX DU PRONOM RELATIF DANS LA SUBORDONNÉE RELATIVE

Fonction du pronom relatif	Trait animé ou non animé de l'antécédent	Formes du pronom relatif	Exemple
Sujet	Trait animé	qui, lequel, laquelle, lesquels, lesquelles	P_1 : L'adolescent renouvelle son stock d'énergie. P_2 : <u>L'adolescent</u> dort et mange. L'adolescent, **qui dort et mange,** renouvelle son stock d'énergie.
	Trait non animé	qui	P_1 : Le sommeil élimine les déchets toxiques. P_2 : <u>Les déchets toxiques</u> sont produits par les efforts de la journée. Le sommeil élimine les déchets toxiques **qui sont produits par les efforts de la journée.**
Complément direct du verbe	Trait animé	que, qu'	P_1 : Les personnes sont souvent victimes de stress. P_2 : Les petits soucis tracassent <u>les personnes</u>. Les personnes **que les petits soucis tracassent** sont souvent victimes de stress.
	Trait non animé	que, qu'	P_1 : Durant le sommeil, nous assimilons des connaissances. P_2 : Nous avons acquis <u>des connaissances</u> la veille. Durant le sommeil, nous assimilons des connaissances **que nous avons acquises la veille.**
Complément indirect du verbe, quand le groupe de mots remplacé commence par à, au ou aux.	Trait animé	à qui, auquel, auxquels, auxquelles	P_1 : L'adolescent a souvent un moral qui joue au yo-yo. P_2 : Je pense <u>à cet adolescent</u>. L'adolescent **à qui / auquel je pense** a souvent un moral qui joue au yo-yo.
	Trait non animé	à quoi, auquel, auxquels, auxquelles	P_1 : Cet examen me stresse. P_2 : Je pense <u>à cet examen</u>. Cet examen **auquel je pense** me stresse.

(SUITE À LA PAGE SUIVANTE)

Fonction du pronom relatif	Trait animé ou non animé de l'antécédent	Formes du pronom relatif	*Exemple*
Complément indirect du verbe, quand le groupe de mots remplacé commence par *d', du, de* ou *des.*	Trait animé	*de qui, dont, duquel, de laquelle, desquels, desquelles*	P₁ : Cet adolescent est dans ma classe. P₂ : Tu parles d'un adolescent. Cet adolescent **de qui / dont tu parles** est dans ma classe.
	Trait non animé	*dont, duquel, de laquelle, desquels, desquelles*	P₁ : Ce jeune homme a pris des vacances. P₂ : Il avait besoin de vacances. Ce jeune homme a pris les vacances **dont / desquelles il avait besoin.**
Complément du nom, quand le groupe de mots remplacé commence *par du, de* ou *des.*	Trait animé	*dont*	P₁ : Cette adolescente souffre de stress. P₂ : Les parents de cette adolescente sont inquiets. Cette adolescente **dont les parents sont inquiets** souffre de stress.
	Trait non animé		P₁ : Le stress est sûrement lié à son souci de la perfection. P₂ : Cette adolescente est victime de stress. Le stress **dont cette adolescente est victime** est sûrement lié à son souci de la perfection.
Complément indirect du verbe, quand le groupe de mots remplacé commence par *dans, pour, après, au cours, devant, sur, pendant,* etc.	Trait animé	*dans lequel, pour lequel, après lequel, au cours duquel, devant lequel, sur lequel, pendant lequel,* etc.	P₁ : La personne est fiable. P₂ : Tu comptes sur cette personne. La personne **sur laquelle tu comptes est fiable.**
	Trait non inanimé		P₁ : Ces sautes d'humeur sont normales. P₂ : Tu t'inquiètes pour ces sautes d'humeur. Ces sautes d'humeur **pour lesquelles tu t'inquiètes** sont normales.
Complément indirect du verbe ou complément de phrase indiquant le lieu	Trait non animé	*où, à côté de laquelle, près duquel, devant lequel,* etc.	P₁ : La concentration est essentielle à l'école. P₂ : Il faut résoudre de nouveaux problèmes à l'école. La concentration est essentielle à l'école, **où il faut résoudre de nouveaux problèmes.**
Complément indirect du verbe ou complément de phrase indiquant le temps	Trait non animé	*où, avant lequel, pendant lequel, au cours duquel,* etc.	P₁ : La nuit, le travail est éprouvant. P₂ : L'énergie est au plus bas la nuit. La nuit, **où / pendant laquelle l'énergie est au plus bas,** le travail est éprouvant.

LA SUBORDONNÉE RELATIVE EXPLICATIVE

La subordonnée relative explicative donne une information qui n'est pas essentielle au sens de la phrase ; cette information peut très bien être supprimée. La subordonnée relative explicative est souvent encadrée par des virgules. Lorsqu'elle termine la phrase, elle est isolée par une virgule et se termine par un point.

> Ces étudiantes, **qui suivent le cours de français,** ont réussi le test d'entrée.

> 🔧 Ces étudiantes, ~~qui suivent le cours de français,~~ ont réussi le test d'entrée.

> Ces étudiantes ont réussi le test d'entrée, **qui n'était pas facile.**

> 🔧 Ces étudiantes ont réussi le test d'entrée, ~~qui n'était pas facile.~~

LA SUBORDONNÉE RELATIVE DÉTERMINATIVE

La subordonnée relative déterminative donne une information qui est essentielle au sens de la phrase. Sans elle, la phrase n'a plus de sens ou le sens exprimé est différent. Habituellement, elle n'est pas encadrée par des virgules.

> Les trèfles qui ont quatre feuilles portent chance.

> 🔧 Les trèfles ~~qui ont quatre feuilles~~ portent chance.

LA RÉDUCTION DE LA SUBORDONNÉE RELATIVE

Une structure abrégée peut remplacer la subordonnée relative, ce qui permet de la réduire et de varier les structures syntaxiques.

- La subordonnée relative commençant par *où,* par une préposition suivi d'un pronom relatif (*à qui, sur lequel,* etc.) ou par le pronom relatif *qui* peut être réduite par l'effacement du sujet et le remplacement du groupe verbal **par un groupe infinitif.**

  > Elle cherche un endroit **où elle peut dormir** une petite heure.

  Elle cherche un endroit **où dormir** une petite heure.

- La phrase dans laquelle est insérée la subordonnée relative introduite par *qui* doit alors contenir un verbe de perception (*apercevoir, entendre, voir,* etc.).

  > L'homme avait vu l'enseigne **qui brillait au loin.**

  L'homme avait vu l'enseigne **briller au loin.**

- La subordonnée relative commençant par *qui* peut être réduite par l'effacement du sujet et le remplacement du groupe verbal **par un groupe verbal participe.**

  > Le fer **qui permet aux muscles de fonctionner** est l'or de notre organisme.

  Le fer **permettant aux muscles de fonctionner** est l'or de notre organisme.

- La subordonnée relative commençant par *qui* peut être réduite par l'effacement du sujet et le remplacement du groupe verbal **par un adjectif.**

  > Les accidents de la route, **qui sont fréquents la nuit,** surviennent quand l'énergie est au plus bas.

  Les accidents de la route, **fréquents la nuit,** surviennent quand l'énergie est au plus bas.

LA SUBORDONNÉE COMPLÉTIVE

La subordonnée complétive est une phrase insérée dans une autre à l'aide de la conjonction *que* ou de ses variantes (*à ce que, de ce que*, etc.). Elle est appelée complétive car elle exerce souvent la fonction de complément. La subordonnée complétive peut être remplacée par le pronom *cela*.

- Elle est introduite par la conjonction **que** ou **qu'.** Elle complète le plus souvent un verbe, un nom ou un adjectif.

  ❯ Je crois **qu'**elle étudie à la bibliothèque.

     🔧 Je crois **cela.**

- Il arrive que le subordonnant **que** de la subordonnée complétive soit précédé de **ce,** lui-même précédé de la préposition commandée par le verbe. **À ce que** forme alors un subordonnant complexe.

  ❯ On s'attend **à ce qu'**elle ait de bons résultats.

     🔧 On s'attend **à cela.**

- Le verbe, l'adjectif ou le nom dont dépend la subordonnée complétive exprime souvent une chose abstraite comme la volonté, un sentiment, le doute, une opinion, la connaissance, la certitude, un ordre, un désir, etc.

  ❯ vouloir, demander, insister, apprendre, informer, ignorer, penser, croire, souhaiter, etc.

	→ Fonction de complément direct du verbe lorsque le verbe dont elle dépend se construit **sans préposition.**	❯ Lyne <u>souhaite</u> **que son ami Jonathan l'aide à préparer son test.**
	→ Fonction de complément indirect du verbe lorsque le verbe dont elle dépend se construit **avec une préposition** (*à, de, sur,* etc.).	❯ Lyne <u>s'attend</u> **à ce que son ami Jonathan l'aide à préparer son test.**
La subordonnée complétive →	→ Fonction de complément du verbe impersonnel	❯ Il faut **que tu te ressaisisses.**
	→ Fonction de complément de l'adjectif	❯ Jonathan est <u>fier</u> **que son amie lui demande son aide.**
	→ Fonction de complément du nom	❯ La <u>crainte</u> **qu'il se blesse** l'obsède constamment.
	→ Fonction de complément du présentatif	❯ Voilà **que tu lui offres ton aide.**

LA SUBORDONNÉE COMPLÉTIVE INTERROGATIVE

La subordonnée complétive interrogative est **complément d'un verbe** qui exprime l'interrogation, la connaissance ou l'ignorance (*demander, savoir, dire, informer, ignorer, douter,* etc.). Cette subordonnée complétive particulière est introduite par un **marqueur d'interrogation** qui peut être un adverbe, une conjonction ou un pronom (*si, quel, pourquoi, comment,* etc.).

La subordonnée complétive interrogative n'est pas une interrogation directe : elle se termine par un point et non par un point d'interrogation.

❭ Je me demande <u>**si** son aide sera efficace</u>.

   J'ignore <u>**comment** les choses se sont passées</u>.

LA SUBORDONNÉE COMPLÉTIVE EXCLAMATIVE

La subordonnée complétive exclamative est **complément d'un verbe** qui exprime l'intensité : *imaginer, constater,* etc. Cette subordonnée complétive particulière est introduite par un subordonnant exclamatif (*combien, si, comme, quel,* etc.).

La subordonnée complétive exclamative se termine généralement par un point.

❭ Tu sais <u>**comme** je t'aime</u>.

LA RÉDUCTION DE LA SUBORDONNÉE COMPLÉTIVE

Une structure abrégée peut remplacer la subordonnée complétive, ce qui permet de la réduire et de varier les structures syntaxiques.

• La complétive peut être réduite par l'effacement du sujet et le remplacement du groupe verbal par un groupe prépositionnel constitué d'une préposition (noyau) et d'un verbe à l'infinitif si les conditions suivantes sont présentes :

  – les sujets des deux phrases représentent la même réalité ;

Complétive complément du verbe

❭ Joe espère <u>qu'**il** réussira l'examen d'entrée au cégep</u>.

   Joe espère <u>**réussir** l'examen d'entrée au cégep</u>.

Complétive complément du nom

❭ Joe ne se fait pas à l'idée <u>qu'**il** ratera cet examen</u>.

   Joe ne se fait pas à l'idée <u>**de rater** cet examen</u>.

Complément de l'adjectif

❭ Joe est confiant <u>qu'**il** réussira ce test</u>.

   Joe est confiant <u>**de réussir** ce test</u>.

  – le complément du verbe de la phrase introductrice et le sujet de la subordonnée complétive représentent la même réalité.

Complétive complément du verbe

❭ Catherine encourage **Joe** <u>à ce qu'**il** prépare son examen</u>.

   Catherine encourage Joe <u>**à préparer** son examen</u>.

Complétive complément du nom

> La certitude <u>qu'il y parviendra</u> a permis à **Joe** de réussir le test.

La certitude <u>d'y parvenir</u> a permis à **Joe** de réussir le test.

Complément de l'adjectif

> Je connais **un étudiant** heureux <u>qu'il puisse enfin se reposer</u>.

Je connais un étudiant heureux <u>de pouvoir enfin se reposer</u>.

- La complétive complément du verbe peut être réduite par le remplacement du groupe verbal par un groupe verbal infinitif à la condition que le verbe dont dépend la subordonnée complétive soit un verbe de perception : *écouter, entendre, voir, regarder, ressentir,* etc.

> Catherine voyait bien **que cet étudiant persévérant réussirait.**

Catherine voyait bien **cet étudiant persévérant réussir.**

- La complétive complément du verbe peut être réduite par l'effacement du verbe à la condition que le verbe dont dépend la subordonnée complétive soit un verbe transitif direct : *croire, estimer, garantir, sentir, trouver,* etc.

> Je trouve **que cet étudiant est un modèle pour les autres.**

Je trouve <u>cet étudiant un modèle pour les autres</u>.

LA SUBORDONNÉE COMPLÉMENT DE PHRASE

La subordonnée complément de phrase est une phrase insérée dans une autre phrase à la place d'un groupe nominal, d'un groupe prépositionnel ou d'un groupe adverbial.

- Elle est introduite par un **subordonnant** qui établit une relation de temps, de but, de cause, de conséquence, etc.

> Les papis et les mamies de toute la planète transmettent leur savoir et leur expérience à leurs petits-enfants, **parce qu'**ils sont toujours prêts à jouer avec eux. (Relation de cause)

- La subordonnée complément de phrase exerce la **fonction de complément de phrase** : elle peut donc être effacée et déplacée. Lorsque la subordonnée complément de phrase exprime la conséquence, elle ne peut être déplacée.

> Elle a suivi un régime drastique, **si bien qu'**elle a perdu beaucoup de poids trop rapidement. (Subordonnée complément de phrase exprimant la conséquence)

⊘ **Si bien qu'elle a perdu beaucoup de poids trop rapidement,** elle a suivi un régime drastique. (Déplacement impossible)

- Placée au début de la phrase, la subordonnée complément de phrase est isolée par une virgule. Lorsqu'elle se trouve au milieu de la phrase, elle est encadrée par des virgules.

> Beaucoup de familles originaires de l'Érythrée ont dû s'exiler en Europe **pendant que** la guerre sévissait.

Pendant que la guerre sévissait, beaucoup de familles originaires de l'Érythrée ont dû s'exiler en Europe.

Beaucoup de familles originaires de l'Érythrée ont dû, pendant que la guerre sévissait, s'exiler en Europe.

	Relation sémantique	Subordonnants	*Exemple*
La subordonnée complément de phrase	→ de temps	*alors que, pendant que, lorsque, au moment où, quand, tandis que, dès que, en attendant que,* etc.	En Inde, une jeune fille prépare le thé **pendant que les autres enfants du groupe continuent de battre le riz.**
	→ de but	*pour que, afin que, de crainte que, de peur que,* etc.	Une grand-mère inuit enseigne à sa petite-fille comment dépecer l'omble chevalier **pour qu'elle puisse survivre dans le Grand Nord.**
	→ de cause	*puisque, parce que, vu que, étant donné que, pour la raison que, sous prétexte que, comme, surtout que,* etc.	Ces parents chinois ont confié leurs enfants à leur grand-mère **parce qu'ils sont partis chercher un emploi en ville.**
	→ de conséquence	*à tel point que, au point que, de sorte que, de telle façon que, si bien que,* etc.	Dans la forêt amazonienne, les tatouages servent de marques de reconnaissance, **si bien que les autochtones identifient en un clin d'œil la tribu, le clan et le rang social de la personne croisée.**

LA RÉDUCTION DE LA SUBORDONNÉE COMPLÉMENT DE PHRASE

Si le subordonnant le permet, une structure abrégée peut remplacer la subordonnée complément de phrase, ce qui permet de la réduire et de varier les structures syntaxiques.

- On peut réduire la subordonnée complément de phrase en la remplaçant par un groupe prépositionnel (GPrép) contenant un infinitif ou par un nom si les sujets des deux phrases représentent la même réalité.

  › **Nous** déciderons de notre trajet <u>avant que</u> **nous** partions en randonnée.

  Nous déciderons de notre trajet avant **de partir** en randonnée.

- La subordonnée complément de phrase peut être réduite par le remplacement du groupe verbal par un groupe verbal participe.

  › <u>Quand</u> **les enfants** s'amusent, **j'**en profite pour avancer mon travail.

  Les enfants **s'amusant**, j'en profite pour avancer mon travail.

- La subordonnée complément de phrase qui contient le verbe *être* suivi d'un GAdj attribut du sujet peut être réduite à ce seul GAdj.

  › <u>Puisqu'</u>elle est **solitaire,** elle ne se mêle pas tellement aux autres élèves.

  Solitaire, elle ne se mêle pas tellement aux autres élèves.

LE MODE DES VERBES DANS LES PHRASES SUBORDONNÉES

Le mode des verbes des phrases subordonnées relatives, complétives et complément de phrase dépend du contexte.

		La subordonnée relative
Indicatif	→	Dans la majorité des cas. › Le blogue désigne un site Internet animé par un individu **qui <u>s'exprime</u> régulièrement sur différents sujets.**
Généralement au subjonctif	→	Quand la relative est insérée dans une phrase qui exprime une incertitude, un souhait, une hypothèse. › <u>Je souhaiterais</u> créer un blogue **qui <u>soit</u> populaire auprès de mes amis.**
	→	Quand la relative est insérée dans une phrase dont le verbe est lui-même conjugué au subjonctif. › Ma meilleure amie aimerait <u>que ce soit nous</u> **qui <u>animions</u> ce blogue.**

La subordonnée complétive

Indicatif	→	Avec un mot qui exprime une opinion, une déclaration, une connaissance, une certitude, une interrogation, une valeur d'intensité. **❯** Je <u>sais</u> **qu'on** <u>est</u> **responsable du contenu de son blogue.**
Subjonctif	→	Avec un mot qui exprime un ordre, un désir, une volonté, un doute, une négation, un sentiment. **❯** J'<u>aimerais</u> **que mon blogue** <u>devienne</u> **le rendez-vous des branchés.**

La subordonnée complément de phrase exprimant la cause

Indicatif	→	Dans tous les cas. **❯** J'imagine que tous les jeunes auront leur blogue dans peu de temps **parce qu'on ne** <u>peut</u> **pas arrêter le progrès.**

La subordonnée complément de phrase exprimant le but

Subjonctif	→	Dans tous les cas. **❯** Il faudra attendre encore un peu **pour que tous les adultes** <u>aient</u> **leur blogue.**

	La subordonnée complément de phrase exprimant le temps
Indicatif	→ Lorsque le subordonnant exprime la simultanéité. **❯ Lorsque qu'il <u>a créé</u> son blogue,** il était encore étudiant.
	→ Lorsque le subordonnant exprime la postériorité. **❯ Depuis que je <u>connais</u> les règles régissant le contenu des blogues,** je suis prudent.
Subjonctif	→ Lorsque le subordonnant exprime l'antériorité. **❯ Avant que les blogues <u>soient inventés</u>,** je parlais beaucoup au téléphone.

	La subordonnée complément de phrase exprimant la conséquence
Indicatif	→ Dans tous les cas. **❯** J'enrichis régulièrement mon blogue **de telle sorte que les lecteurs et les lectrices <u>sont fidélisés</u>**.

La coordination et la juxtaposition

• La coordination est employée pour joindre, à l'aide d'un coordonnant (*et, mais, car,* etc.), des groupes ayant la même fonction à l'intérieur d'une phrase ou des phrases liées par le sens. La juxtaposition est une coordination sans l'aide d'un coordonnant. Dans la juxtaposition, les signes de ponctuation (la virgule, le deux-points et le point-virgule) remplacent les coordonnants.

– Coordination de deux groupes nominaux exerçant la fonction de sujet du verbe

> ❯ Pour protéger les droits des êtres humains, <u>des hommes</u> **et** <u>des femmes</u> réfléchissent, agissent.

– Juxtaposition de deux groupes verbaux exerçant la fonction de prédicat

> ❯ Pour protéger les droits des êtres humains, des hommes et des femmes <u>réfléchissent</u>**,** <u>agissent</u>.

- La coordination et la juxtaposition réunissent des phrases qui sont **liées par le sens** mais qui, sur le plan de la syntaxe, restent indépendantes. La coordination des groupes et des phrases ne peut se faire que si ces éléments remplissent la **même fonction syntaxique.**

  – Coordination ou juxtaposition de groupes nominaux exerçant la fonction de sujet

  Sujets du verbe *sont*
  ❯ La liberté **et** l'égalité sont des droits fondamentaux.
      GN   **GN**

  – Coordination ou juxtaposition de compléments du verbe

  Compléments directs du verbe *doit*
  ❯ Un enfant doit manger, boire, dormir **et** être protégé par des adultes.
        GVinf   **GVinf**   **GVinf**   **GVInf**

  – Coordination de phrases subordonnées

  Compléments du nom *lois*
  ❯ Des lois que les élus ont imaginées **et** que les élus ont votées protègent les droits des enfants.
         Subord. relative   **Subord. relative**

  – Coordination de groupes exerçant la même fonction

  Compléments du nom *lois*
  ❯ Des lois imaginées **et** votées par les élus protègent les droits des enfants.
      GAdj   **GAdj**

  – Un adjectif qualifiant et un adjectif classifiant ne peuvent cependant être coordonnés ou juxtaposés.
  ❯ ⊘ Des lois tolérantes **et** votées par les élus protègent les droits des enfants.
     Adj. qualifiant   **Adj. classifiant**

  – Coordination d'un groupe et d'une phrase subordonnée exerçant la même fonction

  Compléments du nom *lois*
  ❯ Des lois utiles **et** qui font preuve de tolérance ont été votées par le Parlement.
    GAdj   **Subord. relative**

- Lorsque plus de deux groupes sont réunis, il s'agit d'une **énumération.** Seuls les deux derniers éléments de l'énumération sont joints par un coordonnant (*et, ou, ni*). Les premiers éléments sont juxtaposés.

  ❯ Les droits de l'homme impliquent l'égalité sans discrimination raciale, sexiste ou religieuse.

- Dans la coordination et la juxtaposition de groupes de mots ou de phrases, il est possible d'effacer un élément qui est répétitif.

  – Dans des phrases coordonnées ou juxtaposées, le groupe exerçant la fonction de sujet dans la deuxième phrase peut être effacé.

    ❯ <u>Les États</u> doivent assurer la protection des enfants victimes de la guerre et **les États** doivent s'engager à ne pas faire participer les enfants de moins de quinze ans à des conflits armés.

      🔧 <u>Les États</u> doivent assurer la protection des enfants victimes de la guerre et doivent s'engager à ne pas faire participer les enfants de moins de quinze ans à des conflits armés.

  – Dans des phrases coordonnées ou juxtaposées, le groupe exerçant la fonction de prédicat dans la deuxième phrase ou une partie de ce groupe peut être effacé. L'effacement du prédicat est marqué par une virgule.

    ❯ Les plus forts <u>ont toujours envie</u> de soumettre les plus faibles et les plus faibles **ont toujours envie** de se venger.

      🔧 Les plus forts <u>ont toujours envie</u> de soumettre les plus faibles et les plus faibles, de se venger.

  – Le déterminant du deuxième groupe nominal coordonné ou juxtaposé peut être effacé si les deux groupes représentent la même réalité.

    ❯ Personne ne voudrait que **ses** <u>parents</u> et **ses** <u>amis</u> soient bafoués.

      🔧 Personne ne voudrait que **ses** <u>parents</u> et <u>amis</u> soient bafoués.

  – Dans la coordination et la juxtaposition, la plupart des prépositions peuvent être effacées, sauf les prépositions *à, de* et *en,* qui sont généralement répétées.

    ❯ La majorité des êtres humains sont **contre** <u>la violence</u>, **contre** <u>l'injustice</u> et **contre** <u>l'exclusion</u>.

      🔧 La majorité des êtres humains sont contre <u>la violence</u>, <u>l'injustice</u> et <u>l'exclusion</u>.

    ❯ Un certain nombre de dictatures se sont effondrées **en** <u>Europe</u>, **en** <u>Afrique</u>, **en** <u>Amérique latine</u> et **en** <u>Asie</u>.

- Dans la coordination de groupes de mots ou de phrases, il est possible de remplacer des éléments qui se répètent au moyen d'un adverbe comme *aussi, non, oui* ou *pas.*

  ❯ Le Canada <u>est un pays de droits</u> et la France <u>est un pays de droits</u>.

    🔧 Le Canada <u>est un pays de droits</u> et la France **aussi.**

- Les **coordonnants** sont des conjonctions ou des adverbes qui fournissent des indications sur le sens de la relation établie entre les éléments coordonnés. Le coordonnant est aussi appelé marqueur de relation. On met généralement une virgule devant les coordonnants *car, donc, puis, c'est-à-dire, c'est pourquoi, mais* ; on le fait quand ils sont placés à l'intérieur d'une phrase plutôt longue. On met une virgule après ces coordonnants lorsqu'ils se trouvent au début de la phrase.

  ❯ La Déclaration universelle des droits de l'homme est importante, **car** elle établit les droits fondamentaux devant permettre à tous les êtres humains de vivre libres et égaux.

LES COORDONNANTS	
Sens	**Coordonnants**
Addition	*aussi, d'ailleurs, de plus, également, en plus, et, par ailleurs*
Alternative	*ou, ou bien, parfois… parfois, soit… soit*
Cause	*car, de ce fait, en effet*
Conséquence	*ainsi, alors, donc, par conséquent*
Justification	*mais, car*
Opposition	*au contraire, cependant, d'autre part, en revanche, mais, néanmoins, par contre*
Succession	*enfin, ensuite, et, puis*
Explication	*c'est pourquoi, c'est-à-dire*

Les signes de ponctuation

Dans un texte, les signes de ponctuation servent à faciliter la compréhension et à signaler la présence d'un discours rapporté direct.

Dans les phrases, les signes de ponctuation peuvent servir à séparer les groupes syntaxiques les uns des autres et à séparer les mots à l'intérieur des groupes syntaxiques. Ils peuvent également signaler l'effacement d'un élément de la phrase.

Les signes de ponctuation les plus couramment utilisés sont le point (.), le point d'interrogation (?), le point d'exclamation (!), les points de suspension (…), les deux-points (:), la virgule (,) et le point-virgule (;).

LE DÉTACHEMENT D'UN MOT, D'UN GROUPE DE MOTS OU DE PHRASES À L'AIDE DE LA VIRGULE

- Les virgules peuvent servir à isoler le complément de phrase placé au début d'une phrase ou à l'encadrer au milieu d'une phrase.

  – Placé au début d'une phrase.

  > **Tous les jours,** les êtres humains communiquent oralement.

  – Placé entre le sujet et le prédicat.

  > Les êtres humains, **tous les jours,** communiquent oralement.

  – Placé à l'intérieur du prédicat.

  > Les êtres humains communiquent, **tous les jours,** oralement.

- Les virgules peuvent servir à isoler ou à encadrer le complément du nom ou du pronom détaché. Ce complément détaché peut être un groupe nominal, un groupe adjectival, une subordonnée relative ou un groupe verbal participe.

  – Placé tout de suite après le nom ou le pronom.

  > Un être humain, **naufragé sur une île,** dépérit et déprime.

  – Placé devant le groupe nominal ou le pronom, au début de la phrase.

  > **Isolé des autres,** l'être humain ne peut plus échanger d'idées.

  – Placé à la fin de la phrase.

  > Ces personnes se taisent, **apeurées.**

- Les virgules peuvent servir à isoler ou à encadrer un mot ou un groupe de mots que l'on souhaite mettre en évidence, comme c'est le cas dans la phrase emphatique.

  > **Cette femme,** je l'admire tellement !

- La virgule isole un organisateur textuel ou un marqueur de relation placé au début de la phrase.

  > **Tout d'abord,** sachez que la liberté d'expression est indispensable à toute évolution.

  > **Mais,** les choses ne se déroulent pas toujours ainsi.

- Les virgules peuvent servir à isoler ou à encadrer l'incise, le groupe incident et la phrase incidente.

  – Phrase incise

  > Nous le savions, **répondirent-ils.**

  – Groupe incident

  > La liberté d'expression, **à mon avis,** doit être défendue vigoureusement.

  – Phrase incidente

  > La liberté d'expression, **vous savez,** est une communication sans interférence.

- Les virgules peuvent servir à isoler ou à encadrer une apostrophe, c'est-à-dire un mot ou un groupe de mots qui désigne la ou les personnes à qui l'on s'adresse.

  > Écoutez, **mes amis,** les idées des nouvelles générations.

LA JUXTAPOSITION DE MOTS, DE GROUPES DE MOTS OU DE PHRASES À L'AIDE DE LA VIRGULE

- La virgule est utilisée pour séparer les éléments d'une énumération qui ont la même fonction grammaticale. Généralement, le dernier élément n'est pas séparé par une virgule, mais joint à l'élément qui le précède par *et, ou* ou *ni.*

  ❯ Des livres, des pièces de théâtre <u>et</u> même des opéras ont été écrits pour se moquer des puissants.

- La virgule peut être utilisée à la place d'un coordonnant pour séparer des phrases.

  ❯ Certaines idées nouvelles peuvent choquer, elles peuvent être mal accueillies.

LA COORDINATION DE MOTS, DE GROUPES DE MOTS OU DE PHRASES À L'AIDE DE LA VIRGULE

- La virgule précède généralement les coordonnants *car, donc, puis, c'est-à-dire* et *mais,* sauf dans les phrases très courtes.

  ❯ Tous les êtres humains ont le droit de transmettre leur idée ou leur découverte, **car** la liberté d'expression est un droit essentiel.

- Si une énumération contient plus de deux éléments unis par *ou, et* ou *ni,* on les sépare par une virgule.

  ❯ Le droit à la liberté d'expression ne doit pas être bafoué, **ni** le droit à la justice, **ni** le droit à l'éducation, **ni** aucun droit d'ailleurs.

L'EFFACEMENT DE MOTS OU DE GROUPES DE MOTS À L'AIDE DE LA VIRGULE

La virgule permet aussi d'indiquer l'effacement d'un élément d'une phrase.

❯ Certains transmettent leurs idées en écrivant des livres, d'autres transmettent leurs idées en organisant des réunions.

🔧 Certains transmettent leurs idées en écrivant des livres, d'autres, en organisant des réunions.

LE POINT-VIRGULE

- Le point-virgule est utilisé pour séparer les éléments d'une énumération, particulièrement lorsqu'ils sont présentés sous la forme d'une liste. Chacun des éléments est alors précédé d'un tiret. Le dernier élément de la liste est suivi d'un point.

  > Voici quelques grandes familles de langues regroupées en fonction de leur lien de parenté :
    - l'indo-européen (langues romanes, slaves, germaniques, indo-iraniennes) ;
    - le dravidien (langues du sud de l'Inde) ;
    - le chamito-sémitique (arabe, hébreu) ;
    - l'ouralo-altaïque (japonais, turc, coréen) ;
    - le sino-thaï (langues chinoises et thaïlandaises).

- Le point-virgule est aussi utilisé pour séparer des phrases ayant un lien logique qui présente une opposition, une addition, une ressemblance ou un parallèle.

  > Les personnes riches et célèbres ont accès aux médias et peuvent rendre leurs idées publiques ; les personnes qui ont peu d'argent et d'influence trouvent très difficile de faire entendre leur opinion. (Relation d'opposition)

LES DEUX-POINTS

- Les deux-points sont utilisés pour introduire une **énumération.**

  > Le journaliste travaille sur un ordinateur : il écrit, efface, change et déplace des mots.

- Les deux-points sont utilisés pour introduire une **explication.**

  > Il arrive que nous omettions des parties d'une histoire pour donner une image positive de nous-même. Il en est de même quand nous écrivons un message : nous choisissons ce que nous voulons y voir figurer.

- Les deux-points sont utilisés pour introduire une **cause** ou une **conséquence.**

  > Le journaliste s'est absenté hier après-midi : il était grippé. (Cause)

- Les deux-points sont utilisés pour introduire un **discours rapporté direct.**

  > Voter est un moyen d'exprimer son choix et de dire : « J'aimerais que ces personnes gouvernent mon pays. »

- Les deux-points sont utilisés pour annoncer une **synthèse** de ce qui précède.

  > Droits de la personne, respect de l'environnement, accès à l'éducation, égalité des sexes : toutes ces questions ont été abordées.

Les signes typographiques

Les signes typographiques servent à encadrer une information insérée dans une phrase ou un texte.

Les signes typographiques les plus couramment utilisés sont les tirets – –, les guillemets «», les parenthèses ( ) et les crochets [ ] .

LES TIRETS

- Les tirets sont utilisés pour encadrer un groupe de mots sur lequel on veut attirer l'attention. Si le passage mis en valeur de cette façon termine une phrase, on n'utilise que le tiret ouvrant.
  - ❯ Il existe des règles écrites – ce sont des lois – et des règles non écrites qui reflètent les idées d'une société.

- Les tirets sont aussi utilisés pour indiquer le changement d'interlocuteur dans un dialogue. On n'utilise alors qu'un seul tiret.
  - ❯ — As-tu déjà entendu parler de l'azerbaïdjanais ?
  - — Non.
  - — C'est la centième langue la plus parlée au monde.

LES GUILLEMETS

- Les guillemets sont utilisés pour rapporter les propos d'une personne.
  - ❯ «Combien existe-t-il de langues différentes dans le monde ?» demanda-t-il.

- Les guillemets sont utilisés pour encadrer un dialogue. Ils sont facultatifs dans ce cas.
  - ❯ «As-tu déjà entendu parler de l'azerbaïdjanais ?
  - — Non.
  - — C'est la centième langue la plus parlée au monde.»

- Les guillemets sont utilisés pour encadrer une citation.
  - ❯ Gérard de Nerval a dit : «Avant d'écrire, chaque peuple a chanté. »

- Les guillemets sont utilisés pour encadrer un mot utilisé dans un sens inhabituel.
  - ❯ Le vieux combattant détestait les Anglais, cette autre «race».

- Les guillemets sont utilisés pour signaler la présence d'un mot d'origine étrangère.
  - ❯ Cette dame de la haute bourgeoisie maîtrisait parfaitement l'art de l'«entertainment».

LES PARENTHÈSES

Les parenthèses sont utilisées pour insérer une information supplémentaire
ou une précision dans une phrase.

❯ Vers 3200 avant J.-C., en Mésopotamie (à l'emplacement de l'actuel Irak), les Sumériens
ont inventé un système, basé sur des symboles, pour faciliter le commerce.

LES CROCHETS

Les crochets sont utilisés pour :

• isoler les mots qui sont déjà entre parenthèses ;

❯ Des écrivains français (Voltaire [1694-1778], Rousseau [1712-1778],
Diderot [1713-1784]) en arrivent à l'idée que tous les hommes appartiennent
à une même espèce et qu'il est donc normal qu'ils disposent des mêmes droits.

• pour encadrer les transcriptions phonétiques ;

❯ Enfant → [ãfã]

• pour encadrer les points de suspension qui indiquent qu'on a supprimé des mots
dans une citation ;

❯ Aujourd'hui, 90 % des enfants des pays en voie de développement quittent l'école
au bout de deux ou trois ans […] Tous ces jeunes qui n'ont jamais ou qui ont peu
fréquenté l'école deviendront des adultes analphabètes.

• pour encadrer des mots ajoutés dans une citation dans le but de faciliter sa compréhension.

❯ Ils [les enfants] ne vont pas à l'école et restent pris au piège de la pauvreté.

LES ACCORDS DANS LES GROUPES ET ENTRE LES GROUPES

La notion de donneur et de receveur

- Le **donneur** est généralement un nom ou un pronom. Il possède un genre (masculin ou féminin), un nombre (singulier ou pluriel) et une personne (1re, 2e ou 3e personne). Le donneur peut parfois être un groupe infinitif ou une subordonnée. Dans ce cas, le donneur est automatiquement au masculin, au singulier et à la 3e personne du singulier.

- Le **receveur** est un déterminant, un adjectif, un verbe conjugué, un verbe auxiliaire ou un participe passé.

Donneur		Receveur	
Nom ou pronom	→	Déterminant, adjectif ou participe passé	Verbe conjugué et auxiliaire
Possède un genre, un nombre, une personne.	→	Reçoit le genre et le nombre du donneur.	Reçoit la personne et le nombre du donneur.

❯ La **peinture** apporte une grande **satisfaction**.

Les accords dans le groupe nominal

L'ACCORD DU DÉTERMINANT DANS LE GROUPE NOMINAL

- Le **déterminant** reçoit le genre et le nombre du nom qu'il accompagne.

  ❯ Le cinématographe a été inventé par **les** frères Louis et Auguste Lumière.

- Lorsqu'on emploie une langue soutenue ou standard, le **déterminant** *de* ne prend habituellement pas la marque du pluriel devant un nom pluriel précédé d'un adjectif.

  ❯ Depuis ses débuts, le cinéma a connu **de** nombreuses innovations techniques.

- Certains **déterminants quantitatifs** sont invariables : *assez de, autant de, beaucoup de, énormément de, la plupart de, peu de, un peu de,* etc.

  ❯ **Beaucoup de** gens s'intéressent à l'histoire du cinéma.

- Les **déterminants quantitatifs** *différents, différentes, divers, diverses* et *plusieurs* ne s'emploient qu'avec des noms au pluriel.

    › **Différentes** personnes ont participé à l'examen d'admission de cette école de cinéma.

    Plusieurs résultats ont été publiés.

- Les **déterminants quantitatifs** *aucun, aucune, pas un, pas une, nul, nulle* s'emploient généralement avec des noms au singulier.

    › **Pas une** étudiante n'a quitté la salle d'examen avant la fin.

- Le mot *tout* placé devant un nom est un **déterminant quantitatif** et reçoit habituellement le genre et le nombre du nom qu'il accompagne.

    › **Tout le** monde aime le cinéma.

    Tous les enfants sont attirés par les comédies.

    Toute la famille tremble de peur en regardant un film d'horreur.

    Toutes les personnes de mon entourage aiment les films de cape et d'épée.

Attention ! Le mot *tout* placé devant un adjectif est un adverbe et signifie *tout à fait, entièrement*. Il est **invariable** devant un adjectif au masculin ou un adjectif au féminin commençant par une voyelle ou un *h* muet. Il est **variable** si l'adjectif est au féminin et commence par une consonne ou *h* aspiré.

    › La ville **tout** entière est invitée à la première du film.

    Clémence est **tout** heureuse d'assister à la première de ce film documentaire.

    L'assistance est **toute** surprise par l'incroyable réalité montrée par ce documentaire.

L'ACCORD DE L'ADJECTIF DANS LE GROUPE NOMINAL

- L'adjectif reçoit le genre et le nombre du nom qu'il accompagne dans le groupe nominal.

  ❯ En 1895, la **première** projection **publique** et **payante** des films des frères Lumière marque la naissance du cinéma.

- Lorsqu'un adjectif est placé **après des noms singuliers juxtaposés ou coordonnés** par *et, ni, ainsi que, de même que, comme, ou,* il faut se référer au contexte pour interpréter et marquer l'accord.

  – Si l'adjectif n'est en relation qu'avec le **dernier nom,** il se met au singulier.

  ❯ Le thème du film de même qu'un acteur **célèbre** contribuent au succès du film.

  – Si l'adjectif est en relation avec un **ensemble de noms coordonnés ou juxtaposés de même genre,** il reçoit ce genre et se met au pluriel.

  ❯ Voici un directeur de production et un metteur en scène **qualifiés** pour produire votre film.

  Voici une directrice de production et une metteure en scène **qualifiées** pour produire votre film.

  – Si l'adjectif est en relation avec un **ensemble de noms coordonnés ou juxtaposés de différents genres,** il se met au masculin et au pluriel.

  ❯ Voici une directrice de production et un metteur en scène **qualifiés** pour produire votre film.

- Le participe passé utilisé seul suit les mêmes règles d'accord que l'adjectif dans le groupe nominal. C'est pour cette raison qu'il est aussi appelé adjectif participe dans certaines grammaires.

  ❯ Une fois les actrices et les acteurs **réunis,** le tournage du film peut commencer.

  Attention ! Certains adjectifs (*cher, fort, bon, bas, juste, droit,* etc.) fonctionnent parfois comme des adverbes et sont alors invariables. C'est le cas quand on peut leur substituer un adverbe.

  Dans l'exemple ci-dessous, on peut remplacer l'adverbe *très* par le mot *fort.*

  ❯ Les spectateurs ont trouvé ces sketches **très** amusants.

  Les spectateurs ont trouvé ces sketches **fort** amusants. (Invariable)

  ❯ Les spectateurs ont été impressionnées par ces hommes **forts.** (Variable) (➡ p. 440)

Les accords régis par le groupe exerçant la fonction de sujet

L'ACCORD DU VERBE

Le verbe conjugué reçoit la personne et le nombre du **noyau du groupe qui exerce la fonction de sujet** (un nom ou un pronom le remplaçant).

> Le jeune cinéma des années 1960 **souleva** un vent de liberté.

Sujet / GN

L'ACCORD DU VERBE AVEC DES GROUPES SUJETS PARTICULIERS

- Lorsque le pronom personnel **on** exerce la fonction sujet, le verbe se met à la 3e personne du singulier.

  > **On** est embarrassé par le scandale des commandites. (**Singulier**) (Groupe de personnes indéfini, équivalent de *tout le monde.*)

  > **On** est allés chez Marie. (**Pluriel**) (Le *on* est ici employé à la place du *nous* dans la langue familière.)

- Dans une phrase subordonnée introduite par le **pronom relatif** *qui,* le sujet du verbe est ce pronom. Le verbe s'accorde en personne et en nombre avec ce pronom, qui prend la personne et le nombre de son antécédent.

  Antécédent
  (3e pers. du pluriel)

  > Tous les amateurs **qui** désir**ent** se constituer une vidéothèque devraient assister à cette conférence.

- Lorsque le noyau du groupe exerçant la fonction de sujet est l'un des **pronoms indéfinis** suivants : *plusieurs, beaucoup, certains, certaines, la plupart, quelques-uns* ou *quelques-unes,* le verbe se conjugue à la 3e personne du pluriel.

  > Quelques-uns **sont arrivés** en retard.

  La plupart **étaient** à l'heure.

- Lorsque le noyau du groupe exerçant la fonction de sujet est l'un des **pronoms indéfinis** suivants : *aucun, aucune, pas un, pas une, chacun, chacune, personne, nul, nulle, rien, tout, quelque chose* ou *quiconque,* le verbe se conjugue à la 3e personne du singulier.

  > Personne ne **doutait** de l'intérêt de ce sujet.

  Chacun **a apporté** sa contribution à la discussion.

- Le groupe nominal qui exerce la fonction de sujet peut avoir pour noyau un **nom collectif.**

  – Si ce **nom collectif est au singulier,** le verbe s'accordera à la 3e personne du singulier même si ce nom désigne un ensemble de personnes ou d'objets.

    > Ce groupe **est** arrivé en retard.

– Si ce **nom collectif est suivi d'un complément au singulier,** le verbe se conjugue
à la 3ᵉ personne du singulier.

> <u>Ce groupe de travail</u> **est** efficace.

– Si ce **nom collectif est suivi d'un complément au pluriel** et qu'il est précédé
d'un déterminant indéfini (*un, une, des,* etc.), le verbe se conjugue à la 3ᵉ personne
du singulier ou du pluriel, selon que l'on souhaite insister sur l'ensemble ou sur les
éléments composant cet ensemble.

> <u>Un **groupe** de participants</u> attend**ait** le conférencier. (Insistance sur l'ensemble)

> <u>Un groupe de **participants**</u> attend**aient** le conférencier. (Insistance sur les éléments
de l'ensemble)

• Lorsque le groupe exerçant la fonction de sujet est composé de **plusieurs groupes
nominaux,** il faut déterminer la personne de l'ensemble de ces groupes nominaux.
Pour ce faire, il faut remplacer le sujet par un pronom de conjugaison. Le verbe recevra
la personne de ce pronom.

– Si les groupes nominaux sont tous de la **3ᵉ personne,** le sujet peut être remplacé
par un pronom de la 3ᵉ personne du pluriel (*ils* ou *elles*). Le verbe se met alors
à la 3ᵉ personne du pluriel.

Ils

> <u>Pierre Perrault, Jean-Pierre Lefebvre et Gilles Carle</u> **sont** des personnalités
majeures du cinéma au Québec.

– Si les groupes nominaux sont de la **2ᵉ et de la 3ᵉ personne,** le sujet sera remplacé par
un pronom de la 2ᵉ personne du pluriel (*vous*). Le verbe se met alors à la 2ᵉ personne
du pluriel.

Vous

> <u>Ta sœur et toi</u> **aimez** ce genre de cinéma.
3ᵉ pers.   2ᵉ pers.

– Si un des groupes nominaux est à la **1ʳᵉ personne,** le sujet sera remplacé par un pronom
de la 1ʳᵉ personne du pluriel (*nous*). Le verbe se met alors à la 1ʳᵉ personne du pluriel.

Nous

> <u>Andrée et moi</u> **pensons** nous joindre à vous.
3ᵉ pers.   1ʳᵉ pers.

• Le noyau du groupe exerçant la fonction de sujet peut être un **verbe à l'infinitif.**
Dans ce cas, le verbe s'accorde à la 3ᵉ personne du singulier.

> <u>**Participer** à ce colloque</u> **a été** une expérience enrichissante.
GVinf

• Le groupe sujet peut être une **subordonnée.** Dans ce cas, le verbe s'accorde
à la 3ᵉ personne du singulier.

> <u>Qu'elle accepte de donner une conférence</u> ne m'**étonne** pas.
Subordonnée

L'ACCORD DE L'ADJECTIF ATTRIBUT DU SUJET

L'adjectif attribut du sujet reçoit le genre et le nombre du **noyau** du groupe exerçant la fonction de sujet (un nom ou un pronom le remplaçant).

> <u>Cette conférencière</u> semble **intéressante.**

L'ACCORD DU PARTICIPE PASSÉ EMPLOYÉ AVEC L'AUXILIAIRE *ÊTRE*

Le participe passé employé avec l'auxiliaire *être* reçoit le genre et le nombre du **nom qui est le noyau du groupe nominal exerçant la fonction de sujet ou du pronom le remplaçant.**

> <u>Les participants</u> sont **intéressés** par le sujet de sa conférence.

<u>Ils</u> sont **intéressés** par le sujet de sa conférence.

Les accords régis par le complément direct

L'ACCORD DE L'ATTRIBUT DU COMPLÉMENT DIRECT DU VERBE

Le groupe adjectival, le participe passé ou le groupe nominal attribut du complément direct du verbe reçoit le genre et le nombre du noyau du groupe nominal complément direct ou du pronom complément direct.

> Les linguistes tiennent <u>cette langue</u> pour **morte.**

Les linguistes <u>la</u> tiennent pour **morte.**

L'ACCORD DU PARTICIPE PASSÉ EMPLOYÉ AVEC L'AUXILIAIRE *AVOIR*

- Le participe passé employé avec l'auxiliaire *avoir* s'accorde en genre et en nombre avec le **noyau** du groupe de mot exerçant la fonction de **complément direct du verbe** (CD) si celui-ci est **placé avant le verbe.** Habituellement, ce noyau est un nom ou un pronom le remplaçant.

CD
> <u>Quelle **langue** difficile</u> tu as **apprise** !
Noyau (GN)

- Dans le cas d'une subordonnée relative commençant par le pronom relatif *que,* le pronom relatif a le même genre et le même nombre que son antécédent.

Antécédent (fém. sing.)
> La langue [que] tu as **apprise** t'aidera à communiquer avec les gens de ce pays.

- Si le CD est placé **après le verbe** ou s'il n'y a **pas de CD** dans la phrase, le participe passé est **invariable.**

  – Phrase contenant un complément direct placé après le verbe.

  > Ce linguiste **a étudié** l'histoire des langues.

  – Phrase ne contenant pas de complément direct.

  > Ce linguiste **a réfléchi** aux conséquences de la disparition de certaines langues.

CAS PARTICULIERS DE L'ACCORD DU PARTICIPE PASSÉ EMPLOYÉ AVEC L'AUXILIAIRE *AVOIR*

- Le participe passé employé avec l'auxiliaire *avoir* **suivi d'un verbe à l'infinitif** ne reçoit le genre et le nombre du complément direct placé avant le verbe que si ce CD fait l'action exprimée par le verbe à l'infinitif.

  Antécédent CD

  > Les étudiants **que** j'ai **vus réussir** étaient talentueux.

  (Le pronom *que* est complément direct du verbe *ai vus* et il est placé devant le verbe. L'antécédent du pronom *que* est *étudiants.* Puisque les étudiants font l'action exprimée par le verbe à l'infinitif (réussir), l'accord se fait.)

  Antécédent CD

  > Les étudiants **que** j'ai **pu aider** étaient talentueux.

  (Le pronom *que* est complément direct du verbe *ai pu* et il est placé devant le verbe. L'antécédent du pronom *que* est *étudiants.* Puisque ce ne sont pas les étudiants qui font l'action exprimée par le verbe à l'infinitif (aider), le participe passé demeure invariable.)

- Le participe passé employé avec l'auxiliaire *avoir* est **invariable** quand le complément direct du verbe est le **pronom neutre** *l'* et que celui-ci remplace une phrase ou une partie de texte. Dans ce cas, le pronom *l'* peut être remplacé par *cela.*

  > Dans cent ans, la moitié des langues du monde auront sans doute disparu. Ce linguiste réputé **l'a affirmé.**

  🔧 Ce linguiste réputé a affirmé **cela.**

- Le participe passé employé avec l'auxiliaire *avoir* est **invariable** quand le complément direct du verbe qui le précède est le **pronom *en.***

  CD

  > Des langues rares qui sont en train de mourir, ce linguiste **en a étudié.**

- Le participe passé du **verbe impersonnel** est **invariable.**

  > Les efforts qu'il a **fallu** pour apprendre cette langue ont été considérables.

CAS PARTICULIERS DE L'ACCORD DE L'ADJECTIF

- À l'occasion, il arrive que des **adjectifs soient employés comme des adverbes**. Ces adjectifs demeurent alors **invariables.**

  > Ces lecteurs de musique coûtent vraiment **cher** !

  Je vais tenter d'en trouver d'autres qui seront **bon marché**.

  Merci pour les roses que tu m'as offertes : elles sentent tellement **bon** !

- L'**adjectif** *nu* est **invariable** lorsqu'il est placé devant le nom et il est **variable** s'il est placé après celui-ci.

  > Ces jeunes filles skient **nu**-tête.

  Mes petites sœurs se promènent pieds **nus** dans la maison.

- L'**adjectif** *demi* est **variable** ou **invariable** selon le contexte :

Contexte	Règle d'accord	*Exemple*
L'adjectif demi est placé devant le nom.	L'adjectif *demi* demeure alors invariable et est joint au nom par un trait d'union.	Je te rejoindrai là-bas dans une **demi**-heure.
L'adjectif demi est placé après le nom.	L'adjectif *demi* s'accorde en genre seulement avec le nom donneur et n'est pas joint à celui-ci par un trait d'union. L'adjectif *demi* est alors précédé de la conjonction *et*.	Elle l'a fait attendre pendant deux heures et **demie** !

- L'**accord de l'adjectif de couleur** varie selon sa **forme** (adjectif simple ou composé) et selon la **classe de mots** à laquelle appartient le mot désignant la couleur (adjectif ou nom).

- Lorsque l'**adjectif de couleur** est un **adjectif simple**, cet adjectif **s'accorde** selon la **règle générale**, c'est-à-dire qu'il s'accorde en genre et en nombre avec le nom donneur.

  > des foulards bleu**s**, des robes vert**es**, une maison gris**e**, des voitures brun**es**, etc.

- Lorsque l'**adjectif de couleur** est un **adjectif composé,** il demeure toujours **invariable,** peu importe s'il est composé avec un autre adjectif ou avec un nom.

  ❭ des murs **vert olive,** des pantalons **café au lait,** une chemise **bleu marine,**

  des jupes **rouge pâle,** etc.

  – Lorsque l'adjectif composé est formé de **deux adjectifs exprimant la couleur,** ces derniers sont alors joints par un **trait d'union.**

    ❭ des yeux gris-bleu, une mer bleu-vert, des tissus brun-rouge, etc.

  – Lorsque l'adjectif composé est formé de **deux adjectifs exprimant la couleur** et que ces derniers sont joints par le coordonnant *et,* il faut tenir compte du sens exprimé.

    ❭ des vestons noir **et** blanc (chacun des vestons est coloré de noir et de blanc)

    des vestons noirs **et** blancs (il y a des vestons noirs et d'autres vestons sont blancs).

- Lorsque l'adjectif de couleur provient d'un **nom,** il est généralement invariable.

  ❭ des napperons **prune,** des pantalons **turquoise,** des coussins **marron,** etc.

  Quelques adjectifs de couleur provenant de noms font exception à cette règle et reçoivent les marques du donneur.

  ❭ écarlate, fauve, incarnat, mauve, pourpre, rose, violette, vermeil, etc.

  des chemises **roses**

LA CONJUGAISON

Le radical et la terminaison du verbe

Deux éléments distincts forment un verbe : le radical et la terminaison.

- Le **radical** est la partie qui est au début du verbe et qui en exprime le sens. Généralement, le radical demeure le même dans toute la conjugaison, mais certains verbes ont plusieurs radicaux.

  > **rêv** -er, je **rêv** -e, tu **rêv** -ais, vous **rêv** -iez, ils, elles **rêv** -èrent, etc.

  > **ten** -ir, je **tien** -s, tu **ten** -ais, vous **ten** -iez, ils, elles **t** -inrent, etc.

- La **terminaison** est la partie qui est à la fin du verbe et qui change selon le mode, le temps, le nombre et la personne grammaticale.

  > je visit -**e,** tu visit -**ais,** vous visit -**iez,** ils, elles visit -**èrent,** etc.

Le verbe conjugué est très souvent précédé d'un pronom personnel qui fournit des indications quant à la personne et au nombre.

Les modèles de conjugaison

Il existe **quatre terminaisons** de verbes à l'infinitif, *-er, -ir, -oir* et *-re.* Les verbes qui ont la même terminaison se conjuguent, la plupart du temps, de la même façon. Toutefois, certains verbes ont une conjugaison différente. On peut se servir des verbes modèles suivants pour les apprendre.

Terminaison	Modèle
-er (sauf *aller*)	❯ Aimer
-ir (qui font *-issant* au participe présent)	❯ Finir
-ir (qui ne font pas *-issant* au participe présent)	❯ Partir
-oir	❯ Voir
-re	❯ Boire Prendre Craindre

Avoir

Indicatif

Présent
j'	ai
tu	as
il/elle	a
nous	avons
vous	avez
ils/elles	ont

Passé composé
j'	ai	eu
tu	as	eu
il/elle	a	eu
nous	avons	eu
vous	avez	eu
ils/elles	ont	eu

Imparfait
j'	avais
tu	avais
il/elle	avait
nous	avions
vous	aviez
ils/elles	avaient

Plus-que-parfait
j'	avais	eu
tu	avais	eu
il/elle	avait	eu
nous	avions	eu
vous	aviez	eu
ils/elles	avaient	eu

Passé simple
j'	eus
tu	eus
il/elle	eut
nous	eûmes
vous	eûtes
ils/elles	eurent

Passé antérieur
j'	eus	eu
tu	eus	eu
il/elle	eut	eu
nous	eûmes	eu
vous	eûtes	eu
ils/elles	eurent	eu

Futur simple
j'	aurai
tu	auras
il/elle	aura
nous	aurons
vous	aurez
ils/elles	auront

Futur antérieur
j'	aurai	eu
tu	auras	eu
il/elle	aura	eu
nous	aurons	eu
vous	aurez	eu
ils/elles	auront	eu

Conditionnel présent
j'	aurais
tu	aurais
il/elle	aurait
nous	aurions
vous	auriez
ils/elles	auraient

Conditionnel passé
j'	aurais	eu
tu	aurais	eu
il/elle	aurait	eu
nous	aurions	eu
vous	auriez	eu
ils/elles	auraient	eu

Subjonctif

Présent
que	j'	aie
que	tu	aies
qu'	il/elle	ait
que	nous	ayons
que	vous	ayez
qu'	ils/elles	aient

Passé
que	j'	aie	eu
que	tu	aies	eu
qu'	il/elle	ait	eu
que	nous	ayons	eu
que	vous	ayez	eu
qu'	ils/elles	aient	eu

Impératif

Présent
aie
ayons
ayez

Passé
aie eu
ayons eu
ayez eu

Infinitif

Présent
avoir

Passé
avoir eu

Participe

Présent
ayant

Passé
eu, eue, eus, eues
ayant eu

Être

Indicatif

Présent
je	suis
tu	es
il/elle	est
nous	sommes
vous	êtes
ils/elles	sont

Passé composé
j'	ai	été
tu	as	été
il/elle	a	été
nous	avons	été
vous	avez	été
ils/elles	ont	été

Imparfait
j'	étais
tu	étais
il/elle	était
nous	étions
vous	étiez
ils/elles	étaient

Plus-que-parfait
j'	avais	été
tu	avais	été
il/elle	avait	été
nous	avions	été
vous	aviez	été
ils/elles	avaient	été

Passé simple
je	fus
tu	fus
il/elle	fut
nous	fûmes
vous	fûtes
ils/elles	furent

Passé antérieur
j'	eus	été
tu	eus	été
il/elle	eut	été
nous	eûmes	été
vous	eûtes	été
ils/elles	eurent	été

Futur simple
je	serai
tu	seras
il/elle	sera
nous	serons
vous	serez
ils/elles	seront

Futur antérieur
j'	aurai	été
tu	auras	été
il/elle	aura	été
nous	aurons	été
vous	aurez	été
ils/elles	auront	été

Conditionnel présent
je	serais
tu	serais
il/elle	serait
nous	serions
vous	seriez
ils/elles	seraient

Conditionnel passé
j'	aurais	été
tu	aurais	été
il/elle	aurait	été
nous	aurions	été
vous	auriez	été
ils/elles	auraient	été

Subjonctif

Présent
que	je	sois
que	tu	sois
qu'	il/elle	soit
que	nous	soyons
que	vous	soyez
qu'	ils/elles	soient

Passé
que	j'	aie	été
que	tu	aies	été
qu'	il/elle	ait	été
que	nous	ayons	été
que	vous	ayez	été
qu'	ils/elles	aient	été

Impératif

Présent
sois
soyons
soyez

Passé
aie été
ayons été
ayez été

Infinitif

Présent
être

Passé
avoir été

Participe

Présent
étant

Passé
été (*invariable*)
ayant été

Aimer

Indicatif

Présent
j'	aime
tu	aimes
il/elle	aime
nous	aimons
vous	aimez
ils/elles	aiment

Passé composé
j'	ai	aimé
tu	as	aimé
il/elle	a	aimé
nous	avons	aimé
vous	avez	aimé
ils/elles	ont	aimé

Imparfait
j'	aimais
tu	aimais
il/elle	aimait
nous	aimions
vous	aimiez
ils/elles	aimaient

Plus-que-parfait
j'	avais	aimé
tu	avais	aimé
il/elle	avait	aimé
nous	avions	aimé
vous	aviez	aimé
ils/elles	avaient	aimé

Passé simple
j'	aimai
tu	aimas
il/elle	aima
nous	aimâmes
vous	aimâtes
ils/elles	aimèrent

Passé antérieur
j'	eus	aimé
tu	eus	aimé
il/elle	eut	aimé
nous	eûmes	aimé
vous	eûtes	aimé
ils/elles	eurent	aimé

Futur simple
j'	aimerai
tu	aimeras
il/elle	aimera
nous	aimerons
vous	aimerez
ils/elles	aimeront

Futur antérieur
j'	aurai	aimé
tu	auras	aimé
il/elle	aura	aimé
nous	aurons	aimé
vous	aurez	aimé
ils/elles	auront	aimé

Conditionnel présent
j'	aimerais
tu	aimerais
il/elle	aimerait
nous	aimerions
vous	aimeriez
ils/elles	aimeraient

Conditionnel passé
j'	aurais	aimé
tu	aurais	aimé
il/elle	aurait	aimé
nous	aurions	aimé
vous	auriez	aimé
ils/elles	auraient	aimé

Subjonctif

Présent
que	j'	aime
que	tu	aimes
qu'	il/elle	aime
que	nous	aimions
que	vous	aimiez
qu'	ils/elles	aiment

Passé
que	j'	aie	aimé
que	tu	aies	aimé
qu'	il/elle	ait	aimé
que	nous	ayons	aimé
que	vous	ayez	aimé
qu'	ils/elles	aient	aimé

Impératif

Présent
aime
aimons
aimez

Passé
aie aimé
ayons aimé
ayez aimé

Infinitif

Présent
aimer

Passé
avoir aimé

Participe

Présent
aimant

Passé
aimé, ée, és, ées
ayant aimé

Aller

Indicatif

Présent
je	vais
tu	vas
il/elle	va
nous	allons
vous	allez
ils/elles	vont

Passé composé
je	suis	allé, ée
tu	es	allé, ée
il/elle	est	allé, ée
nous	sommes	allés, ées
vous	êtes	allés, ées
ils/elles	sont	allés, ées

Imparfait
j'	allais
tu	allais
il/elle	allait
nous	allions
vous	alliez
ils/elles	allaient

Plus-que-parfait
j'	étais	allé, ée
tu	étais	allé, ée
il/elle	était	allé, ée
nous	étions	allés, ées
vous	étiez	allés, ées
ils/elles	étaient	allés, ées

Passé simple
j'	allai
tu	allas
il/elle	alla
nous	allâmes
vous	allâtes
ils/elles	allèrent

Passé antérieur
je	fus	allé, ée
tu	fus	allé, ée
il/elle	fut	allé, ée
nous	fûmes	allés, ées
vous	fûtes	allés, ées
ils/elles	furent	allés, ées

Futur simple
j'	irai
tu	iras
il/elle	ira
nous	irons
vous	irez
ils/elles	iront

Futur antérieur
je	serai	allé, ée
tu	seras	allé, ée
il/elle	sera	allé, ée
nous	serons	allés, ées
vous	serez	allés, ées
ils/elles	seront	allés, ées

Conditionnel présent
j'	irais
tu	irais
il/elle	irait
nous	irions
vous	iriez
ils/elles	iraient

Conditionnel passé
je	serais	allé, ée
tu	serais	allé, ée
il/elle	serait	allé, ée
nous	serions	allés, ées
vous	seriez	allés, ées
ils/elles	seraient	allés, ées

Subjonctif

Présent
que	j'	aille
que	tu	ailles
qu'	il/elle	aille
que	nous	allions
que	vous	alliez
qu'	ils/elles	aillent

Passé
que	je	sois	allé, ée
que	tu	sois	allé, ée
qu'	il/elle	soit	allé, ée
que	nous	soyons	allés, ées
que	vous	soyez	allés, ées
qu'	ils/elles	soient	allés, ées

Impératif

Présent
va
allons
allez

Passé
sois allé, ée
soyons allés, ées
soyez allés, ées

Infinitif

Présent
aller

Passé
être allé, ée, és, ées

Participe

Présent
allant

Passé
allé, ée, és, ées
étant allé, ée, és, ées

MOURIR

Indicatif

Présent

je	meurs
tu	meurs
il/elle	meurt
nous	mourons
vous	mourez
ils/elles	meurent

Passé composé

je	suis	mort, te
tu	es	mort, te
il/elle	est	mort, te
nous	sommes	morts, tes
vous	êtes	morts, tes
ils/elles	sont	morts, tes

Imparfait

je	mourais
tu	mourais
il/elle	mourait
nous	mourions
vous	mouriez
ils/elles	mouraient

Plus-que-parfait

j'	étais	mort, te
tu	étais	mort, te
il/elle	était	mort, te
nous	étions	morts, tes
vous	étiez	morts, tes
ils/elles	étaient	morts, tes

Passé simple

je	mourus
tu	mourus
il/elle	mourut
nous	mourûmes
vous	mourûtes
ils/elles	moururent

Passé antérieur

je	fus	mort, te
tu	fus	mort, te
il/elle	fut	mort, te
nous	fûmes	morts, tes
vous	fûtes	morts, tes
ils/elles	furent	morts, tes

Futur simple

je	mourrai
tu	mourras
il/elle	mourra
nous	mourrons
vous	mourrez
ils/elles	mourront

Futur antérieur

je	serai	mort, te
tu	seras	mort, te
il/elle	sera	mort, te
nous	serons	morts, tes
vous	serez	morts, tes
ils/elles	seront	morts, tes

Conditionnel présent

je	mourrais
tu	mourrais
il/elle	mourrait
nous	mourrions
vous	mourriez
ils/elles	mourraient

Conditionnel passé

je	serais	mort, te
tu	serais	mort, te
il/elle	serait	mort, te
nous	serions	morts, tes
vous	seriez	morts, tes
ils/elles	seraient	morts, tes

Subjonctif

Présent

que je	meure
que tu	meures
qu' il/elle	meure
que nous	mourions
que vous	mouriez
qu' ils/elles	meurent

Passé

que je	sois	mort, te
que tu	sois	mort, te
qu' il/elle	soit	mort, te
que nous	soyons	morts, tes
que vous	soyez	morts, tes
qu' ils/elles	soient	morts, tes

Impératif

Présent

meurs
mourons
mourez

Passé

sois	mort, morte
soyons	morts, mortes
soyez	morts, mortes

Infinitif

Présent

mourir

Passé

être mort, morte, morts, mortes

Participe

Présent

mourant

Passé

mort, morte, morts, mortes
étant mort, morte, morts, mortes

DORMIR

Indicatif

Présent

je	dors
tu	dors
il/elle	dort
nous	dormons
vous	dormez
ils/elles	dorment

Passé composé

j'	ai	dormi
tu	as	dormi
il/elle	a	dormi
nous	avons	dormi
vous	avez	dormi
ils/elles	ont	dormi

Imparfait

je	dormais
tu	dormais
il/elle	dormait
nous	dormions
vous	dormiez
ils/elles	dormaient

Plus-que-parfait

j'	avais	dormi
tu	avais	dormi
il/elle	avait	dormi
nous	avions	dormi
vous	aviez	dormi
ils/elles	avaient	dormi

Passé simple

je	dormis
tu	dormis
il/elle	dormit
nous	dormîmes
vous	dormîtes
ils/elles	dormirent

Passé antérieur

j'	eus	dormi
tu	eus	dormi
il/elle	eut	dormi
nous	eûmes	dormi
vous	eûtes	dormi
ils/elles	eurent	dormi

Futur simple

je	dormirai
tu	dormiras
il/elle	dormira
nous	dormirons
vous	dormirez
ils/elles	dormiront

Futur antérieur

j'	aurai	dormi
tu	auras	dormi
il/elle	aura	dormi
nous	aurons	dormi
vous	aurez	dormi
ils/elles	auront	dormi

Conditionnel présent

je	dormirais
tu	dormirais
il/elle	dormirait
nous	dormirions
vous	dormiriez
ils/elles	dormiraient

Conditionnel passé

j'	aurais	dormi
tu	aurais	dormi
il/elle	aurait	dormi
nous	aurions	dormi
vous	auriez	dormi
ils/elles	auraient	dormi

Subjonctif

Présent

que je	dorme
que tu	dormes
qu' il/elle	dorme
que nous	dormions
que vous	dormiez
qu' ils/elles	dorment

Passé

que j'	aie	dormi
que tu	aies	dormi
qu' il/elle	ait	dormi
que nous	ayons	dormi
que vous	ayez	dormi
qu' ils/elles	aient	dormi

Impératif

Présent

dors
dormons
dormez

Passé

aie	dormi
ayons	dormi
ayez	dormi

Infinitif

Présent

dormir

Passé

avoir dormi

Participe

Présent

dormant

Passé

dormi (invariable)
ayant dormi

COURIR

Indicatif

Présent

je	cours
tu	cours
il/elle	court
nous	courons
vous	courez
ils/elles	courent

Passé composé

j'	ai	couru
tu	as	couru
il/elle	a	couru
nous	avons	couru
vous	avez	couru
ils/elles	ont	couru

Imparfait

je	courais
tu	courais
il/elle	courait
nous	courions
vous	couriez
ils/elles	couraient

Plus-que-parfait

j'	avais	couru
tu	avais	couru
il/elle	avait	couru
nous	avions	couru
vous	aviez	couru
ils/elles	avaient	couru

Passé simple

je	courus
tu	courus
il/elle	courut
nous	courûmes
vous	courûtes
ils/elles	coururent

Passé antérieur

j'	eus	couru
tu	eus	couru
il/elle	eut	couru
nous	eûmes	couru
vous	eûtes	couru
ils/elles	eurent	couru

Futur simple

je	courrai
tu	courras
il/elle	courra
nous	courrons
vous	courrez
ils/elles	courront

Futur antérieur

j'	aurai	couru
tu	auras	couru
il/elle	aura	couru
nous	aurons	couru
vous	aurez	couru
ils/elles	auront	couru

Conditionnel présent

je	courrais
tu	courrais
il/elle	courrait
nous	courrions
vous	courriez
ils/elles	courraient

Conditionnel passé

j'	aurais	couru
tu	aurais	couru
il/elle	aurait	couru
nous	aurions	couru
vous	auriez	couru
ils/elles	auraient	couru

Subjonctif

Présent

que je	coure
que tu	coures
qu' il/elle	coure
que nous	courions
que vous	couriez
qu' ils/elles	courent

Passé

que j'	aie	couru
que tu	aies	couru
qu' il/elle	ait	couru
que nous	ayons	couru
que vous	ayez	couru
qu' ils/elles	aient	couru

Impératif

Présent

cours
courons
courez

Passé

aie	couru
ayons	couru
ayez	couru

Infinitif

Présent

courir

Passé

avoir couru

Participe

Présent

courant

Passé

couru, ue, us, ues
ayant couru

FINIR

Indicatif

Présent

je	finis
tu	finis
il/elle	finit
nous	finissons
vous	finissez
ils/elles	finissent

Passé composé

j'	ai	fini
tu	as	fini
il/elle	a	fini
nous	avons	fini
vous	avez	fini
ils/elles	ont	fini

Imparfait

je	finissais
tu	finissais
il/elle	finissait
nous	finissions
vous	finissiez
ils/elles	finissaient

Plus-que-parfait

j'	avais	fini
tu	avais	fini
il/elle	avait	fini
nous	avions	fini
vous	aviez	fini
ils/elles	avaient	fini

Passé simple

je	finis
tu	finis
il/elle	finit
nous	finîmes
vous	finîtes
ils/elles	finirent

Passé antérieur

j'	eus	fini
tu	eus	fini
il/elle	eut	fini
nous	eûmes	fini
vous	eûtes	fini
ils/elles	eurent	fini

Futur simple

je	finirai
tu	finiras
il/elle	finira
nous	finirons
vous	finirez
ils/elles	finiront

Futur antérieur

j'	aurai	fini
tu	auras	fini
il/elle	aura	fini
nous	aurons	fini
vous	aurez	fini
ils/elles	auront	fini

Conditionnel présent

je	finirais
tu	finirais
il/elle	finirait
nous	finirions
vous	finiriez
ils/elles	finiraient

Conditionnel passé

j'	aurais	fini
tu	aurais	fini
il/elle	aurait	fini
nous	aurions	fini
vous	auriez	fini
ils/elles	auraient	fini

Subjonctif

Présent

que je	finisse
que tu	finisses
qu' il/elle	finisse
que nous	finissions
que vous	finissiez
qu' ils/elles	finissent

Passé

que j'	aie	fini
que tu	aies	fini
qu' il/elle	ait	fini
que nous	ayons	fini
que vous	ayez	fini
qu' ils/elles	aient	fini

Impératif

Présent

finis
finissons
finissez

Passé

aie	fini
ayons	fini
ayez	fini

Infinitif

Présent

finir

Passé

avoir fini

Participe

Présent

finissant

Passé

fini, ie, is, ies
ayant fini

DIRE

Indicatif

Présent
je	dis
tu	dis
il/elle	dit
nous	disons
vous	dites
ils/elles	disent

Passé composé
j'	ai	dit
tu	as	dit
il/elle	a	dit
nous	avons	dit
vous	avez	dit
ils/elles	ont	dit

Imparfait
je	disais
tu	disais
il/elle	disait
nous	disions
vous	disiez
ils/elles	disaient

Plus-que-parfait
j'	avais	dit
tu	avais	dit
il/elle	avait	dit
nous	avions	dit
vous	aviez	dit
ils/elles	avaient	dit

Passé simple
je	dis
tu	dis
il/elle	dit
nous	dîmes
vous	dîtes
ils/elles	dirent

Passé antérieur
j'	eus	dit
tu	eus	dit
il/elle	eut	dit
nous	eûmes	dit
vous	eûtes	dit
ils/elles	eurent	dit

Futur simple
je	dirai
tu	diras
il/elle	dira
nous	dirons
vous	direz
ils/elles	diront

Futur antérieur
j'	aurai	dit
tu	auras	dit
il/elle	aura	dit
nous	aurons	dit
vous	aurez	dit
ils/elles	auront	dit

Conditionnel présent
je	dirais
tu	dirais
il/elle	dirait
nous	dirions
vous	diriez
ils/elles	diraient

Conditionnel passé
j'	aurais	dit
tu	aurais	dit
il/elle	aurait	dit
nous	aurions	dit
vous	auriez	dit
ils/elles	auraient	dit

Subjonctif

Présent
que je	dise
que tu	dises
qu' il/elle	dise
que nous	disions
que vous	disiez
qu' ils/elles	disent

Passé
que j'	aie	dit
que tu	aies	dit
qu' il/elle	ait	dit
que nous	ayons	dit
que vous	ayez	dit
qu' ils/elles	aient	dit

Impératif

Présent
dis
disons
dites

Passé
aie	dit
ayons	dit
ayez	dit

Infinitif

Présent
dire

Passé
avoir dit

Participe

Présent
disant

Passé
dit, dite, dits, dites
ayant dit

FAIRE

Indicatif

Présent
je	fais
tu	fais
il/elle	fait
nous	faisons
vous	faites
ils/elles	font

Passé composé
j'	ai	fait
tu	as	fait
il/elle	a	fait
nous	avons	fait
vous	avez	fait
ils/elles	ont	fait

Imparfait
je	faisais
tu	faisais
il/elle	faisait
nous	faisions
vous	faisiez
ils/elles	faisaient

Plus-que-parfait
j'	avais	fait
tu	avais	fait
il/elle	avait	fait
nous	avions	fait
vous	aviez	fait
ils/elles	avaient	fait

Passé simple
je	fis
tu	fis
il/elle	fit
nous	fîmes
vous	fîtes
ils/elles	firent

Passé antérieur
j'	eus	fait
tu	eus	fait
il/elle	eut	fait
nous	eûmes	fait
vous	eûtes	fait
ils/elles	eurent	fait

Futur simple
je	ferai
tu	feras
il/elle	fera
nous	ferons
vous	ferez
ils/elles	feront

Futur antérieur
j'	aurai	fait
tu	auras	fait
il/elle	aura	fait
nous	aurons	fait
vous	aurez	fait
ils/elles	auront	fait

Conditionnel présent
je	ferais
tu	ferais
il/elle	ferait
nous	ferions
vous	feriez
ils/elles	feraient

Conditionnel passé
j'	aurais	fait
tu	aurais	fait
il/elle	aurait	fait
nous	aurions	fait
vous	auriez	fait
ils/elles	auraient	fait

Subjonctif

Présent
que je	fasse
que tu	fasses
qu' il/elle	fasse
que nous	fassions
que vous	fassiez
qu' ils/elles	fassent

Passé
que j'	aie	fait
que tu	aies	fait
qu' il/elle	ait	fait
que nous	ayons	fait
que vous	ayez	fait
qu' ils/elles	aient	fait

Impératif

Présent
fais
faisons
faites

Passé
aie	fait
ayons	fait
ayez	fait

Infinitif

Présent
faire

Passé
avoir fait

Participe

Présent
faisant

Passé
fait, faite, faits, faites
ayant fait

PRODUIRE

Indicatif

Présent
je	produis
tu	produis
il/elle	produit
nous	produisons
vous	produisez
ils/elles	produisent

Passé composé
j'	ai	produit
tu	as	produit
il/elle	a	produit
nous	avons	produit
vous	avez	produit
ils/elles	ont	produit

Imparfait
je	produisais
tu	produisais
il/elle	produisait
nous	produisions
vous	produisiez
ils/elles	produisaient

Plus-que-parfait
j'	avais	produit
tu	avais	produit
il/elle	avait	produit
nous	avions	produit
vous	aviez	produit
ils/elles	avaient	produit

Passé simple
je	produisis
tu	produisis
il/elle	produisit
nous	produisîmes
vous	produisîtes
ils/elles	produisirent

Passé antérieur
j'	eus	produit
tu	eus	produit
il/elle	eut	produit
nous	eûmes	produit
vous	eûtes	produit
ils/elles	eurent	produit

Futur simple
je	produirai
tu	produiras
il/elle	produira
nous	produirons
vous	produirez
ils/elles	produiront

Futur antérieur
j'	aurai	produit
tu	auras	produit
il/elle	aura	produit
nous	aurons	produit
vous	aurez	produit
ils/elles	auront	produit

Conditionnel présent
je	produirais
tu	produirais
il/elle	produirait
nous	produirions
vous	produiriez
ils/elles	produiraient

Conditionnel passé
j'	aurais	produit
tu	aurais	produit
il/elle	aurait	produit
nous	aurions	produit
vous	auriez	produit
ils/elles	auraient	produit

Subjonctif

Présent
que je	produise
que tu	produises
qu' il/elle	produise
que nous	produisions
que vous	produisiez
qu' ils/elles	produisent

Passé
que j'	aie	produit
que tu	aies	produit
qu' il/elle	ait	produit
que nous	ayons	produit
que vous	ayez	produit
qu' ils/elles	aient	produit

Impératif

Présent
produis
produisons
produisez

Passé
aie	produit
ayons	produit
ayez	produit

Infinitif

Présent
produire

Passé
avoir produit

Participe

Présent
produisant

Passé
produit, uite, uits, uites
ayant produit

BOIRE

Indicatif

Présent
je	bois
tu	bois
il/elle	boit
nous	buvons
vous	buvez
ils/elles	boivent

Passé composé
j'	ai	bu
tu	as	bu
il/elle	a	bu
nous	avons	bu
vous	avez	bu
ils/elles	ont	bu

Imparfait
je	buvais
tu	buvais
il/elle	buvait
nous	buvions
vous	buviez
ils/elles	buvaient

Plus-que-parfait
j'	avais	bu
tu	avais	bu
il/elle	avait	bu
nous	avions	bu
vous	aviez	bu
ils/elles	avaient	bu

Passé simple
je	bus
tu	bus
il/elle	but
nous	bûmes
vous	bûtes
ils/elles	burent

Passé antérieur
j'	eus	bu
tu	eus	bu
il/elle	eut	bu
nous	eûmes	bu
vous	eûtes	bu
ils/elles	eurent	bu

Futur simple
je	boirai
tu	boiras
il/elle	boira
nous	boirons
vous	boirez
ils/elles	boiront

Futur antérieur
j'	aurai	bu
tu	auras	bu
il/elle	aura	bu
nous	aurons	bu
vous	aurez	bu
ils/elles	auront	bu

Conditionnel présent
je	boirais
tu	boirais
il/elle	boirait
nous	boirions
vous	boiriez
ils/elles	boiraient

Conditionnel passé
j'	aurais	bu
tu	aurais	bu
il/elle	aurait	bu
nous	aurions	bu
vous	auriez	bu
ils/elles	auraient	bu

Subjonctif

Présent
que je	boive
que tu	boives
qu' il/elle	boive
que nous	buvions
que vous	buviez
qu' ils/elles	boivent

Passé
que j'	aie	bu
que tu	aies	bu
qu' il/elle	ait	bu
que nous	ayons	bu
que vous	ayez	bu
qu' ils/elles	aient	bu

Impératif

Présent
bois
buvons
buvez

Passé
aie	bu
ayons	bu
ayez	bu

Infinitif

Présent
boire

Passé
avoir bu

Participe

Présent
buvant

Passé
bu, bue, bus, bues
ayant bu

CRAINDRE

Indicatif

Présent
je crains
tu crains
il/elle craint
nous craignons
vous craignez
ils/elles craignent

Passé composé
j' ai craint
tu as craint
il/elle a craint
nous avons craint
vous avez craint
ils/elles ont craint

Imparfait
je craignais
tu craignais
il/elle craignait
nous craignions
vous craigniez
ils/elles craignaient

Plus-que-parfait
j' avais craint
tu avais craint
il/elle avait craint
nous avions craint
vous aviez craint
ils/elles avaient craint

Passé simple
je craignis
tu craignis
il/elle craignit
nous craignîmes
vous craignîtes
ils/elles craignirent

Passé antérieur
j' eus craint
tu eus craint
il/elle eut craint
nous eûmes craint
vous eûtes craint
ils/elles eurent craint

Futur simple
je craindrai
tu craindras
il/elle craindra
nous craindrons
vous craindrez
ils/elles craindront

Futur antérieur
j' aurai craint
tu auras craint
il/elle aura craint
nous aurons craint
vous aurez craint
ils/elles auront craint

Conditionnel présent
je craindrais
tu craindrais
il/elle craindrait
nous craindrions
vous craindriez
ils/elles craindraient

Conditionnel passé
j' aurais craint
tu aurais craint
il/elle aurait craint
nous aurions craint
vous auriez craint
ils/elles auraient craint

Subjonctif

Présent
que je craigne
que tu craignes
qu' il/elle craigne
que nous craignions
que vous craigniez
qu' ils/elles craignent

Passé
que j' aie craint
que tu aies craint
qu' il/elle ait craint
que nous ayons craint
que vous ayez craint
qu' ils/elles aient craint

Impératif

Présent
crains
craignons
craignez

Passé
aie craint
ayons craint
ayez craint

Infinitif

Présent
craindre

Passé
avoir craint

Participe

Présent
craignant

Passé
craint, crainte,
craints, craintes
ayant craint

RÉSOUDRE

Indicatif

Présent
je résous
tu résous
il/elle résout
nous résolvons
vous résolvez
ils/elles résolvent

Passé composé
j' ai résolu
tu as résolu
il/elle a résolu
nous avons résolu
vous avez résolu
ils/elles ont résolu

Imparfait
je résolvais
tu résolvais
il/elle résolvait
nous résolvions
vous résolviez
ils/elles résolvaient

Plus-que-parfait
j' avais résolu
tu avais résolu
il/elle avait résolu
nous avions résolu
vous aviez résolu
ils/elles avaient résolu

Passé simple
je résolus
tu résolus
il/elle résolut
nous résolûmes
vous résolûtes
ils/elles résolurent

Passé antérieur
j' eus résolu
tu eus résolu
il/elle eut résolu
nous eûmes résolu
vous eûtes résolu
ils/elles eurent résolu

Futur simple
je résoudrai
tu résoudras
il/elle résoudra
nous résoudrons
vous résoudrez
ils/elles résoudront

Futur antérieur
j' aurai résolu
tu auras résolu
il/elle aura résolu
nous aurons résolu
vous aurez résolu
ils/elles auront résolu

Conditionnel présent
je résoudrais
tu résoudrais
il/elle résoudrait
nous résoudrions
vous résoudriez
ils/elles résoudraient

Conditionnel passé
j' aurais résolu
tu aurais résolu
il/elle aurait résolu
nous aurions résolu
vous auriez résolu
ils/elles auraient résolu

Subjonctif

Présent
que je résolve
que tu résolves
qu' il/elle résolve
que nous résolvions
que vous résolviez
qu' ils/elles résolvent

Passé
que j' aie résolu
que tu aies résolu
qu' il/elle ait résolu
que nous ayons résolu
que vous ayez résolu
qu' ils/elles aient résolu

Impératif

Présent
résous
résolvons
résolvez

Passé
aie résolu
ayons résolu
ayez résolu

Infinitif

Présent
résoudre

Passé
avoir résolu

Participe

Présent
résolvant

Passé
résolu, ue, us, ues
ayant résolu

PRENDRE

Indicatif

Présent
je prends
tu prends
il/elle prend
nous prenons
vous prenez
ils/elles prennent

Passé composé
j' ai pris
tu as pris
il/elle a pris
nous avons pris
vous avez pris
ils/elles ont pris

Imparfait
je prenais
tu prenais
il/elle prenait
nous prenions
vous preniez
ils/elles prenaient

Plus-que-parfait
j' avais pris
tu avais pris
il/elle avait pris
nous avions pris
vous aviez pris
ils/elles avaient pris

Passé simple
je pris
tu pris
il/elle prit
nous prîmes
vous prîtes
ils/elles prirent

Passé antérieur
j' eus pris
tu eus pris
il/elle eut pris
nous eûmes pris
vous eûtes pris
ils/elles eurent pris

Futur simple
je prendrai
tu prendras
il/elle prendra
nous prendrons
vous prendrez
ils/elles prendront

Futur antérieur
j' aurai pris
tu auras pris
il/elle aura pris
nous aurons pris
vous aurez pris
ils/elles auront pris

Conditionnel présent
je prendrais
tu prendrais
il/elle prendrait
nous prendrions
vous prendriez
ils/elles prendraient

Conditionnel passé
j' aurais pris
tu aurais pris
il/elle aurait pris
nous aurions pris
vous auriez pris
ils/elles auraient pris

Subjonctif

Présent
que je prenne
que tu prennes
qu' il/elle prenne
que nous prenions
que vous preniez
qu' ils/elles prennent

Passé
que j' aie pris
que tu aies pris
qu' il/elle ait pris
que nous ayons pris
que vous ayez pris
qu' ils/elles aient pris

Impératif

Présent
prends
prenons
prenez

Passé
aie pris
ayons pris
ayez pris

Infinitif

Présent
prendre

Passé
avoir pris

Participe

Présent
prenant

Passé
pris, prise, pris, prises
ayant pris

VENDRE

Indicatif

Présent
je vends
tu vends
il/elle vend
nous vendons
vous vendez
ils/elles vendent

Passé composé
j' ai vendu
tu as vendu
il/elle a vendu
nous avons vendu
vous avez vendu
ils/elles ont vendu

Imparfait
je vendais
tu vendais
il/elle vendait
nous vendions
vous vendiez
ils/elles vendaient

Plus-que-parfait
j' avais vendu
tu avais vendu
il/elle avait vendu
nous avions vendu
vous aviez vendu
ils/elles avaient vendu

Passé simple
je vendis
tu vendis
il/elle vendit
nous vendîmes
vous vendîtes
ils/elles vendirent

Passé antérieur
j' eus vendu
tu eus vendu
il/elle eut vendu
nous eûmes vendu
vous eûtes vendu
ils/elles eurent vendu

Futur simple
je vendrai
tu vendras
il/elle vendra
nous vendrons
vous vendrez
ils/elles vendront

Futur antérieur
j' aurai vendu
tu auras vendu
il/elle aura vendu
nous aurons vendu
vous aurez vendu
ils/elles auront vendu

Conditionnel présent
je vendrais
tu vendrais
il/elle vendrait
nous vendrions
vous vendriez
ils/elles vendraient

Conditionnel passé
j' aurais vendu
tu aurais vendu
il/elle aurait vendu
nous aurions vendu
vous auriez vendu
ils/elles auraient vendu

Subjonctif

Présent
que je vende
que tu vendes
qu' il/elle vende
que nous vendions
que vous vendiez
qu' ils/elles vendent

Passé
que j' aie vendu
que tu aies vendu
qu' il/elle ait vendu
que nous ayons vendu
que vous ayez vendu
qu' ils/elles aient vendu

Impératif

Présent
vends
vendons
vendez

Passé
aie vendu
ayons vendu
ayez vendu

Infinitif

Présent
vendre

Passé
avoir vendu

Participe

Présent
vendant

Passé
vendu, ue, us, ues
ayant vendu

VAINCRE

Indicatif

Présent		Passé composé		
je	vaincs	j'	ai	vaincu
tu	vaincs	tu	as	vaincu
il/elle	vainc	il/elle	a	vaincu
nous	vainquons	nous	avons	vaincu
vous	vainquez	vous	avez	vaincu
ils/elles	vainquent	ils/elles	ont	vaincu

Imparfait		Plus-que-parfait		
je	vainquais	j'	avais	vaincu
tu	vainquais	tu	avais	vaincu
il/elle	vainquait	il/elle	avait	vaincu
nous	vainquions	nous	avions	vaincu
vous	vainquiez	vous	aviez	vaincu
ils/elles	vainquaient	ils/elles	avaient	vaincu

Passé simple		Passé antérieur		
je	vainquis	j'	eus	vaincu
tu	vainquis	tu	eus	vaincu
il/elle	vainquit	il/elle	eut	vaincu
nous	vainquîmes	nous	eûmes	vaincu
vous	vainquîtes	vous	eûtes	vaincu
ils/elles	vainquirent	ils/elles	eurent	vaincu

Futur simple		Futur antérieur		
je	vaincrai	j'	aurai	vaincu
tu	vaincras	tu	auras	vaincu
il/elle	vaincra	il/elle	aura	vaincu
nous	vaincrons	nous	aurons	vaincu
vous	vaincrez	vous	aurez	vaincu
ils/elles	vaincront	ils/elles	auront	vaincu

Conditionnel présent		Conditionnel passé		
je	vaincrais	j'	aurais	vaincu
tu	vaincrais	tu	aurais	vaincu
il/elle	vaincrait	il/elle	aurait	vaincu
nous	vaincrions	nous	aurions	vaincu
vous	vaincriez	vous	auriez	vaincu
ils/elles	vaincraient	ils/elles	auraient	vaincu

Subjonctif

Présent		Passé		
que je	vainque	que j'	aie	vaincu
que tu	vainques	que tu	aies	vaincu
qu' il/elle	vainque	qu' il/elle	ait	vaincu
que nous	vainquions	que nous	ayons	vaincu
que vous	vainquiez	que vous	ayez	vaincu
qu' ils/elles	vainquent	qu' ils/elles	aient	vaincu

Impératif

Présent	Passé	
vaincs	aie	vaincu
vainquons	ayons	vaincu
vainquez	ayez	vaincu

Infinitif

Présent	Passé	
vaincre	avoir	vaincu

Participe

Présent	Passé
vainquant	vaincu, ue, us, ues
	ayant vaincu

ROMPRE

Indicatif

Présent		Passé composé		
je	romps	j'	ai	rompu
tu	romps	tu	as	rompu
il/elle	rompt	il/elle	a	rompu
nous	rompons	nous	avons	rompu
vous	rompez	vous	avez	rompu
ils/elles	rompent	ils/elles	ont	rompu

Imparfait		Plus-que-parfait		
je	rompais	j'	avais	rompu
tu	rompais	tu	avais	rompu
il/elle	rompait	il/elle	avait	rompu
nous	rompions	nous	avions	rompu
vous	rompiez	vous	aviez	rompu
ils/elles	rompaient	ils/elles	avaient	rompu

Passé simple		Passé antérieur		
je	rompis	j'	eus	rompu
tu	rompis	tu	eus	rompu
il/elle	rompit	il/elle	eut	rompu
nous	rompîmes	nous	eûmes	rompu
vous	rompîtes	vous	eûtes	rompu
ils/elles	rompirent	ils/elles	eurent	rompu

Futur simple		Futur antérieur		
je	romprai	j'	aurai	rompu
tu	rompras	tu	auras	rompu
il/elle	rompra	il/elle	aura	rompu
nous	romprons	nous	aurons	rompu
vous	romprez	vous	aurez	rompu
ils/elles	rompront	ils/elles	auront	rompu

Conditionnel présent		Conditionnel passé		
je	romprais	j'	aurais	rompu
tu	romprais	tu	aurais	rompu
il/elle	romprait	il/elle	aurait	rompu
nous	romprions	nous	aurions	rompu
vous	rompriez	vous	auriez	rompu
ils/elles	rompraient	ils/elles	auraient	rompu

Subjonctif

Présent		Passé		
que je	rompe	que j'	aie	rompu
que tu	rompes	que tu	aies	rompu
qu' il/elle	rompe	qu' il/elle	ait	rompu
que nous	rompions	que nous	ayons	rompu
que vous	rompiez	que vous	ayez	rompu
qu' ils/elles	rompent	qu' ils/elles	aient	rompu

Impératif

Présent	Passé	
romps	aie	rompu
rompons	ayons	rompu
rompez	ayez	rompu

Infinitif

Présent	Passé	
rompre	avoir	rompu

Participe

Présent	Passé
rompant	rompu, ue, us, ues
	ayant rompu

METTRE

Indicatif

Présent		Passé composé		
je	mets	j'	ai	mis
tu	mets	tu	as	mis
il/elle	met	il/elle	a	mis
nous	mettons	nous	avons	mis
vous	mettez	vous	avez	mis
ils/elles	mettent	ils/elles	ont	mis

Imparfait		Plus-que-parfait		
je	mettais	j'	avais	mis
tu	mettais	tu	avais	mis
il/elle	mettait	il/elle	avait	mis
nous	mettions	nous	avions	mis
vous	mettiez	vous	aviez	mis
ils/elles	mettaient	ils/elles	avaient	mis

Passé simple		Passé antérieur		
je	mis	j'	eus	mis
tu	mis	tu	eus	mis
il/elle	mit	il/elle	eut	mis
nous	mîmes	nous	eûmes	mis
vous	mîtes	vous	eûtes	mis
ils/elles	mirent	ils/elles	eurent	mis

Futur simple		Futur antérieur		
je	mettrai	j'	aurai	mis
tu	mettras	tu	auras	mis
il/elle	mettra	il/elle	aura	mis
nous	mettrons	nous	aurons	mis
vous	mettrez	vous	aurez	mis
ils/elles	mettront	ils/elles	auront	mis

Conditionnel présent		Conditionnel passé		
je	mettrais	j'	aurais	mis
tu	mettrais	tu	aurais	mis
il/elle	mettrait	il/elle	aurait	mis
nous	mettrions	nous	aurions	mis
vous	mettriez	vous	auriez	mis
ils/elles	mettraient	ils/elles	auraient	mis

Subjonctif

Présent		Passé		
que je	mette	que j'	aie	mis
que tu	mettes	que tu	aies	mis
qu' il/elle	mette	qu' il/elle	ait	mis
que nous	mettions	que nous	ayons	mis
que vous	mettiez	que vous	ayez	mis
qu' ils/elles	mettent	qu' ils/elles	aient	mis

Impératif

Présent	Passé	
mets	aie	mis
mettons	ayons	mis
mettez	ayez	mis

Infinitif

Présent	Passé	
mettre	avoir	mis

Participe

Présent	Passé
mettant	mis, mise, mis, mises
	ayant mis

VOIR

Indicatif

Présent		Passé composé		
je	vois	j'	ai	vu
tu	vois	tu	as	vu
il/elle	voit	il/elle	a	vu
nous	voyons	nous	avons	vu
vous	voyez	vous	avez	vu
ils/elles	voient	ils/elles	ont	vu

Imparfait		Plus-que-parfait		
je	voyais	j'	avais	vu
tu	voyais	tu	avais	vu
il/elle	voyait	il/elle	avait	vu
nous	voyions	nous	avions	vu
vous	voyiez	vous	aviez	vu
ils/elles	voyaient	ils/elles	avaient	vu

Passé simple		Passé antérieur		
je	vis	j'	eus	vu
tu	vis	tu	eus	vu
il/elle	vit	il/elle	eut	vu
nous	vîmes	nous	eûmes	vu
vous	vîtes	vous	eûtes	vu
ils/elles	virent	ils/elles	eurent	vu

Futur simple		Futur antérieur		
je	verrai	j'	aurai	vu
tu	verras	tu	auras	vu
il/elle	verra	il/elle	aura	vu
nous	verrons	nous	aurons	vu
vous	verrez	vous	aurez	vu
ils/elles	verront	ils/elles	auront	vu

Conditionnel présent		Conditionnel passé		
je	verrais	j'	aurais	vu
tu	verrais	tu	aurais	vu
il/elle	verrait	il/elle	aurait	vu
nous	verrions	nous	aurions	vu
vous	verriez	vous	auriez	vu
ils/elles	verraient	ils/elles	auraient	vu

Subjonctif

Présent		Passé		
que je	voie	que j'	aie	vu
que tu	voies	que tu	aies	vu
qu' il/elle	voie	qu' il/elle	ait	vu
que nous	voyions	que nous	ayons	vu
que vous	voyiez	que vous	ayez	vu
qu' ils/elles	voient	qu' ils/elles	aient	vu

Impératif

Présent	Passé	
vois	aie	vu
voyons	ayons	vu
voyez	ayez	vu

Infinitif

Présent	Passé	
voir	avoir	vu

Participe

Présent	Passé
voyant	vu, vue, vus, vues
	ayant vu

ASSEOIR (J'ASSOIS)

Indicatif

Présent
j'	assois
tu	assois
il/elle	assoit
nous	assoyons
vous	assoyez
ils/elles	assoient

Passé composé
j'	ai	assis
tu	as	assis
il/elle	a	assis
nous	avons	assis
vous	avez	assis
ils/elles	ont	assis

Imparfait
j'	assoyais
tu	assoyais
il/elle	assoyait
nous	assoyions
vous	assoyiez
ils/elles	assoyaient

Plus-que-parfait
j'	avais	assis
tu	avais	assis
il/elle	avait	assis
nous	avions	assis
vous	aviez	assis
ils/elles	avaient	assis

Passé simple
j'	assis
tu	assis
il/elle	assit
nous	assîmes
vous	assîtes
ils/elles	assirent

Passé antérieur
j'	eus	assis
tu	eus	assis
il/elle	eut	assis
nous	eûmes	assis
vous	eûtes	assis
ils/elles	eurent	assis

Futur simple
j'	assoirai
tu	assoiras
il/elle	assoira
nous	assoirons
vous	assoirez
ils/elles	assoiront

Futur antérieur
j'	aurai	assis
tu	auras	assis
il/elle	aura	assis
nous	aurons	assis
vous	aurez	assis
ils/elles	auront	assis

Conditionnel présent
j'	assoirais
tu	assoirais
il/elle	assoirait
nous	assoirions
vous	assoiriez
ils/elles	assoiraient

Conditionnel passé
j'	aurais	assis
tu	aurais	assis
il/elle	aurait	assis
nous	aurions	assis
vous	auriez	assis
ils/elles	auraient	assis

Subjonctif

Présent
que j'	assoie
que tu	assoies
qu' il/elle	assoie
que nous	assoyions
que vous	assoyiez
qu' ils/elles	assoient

Passé
que j'	aie	assis
que tu	aies	assis
qu' il/elle	ait	assis
que nous	ayons	assis
que vous	ayez	assis
qu' ils/elles	aient	assis

Impératif

Présent
- assois
- assoyons
- assoyez

Passé
aie	assis
ayons	assis
ayez	assis

Infinitif

Présent
asseoir

Passé
avoir assis

Participe

Présent
assoyant

Passé
assis, ise, is, ises
ayant assis

ASSEOIR (J'ASSIEDS)

Indicatif

Présent
j'	assieds
tu	assieds
il/elle	assied
nous	asseyons
vous	asseyez
ils/elles	asseyent

Passé composé
j'	ai	assis
tu	as	assis
il/elle	a	assis
nous	avons	assis
vous	avez	assis
ils/elles	ont	assis

Imparfait
j'	asseyais
tu	asseyais
il/elle	asseyait
nous	asseyions
vous	asseyiez
ils/elles	asseyaient

Plus-que-parfait
j'	avais	assis
tu	avais	assis
il/elle	avait	assis
nous	avions	assis
vous	aviez	assis
ils/elles	avaient	assis

Passé simple
j'	assis
tu	assis
il/elle	assit
nous	assîmes
vous	assîtes
ils/elles	assirent

Passé antérieur
j'	eus	assis
tu	eus	assis
il/elle	eut	assis
nous	eûmes	assis
vous	eûtes	assis
ils/elles	eurent	assis

Futur simple
j'	assiérai
tu	assiéras
il/elle	assiéra
nous	assiérons
vous	assiérez
ils/elles	assiéront

Futur antérieur
j'	aurai	assis
tu	auras	assis
il/elle	aura	assis
nous	aurons	assis
vous	aurez	assis
ils/elles	auront	assis

Conditionnel présent
j'	assiérais
tu	assiérais
il/elle	assiérait
nous	assiérions
vous	assiériez
ils/elles	assiéraient

Conditionnel passé
j'	aurais	assis
tu	aurais	assis
il/elle	aurait	assis
nous	aurions	assis
vous	auriez	assis
ils/elles	auraient	assis

Subjonctif

Présent
que j'	asseye
que tu	asseyes
qu' il/elle	asseye
que nous	asseyions
que vous	asseyiez
qu' ils/elles	asseyent

Passé
que j'	aie	assis
que tu	aies	assis
qu' il/elle	ait	assis
que nous	ayons	assis
que vous	ayez	assis
qu' ils/elles	aient	assis

Impératif

Présent
- assieds
- asseyons
- asseyez

Passé
aie	assis
ayons	assis
ayez	assis

Infinitif

Présent
asseoir

Passé
avoir assis

Participe

Présent
asseyant

Passé
assis, ise, is, ises
ayant assis

PROMOUVOIR

Indicatif

Présent
je	promeus
tu	promeus
il/elle	promeut
nous	promouvons
vous	promouvez
ils/elles	promeuvent

Passé composé
j'	ai	promu
tu	as	promu
il/elle	a	promu
nous	avons	promu
vous	avez	promu
ils/elles	ont	promu

Imparfait
je	promouvais
tu	promouvais
il/elle	promouvait
nous	promouvions
vous	promouviez
ils/elles	promouvaient

Plus-que-parfait
j'	avais	promu
tu	avais	promu
il/elle	avait	promu
nous	avions	promu
vous	aviez	promu
ils/elles	avaient	promu

Passé simple
je	promus
tu	promus
il/elle	promut
nous	promûmes
vous	promûtes
ils/elles	promurent

Passé antérieur
j'	eus	promu
tu	eus	promu
il/elle	eut	promu
nous	eûmes	promu
vous	eûtes	promu
ils/elles	eurent	promu

Futur simple
je	promouvrai
tu	promouvras
il/elle	promouvra
nous	promouvrons
vous	promouvrez
ils/elles	promouvront

Futur antérieur
j'	aurai	promu
tu	auras	promu
il/elle	aura	promu
nous	aurons	promu
vous	aurez	promu
ils/elles	auront	promu

Conditionnel présent
je	promouvrais
tu	promouvrais
il/elle	promouvrait
nous	promouvrions
vous	promouvriez
ils/elles	promouvraient

Conditionnel passé
j'	aurais	promu
tu	aurais	promu
il/elle	aurait	promu
nous	aurions	promu
vous	auriez	promu
ils/elles	auraient	promu

Subjonctif

Présent
que je	promeuve
que tu	promeuves
qu' il/elle	promeuve
que nous	promouvions
que vous	promouviez
qu' ils/elles	promeuvent

Passé
que j'	aie	promu
que tu	aies	promu
qu' il/elle	ait	promu
que nous	ayons	promu
que vous	ayez	promu
qu' ils/elles	aient	promu

Impératif

Présent
- promeus
- promouvons
- promouvez

Passé
aie	promu
ayons	promu
ayez	promu

Infinitif

Présent
promouvoir

Passé
avoir promu

Participe

Présent
promouvant

Passé
promu, ue, us, ues
ayant promu

RECEVOIR

Indicatif

Présent
je	reçois
tu	reçois
il/elle	reçoit
nous	recevons
vous	recevez
ils/elles	reçoivent

Passé composé
j'	ai	reçu
tu	as	reçu
il/elle	a	reçu
nous	avons	reçu
vous	avez	reçu
ils/elles	ont	reçu

Imparfait
je	recevais
tu	recevais
il/elle	recevait
nous	recevions
vous	receviez
ils/elles	recevaient

Plus-que-parfait
j'	avais	reçu
tu	avais	reçu
il/elle	avait	reçu
nous	avions	reçu
vous	aviez	reçu
ils/elles	avaient	reçu

Passé simple
je	reçus
tu	reçus
il/elle	reçut
nous	reçûmes
vous	reçûtes
ils/elles	reçurent

Passé antérieur
j'	eus	reçu
tu	eus	reçu
il/elle	eut	reçu
nous	eûmes	reçu
vous	eûtes	reçu
ils/elles	eurent	reçu

Futur simple
je	recevrai
tu	recevras
il/elle	recevra
nous	recevrons
vous	recevrez
ils/elles	recevront

Futur antérieur
j'	aurai	reçu
tu	auras	reçu
il/elle	aura	reçu
nous	aurons	reçu
vous	aurez	reçu
ils/elles	auront	reçu

Conditionnel présent
je	recevrais
tu	recevrais
il/elle	recevrait
nous	recevrions
vous	recevriez
ils/elles	recevraient

Conditionnel passé
j'	aurais	reçu
tu	aurais	reçu
il/elle	aurait	reçu
nous	aurions	reçu
vous	auriez	reçu
ils/elles	auraient	reçu

Subjonctif

Présent
que je	reçoive
que tu	reçoives
qu' il/elle	reçoive
que nous	recevions
que vous	receviez
qu' ils/elles	reçoivent

Passé
que j'	aie	reçu
que tu	aies	reçu
qu' il/elle	ait	reçu
que nous	ayons	reçu
que vous	ayez	reçu
qu' ils/elles	aient	reçu

Impératif

Présent
- reçois
- recevons
- recevez

Passé
aie	reçu
ayons	reçu
ayez	reçu

Infinitif

Présent
recevoir

Passé
avoir reçu

Participe

Présent
recevant

Passé
reçu, ue, us, ues
ayant reçu

Les temps simples et les temps composés

Les verbes peuvent être conjugués à des temps simples ou à des temps composés.

- Un verbe conjugué à un temps simple est formé d'un seul mot.
  > La Grèce **sort** des ténèbres au IXᵉ siècle avant notre ère.

- Un verbe conjugué à un temps composé est formé de deux mots : un auxiliaire conjugué (souvent *avoir* ou *être*) et un participe passé.

  Auxiliaire Participe passé
  > Les anciens Grecs <u>ont</u> <u>légué</u> à l'humanité un patrimoine incomparable.

- Chaque temps simple correspond à un temps composé.

LES CORRESPONDANCES ENTRE LES TEMPS SIMPLES ET LES TEMPS COMPOSÉS (MODES PERSONNELS)		
Mode	**Temps simple**	**Temps composé**
Indicatif	Présent ❯ Nous aimons	Passé composé ❯ Nous **avons** aimé
	Passé simple ❯ Nous aimâmes	Passé antérieur ❯ Nous **eûmes** aimé
	Imparfait ❯ Nous aimions	Plus-que-parfait ❯ Nous **avions** aimé
	Futur simple ❯ Nous aimerons	Futur antérieur ❯ Nous **aurons** aimé
	Conditionnel présent ❯ Nous aimerions	Conditionnel passé ❯ Nous **aurions** aimé
Subjonctif	Présent ❯ Que nous aimions	Passé ❯ Que nous **ayons** aimé
Impératif	Présent ❯ Aimons	Passé ❯ **Ayons** aimé

Les auxiliaires de conjugaison

Les verbes auxiliaires sont souvent les verbes *avoir* et *être*. Ils s'emploient avec un participe passé pour former les temps composés.

- L'auxiliaire *avoir* est employé pour former les temps composés de presque tous les verbes.

  > Habiles navigateurs, les Grecs **ont** sillonné la Méditerranée sur leurs navires de commerce.

- L'auxiliaire *être* est employé pour former les temps composés :

  – des verbes pronominaux ;

  > D'abord, la civilisation grecque **s'est développée** en Crête.

  – des verbes exprimant une idée de déplacement ou de transformation comme *aller, arriver, décéder, devenir, entrer, mourir, naître, partir, rester, sortir, venir.*

  > Leurs bateaux de guerre très rapides **étaient propulsés** par trois doubles rangées de rameurs.

- Certains verbes comme *changer, déménager, descendre, monter, passer, sortir,* etc., peuvent être employés avec l'auxiliaire *avoir* ou avec l'auxiliaire *être.*

  > La classe de théâtre **a monté** une pièce relatant la vie d'Alexandre le Grand.

  Le rouge **m'est monté** aux joues quand le public a chaleureusement applaudi notre spectacle.

- Certains verbes comme *aller, venir, devoir, pouvoir, savoir, vouloir* et *faire* peuvent jouer le rôle de semi-auxiliaire.

- Les verbes *aller* et *venir* suivis d'un verbe à l'infinitif servent à exprimer le futur proche et le passé récent.

  > Je **vais** prendre un bon bain. (Futur proche)

  Je **viens** d'en sortir. (Passé récent)

Le participe passé

- Le participe passé accompagné de l'auxiliaire *avoir* ou l'auxiliaire *être* sert à former les temps composés. Le participe passé peut aussi être employé seul, comme un adjectif.

  - Participe passé employé seul

    ❯ **Construits** en demi-cercle sur le flanc d'une colline, les théâtres grecs étaient en plein air.

  - Participe passé accompagné d'un auxiliaire

    ❯ Les musiciens grecs <u>ont</u> **utilisé** des instruments à vents ou à cordes.

- Au masculin, la dernière lettre du participe passé d'un verbe est différente selon la terminaison du verbe à l'infinitif. Les terminaisons possibles sont : *é, t, u, i, s.*

  - Les verbes qui se terminent par *-er* à l'infinitif ont un participe passé en *-é.*

    ❯ chant**é**

  - Les verbes qui se terminent par *-ir* à l'infinitif et qui font *-issant* au participe présent ont un participe passé en *-i.*

    ❯ blanch**i**

  - Les verbes qui se terminent par *-ir* à l'infinitif et qui **ne font pas** *-issant* au participe présent ainsi que les verbes qui se terminent par *-oir* ou *-re* ont un participe passé en *-i, -u, -s* ou *-t.*

    ❯ part**i**, rend**u**, acqui**s**, écri**t**

LES TERMINAISONS HOMOPHONIQUES EN [É]

À la fin des verbes et des participes passés, le son [é] peut s'écrire de différentes façons : *-er, -é, -ée, -és, -ées, -ai, -ez.*

LE SON [E] À LA FIN DES VERBES ET DES PARTICIPES PASSÉS		
Verbes à l'infinitif	*-er*	❯ Alexandre le Grand va fond<u>er</u> un immense empire.
Participes passés	*-é (-és, -ée, -ées)*	❯ Alexandre le Grand a fond<u>é</u> un immense empire.
Verbe et auxiliaire *avoir,* verbes à l'indicatif futur simple à la 1re personne du singulier, verbes en *-er* à l'indicatif passé simple à la 1re personne du singulier	*-ai*	❯ J'**ai** commencé à lire sa biographie. Je la <u>terminerai</u> la semaine prochaine. Je termin<u>ai</u> ce travail en deux temps, trois mouvements.
Verbes et auxiliaires conjugués à la 2e personne du pluriel	*-ez*	❯ Vous <u>aurez</u> aimé ce livre. Vous le <u>résumerez</u> à vos amis.

Les terminaisons verbales

LES TERMINAISONS DE L'INDICATIF PRÉSENT

LES TERMINAISONS DE L'INDICATIF PRÉSENT		
Personne	Verbes en *-er* Verbes *accueillir, assaillir, cueillir, défaillir, recueillir, tressaillir, offrir, souffrir, couvrir* et *ouvrir*	Autres verbes Sauf les principales exceptions que sont les verbes *avoir, être, faire, aller, dire, pouvoir, valoir, vouloir* et *vaincre* ainsi que les verbes qui se terminent par *-dre* mais pas par *-aindre, -eindre, -oindre* ou *-soudre.*
1re pers. sing.	*-e*	*-s*
2e pers. sing.	*-es*	*-s*
3e pers. sing.	*-e*	*-t*
1re pers. plur.	*-ons*	*-ons*
2e pers. plur.	*-ez*	*-ez*
3e pers. plur.	*-ent*	*-ent*

LES TERMINAISONS DE L'INDICATIF IMPARFAIT

Tous les verbes ont les mêmes terminaisons à l'indicatif imparfait.

LES TERMINAISONS DE L'INDICATIF IMPARFAIT	
Personne	Terminaison
1re pers. sing.	*-ais*
2e pers. sing.	*-ais*
3e pers. sing.	*-ait*
1re pers. plur.	*-ions*
2e pers. plur.	*-iez*
3e pers. plur.	*-aient*

LES TERMINAISONS DE L'INDICATIF PASSÉ SIMPLE

LES TERMINAISONS DE L'INDICATIF PASSÉ SIMPLE				
Personne	**Verbes en -*er***	**Verbes en -*ir* Majorité des verbes en -*re***	**Majorité des verbes en -*oir* Verbes *boire, conclure, connaître, croire, croître, être, exclure, lire, moudre, paraître, plaire, repaître, résoudre, taire* et *vivre***	**Verbes *venir* et *tenir*, et leurs dérivés**
1re pers. sing.	*-ai*	*-is*	*-us*	*-ins*
2e pers. sing.	*-as*	*-is*	*-us*	*-ins*
3e pers. sing.	*-a*	*-it*	*-ut*	*-int*
1re pers. plur.	*-âmes*	*-îmes*	*-ûmes*	*-înmes*
2e pers. plur.	*-âtes*	*-îtes*	*-ûtes*	*-întes*
3e pers. plur.	*-èrent*	*-irent*	*-urent*	*-inrent*

À l'indicatif passé simple, il y a un **accent circonflexe** sur l'avant-dernière voyelle à la 1re et à la 2e personne de tous les verbes, sans exception.

❯ Nous parlâmes, vous parlâtes, nous prîmes, vous prîtes, nous crûmes, vous crûtes, nous tînmes, vous tîntes.

LES TERMINAISONS DE L'INDICATIF FUTUR SIMPLE

LES TERMINAISONS DE L'INDICATIF FUTUR SIMPLE		
Personne	**Verbes en -*er* Verbes *accueillir, cueillir, recueillir***	**Autres verbes**
1re pers. sing.	*-erai*	*-rai*
2e pers. sing.	*-eras*	*-ras*
3e pers. sing.	*-era*	*-ra*
1re pers. plur.	*-erons*	*-rons*
2e pers. plur.	*-erez*	*-rez*
3e pers. plur.	*-eront*	*-ront*

À l'indicatif futur simple, certains verbes s'écrivent avec deux *r* qui se suivent à toutes les personnes du singulier et du pluriel, comme les verbes *voir, revoir, envoyer, courir, mourir, entrevoir*, etc.

❯ verrai, tu verras, il verra, nous verrons, vous verrez, elles verront

LES TERMINAISONS DE L'INDICATIF CONDITIONNEL PRÉSENT

LES TERMINAISONS DE L'INDICATIF CONDITIONNEL PRÉSENT		
Personne	**Verbes en -er** **Verbes *accueillir, cueillir, recueillir***	**Autres verbes**
1re pers. sing.	*-erais*	*-rais*
2e pers. sing.	*-erais*	*-rais*
3e pers. sing.	*-erait*	*-rait*
1re pers. plur.	*-erions*	*-rions*
2e pers. plur.	*-eriez*	*-riez*
3e pers. plur.	*-eraient*	*-raient*

À l'indicatif conditionnel présent, certains verbes s'écrivent avec deux **r** qui se suivent à toutes les personnes du singulier et du pluriel, comme les verbes *voir, revoir, envoyer, courir, mourir, entrevoir,* etc.

❯ Je ve**rr**ais, tu ve**rr**ais, elle ve**rr**ait, nous ve**rr**ions, vous ve**rr**iez, ils ve**rr**aient

LES TERMINAISONS DU SUBJONCTIF PRÉSENT

LES TERMINAISONS DU SUBJONCTIF PRÉSENT			
Personne	**Tous les verbes** **(sauf *avoir* et *être*)**	**Verbe *avoir***	**Verbe *être***
1re pers. sing.	*-e*	*-e*	*-s*
2e pers. sing.	*-es*	*-es*	*-s*
3e pers. sing.	*-e*	*-t*	*-t*
1re pers. plur.	*-ions*	*-ons*	*-ons*
2e pers. plur.	*-iez*	*-ez*	*-ez*
3e pers. plur.	*-ent*	*-ent*	*-ent*

LES TERMINAISONS DE L'IMPÉRATIF PRÉSENT

LES TERMINAISONS DE L'IMPÉRATIF PRÉSENT		
Personne	**Verbes en -er** **Verbes *accueillir, assaillir, cueillir, défaillir, recueillir, tressaillir, offrir, souffrir, couvrir* et *ouvrir***	**Autres verbes**
2e pers. sing.	*-e*	*-s*
1re pers. plur.	*-ons*	*-ons*
2e pers. plur.	*-ez*	*-ez*

Les principales exceptions sont les verbes *aller, dire, faire* et *vouloir.*

LE LEXIQUE

LA FORMATION DES MOTS

L'étymologie

L'étymologie, c'est l'étude de l'origine et de la filiation des mots.

Pour trouver l'étymologie d'un mot, on peut consulter un dictionnaire usuel, qui fournira des renseignements succincts sur l'origine de ce mot, ou un dictionnaire étymologique, dans lequel on trouvera des renseignements plus détaillés. L'information contenue dans ces ouvrages de référence peut notamment révéler la date d'apparition du mot, les emprunts du français aux autres langues, et vice-versa, de même que des renseignements quant aux liens de parenté entre des mots possédant un ancêtre commun. Grâce à ces renseignements, on perçoit mieux l'évolution de la langue.

- L'étymologie du mot *greffe* dans un dictionnaire de langue :

greffe [gʀɛf] **nom masculin**	**ÉTYM.** XIᵉ *grafie* ; <u>latin</u> *graphium* « stylet », du <u>grec</u> *grapheion* ⇨ Encadré : **greffe**

1 **Vx** Stylet, poinçon pour écrire.

2 (1278) **Mod.** Bureau où l'on garde les minutes des actes de procédure. *Le greffe du tribunal. Déposer un dossier au greffe.*

Le nouveau Petit Robert de la langue française, 2007, version CD-Rom.

- L'étymologie du mot *greffe* dans un dictionnaire étymologique :

GREFFE « pousse d'arbre », masc. jusqu'au XVIᵉ s. Emploi métaphorique de l'a. fr. *grefe* (souvent *grafe* d'après le lat. ou l'anc. verbe *grafigner*) « poinçon », surtout « poinçon à écrire », d'où aussi « petit poignard », lat. *graphium* « poinçon à écrire » (du grec *grapheion*, v. **graffite**). – Dér. : **greffer**, 1530 (sous la forme *graffez*), v. **enter**, d'où **greffe** « action de greffer », 1690 ; **greffoir**, 1700 ; **greffon**, 1866 (déjà *graphon* au XVIᵉ s.).

Oscar BLOCH et Walther von WARTBURG,
Dictionnaire étymologique de la langue française,
9ᵉ éd., Paris, Presses Universitaires de France, 1991, p. 304.

La dérivation

La dérivation est un procédé qui permet de **former de nouveaux mots** (des mots dérivés) en ajoutant à un mot de base un préfixe, un suffixe ou les deux.

- Un **mot de base** est un mot qui ne contient ni préfixe ni suffixe.

  ❯ saut

- En français, pour former les mots dérivés, on a surtout emprunté des préfixes et des suffixes d'**origine grecque et latine.**

  ❯ Préfixe latin + mot de base = mot dérivé

     extra-   +   lucide   = extralucide

   Préfixe grec + mot de base = mot dérivé

     para-   +   pluie   = parapluie

- La dérivation permet d'**assurer la continuité de l'information** tout en variant l'expression d'une idée.

  ❯ La **pratique** régulière d'un sport permet de rester en bonne forme physique. En effet, **pratiquer** une activité physique a un effet bénéfique sur notre corps.

LES PRÉFIXES

- Un préfixe est un élément formé d'une ou de plusieurs lettres qui a un sens ; on l'ajoute au **début d'un mot de base** pour former un mot dérivé.

  ❯ Préfixe + mot de base = mot dérivé

    sur-   +   saut   =   **sur**saut

- Dans la plupart des cas, le préfixe se joint au mot de base **sans trait d'union.**

  ❯ **tri**cycle

- Le mot dérivé issu d'un mot de base auquel on a ajouté un préfixe appartient habituellement à la **classe grammaticale** du mot de base ; les deux mots **n'ont cependant pas le même sens.**

  ❯ Mot de base   → Mot dérivé

    gel (nom masculin) → **anti**gel (nom masculin)

    voir (verbe)   → **re**voir (verbe)

- Certains préfixes peuvent servir à former des **antonymes.**

❯ possible	→ **im**possible	faire	→ **dé**faire
tolérant	→ **in**tolérant	paraître	→ **dis**paraître
logique	→ **il**logique	conformisme	→ **non**-conformisme
normal	→ **a**normal	avouer	→ **dés**avouer
responsable	→ **ir**responsable	aérobie	→ **an**aérobie

TABLEAU DES PRINCIPAUX PRÉFIXES

Ce tableau regroupe les principaux préfixes, c'est-à-dire les éléments qu'on peut ajouter au début de mots de base pour former des mots dérivés.

LES PRINCIPAUX PRÉFIXES							
Préfixe	**Origine**	**Sens**	***Exemple***	**Préfixe**	**Origine**	**Sens**	***Exemple***
a-, an-	grecque	négation	***a***normal, ***an***alphabète	*juxta-*	latine	près de	***juxta***poser
ad-	latine	vers	***ad***joint, ***ad***option, ***ad***venir	*péri-*	grecque	autour	***péri***phrase
				pré-	latine	devant	***pré***histoire
anté-	latine	avant	***anté***posé, ***anté***diluvien	*post-*	latine	après	***post***natal, ***post***synchroniser
anti-	latine	contraire, avant	***anti***gel, ***anti***colonialiste, ***anti***daté	*re-*	latine	répétition	***re***prendre
				dis-	latine	séparation, dissociation	***dis***joindre, ***dis***paraître
circon-	latine	autour	***circon***férence	*rétro-*	latine	en arrière	***rétro***actif, ***rétro***grader
co- *con-* *com-* *syn-*	latine latine latine grecque	avec, ensemble	***co***auteur ***con***citoyen ***com***patir ***syn***thèse	*sous-* *sub-* *vice-*	latine latine latine	hiérarchie	***sous***-ministre ***sub***alterne ***vice***-présidente
contre-	latine	opposition	***contre***dire, ***contre***-courant	*super-* *sur-*	latine latine	sur	***super***poser ***sur***monter
dé-, dés-	latine		***dé***composer, ***dés***habiller	*archi-* *extra-* *hyper-* *super-* *ultra-* *hypo-* *sous-*	grecque latine grecque latine latine grecque latine	intensité • forte • faible	***archi***millionnaire ***extra***ordinaire ***hyper***actif ***super***marché ***ultra***moderne ***hypo***glycémie ***sous***-développé
dé-, dés-	latine	privation, séparation	***dé***tacher, ***dés***honneur				
épi-	grecque	au-dessus	***épi***derme				
ex-	grecque	en dehors	***ex***proprier, ***ex***-conjoint				
extra-	latine	extériorité	***extra***terrestre	*bi-* (deux) *mono-* (un) *octo-* (huit) *tri-* (trois)	latine latine latine latine	quantité	***bi***pède ***mono***parental ***octo***génaire ***tri***angle
il-, ir-	latine	négation	***il***lettré, ***ir***réel				

LES SUFFIXES

- Un suffixe est un élément formé d'une ou de plusieurs lettres qui a un sens ; on l'ajoute à la **fin d'un mot de base** pour former un mot dérivé.

  ❯ Mot de base + suffixe = mot dérivé

     saut   +   -er   =   saut**er**

- Souvent, le mot dérivé formé par l'ajout d'un suffixe à un mot de base n'appartient pas à la **classe grammaticale** de ce mot de base.

  ❯ Mot de base → Mot dérivé

    saut (nom)   → saut**er** (verbe)

    enfant (nom) → enfant**in** (adjectif)

- L'addition d'un suffixe ne se traduit pas toujours par un changement de classe grammaticale ; le suffixe peut aussi **nuancer le sens** d'un mot.

  ❯ Mot de base   → Mot dérivé

    maigre (adjectif) → maigrel**et** (adjectif)

- Certains mots dérivés sont construits à la fois avec **un préfixe et un suffixe.**

  ❯ Préfixe + mot de base + suffixe = mot dérivé

    sur- +   saut   + -er = **sur**saut**er**

- Parfois, on doit **modifier le mot de base** quand on ajoute un préfixe ou un suffixe.

  ❯ Mot de base + suffixe =   mot dérivé

    prudent   + -ment = ⊘ prudentment

                        =   prudemment

- Lorsqu'on connaît le sens des préfixes et des suffixes, on peut souvent **deviner le sens d'un nouveau mot** sans recourir au dictionnaire.

  ❯ Si l'on sait que le préfixe *juxta* signifie « auprès de », on pourra en déduire que le mot ***juxta**poser* signifie « poser, mettre (une ou plusieurs choses) à côté ou près d'une autre ».

- De même, la connaissance des préfixes et des suffixes aide à **bien orthographier** les mots dérivés.

  ❯ Préfixe + mot de base =   mot dérivé

    im- +   moral = i**mm**oral (avec 2 *m*)

    ir- +   réel   = i**rr**éel (avec 2 *r*)

TABLEAU DES PRINCIPAUX SUFFIXES

Ce tableau regroupe les principaux suffixes, c'est-à-dire les éléments qu'on peut ajouter à la fin de mots de base pour former des mots dérivés.

LES PRINCIPAUX SUFFIXES							
Suffixe	**Origine**	**Sens**	*Exemple*	**Suffixe**	**Origine**	**Sens**	*Exemple*
-able *-ible*	latine latine	possibilité	*mangeable* *répressible,* *visible, audible*	*-eur* *-ier* *-aire* *-iste* *-ien*	latine latine latine grecque latine	métier, profession	*chanteur,* *éboueur* *pâtissier* *disquaire* *dentiste* *chirurgien*
-ade, -age *-ure,* *-aison* *-ion, -ation* *-ement*	latine latine latine latine	action ou son résultat	*promenade,* *magasinage* *peinture,* *livraison* *tentation,* *argumentation* *stationnement*	*-ier*	latine	arbre, arbuste	*bananier,* *framboisier,* *figuier, pommier,* *poirier, peuplier*
-aie *-ain(e)* *-aille* *-ée*	latine latine latine latine	plantation quantité collectif contenu	*roseraie* *douzaine* *ferraille* *pelletée,* *cuillerée,* *assiettée*	*-isme* *-iste* *-ien*	latine latine latine	doctrine, système économique ou politique (*-isme*) adepte (*-iste, -ien*)	*capitalisme,* *libéralisme* *pacifiste,* *socialiste,* *gauchiste* *stalinien,* *hégélien*
-ais *-ois* *-ain* *-ien* *-an*	latine latine latine latine latine	origine	*Français* *Chinois* *prochain,* *mexicain* *brésilien* *persan*	*-ite*	grecque	infection	*appendicite,* *arthrite,* *bronchite,* *hépatite,* *méningite, otite*
-aille, -ard *-âtre, -aud* *-asse*	latine latine latine	péjoratif	*canaille, fêtard,* *chauffard* *marâtre,* *lourdaud* *bonasse,* *chaudasse*	*-graphie*	grecque	art d'écrire	*calligraphie,* *sténographie*
-erie	latine	lieu où l'on fabrique, où l'on vend	*boucherie,* *brocanterie,* *épicerie*	*-logie*	grecque	science	*psychologie,* *astrologie,* *géologie*
-et, -ette *-in* *-ot* *-ole* *-eau* *-cule*	latine latine latine latine latine latine	diminutif	*garçonnet,* *maisonnette* *diablotin* *îlot* *bestiole* *chevreau* *groupuscule*	*-nome*	grecque	qui règle	*économe,* *métronome,* *astronome*
				-ose	grecque	termes médicaux	*névrose,* *sclérose*
-ment		manière	*justement* *vraiment*	*-ique*	grecque	qui est relié à	*bureautique,* *robotique,* *géographique*

La composition des mots

La **composition** est un procédé de **création de mots** qui consiste à réunir des mots afin de former des mots composés et des locutions. Ces éléments forment alors des ensembles indissociables qui possèdent un sens qui leur est propre.

> pomme + de + terre → pomme de terre
> réveille + matin → réveille-matin
> porte + manteau → portemanteau

LES DIFFÉRENTES FORMES DES MOTS COMPOSÉS

- Les mots composés peuvent être **formés de trois façons différentes,** ce qui les rend difficiles à orthographier. En cas de doute, il vaut mieux consulter un dictionnaire.

    – Par soudure

    > banque + route → banqueroute
    > autre + fois → autrefois
    > aussi + tôt → aussitôt

    – Par l'insertion d'un trait d'union

    > avant + première → avant-première
    > queue + de + cheval → queue-de-cheval
    > arrière + grand + mère → arrière-grand-mère

    – Par l'union de termes séparés

    > hôtel + de + ville → hôtel de ville
    > point + de + vue → point de vue
    > fer + à + repasser → fer à repasser

- Les mots composés appartiennent à **différentes classes de mots** et peuvent être construits de différentes façons. Les verbes, les adverbes, les conjonctions et les prépositions peuvent être formés de mots provenant de diverses classes de mots.

    – Noms

    > laissez-passer (verbe + verbe), porte-parole (verbe + nom)

    – Adjectifs

    > bleu ciel (adjectif + nom) , bleu-gris (adjectif + adjectif)

    – Verbes

    > maintenir (nom + verbe), entrecouper, (préposition + verbe)

    – Locutions verbales

    > avoir lieu (verbe + nom), prendre la fuite (verbe + déterminant + nom)

    – Locutions adverbiales

    > avant-hier (adverbe + adverbe), en arrière (préposition + adverbe)

    – Locutions conjonctives

    > avant que (adverbe + *que*), de peur que (préposition + nom + *que*)

    – Locutions prépositives

    > à cause de (préposition + nom + préposition) grâce à (nom + préposition)

- On peut **reconnaître les mots composés** en observant les critères suivants :

  – les éléments qui constituent un mot composé ne peuvent être séparés sans
  que le sens du mot soit changé ;

  > banqueroute / faillite, échec

    banque / établissement ou organisme effectuant des transactions financières

    route / chemin, voie de communication terrestre

  – aucun élément ne peut être intercalé entre les parties du mot composé ;

  > un **wagon-lit** confortable

    ⊘ un wagon confortable lit

  – les éléments qui constituent un mot composé ne peuvent être remplacés,
  à moins que l'on veuille jouer avec les mots.

  > un rendez-vous

    ⊘ un rendez-toi

LES RÈGLES D'ACCORD DES MOTS COMPOSÉS

- Différentes règles d'accord s'appliquent aux mots composés (La formation du pluriel
  des noms composés ➲ p. 394, La formation du pluriel des adjectifs composés
  ➲ p. 400). Le dictionnaire indique souvent le pluriel des mots composés.

  > **wagon-citerne** n.m. Voiture d'un train réservée au transport des liquides.
  > *Lors de l'accident ferroviaire, les wagons-citernes qui contenaient du pétrole*
  > *se sont enflammés.* **Rem. Au pluriel,** *wagons-citernes.*
  >
  > *Dictionnaire HRW et thésaurus,* Laval, Éditions HRW, 2000, p. 1549.

LA COMPOSITION SAVANTE

La composition savante consiste à former un mot en combinant des **éléments provenant
du latin ou du grec.**

> anthropo- (homme) + -logie (science) = anthropologie (ensemble des sciences
qui étudient l'homme)

  poly- (plusieurs) + -gone (angle) = polygone (figure qui a plusieurs angles
  et plusieurs côtés)

LE LEXIQUE   COFFRET

LES ÉLÉMENTS GRECS OU LATINS SERVANT À FORMER DES MOTS SAVANTS			
Élément	**Origine**	**Sens**	***Exemple***
agr(o)-	latine	champ	**agr**i*culture* (champ, cultiver)
andr(o)-	grecque	homme (mâle)	**andr**o*ïde* (homme, forme)
anthropo-, anthrope	grecque	homme (espèce)	**anthropo***phage* (homme, manger)
astro-, aster-	latine, grecque	astre, étoile	**astro***naute* (astre, navigateur)
auto-	grecque	soi-même	**auto***mobile* (soi-même, bouger)
bio-, -bie, -biose	grecque	vie	**bio***graphie* (vie, écrit)
cardi(o)-	grecque	cœur	**cardio***gramme* (cœur, graphique)
chron(o)-, -chronique	grecque	temps	**chrono***mètre* (temps, mesure)
-cide	latine	tuer	*herbi***cide** (herbe, tuer)
cosmo-, -cosme	grecque	monde, univers	**cosmo***naute* (univers, navigateur)
électr(o)-	latine	électricité (ambre)	**électro***choc* (électricité, choc)
encéphale, -céphale	grecque	tête	*micro***céphale** (petit, tête)
ethno-	grecque	peuple	**ethno***centrique* (peuple, centrer)
-fère	latine	porter	*calori***fère** (chaleur, porter)
gast(é)r(o)-, -gastr(i)e	grecque	ventre	**gast**r*ite* (ventre, inflammation)
-gène, -genèse	grecque	origine, formation	*hydro***gène** (eau, formation)
géo-	grecque	terre	**géo***logie* (terre, science)
grapho-, -graphie, -graphe	grecque	écrire	*sismo***graphe** (secousse, écrire)
hémat(o)-, hémo-, -émie	grecque	sang	**hémo***rragie* (sang, jaillir)
hétér(o)-	grecque	autre, différent	**hétéro***gène* (différent, formation)
homo-, homéo-	grecque, latine	semblable	**homéo***pathie* (semblable, maladie)
hydro(o)-	grecque	eau	**hydro***graphie* (eau, écrire)
logo-, -logie, -logue	grecque	science, étude	*bio***logie** (vie, science)
métr(o)-, -mètre, -métrie	grecque	mesure	*centi***mètre** (centième, mesure)
micro-	grecque	petit	**micro***biologie* (petit, vie, science)
morpho-, -morphe	grecque	forme	**morpho***logique* (forme, étude)
neuro-, névr(o)-	grecque	nerf	**névr**a*lgie* (nerf, douleur)
-nome, -nomie	grecque	règle, loi	*astro***nomie** (astre, règle)
-onyme	grecque	nom	*syn***onyme** (avec, nom)

(*SUITE À LA PAGE SUIVANTE*)

LES ÉLÉMENTS GRECS OU LATINS SERVANT À FORMER DES MOTS SAVANTS (*SUITE*)			
Élément	**Origine**	**Sens**	**Exemple**
ortho-	grecque	droit, correct	**ortho**graphe (droit, écrire)
paléo-	grecque	ancien	**paléo**climat (ancien, climat)
patho-, -pathie, -pathe	grecque	maladie, ressentir	sym**pathie** (avec, ressentir)
phago-, -phagie, -phage	grecque	manger, mangeur	anthropo**phage** (homme, manger)
pharmac(o)-	grecque	médicament	**pharmaco**logie (médicament, science)
phil(o)-, -phile	grecque	amour	**philo**sophie (amour, sagesse)
-phobie, -phobe	grecque	peur	agora**phobie** (lieu public, peur)
phon(o)-, -phone	grecque	son, voix	télé**phone** (loin, voix)
photo-	grecque	lumière	**photo**graphie (lumière, écrire)
psych(o)-	grecque	âme, esprit	**psych**analyse (esprit, analyse)
radio-	latine	rayon	**radio**logie (rayon, science)
-saure	grecque	lézard	dino**saure** (terrible, lézard)
-scope, -scopie	grecque	voir	micro**scopie** (petit, voir)
syn-, sym-	grecque	ensemble, avec	**syn**thèse (ensemble, placer)
techn(o)-, technie, -technique	grecque	art, science	radio**technique** (rayon, art)
télé-	grecque	loin	**télé**vision (loin, vision)
-thèque	grecque	armoire, dépôt	biblio**thèque** (livre, armoire)
thérap-, -thérapie	grecque	traitement médical	hydro**thérapie** (eau, traitement)
therm(o)-, -therme, -thermie	grecque	chaleur	**thermo**mètre (chaleur, mesure)
-vore	latine	manger	grani**vore** (grain, manger)
zoo-	grecque	animal	**zoo**phobie (animal, peur)

LE TÉLESCOPAGE

Le télescopage est le procédé utilisé pour construire des **mots-valises.** Les mots-valises sont des mots nouveaux formés par l'amalgame de deux mots existants. Le mot nouveau emprunte le sens de l'un et de l'autre de ces deux mots.

- Les mots-valises sont des mots nouveaux formés à l'aide de parties de mots. Le plus souvent, on joint le début d'un mot à la fin d'un autre.
    - ❯ **héli**coptère + aéro**port** = héliport

- Le télescopage permet de créer des **effets comiques ou poétiques** qui sont souvent exploités par les humoristes et les publicitaires. Un son commun peut être à la jonction des deux mots réunis.
    - ❯ **foul**e + mul**titude** = foultitude (Victor Hugo, *Les misérables*)

        ostéoporose + **morose** = ostéomorose (Marc Favreau, Sol)

- Le télescopage est aussi utilisé pour **créer des termes techniques.**
    - ❯ **bureau** + informa**tique** = bureautique

        partager + lo**giciel** = partagiciel

- Le télescopage est aussi utilisé en **publicité.**
    - ❯ Dégustez nos délicieuses **fruitandises**! (**fruit** et fri**andise**)

Les familles de mots

Une famille de mots est l'ensemble des mots dérivés et des mots composés issus du même **mot de base.**

❯ **moral**, **moral**ement, **moral**iser, **moral**iste, **moral**isme, a**moral**, im**moral**, etc.

- Les mots de même famille ne doivent pas être liés uniquement par la **forme,** mais aussi par le **sens.**
    - ❯ fémoral → ne fait pas partie de la famille du mot *moral,* car il n'a pas le même sens. Il appartient à la famille du mot *fémur.*

- Les mots de même famille appartiennent généralement à **différentes classes de mots.**
    - ❯ **moral**ement → adverbe

        moraliser → verbe

        moraliste → nom

        a**moral** → adjectif

- L'utilisation de mots de même famille appartenant à différentes classes grammaticales permet d'**éviter les répétitions inutiles** et d'**assurer la reprise de l'information** dans un texte.
    - ❯ Il y a quelques années, les habitants de la région ont **reboisé** (verbe) les pentes de la montagne. Ce **reboisement** (nom) a eu des effets bénéfiques sur l'environnement.

L'emprunt

Un emprunt est un **mot d'une autre langue,** n'ayant aucun équivalent en français, qui a été intégré au français.

- Le français a emprunté des mots à plusieurs langues étrangères.
    - Amérindien ❯ mocassin, totem
    - Arabe ❯ café, razzia
    - Espagnol ❯ tabac, chocolat
    - Italien ❯ brigand, spaghetti
    - Turc et persan ❯ kiosque, chacal

- Le dictionnaire indique généralement la **langue d'origine** d'un emprunt.

> **tohu-bohu** n.m. invar. fam. (hébreu) Grand désordre, tumulte. *Elle tentait vainement de ramener l'ordre au milieu de ce tohu-bohu.*
>
> *Dictionnaire HRW et thésaurus,* Laval, Éditions HRW, 2000, p. 1453.

LES ANGLICISMES

Un anglicisme est un **emprunt à l'anglais** ; il peut s'agir d'un mot, d'une expression, d'un sens ou d'une construction de phrase.

- L'emploi d'anglicismes est justifiable quand il n'existe pas de termes équivalents en français.
    - ❯ Clown, iceberg, tennis, western, jogging sont des emprunts à l'anglais qui n'ont pas d'équivalents en français.

- L'emploi d'anglicismes n'est pas justifiable quand il existe des termes équivalents en français.
    - ❯ ⊘ beurre de *peanut* → beurre d'**arachide**
    - ⊘ travailler sur son *lap top* → travailler sur son **ordinateur portatif**

TABLEAU DES ANGLICISMES

Ce tableau présente quelques emprunts injustifiés à la langue anglaise et leur équivalent en langue française.

LES ANGLICISMES	
Emploi fautif	**Forme correcte**
Appareil à air conditionné	Climatiseur, conditionneur d'air, conditionneur
C'est *full* bon.	C'est très bon.
Avoir un kick sur une personne	Être amoureux ou amoureuse d'une personne
Tomber en amour	Tomber amoureux ou amoureuse, devenir amoureux ou amoureuse
Servir des *breuvages*	Servir des boissons
Être catcher au baseball	Être receveur au baseball
Elle a *breaké* juste à temps.	Elle a freiné juste à temps.
La *cédule* des parties de hockey	Le calendrier des parties de hockey
Passer la soirée à *chatter*	Passer la soirée à clavarder
Canceller un *appointement*	Annuler un rendez-vous
Downloader un *software*	Télécharger un logiciel
Déplugger la radio pour *connecter* un ordinateur	Débrancher la radio pour brancher un ordinateur
Faire un *draft* d'un texte	Faire un brouillon d'un texte
Un *chum* qui joue du *drum*	Un copain, un ami, un camarade qui joue de la batterie
Aller dans un restaurant *fast-food* et manger un repas *fast food*	Aller dans un restaurant-minute pour manger un repas-minute, un plat-minute, une bouffe-minute
C'est une *joke*.	C'est une farce, un tour, une blague.
Il reste deux minutes *à jouer*.	Il reste deux minutes de jeu.
Être *lucké*	Être chanceux ou chanceuse
C'est la raison *pourquoi* j'agis ainsi.	C'est la raison pour laquelle j'agis ainsi.
La remise du travail est *passée due*.	La date de remise du travail est échue.
Retourner un appel	Rappeler
Skateboard	Planche à roulettes
Tanker, gazer	Mettre de l'essence, faire le plein
Surfer sur Internet	Naviguer dans Internet, sur Internet

Les néologismes

Un néologisme est un **mot nouveau** créé pour désigner une **réalité nouvelle.** Plusieurs néologismes sont liés aux nouvelles technologies de l'information et de la communication.

❯ courriel, internaute, décrocheur, clavardage, altermondialisation

• Le mot nouveau peut être un **mot ancien** employé dans un **sens nouveau.**

> ❯ Le mot *pirate* désignait, à l'origine, un *aventurier qui courait les mers pour piller les navires de commerce.* Vers 1966, il a pris le sens de *clandestin, illicite* dans les expressions *édition pirate, enregistrement pirate.* De nos jours, on trouve le **pirate informatique** (néologisme), qui est une personne qui exploite les failles d'un système informatique.

• Le mot nouveau peut être créé à l'aide d'un **sigle.**

> ❯ Syndrome d'immunodéficience acquise (sida)
>
> Collège d'enseignement général et professionnel (cégep)

• Les néologismes sont habituellement signalés dans les **dictionnaires** par l'abréviation *néol.* ou par la mention de la date de leur apparition.

| **mobinaute** [mɔbinot] **nom** | **ÉTYM. 2000** ; mot-valise, de *mobile* et *internaute* |

> ■ Internaute qui utilise des terminaux mobiles (téléphone portable, ordinateur de poche…) pour accéder à Internet.
>
> *Le nouveau Petit Robert de la langue française,* 2007, version CD-Rom.

Les archaïsmes

Les archaïsmes sont des mots ou des expressions qu'on employaient autrefois, mais qui ne sont plus ou presque plus utilisés de nos jours. L'archaïsme est donc **un mot, un sens ou une construction qui sont vieillis,** qui sont devenus rares dans la langue contemporaine.

❯ peignure (coiffure)

à la brune (le soir, au crépuscule)

s'écarter (employé dans le sens de se perdre, s'égarer)

• Les archaïsmes peuvent être des régionalismes, c'est-à-dire des mots associés à une seule région de la francophonie. Dans ce cas, on les rencontre surtout dans le langage des personnes âgées.

> Il faut **rapailler** (ramasser, rassembler) ses affaires avant de partir.

(Archaïsme qui est une expression familière et un québécisme.)

• Dans les textes littéraires, l'emploi d'archaïsmes permet de créer des effets de style.

> «J'ai trouvé **ma mie** en haute montagne, (ma mie : mon amie)

La lune était ronde, le hibou muet

En haute montagne je l'y ai laissée,

À la nuit tombante j'irai la retrouver»

Gilles VIGNEAULT, Chanson démodée, [En ligne].

«Ma fille me prie de vous **mander** le mariage de M. de Nevers.» (Mme de Sévigné) (mander : faire savoir)

Jamais «il ne fut donné d'**ouïr** un vacarme plus discordant». (Loti) (ouïr : entendre)

• Les archaïsmes sont habituellement signalés dans les **dictionnaires** par l'abréviation *Vx.*

> **choir** [ʃwaʀ] verbe intransitif

Vx ou **littér.** Être entraîné de haut en bas. → 1. **tomber ;** s'**écrouler.** *«Si l'averse choit soudain en rideau déroulé»* (Colette). *«Elle avait laissé choir sa valise»* (Martin du Gard). *«Tire la chevillette, la bobinette cherra»* (Perrault).

Le nouveau Petit Robert de la langue française, 2007, version CD-Rom.

LE SENS DES MOTS

La polysémie

Lorsqu'un mot a **plusieurs sens,** il y a polysémie. La plupart des mots sont polysémiques. Dans les textes littéraires, principalement en poésie, on joue énormément sur la polysémie des mots.

> ❯ Le mot *valeur* possède plusieurs sens.

– Il peut désigner les qualités morales et intellectuelles d'une personne, ou l'importance et la qualité de quelque chose.

> ❯ J'ai conscience de la **valeur** de cette employée modèle.
>
> La **valeur** de ce chef-d'œuvre littéraire est grande.

– Il peut aussi désigner un principe, un idéal qui sert de référence aux membres d'une société.

> ❯ Pour elle, la famille est une **valeur** très importante.

– Ce mot peut désigner le caractère économique et mesurable d'un bien ou d'un service en fonction de différents facteurs.

> ❯ Cette voiture d'une **valeur** de 29 999 $ peut être louée pour seulement 250 $ par mois !

– Ce mot peut également désigner un titre représentatif d'un droit financier ou d'une créance.

> ❯ Cette investisseuse a spéculé sur ses **valeurs** immobilières.

Le sens contextuel

• Pour déterminer le sens exact d'un mot, il faut se fier aux **indices fournis dans l'ensemble du texte ou dans la phrase** qui contient ce mot (le contexte).

> ❯ Ces chercheurs effectuent des expériences sur des **cellules** embryonnaires.
>
> (Éléments constitutifs fondamentaux de tout être humain, provenant, dans ce cas-ci, d'embryons)
>
> Cette prisonnière est confinée à sa **cellule** vingt heures par jour.
> (Petite pièce, local situé dans une prison)
>
> L'attentat a été revendiqué par une **cellule** de ce parti d'extrême droite.
> (Personnes qui forment un élément constitutif d'un ensemble, d'une structure.)

- Lorsque le contexte ne donne pas assez d'indices, il faut recourir au **dictionnaire,** qui distingue habituellement les différents sens d'un mot par des numéros (1, 2, 3, 4). Il faut alors repérer le sens approprié du mot dans les définitions (celui qui convient au contexte d'utilisation) et les exemples fournis dans l'article du dictionnaire.

> **intrigue** n.f. **1.** Action secrète ou déloyale visant à obtenir quelque chose ou à nuire à quelqu'un. *La chef du parti a réussi à déjouer les intrigues qui se tramaient contre elle.* SYN. complot, machination. ANT. franchise, loyauté. **2.** Ensemble des faits et des actions qui forment le sujet d'un roman, d'une pièce de théâtre, d'un film. *Je n'ai pas très bien compris l'intrigue compliquée de ce film.* SYN. action, scénario. **3.** Liaison amoureuse secrète et passagère. *On dit qu'il a eu une intrigue avec la voisine.* SYN. aventure. **Rem.** Ne pas oublier le *u* après le *g*.
>
> *Dictionnaire HRW et thésaurus,* Laval, Éditions HRW, 2000, p. 796.

Le sens propre et le sens figuré

- Le **sens propre** d'un mot est son **sens premier, son sens le plus courant.** Il ne crée pas d'image. Généralement, le sens propre est la première définition d'un mot qui est donnée dans le dictionnaire.

  ❭ Ce gâteau, je l'ai **dégusté** jusqu'à la dernière miette.

- Le **sens figuré** d'un mot ou d'une expression est un sens donné au mot **par extension, par analogie. Son utilisation crée souvent une image.**

  ❭ J'ai **dégusté** les mots de ce poème avec une extrême gourmandise.

- Le **dictionnaire** distingue le sens propre et le sens figuré d'un mot. Généralement, l'abréviation *fig.* précède la définition du sens figuré d'un mot.

> **déguster** v. **1.** Goûter une boisson, un aliment pour en apprécier la qualité. *Ce fin connaisseur m'a fait déguster un excellent mousseux.* **2.** Manger ou boire avec plaisir. *Nous avons dégusté du saumon fumé et des crevettes.* **3. fig.** Beaucoup apprécier quelque chose. *Ce livre passionnant, je l'ai dégusté du début à la fin.*
>
> *Dictionnaire HRW et thésaurus,* Laval, Éditions HRW, 2000, p. 386.

L'homonymie

Des mots qui **s'écrivent ou qui se prononcent de la même façon,** mais qui n'ont pas le même sens, sont des homonymes. Il existe trois sortes d'homonymes : les homophones, les homographes et les homophones-homographes.

- Les **homophones** sont des mots qui se prononcent de la même façon mais dont l'orthographe varie.

  ❯ Notre **terre** s'épuise de jour en jour. Je préfère me **taire** sur ce sujet brûlant.

- Les **homographes** sont des mots qui s'écrivent de la même façon mais dont la prononciation varie.

  ❯ Mon **fils** [fis] aura bientôt six ans. Il a apprécié ce spectacle de marionnettes à **fils** [fil].

- Les **homophones-homographes** sont des mots qui se prononcent de la même manière et qui s'écrivent de la même manière. Ces mots ont des sens différents et appartiennent habituellement à des catégories grammaticales différentes.

  ❯ Sa manière d'**être** (verbe) est remarquable. Quel **être** (nom) intéressant, ce gamin !

TABLEAU DES PRINCIPAUX HOMOPHONES

Voici une liste de mots qui se prononcent de la même façon mais dont l'orthographe varie.

LES PRINCIPAUX HOMOPHONES				
Homophone	**Classe de mots**	**Remplacement par**	**Phrase de départ**	**Phrase modifiée**
a	verbe ou auxiliaire	**avait**	Elle **a** eu ce livre pour presque rien.	Elle **avait** eu ce livre pour presque rien.
à	préposition		Habitue-toi **à** être attentive.	⊘ Habitue-toi **avait** être attentive.
ma	déterminant possessif	**une**	Je vous présente **ma** tante.	Je vous présente **une** tante.
m'a	pronom personnel + verbe ou auxiliaire	**m'avait**	Elle **m'a** téléphoné.	Elle **m'avait** téléphoné.
sa	déterminant possessif	**une**	Lise visite **sa** famille en Gaspésie.	Lise visite **une** famille en Gaspésie.
ça	pronom démonstratif	**cela**	Est-ce que **ça** va ?	Est-ce que **cela** va ?
çà	adverbe	**ici, à cet endroit**	Semez ces graines **çà** et là.	Semez ces graines **ici** et là.
la	déterminant	**une**	Gardez **la** porte ouverte.	Gardez **une** porte ouverte.
la	pronom personnel		Je **la** tiens.	⊘ Je **une** tiens.
l'a	pronom personnel + verbe ou auxiliaire	**l'avait**	Elle **l'a** accompagné au cinéma.	Elle **l'avait** accompagné au cinéma.
là	adverbe	**à l'endroit**	Je vais **là** où vous allez.	Je vais **à l'endroit** où vous allez.

(SUITE À LA PAGE SUIVANTE)

LES PRINCIPAUX HOMOPHONES (*SUITE*)

Homophone	Classe de mots	Remplacement par	Phrase de départ	Phrase modifiée
son	déterminant possessif	un, une	**Son** ami est à Hong Kong.	**Un** ami est à Hong Kong.
sont	verbe ou auxiliaire	étaient	Ils **sont** en Italie.	Ils **étaient** en Italie.
ont	verbe ou auxiliaire	avaient	Ils **ont** de la chance de voyager.	Ils **avaient** de la chance de voyager.
on	pronom personnel	il, elle	**On** apportera le dessert.	**Il** apportera le dessert.
on n'	pronom personnel + adverbe de négation	il, elle n'	**On n'**a pas oublié le dessert.	**Il n'**a pas oublié le dessert.
ou	conjonction	ou bien	On le mange maintenant **ou** plus tard ?	On le mange maintenant **ou bien** plus tard ?
où	pronom relatif (peut marquer le lieu, le temps ou l'état)		Le jour **où** je l'ai vu, je savais que nous allions devenir amis.	⊘ Le jour **ou bien** je l'ai vu, je savais que nous allions devenir amis.
où	adverbe interrogatif	à quel endroit	**Où** allons-nous ?	**À quel endroit** allons-nous ?
ce	déterminant possessif	un	**Ce** soir, je mange dehors.	**Un** soir, je mange dehors.
ce	pronom démonstratif		**Ce** sont de bons cuisiniers.	⊘ **Un** sont de bons cuisiniers.
se	pronom personnel (avec un verbe pronominal)	nous nous	Il **se** lance dans la restauration.	**Nous nous** lançons dans la restauration.
c'	pronom démonstratif	lui, eux, ceci, celui-ci	**C'**est un bon restaurateur.	**Celui-ci** est un bon restaurateur.
s'	pronom personnel (avec un verbe pronominal)	nous nous	Il **s'**attribue tous les mérites.	**Nous nous** attribuons tous les mérites.
ses	déterminant possessif	ses + à lui, à elle	Elle fait **ses** études en anglais.	Elle fait **ses** études **à elle** en anglais.
ces	déterminant démonstratif	ces + -là	**Ces** manuels lui appartiennent.	**Ces** manuels-là lui appartiennent.
c'est	pronom démonstratif + verbe	ceci + est	**C'est** fini pour aujourd'hui.	**Ceci est** fini pour aujourd'hui.
s'est	pronom personnel + auxiliaire (verbe pronominal)	se + verbe au présent	Elle **s'est** présentée au concours.	Elle **se présente** au concours.

TABLEAU DES NOMS À DOUBLE GENRE

Certains noms changent de sens selon qu'ils sont masculins ou féminins.

LES NOMS À DOUBLE GENRE	
Masculin	**Féminin**
Un aide : une personne qui en assiste une autre dans une opération et qui travaille sous ses ordres	**Une aide :** action d'aider, un secours
Un aigle : un oiseau	**Une aigle :** une enseigne militaire en forme d'aigle
Un cache : du papier noir	**Une cache :** un lieu secret
Un cartouche : emplacement réservé au titre dans un dessin ou une carte géographique	**Une cartouche :** une munition
Un critique : une personne qui juge des ouvrages de l'esprit, des œuvres d'art	**Une critique :** un jugement ou une femme exerçant le métier de critique
Un enseigne : un officier	**Une enseigne :** un panneau publicitaire
Un espace : un lieu plus ou moins délimité	**Une espace :** un blanc entre les mots
Un manche : partie longue et étroite d'un outil	**Une manche :** partie d'un vêtement, période d'une partie dans un jeu
Un mémoire : un exposé, une dissertation	**Une mémoire :** faculté de se souvenir
Un mode : une manière de faire	**Une mode :** un goût collectif à un moment donné dans une société déterminée
Un mousse : un jeune marin	**Une mousse :** une plante, un dessert, un amas de bulles à la surface de l'eau
Un parallèle : cercle sur un globe terrestre	**Une parallèle :** en géométrie, ligne qui ne rencontre pas une autre ligne.
Un pendule : un balancier	**Une pendule :** une petite horloge
Le physique : aspect extérieur du corps humain	**La physique :** la science des causes naturelles
Un poêle : un appareil de chauffage	**Une poêle :** un ustensile de cuisine
Un poste : un emploi	**La poste :** le service de distribution du courrier
Un tour : limite d'un corps ou d'un lieu circulaire ; une promenade, un déplacement, un outil, tromper quelqu'un pour rire, exercice qui exige de l'adresse, etc.	**Une tour :** un bâtiment construit en hauteur
Un somme : une sieste	**Une somme :** résultat d'une addition, une quantité
Un voile : la partie d'un vêtement	**Une voile :** un morceau de forte toile destiné à faire avancer un bateau

La paronymie

Les paronymes sont des mots qui se ressemblent par leur sonorité et leur graphie, et qui peuvent ainsi provoquer des **méprises quant à leur sens.**

- Des mots sont des paronymes quand ils se prononcent ou s'écrivent **presque de la même façon** et qu'ils possèdent des **sens différents.**

  > Cette jeune enfant a souvent des **accès** de colère. (Crise passagère et de courte durée)

  ⊘ Cette jeune adolescente a souvent des **accès** de langage.

  Cette jeune adolescente a souvent des **excès** de langage. (Action qui dépasse la mesure ordinaire ou permise, écart.)

- Les ressemblances sonores entre les paronymes entraînent des confusions involontaires qui changent complètement le sens d'un discours oral ou écrit. Il est donc important de savoir les différencier et de les employer correctement.

TABLEAU DES PRINCIPAUX PARONYMES

LES PRINCIPAUX PARONYMES	
Abjurer : renoncer solennellement	**Ad**jurer : supplier
Affleurer : apparaître, sortir à la surface du sol	**E**ffleurer : toucher légèrement
Assertion : proposition que l'on avance comme vraie	**In**sertion : action d'insérer, son résultat
Affliger : attrister profondément	**In**fliger : faire subir
Allocution : discours	**É**locution : manière de s'exprimer
Amener : faire venir quelqu'un avec soi à un endroit	**Em**mener : mener avec soi une personne ou un animal en allant d'un lieu à un autre
Avènement : arrivée, venue	**É**vénement : ce qui se produit, fait, circonstance
Bimensuel : qui a lieu deux fois par mois	**Bime**striel : qui a lieu tous les deux mois
Collision : choc de deux corps qui se rencontrent	Collusion : entente secrète au préjudice d'un tiers, complicité
Confirmer : certifier, affirmer l'exactitude d'une chose	**In**firmer : démentir
Compréhens**ible** : qui peut être compris	Compréhens**if** : qui est apte à comprendre autrui
Éclipse : passage d'un corps céleste dans l'ombre d'un autre	**Ell**ipse : omission
Effraction : entrer par force	**In**fraction : violation d'un engagement, d'une loi
Effusion : manifestation d'un sentiment	**In**fusion : liquide infusé, tisane
Élu**der** : esquiver, éviter avec adresse	**É**lu**cider** : clarifier, rendre clair
Émerger : sortir d'un liquide	**Im**merger : plonger dans un liquide
Émigrer : quitter son pays	**Im**migrer : venir s'établir dans un pays

(SUITE À LA PAGE SUIVANTE)

LES PRINCIPAUX PARONYMES (*SUITE*)	
Éminent : élevé, très distingué, remarquable	**Im**minent : qui va se produire dans très peu de temps, immédiat
Emménager : s'installer dans un nouveau logement	**A**ménager : disposer avec ordre
Entrer : passer du dehors au dedans	**Ren**trer : entrer de nouveau dans un lieu
Éruption : sortie soudaine	**Ir**ruption : entrée de force ou de façon inattendue
Esqui**sser** : représenter, fixer les grands traits de…	Esqui**ver** : éviter adroitement
Évoquer : faire penser à…	**In**voquer : appeler à l'aide, faire appel
Hi**b**erner : passer l'hiver dans un état d'engourdissement	Hi**v**erner : passer l'hiver à l'abri
Induire : amener quelqu'un à faire quelque chose	**En**duire : recouvrir d'une matière molle
Origin**al** : inédit, personnel	Origin**el** : qui date de l'origine, initial.

La connotation

Le **vocabulaire connotatif** contribue à exprimer le **point de vue** dans un texte en mettant en lumière une **appréciation**, un **jugement**, un **sentiment**. Il s'oppose au vocabulaire dénotatif qui, lui, exploite plutôt le sens neutre des mots.

- Le **sens dénotatif** d'un mot est son sens ordinaire, celui qui désigne exactement la réalité nommée.

  > Le **loup** est le roi de la famille des canidés. (Le sens dénoté du mot *loup* renvoie à un mammifère carnivore vivant à l'état sauvage en Scandinavie, en Asie occidentale et au Canada, et qui ne diffère d'un grand chien que par son museau pointu, ses oreilles toujours droites et sa queue touffue pendante.)

- Le mot peut avoir un **sens connotatif**, c'est-à-dire un sens particulier qui s'ajoute au sens dénotatif selon la situation ou le contexte. La connotation peut avoir une **valeur méliorative** (qui présente sous un jour favorable) ou une **valeur péjorative** (qui présente sous un jour défavorable).

  > Sois prudente avec lui, mon petit **loup**. (Le mot *loup* connote un sentiment d'affection et exprime un point de vue mélioratif.)

  Ce jeune garçon est un **loup** pour ses adversaires, il veut gagner à tout prix. (Le mot *loup* connote la férocité, l'implacabilité, et exprime un point de vue péjoratif.)

Des procédés stylistiques

LA COMPARAISON

- La comparaison est un procédé stylistique qui consiste à **rapprocher deux éléments qui ont un aspect commun à l'aide du mot** *comme* **ou d'un autre terme comparatif** pour créer une image dans l'esprit du lecteur. Le terme comparatif peut être : *tel, pareil, ainsi que, aussi… que, plus… que, moins… que, sembler, paraître,* etc. ( p. 482).

  > […] les bêtes glissaient, soufflaient, fumaient et **le fouet gigantesque du cocher** claquait sans repos, voltigeait de tous les côtés, **se nouant et se déroulant comme un serpent mince,** et cinglant brusquement quelque croupe rebondie qui se tendait alors sous un effort plus violent. (Guy de Maupassant, *Boule-de-Suif.*)

- Une comparaison comprend quatre éléments :

  – un terme comparé : élément dont on parle et sur lequel on insiste en le comparant ;

  – un terme comparant : élément auquel on associe le terme comparé ;

  – un terme comparatif : mot ou groupe de mots qui introduit la comparaison ;

  – un aspect commun : caractéristique commune au terme comparé et au terme comparant.

Terme comparé	Aspect commun	Terme comparatif	Terme comparant
❯ fouet gigantesque du cocher	se nouant et se déroulant	comme	un serpent mince

- La comparaison n'est pas toujours un **procédé stylistique** ; elle peut aussi être un **procédé explicatif.**

  Bien que, dans les deux cas, la comparaison fasse découvrir des correspondances entre des choses, il faut bien distinguer ces deux procédés.

  – Lorsque la comparaison est un **procédé explicatif,** elle permet de bien faire comprendre un phénomène.

  > **L'hypophyse,** cette glande endocrine située sous l'encéphale et responsable de sécréter l'hormone de croissance, **agira comme le chef d'orchestre de la puberté.**

  – Lorsque la comparaison est un **procédé stylistique,** elle implique un rapprochement inattendu entre des éléments pour créer une image évocatrice dans l'esprit du lecteur. Elle révèle également un certain souci d'esthétisme par rapport à la langue employée.

  > […] **le fouet gigantesque du cocher** claquait sans repos, voltigeait de tous les côtés, se nouant et se déroulant **comme un serpent mince** […] (Guy de Maupassant, *Boule-de-Suif.*)

LA MÉTAPHORE

- La métaphore, comme la comparaison, est un procédé stylistique qui consiste à **rapprocher deux éléments qui ont un aspect commun** pour créer une image dans l'esprit du lecteur, et ce, **sans utiliser de terme comparatif.**

  ❯ Sa figure était une pomme rouge […] (Guy de Maupassant, *Boule-de-Suif.*)

- La métaphore établit une relation entre un **terme comparé,** celui qui fait l'objet de la comparaison, et un **terme comparant,** qui sert de point de comparaison. L'**aspect commun** qui unit ces deux éléments est souvent sous-entendu. Il faut alors le reconstituer.

Terme comparé	Aspect commun	Terme comparant
❯ sa figure	ronde et ferme	pomme rouge

- Le **terme comparé** n'est pas toujours exprimé dans la métaphore.

  ❯ […] trois fois je revis le **hideux débris** galoper autour de ma chambre en remuant les doigts […]

  (Guy de Maupassant, *La main.*)

  (L'auteur compare une *main* à un *hideux débris*. Le terme comparé, *la main,* est absent de la phrase. Aucun terme comparatif n'est employé.)

Terme comparé	Aspect commun	Terme comparant
❯ la main	horrible, squelettique	hideux débris

LA MÉTONYMIE

- La métonymie consiste à **désigner une réalité par le nom d'une autre réalité** qui lui est habituellement associée. La métonymie peut exprimer de nombreux types de relations entre deux éléments d'une réalité. En voici quelques exemples.

  – Expression du contenant pour le contenu

  > Allons boire **une tasse**… (Boire le liquide que contient la tasse)

  – Expression de la matière pour l'objet

  > Apportez cette **petite laine**… (Ce gilet fait de laine)

  – Expression de l'objet pour l'utilisateur

  > Il y a une grève des **postes**… (Des postiers)

  – Expression de l'auteur pour l'œuvre

  > On a écouté **Mes Aïeux**… (Les chansons du groupe Mes Aïeux)

  – Expression de la partie pour le tout

  > **Deux têtes** valent mieux qu'une… (Les têtes pour les personnes)

  – Expression du lieu pour l'organisme

  > **Québec** a voté une loi anti-tabac. (Le gouvernement du Québec)

- La métonymie permet d'exprimer une réalité de façon imagée, concise et variée. C'est pourquoi elle est souvent employée dans les intitulés des journaux et dans les bulletins de nouvelles.

  > Ottawa propose une alternative. (Le gouvernement fédéral)

  Montréal 4 New York 1 (Les équipes sportives de ces villes)

L'ANTITHÈSE

Ce procédé stylistique consiste à établir un parallèle entre **des réalités opposées,** des idées ou des sentiments **contraires.** L'antithèse permet de jouer sur les contrastes en mettant en valeur des contradictions.

> Oh ! si **gai,** que j'ai peur d'éclater en **sanglots.** (Émile Nelligan)

  C'est toujours le combat du **jour** et de la **nuit.** (Victor Hugo)

  Je n'ai jamais vu un **enfant** sans penser qu'il deviendrait **vieillard,** ni un **berceau** sans songer à une **tombe.** (Gustave Flaubert)

LA PERSONNIFICATION

La personnification consiste à attribuer des caractéristiques humaines à un objet, une idée ou une abstraction.

> Tranquillement, la **nuit** vint **me prendre dans ses bras.**

  La **rivière chuchota des mots** doux à mon oreille.

Des procédés stylistiques créant un effet d'amplification

LA RÉPÉTITION STYLISTIQUE

La **répétition stylistique** consiste à **reprendre un même mot** ou **un même groupe de mots** pour insister sur une **émotion** ou une **idée importante** et pour créer un **effet d'amplification.** Elle fait ressortir les mots répétés et les mots autour de la répétition, et crée un rythme.

Exemple :

> Moi, je me débats, lié par cette impuissance atroce, qui nous paralyse dans les songes ; je veux crier, – **je ne peux pas** ; – je veux remuer, – **je ne peux pas** ; – j'essaye, avec des efforts affreux, en haletant, de me tourner, de rejeter cet être qui m'écrase et qui m'étouffe, – **je ne peux pas** !
>
> Guy de MAUPASSANT, «Le Horla», *Contes réalistes et contes fantastiques,* Laval, Groupe Beauchemin éditeur, 1999, p. 80 (Coll. Parcours d'une œuvre).

LA GRADATION ASCENDANTE

La **gradation ascendante** est constituée d'une suite de mots ou d'idées ayant **des sens proches,** placés en ordre **croissant.** L'idée ou le sentiment est alors exprimé avec des mots qui vont du plus faible au plus fort. La gradation crée un **effet d'intensité.** Elle permet notamment une **exagération** dont l'effet peut être dramatique ou comique.

> Les habitants éperdus **quittent leurs maisons, désertent leurs villages, abandonnent leurs cultures,** se disant **poursuivis, possédés, gouvernés comme un bétail humain** par des êtres invisibles bien que tangibles […] (Guy de Maupassant, *Le Horla.*)

> J'attends, je demande, j'implore… (Victor Hugo)

L'ACCUMULATION

L'**accumulation** est l'énumération de plusieurs mots ou groupes de mots appartenant à la **même classe de mots** et ayant la **même fonction.** Ce procédé sert à mettre en évidence une émotion ou une idée. L'accumulation fait naître des **impressions d'abondance, d'exagération.** Elle rend l'émotion plus palpable. On accumule des détails dans une ou plusieurs phrases de façon à produire un effet stylistique comique, dramatique, etc. Elle donne un rythme à une phrase et de l'importance à chacun des termes accumulés.

> **Au ciel, au vent, au roc, à la nuit, à la brume,** le sinistre océan jette son noir sanglot.

(Victor Hugo)

L'HYPERBOLE

- L'**hyperbole** est un procédé stylistique qui consiste à amplifier une idée ou un sentiment, à l'exagérer pour le mettre en relief. Pour créer cet **effet d'exagération,** on emploie généralement un vocabulaire fortement connoté. L'hyperbole est très employée dans le domaine de l'humour (exagérer pour faire rire) et en publicité (mettre en évidence les qualités d'un produit).

  ❯ Le voici. Vers mon cœur tout mon sang se retire. (Racine, *Phèdre.*)

- L'hyperbole est très présente dans la langue courante.

  ❯ Quand nous l'avons aperçu, nous étions **mortes de rire.**

    Si je dépasse l'heure prévue, mon père **va me tuer** !

    La pauvre a versé **des torrents de larmes** !

- L'hyperbole contient souvent une indication de nombre.

  ❯ J'ai **des millions** de choses à vous raconter !

    Ce dictionnaire pèse **une tonne** !

    Durant le spectacle, elle brillait de **mille** feux.

Des procédés stylistiques créant un effet d'atténuation

LA LITOTE

La **litote** est un procédé stylistique qui consiste à **dire peu pour suggérer beaucoup.** Très souvent, la phrase contenant la litote sera à la forme négative. Pour interpréter la litote, il faut parfois se fier à l'intonation de l'énonciateur et au contexte de la situation de communication. La litote peut être mise au service de l'ironie.

❯ Je ne le hais pas, lui ! (Je l'aime bien !)

  Ce n'est pas chaud ce matin. (Il fait -32 °C.)

  Elle n'est pas tellement de bonne humeur. (Elle est vraiment fâchée.)

LA GRADATION DESCENDANTE

La **gradation descendante** est constituée d'une suite de mots ou d'idées ayant **des sens proches,** placés en ordre **décroissant.** L'idée ou le sentiment est alors exprimé avec des mots qui vont du plus fort au plus faible. L'emploi de la gradation crée un **effet d'intensité.** Elle permet notamment une **atténuation** dont l'effet peut être poétique ou comique.

❯ […] le vent qui **tue,** qui **siffle,** qui **gémit,** qui **mugit,** l'avez-vous vu et pouvez-vous le voir ? Il existe pourtant ! (Guy de Maupassant, *Le Horla.*)

  Le **brasier** de leur amour était devenu **flamme,** puis **étincelle.**

L'EUPHÉMISME

Ce procédé stylistique consiste à exprimer une idée ou un sentiment lié à une réalité difficile ou choquante en utilisant une **expression atténuante**, une **appellation adoucie**. Dans l'euphémisme, le terme qui exprime la réalité pénible ou choquante est généralement remplacé par une périphrase qui atténue l'idée déplaisante. L'euphémisme sert bien l'expression du «politiquement correct».

› Déjà un an qu'**il nous a quittés.** (Il est mort)

Ce centre propose plusieurs activités pour **les gens du troisième âge.** (Les personnes âgées, les vieux)

Cette entreprise a procédé à une **rationalisation de son personnel.** (À plusieurs mises à pied)

Cette personne est **bien en chair,** elle est **bien enrobée.** (Elle est obèse)

Le vocabulaire exprimant la cause, la conséquence et la comparaison

LE VOCABULAIRE EXPRIMANT LA CAUSE, LA CONSÉQUENCE ET LA COMPARAISON			
Classe de mots	**Cause**	**Conséquence**	**Comparaison**
Conjonction	*parce que, comme, car, puisque, vu que, du fait que, attendu que, étant donné que*, etc.	*de sorte que, donc, au point que, de façon que, de sorte que, si bien que, à tel point que, ainsi, alors, c'est pourquoi, d'où*, etc.	*comme, ainsi que, autant que, de même que, plutôt que, à mesure que, moins que, plus que*, etc.
Adjectif			*tel, pareil, semblable, comparable*, etc.
Verbe	*provenir de, résulter de, découler de, être à l'origine de,* et tous les verbes qui introduisent la conséquence lorsqu'ils sont utilisés à la forme passive.	*causer, entraîner, provoquer, engendrer, influencer, générer, amener, occasionner, arriver, résulter, suivre, s'ensuivre, résulter, découler, venir, dériver*, etc.	*ressembler, paraître, sembler, comparer, faire penser à*, etc.
Nom	*cause, motif, origine, mobile, raison, source, facteur*, etc.	*résultat, effet, conséquence, répercussion, réaction, séquelle, retombée*, etc.	*comparaison*
Adverbe	*effectivement*	*conséquemment*	*comparativement à, contrairement à*
Préposition	*à cause de, grâce à, étant donné, en raison de, compte tenu de, en effet*, etc.	*au point de, jusqu'à, en conséquence, par conséquent*, etc.	*en comparaison, à côté de, par rapport à, à titre de comparaison, à la manière de*, etc.

Le vocabulaire exprimant le temps et le lieu

LES INDICES DE TEMPS ET LEURS FONCTIONS	
FONCTION	**INDICE**
Situer les éléments dans un contexte temporel général	siècle, époque, année, saison, mois, moment de la journée, heure, etc.
Situer dans le temps un élément par rapport à un autre	• **avant :** d'abord, premièrement, hier, la veille, la semaine passée, il y a un an, etc. • **pendant :** au moment où, durant, en même temps, pendant ce temps, etc. • **après :** ensuite, enfin, le lendemain, plus tard, l'année prochaine, etc.
Situer un élément à un moment précis	alors, quand, lorsque, aussitôt, etc.
Indiquer la durée liée à un élément	pendant une heure, toute la journée, durant des années, au cours de cette décennie, etc.
Indiquer la fréquence liée à un élément	chaque fois, chaque jour, souvent, plusieurs fois, etc.

LES INDICES DE LIEU ET LEURS FONCTIONS	
FONCTION	**INDICE**
Associer les éléments à des lieux précis	continent, pays, région, ville, quartier, maison, rue, désert, forêt, île, etc.
Situer un lieu par rapport à un autre dans la description d'un élément	près de, à côté de, devant, derrière, plus loin, etc.

La relation entre les mots

L'analogie

L'analogie consiste à établir une **relation de ressemblance** ou un **rapprochement** entre deux ou plusieurs réalités. En établissant cette relation de sens, l'analogie tisse des liens de parenté entre les mots de diverses façons : par synonymie, par métonymie, par l'exploitation de familles de mots, etc.

- Les **dictionnaires analogiques** regroupent autour d'un thème les mots qui ont des rapports de sens.

Crise

(du lat. médiév. *crisis* ; en gr. *krisis,* décision)

Manifestation aiguë d'un trouble physique ou moral. *Une crise d'appendicite, de rhumatisme. Une crise cardiaque.* Attaque. Atteinte. / Quinte, accès (de toux). Poussée (de fièvre). / Jour, phase, période critique (qui décide de l'issue d'une maladie). / *Crise de nerfs. Crise de rage.* Accès. Convulsion. Piquer une crise (de colère). / *Une crise de mélancolie.* Spleen. Cafard (fam.). Bourdon (pop.).

Période de désarroi. *Crise économique.* Marasme. Récession. Malaise. Impasse. / Crise financière. Crise ministérielle. / *Crise internationale.* Tension. Guerre froide. / *Crise de la moralité.* Décadence. Déchéance. Ruine.

Nouveau dictionnaire analogique, Paris, Larousse, 1991, p. 180.

• Certains **dictionnaires généraux** indiquent les mots qui ont un rapport analogique. Dans l'exemple ci-dessous, les mots qui ont un rapport de sens avec le mot *gaieté* sont précédés d'une flèche ▶.

| **gaieté** [gete] **nom féminin var.** gaîté | **ÉTYM.** 1160 ; de *gai* |

1 État ou disposition d'une personne animée par le plaisir de vivre, une humeur riante. ▶ **alacrité, allégresse, enjouement, entrain, hilarité, joie, jovialité, jubilation, vivacité.** *Franche gaieté.* «*une gaîté naturelle que les déboires* […] *n'avaient pas encore entamée*» (Genevoix). *Perdre, retrouver sa gaieté. Accès de gaieté, de folle gaieté. Mettre en gaieté.* ▶ **amuser, égayer, réjouir.** *Gaieté débordante, communicative.*

> • **Loc. adv. De gaieté de cœur :** de son propre mouvement, sans y être obligé (volontairement et volontiers). *Il ne renonce pas de gaieté de cœur à ce privilège.*

2 Caractère de ce qui marque ou traduit un tel état. *La gaieté de la conversation. Un décor somptueux, mais sans gaieté. Mettre une note de gaieté dans un appartement.*

3 Caractère d'une œuvre qui traduit un tel état et y dispose. ▶ **humour, ironie, sel.** «*j'ai tenté, dans le Barbier de Séville, de ramener au théâtre l'ancienne et franche gaieté*» (Beaumarchais).

4 *Une, des gaietés.* Trait, acte, geste, propos manifestant un tel état ; chose plaisante. ▶ **plaisanterie.** «*Les Gaietés de l'escadron*», de Courteline. **Par antiphr.** *Voilà les gaietés de la province, de l'administration,* les côtés ennuyeux. ▶ **joie.**

■ CONTR. 2. **Chagrin, mélancolie, tristesse. Ennui.**

■ HOM. **Guetter.**

Le nouveau Petit Robert de la langue française, 2007, version CD-Rom.

Les mots génériques et les mots spécifiques

- Le **mot générique** est un mot qui désigne une catégorie dans laquelle sont regroupés des êtres ou des choses, alors que le **mot spécifique** désigne un être ou une chose faisant partie de cette catégorie. La relation de sens qui unit un mot générique à un mot spécifique est une **relation d'inclusion.**

Mot générique	❯ Sport
Mots spécifiques	❯ Sport d'équipe, sport d'hiver, sport nautique, etc.

- Selon sa situation dans un ensemble, un **mot** ou un **groupe de mots peut être générique ou spécifique.** Les mots génériques et les mots spécifiques sont utiles pour classer et hiérarchiser des éléments.

  ❯ *Sport* est un mot générique par rapport à *sport nautique.*

  Sport nautique est un groupe de mots spécifique par rapport à *sport.*

  Sport nautique est un groupe de mots générique par rapport à *natation.*

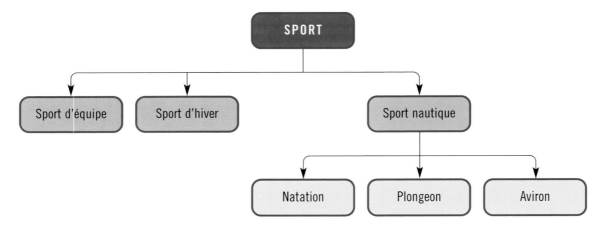

- Dans un texte, les mots génériques et les mots spécifiques permettent **la reprise et la progression de l'information.**

Mot spécifique   **Groupe de mots générique**

  ❯ France fait de **la natation** deux fois par semaine. Ce **sport nautique** la garde en forme.

La synonymie

- Les synonymes sont des mots qui appartiennent à la même classe de mots et qui ont **des sens rapprochés.**
  - Noms ❯ épée, sabre, fleuret, glaive, cimeterre
  - Verbes ❯ diminuer, réduire, raccourcir, rapetisser
  - Adjectifs ❯ loyal, droit, fidèle, dévoué, sincère
  - Adverbes ❯ rapidement, promptement, vivement, hâtivement

- Deux synonymes ont **rarement un sens** exactement identique. Leurs sens peuvent varier :
  - **en précision :** *prononcer* et *articuler* sont des synonymes, mais *articuler* signifie que l'on prononce en détachant les syllabes et les mots ;
  - **en intensité :** *gaieté* et *jubilation* sont des synonymes, mais *jubilation* à un sens plus fort que *gaieté* ;
  - **en fonction de la variété de langue :** *festin* et *gueuleton* sont des synonymes, mais *gueuleton* est un mot familier.

- Un même mot peut avoir des **synonymes différents selon le contexte** dans lequel il est utilisé.
  - ❯ *Gagner* sa vie, c'est *travailler.*

    Gagner de grosses sommes d'argent au jeu, c'est *empocher, ramasser.*

    Gagner deux kilos, c'est *prendre* deux kilos.

- Dans un texte, les synonymes permettent **la reprise et la progression de l'information.**
  - ❯ L'architecture de cette maison est simple, mais **futuriste.** Sa créatrice est une artiste **avant-gardiste** qui aime imaginer l'avenir de l'humanité.

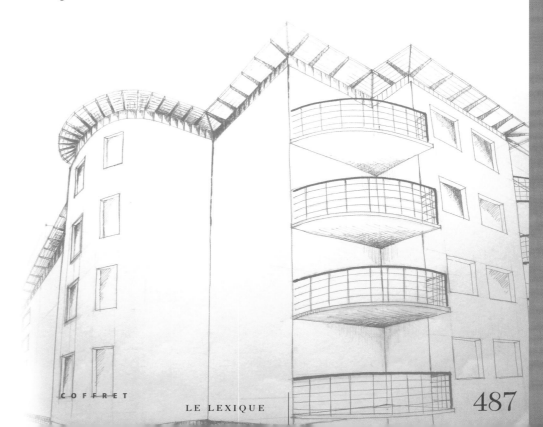

L'antonymie

- Des antonymes sont des mots qui appartiennent à la même classe de mots mais qui **s'opposent par le sens.**
  - Noms 〉 laideur / beauté
  - Verbes 〉 froisser / défroisser
  - Adjectifs 〉 sale / propre
  - Adverbes 〉 totalement / partiellement

- Un mot possédant plusieurs sens peut ainsi avoir plus d'un antonyme, **selon le contexte** dans lequel il est employé.

  〉 Ce tissu est **froissé.** / Ce tissu est **défroissé.**

  Cette jeune personne a été **froissée.** / Cette jeune personne a été **flattée.**

- Certains antonymes ont une **forme différente** de celle du mot auquel ils s'opposent. D'autres se distinguent du mot qui leur est opposé par **l'ajout ou le remplacement d'un préfixe.**

  - Formes différentes

    〉 casanier / errant ; pour / contre ; droite / gauche ; copier / créer

  - Ajout ou remplacement d'un préfixe

    Exemple :

aérobie / **an**aérobie	légal / **ill**égal
avant-midi / **après**-midi	**micro**économie / **macro**économie
aventure / **més**aventure	**mono**game / **poly**game
antéposer / **post**poser	mortel / **im**mortel
bâillonner / **dé**bâillonner	normal / **a**normal
commode / **in**commode	partial / **im**partial
content / **mé**content	résident / **non**-résident
enchanter / **dés**enchanter	responsable / **ir**responsable
habile / **mal**habile	semblable / **dis**semblable
hypoglycémie / **hyper**glycémie	**sous**-alimenter / **sur**alimenter
inflationniste / **anti**-inflationniste	**uni**cellulaire / **pluri**cellulaire

Le champ lexical

Un champ lexical est un ensemble de mots analogiques liés à un même thème.

• Le champ lexical d'un mot peut être construit à l'aide de mots synonymes, de mots génériques ou spécifiques, de mots de même famille, d'expressions figées ou de mots qui décrivent ou définissent le mot de départ ou qui y sont directement associés.

Exemple :

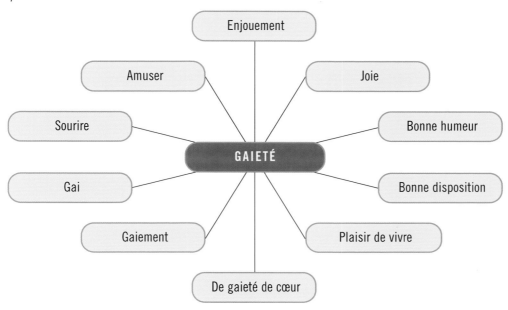

• Les mots qui composent un champ lexical peuvent appartenir à **différentes classes de mots.**

 ❯ jovialité → nom

 gaiement → adverbe

 amuser → verbe

 égayant → participe présent

• Le champ lexical **oriente le sens d'un texte** et contribue **à lui donner une unité.**
De plus, il contribue à créer une atmosphère (sinistre, joyeuse, etc.).

Exemple :

La **gaieté** revenait d'elle-même, tant l'histoire leur semblait **drôle** à la fin. Le comte trouva des **plaisanteries** un peu risquées, mais si bien dites qu'elles faisaient **sourire.** À son tour Loiseau lâcha quelques **grivoiseries** plus raides dont on ne se blessa point ; et la pensée brutalement exprimée par sa femme dominait tous les esprits : «Puisque c'est son métier à cette fille, pourquoi refuserait-elle celui-là plus qu'un autre ?»

Guy de Maupassant, «Boule-de-Suif», *Contes réalistes et contes fantastiques*, Laval, Groupe Beauchemin éditeur, 1999, p. 50 (Coll. Parcours d'une œuvre).

Les expressions figées

Les expressions figées sont des **expressions courantes** que l'usage a figées. Parmi les différents types d'expressions figées, on trouve les locutions, les dictons et les proverbes.

- Les **locutions** sont des groupes de mots formant une unité et ne pouvant être modifiées à volonté : on ne peut ajouter ou retrancher des mots, ou bien remplacer un mot par un autre. Les locutions se trouvent souvent dans le dictionnaire sous l'entrée des mots importants qui les composent. Elles sont précédées d'un terme qui les identifie : locution adverbiale (loc. adv.), locution conjonctive (loc. conj.), locution prépositive (loc. prép.), locution adjective (loc. adj.), locution verbale (loc. verbale), locution nominale (loc. nom.), etc.

  – Locutions adverbiales ❯ tout à coup, c'est-à-dire, peu à peu, etc.

  – Locutions conjonctives ❯ bien que, pendant que, etc.

  – Locutions verbales ❯ faire semblant, avoir peur, etc.

  – Locutions nominales ❯ hôtel de ville, fer à repasser, etc.

- Les **dictons** et les **proverbes** sont des expressions figées, des formules souvent métaphoriques ou figurées qui expriment une vérité d'expérience ou un conseil de sagesse pratique et populaire, commun à tout un groupe social. Le dicton comporte généralement une note humoristique et est souvent régional, alors que le proverbe a une diffusion plus étendue. Les proverbes se trouvent souvent dans le dictionnaire, précédés de l'abréviation *prov.*

  – Dicton ❯ En avril ne te découvre pas d'un fil. (On ne doit pas mettre de vêtements légers en avril)

  – Proverbe ❯ Il faut que jeunesse se passe. (Il faut être indulgent pour les écarts des jeunes gens)

LES VARIÉTÉS DE LANGUE

La francophonie

C'est vers la fin du 19ᵉ siècle que le mot *francophonie* est apparu. Le géographe Onésime Reclus (1837-1916) invente ce mot pour désigner l'ensemble des personnes et des pays qui utilisent la langue française. Il faudra attendre le milieu du 20ᵉ siècle pour que la définition s'affine et que l'on établisse une différence entre les personnes qui ont le français comme langue maternelle et celles qui l'utilisent comme moyen de communication.

La francophonie désigne donc **l'ensemble des pays et des locuteurs francophones.** Par francophones, on entend les personnes dont le français est la langue maternelle et celles qui utilisent le français comme moyen de communication international.

La variation linguistique

Sous l'influence de facteurs géographiques, sociaux et historiques, la langue française prendra diverses formes. La **variation linguistique** dénote donc une appartenance à une époque, à un lieu ou à un milieu particulier.

LES RÉGIONALISMES

• Chaque communauté francophone emploie des mots et des expressions qui lui sont particuliers, des **régionalismes.** Comme ces faits de langue propres à une région donnée ne sont pas employés partout dans la francophonie, ils peuvent être une source d'incompréhension. Par exemple, dans diverses régions francophones du monde, pour dire qu'*une personne a un comportement déraisonnable ou extravagant,* on dira :

> ❯ Elle a une sauterelle dans la guitare.
>
> Elle a des chauves-souris dans le clocher.
>
> Elle est timbrée.
>
> Elle a des papillons dans le compteur.
>
> Elle a un moustique dans la boîte à sel.
>
> Elle est givrée.

- Les régionalismes caractéristiques du Québec sont des **québécismes**; ceux du Canada sont des **canadianismes**; ceux de la France sont des **francismes**; ceux de la Belgique sont des **belgicismes**; ceux de l'Acadie sont des **acadianismes**; ceux de l'Afrique sont des **africanismes,** etc.

- Un **régionalisme** peut avoir **diverses origines.**

  – Il peut être un **néologisme** (➲ p. 468) qui désigne une réalité exclusive à une région donnée.

    ❭ J'ai mangé une **poutine** hier. (*poutine* → mot créé au Canada en 1978 pour désigner un plat populaire composé d'un mélange de frites et de fromage en grains, nappé de sauce brune)

  – Il peut tirer son origine d'un **archaïsme** (➲ p. 469), c'est-à-dire d'un mot ou d'une construction qui n'est plus d'un usage courant.

    ❭ Et moi **itou** j'en veux. (*itou* → terme d'un dialecte de l'ancien français qui veut dire *aussi, de même, également*)

  – Il peut provenir de l'**influence des langues amérindiennes.**

    ❭ J'entends les **ouaouarons** coasser. (*ouaouaron* → régionalisme qui vient d'un mot iroquois qui signifie *grenouille verte*)

  – Il peut provenir de l'**influence de l'anglais.**

    ❭ J'ai trouvé une **job** d'été intéressante. (*job* → mot anglais qui signifie *travail rémunéré, boulot*)

- Le **dictionnaire** signale les régionalismes par une abréviation (*rég.* ou *région.*) et indique la région concernée.

achigan [aʃigä] **nom masculin**	ÉTYM. 1683; mot algonquin « celui qui se débat »

■ **Région. (Canada)** Perche noire. → **black-bass.**

Le nouveau Petit Robert de la langue française, 2007, version CD-Rom.

Les variétés de langue

Au sein d'une communauté francophone, les façons de s'exprimer peuvent **varier d'une personne à l'autre,** notamment en fonction du milieu socioculturel dans lequel les personnes évoluent. Elles peuvent également **varier chez une même personne** selon la situation de communication dans laquelle cette personne se trouve. Ces différentes manières de s'exprimer se manifestent dans l'articulation, dans le choix du vocabulaire, dans les liaisons et dans les constructions des phrases. Ces différences se traduisent, tant à l'oral qu'à l'écrit, par la présence de quatre variétés de langue :

1. La langue soutenue

2. La langue standard

3. La langue familière

4. La langue populaire

- Les dictionnaires fournissent des renseignements relatifs aux variétés de langue, qui sont signalées par des abréviations : **litt.** (littéraire) pour la **langue soutenue** ; **fam.** (familier) pour la **langue familière** ; **pop.** (populaire) ou **vulg.** (vulgaire) pour la **langue populaire**. Il arrive parfois que les renseignements fournis varient d'un dictionnaire à l'autre puisque les variétés de langue ne sont pas toujours interprétées de la même manière. Si un mot n'est précédé d'aucune indication, il appartient à la **langue standard.**

| **bousiller** [buzije] verbe ▶ conjugaison 1 ◀ | ÉTYM. 1554 ; de *bouse* |

1 V. intr. Techn. Maçonner en bousillage.

2 V. tr. (1694) Gâcher (un travail). → **fam.** cochonner, saloper.

3 **Fam.** Rendre inutilisable. → abîmer, détériorer, **fam.** flinguer. *Il a bousillé son moteur.*

- P. p. adj. *Sa montre est bousillée.* → **fam.** 2. fichu, foutu.

◆ **Pop.** Tuer. *«refus de toute attaque ; on en a marre de se faire bousiller»* (J. Anglade).

Le nouveau Petit Robert de la langue française, 2007, version CD-ROM.

LA LANGUE SOUTENUE

La langue soutenue est caractérisée par un **vocabulaire varié et recherché.** On note la présence de **tournures syntaxiques complexes ou inhabituelles** qui révèlent une certaine recherche, des effets de style. Elle se rencontre surtout **à l'écrit.**

Exemple :

> Le mauvais temps rôdait dehors, comme un chien enragé, à coups de violentes rafales, semblables à des griffes blanches dans la nuit noire. À croire que le grand vent du nord avait pris notre presqu'île en otage et qu'elle allait, d'une minute à l'autre, rompre ses amarres et être condamnée à dériver jusqu'à ce que la mer l'avale, pareil à Jonas dans la baleine.
>
> Manon CÔTÉ, *Mathilde et le mystère de la Batoche,*
> Laval, Éditions Grand Duc • HRW, 2006, p. 3 (Coll. L'heure évasion).

LA LANGUE STANDARD

La langue standard est caractérisée par un **vocabulaire juste et précis,** et par le **respect des règles de construction de phrases.** C'est la variété de langue employée **pour s'exprimer de façon correcte.** L'utilisation de cette langue dans l'ensemble des communications orales et écrites est fortement encouragée.

Exemple :

> Bastien déposa son sac et s'engagea dans la descente. De ses mains nues, il toucha chacune des pierres de long en large.
>
> — Quelqu'un est venu ici avant nous, déclara-t-il. La porte est restée ouverte et il n'y a pas la moindre trace de neige dans l'escalier.
>
> Manon CÔTÉ, *Mathilde et le mystère de la Batoche,*
> Laval, Éditions Grand Duc • HRW, 2006, p. 63 (Coll. L'heure évasion).

LA LANGUE FAMILIÈRE

La langue familière est caractérisée par un **vocabulaire simple** et souvent **imprécis** (*ça, chose, affaire,* etc.), par la **répétition fréquente de certains mots,** par l'**absence du *ne* de négation,** par l'**effacement de certains sons** et par une **syntaxe simple.** Cette variété de langue est surtout employée dans les conversations courantes entre amis ou en famille. Dans un texte, la langue familière peut convenir aux dialogues pour rendre un personnage plus crédible et réaliste, et pour révéler son statut social et son niveau d'éducation, par exemple.

Exemple :

> Le bonhomme Ambroise apparut sur le pont, ses cheveux gris battus par le vent. S'appuyant au bastingage, il cria à son tour pour enterrer le nordet :
>
> — Encore toi ! C'est pas un bon moment, la p'tite… Va falloir faire route arrière.
>
> Manon CÔTÉ, *Mathilde et le mystère de la Batoche,*
> Laval, Éditions Grand Duc • HRW, 2006, p. 150 (Coll. L'heure évasion).

LA LANGUE POPULAIRE

La langue populaire est surtout caractérisée par un **vocabulaire pauvre** pouvant présenter des **mots vulgaires** ou des **jurons,** par des **mots déformés** (*pissou / peureux*) ou **tronqués.** On note des **ajouts de consonnes** (*ici / icitte*), des **réductions syllabiques** importantes (*asteur / à cette heure*), des **tournures de phrases erronées.**

Exemple :

> « Pourquoi vous v'nez pas souper à la maison, avec Mathieu pis le p'tit, ce soir… »
>
> Je risquais qu'elle m'envoie chier en me traitant de tous les noms ou qu'elle se sauve sans demander son reste mais elle a tourné la tête vers moi avec un début de sourire.
>
> « Ça vaudrait peut-être mieux, hein ? Faut peut-être en profiter… M'as dire comme on dit, le hasard fait bien les choses… Pis j'ai rien à faire à soir… »
>
> Michel TREMBLAY, *Le cœur découvert,*
> Montréal, Leméac, 1989, p. 328 (Coll. Babel).

INDEX

procédé stylistique, 39, 93, 174, 257, **368, 477**
vocabulaire exprimant la, 109, 297, **482**

Complément
de l'adjectif, **391**
de phrase, 198, **319, 386, 428**
direct du verbe, **387, 389, 401**
du nom, **390, 428**
du pronom, **390**
du verbe, 193, **302, 372, 387, 419-420, 425**
impersonnel, **387-388**
indirect du verbe, **387, 401**

Complicité, **295**

Composition des mots, 34, **461-465**
savante, **462-464**

Compte rendu
d'une expérience culturelle, 278-279
de lecture, **267**

Conclusion, 90, 99, 167, **268-269, 273, 327, 330, 334**
fermeture de la, 92, **334**
ouverture de la, 92, **334**

Concordance des temps, 33

Conditionnel
passé, **350, 352, 449**
présent, 129, **350-352, 449, 454**

Conjonction, 192, **391, 404, 427**

Conjugaison du verbe, 8, 23, 49, 52, 129, 183, 192, 241, 254, 257, **276, 385, 406-407, 442**

Connotation, 95, 108, 118, 134, 197, **476, 481**

Conséquence, vocabulaire exprimant la, **482**

Constellation, **326**

Conte(s), 12, 21, 35, 38-39, **324**
recueil de, 24

Contenu, **261, 320**

Contexte, 48, **262, 280**

Continuité de l'information, 239, **269, 270, 273, 277, 307-314, 457**

Contre-argument, **331**

Contre-thèse, **331**

Coordination, 111, **317-318, 412, 424-426, 429, 431**

Coordonnants, 240, **318, 404, 411-412, 424, 427, 430**

Couplets, **365**

Courir (v.), **444**

Craindre (v.), **446**

Critique d'un film, fiche de la, **283**

Crochets, **432**

D

Débit, 38, **273, 278**

Découpage
dans un poème, **363**
en paragraphes, 90, 247, **307, 315**

Dédoublement, **374**

Définition, 174, 191, 240, **329**

Démonstration, **335**

Dénouement, 47, 254, **338**

Déplacement, **372, 377-378, 381-383, 386, 420**

Dérivation, 202, **457, 459**

Déroulement, 10, 47, 128, 254, **338**
chronologie du, 110, **352-353**

Description, 255, **325**

Destinataire(s), 16, 49, 52, 118, 134, 209, **268, 273-274, 277-279, 286, 288, 291, 294-295, 347**

Destinateur(s), 49, 118, 210, **262, 347**

Détachement, **374, 382, 428**

Déterminant, 291, 303, **391-392, 433**
contracté, **392**
défini, 310, 312, **392**
démonstratif, 312, **392**
exclamatif, 378, **392**
féminin du, **392**
indéfini, **392**
interrogatif, **392**
masculin du, **392**
numéral, **392**
partitif, **392**

pluriel du, **392**
possessif, 239, **392**
quantitatif, **392, 433-434**

Deux-points, **430**

Développement, 90-92, **268-269, 273, 327, 330, 334**

Diagramme, **326**

Dialogue, 299, 301, **320, 345, 359**

Dictons, **490**

Didascalies, **359**

Dire (v.), **445**

Discours rapporté, 175, **268, 274, 298-305, 336**
direct, 175, 210, **300-301, 303-305, 430**
indirect, 175, 210, **302-305**

Distance de l'énonciateur, 11, **279**

Distanciation, **294-295**

Donneur, **433**

Dormir (v.), **444**

E

Écriture, stratégies d', **268-270**

Effacement, 41, **372, 378, 417, 420, 426, 429-430**

Élément(s)
déclencheur, 254, **338**
non verbaux, 134, **277, 279**
paraverbaux, 134, **277-278**
prosodiques, **278-279**
verbaux, 242, **275, 279**
vocaux, **278**

Ellipse, **354-355**

Émetteur, **274, 286, 288, 290**

Emphase, **294**

Emprunt, **466-467**

Engagement, **294**

Énoncé, 272, **291**

Énonciateur, 16, 108-109, 118, 167, 175, 248, **261-262, 274-275, 277, 286, 288, 291-293, 298, 302, 320**
attitude de l', 202, **268, 279, 294-295**

RÉFÉRENCES ICONOGRAPHIQUES

Légende – d : droite, g : gauche, h : haut, b : bas, c : centre

Corbis (p. 203) • Publiphoto (p. 204) • CP PHOTO/L'acadie Nouvelle – Mario Landry (p. 207) • Bloomimage/Corbis (p. 212) • Ned Frisk/Corbis (p. 214) • Patrik Giardino/Corbis (p. 216) • image100/Corbis (p. 218 hg) • Leslie Hinrichs/SuperStock (p. 219) • Marvel 2005/Corbis (p. 222) • Giraudon, Musée Antoine Lecuyer, Saint-Quentin, France/The Bridgeman Art Library (p. 223) • Jean-Pierre Masse (p. 224) • Victoria & Albert Museum, Londres, Royaume-Uni/The Bridgeman Art Library (p. 225) • Big Cheese Photo/SuperStock (p. 226) • Simon Ménard (p. 231 hd) • Musée d'Art Moderne, Troyes, France/Bridgeman-Giraudon/Art Resource, NY (p. VI hg, p. 232) • Haut et court (p. 231 cg) • © Dupuis, 2005 (p. 231 cd) • © Christal films (p. 231 bg) • Corbis/Sygma (p. 236) • Southern Stock Corp/Corbis (p. 238 hd) • Wayne Conradie/epa/Corbis (p. 241) • Pixland/Corbis (p. 243) • Kin Cheung/Reuters/Corbis (p. 244) • Jean-François Caritte (p. 245, p. 246) • Duomo/Corbis (p. 249) • Images.com/Corbis (p. 251) • Hermitage, St. Petersburg, Russie/The Bridgeman Art Library (p. 252) • BALAZS GARDI/Reuters/Corbis (p. 256) • British Museum, Londres, Royaume-Uni/The Bridgeman Art Library (p. 258) • Bridgeman Art Library/private collection (p. VI bg, p. 260) • Richard Melloul/Sygma/Corbis (p. 281) • Kunsthaus, Zurich, Suisse/Giraudon/The Bridgeman Art Library – © Succession Picasso , SODRAC (2007) (p. 284) • H. Armstrong Roberts/Corbis (p. 341) • MGM/Corbis (p. 355) • Historical Picture Archive/Corbis (p. 379) • Wolfgang Kaehler/Corbis (p. 421) • Images.com/Corbis (p. 468) • Christie's Images/Corbis (p. 478).

ILLUSTRATIONS

Alain Salesse

CONCEPTION GRAPHIQUE

Catapulte